Elegant Empowerment

エレガント・
エンパワーメント

EMFバランシング・テクニック®で宇宙とつながる

ペギー・フェニックス・ドゥブロ＆デヴィッド・P・ラピエール 著
Peggy Phoenix Dubro & David P. Lapierre

山形 聖 訳
Sei Yamagata

ナチュラルスピリット

Elegant Empowerment:Evolution of Consciousness
by Peggy Phoenix Dubro and David P.Lapierre

Copyright©2002 by Platinum Publishing House First Edition, Second Printing
Japanese translation rights arranged directly with
The Energy Extension Inc. dba Platinum Publishing, Arizona
through Tuttle-Mori Agency, Inc., Tokyo

現実には目に見える以上のものがあることを知り、
ご自身の宿している知恵を探る勇気をもったあなたに。
そして、
わたしの夫であり教師でもあるステファンに。
あなたの限りない愛に、
そしてヴィジョンをいまも変わらずに
抱きつづけてくれていることに感謝をこめて。

ペギー・フェニックス・ドゥブロ

この作品を以下の方々に捧げます。

手のなかに光があることに気づいていた兄のフィリップに。
あなたはわたしが人生の一大転機にあるなか、
その大きな愛で、このプロジェクトを
たぐいまれなるかたちで支えてくれました。

現実の違った見方を発見することになるふたりの息子、
マイケルとジャスティンに。
わたしたちはいつまでも、どこまでもつながっているのだから。

そして、

現実に宿る本質の進化的な見方全体に
理解の光をよどみなく広めていく探求の途上で
この資料を探り当てたすべての方に。

デヴィッド・P・ラピエール

謝辞

リー・キャロルのエネルギーと共鳴できることは、たいへん喜ばしく光栄なことです。リーからあふれ出る創造主の愛は、わたしたちの絆の礎となっています。わたしと夫のステファンがリーやクライオンと活動をともにしてきたこの5年間には感謝してもしきれません。それは宇宙という名の大学で学びの体験を分かちあった5年間と表現するのがぴったりです。リーの知りたい、学びたいという尽きせぬ意欲には、わたしたちも大いに刺激を受けました。「クライオンとのチャネルは誰にでもできますよ」。リーがそう言ったことがありました。たぐいまれなる神聖なテンプレートとしての彼の現れ方と啓かれた意識に敬意を表して断言しますが、彼ほどにクライオンにチャネルできる人はいません！

初めて会ったとき、ヤン・バートはわたしにこう言いました。「このワークはエネルギーが洗練されすぎていて、人から本当に理解されるまでに時間がかかるでしょうね」。実際にそのとおりになりましたが、ヤンはずっと友人としてこのワークを応援してくれています。彼女がわたしとステファンに惜しげもなく示してくれた明るさと愛に感謝します。

オーストラリアの友人で、ずっと支援を続けてくれているトリッシュ・エリス、ウィンストン・エリスにも感謝します。ふたりはこのワークがもつ共鳴エネルギーを理解し、力強いサポートを続けてくれました。

それぞれのコンセプトを大切に育み、真の完全性とは何か、明快さとは何かを断固とした決意をもってわたしに教えてくれた夫のステファン・ドゥブロに。彼のこの教えは、わたしの人生のあらゆる側面を照らしてくれています。

共著者としてめざましい働きを示してくれたデヴィッド・ラピエールに。あなたがここに分かちあってくれた洞

謝辞

察はきっと多くの人の心を動かすことでしょう。

迅速かつ的確な仕事ぶりで素晴らしい編集をしてくれたマーク・グリーニアに。愛のこもった編集と、編集チーム全体に貢献してくれたメアリー・オルセンに。アートワークで活躍してくれたディエルに。ディエルの絵を初めて見たとき、わたしがこれまで重ねてきた神聖な体験の現場に彼女も居合わせたのではないかという錯覚を覚えたものでした。長時間、わたしの話に耳を傾けて言葉を紙に書き起こし、この本の草稿をまとめる手伝いをしてくれたジョアンナ・バーンスタインに。素晴らしいユーモアセンスの持ち主で、わたしに正しい英語を教えようとしてくれたイギリス人女性のティナ・ピアースに。友人知人のなかで最も聡明で忍耐づよいジャクリーン・ジョーンズとジョイ・パットンのふたりには、長年のたゆみなき友情に感謝します。

美しき娘のシャーナとクリスタに。シャーナには、あなたのインスピレーション、献身と無条件のサポートのすべてに。クリスタには、あなたのサポートと、いつもそこにいて「自分が教えていることをわたしはよくわかっている」と確信させてくれたことに大きな力になっています。あなたたちと母娘という共鳴関係で結ばれていることは誇りであり、わたしという存在すべてにとって大きな力になっています。

ともにEMF（電磁場［巻末の用語解説参照］）について学んだ世界じゅうの素晴らしい「生徒」のみなさんに。みなさんが信頼と愛と励ましを示してくださったことに心からの「**ありがとう**」をお伝えしたいと思います。みなさんはいままでずっと、そしていまなお、かけがえのない気づきや学びを与えてくださっています。

そして、最後になりますが心をこめて、アーニャに。

ペギー・フェニックス・ドゥブロ

序文

リー・キャロル
『クライオン』シリーズの著者
ベストセラー・シリーズ『インディゴ・チルドレン』の共著者

読者のみなさん

どういうきっかけでみなさんはこの頁に目を通されているのでしょう。どういうきっかけでみなさんはこの本なのかを買う前に知りたいと思われたのでしょうか？（そういった方は稀でしょう）理由はともあれ、みなさんには次のことをじっくりとお考えいただいてから本を閉じていただきたいのです。どういうことかというと、「ヒーリングやボディーバランシング、あるいはエネルギーワークについて詳しいという自負のある方、あるいはこのいずれも信じないという方に申しあげます。このメソッドはまったくの別物なのです！」

昨今、時代は新たな局面を迎え、物理学の世界では現実の見直しが急速に進んでいます。天文学の分野では、宇宙のエネルギーは大部分が、"隠れている"との見解が示されるようになっています（目には見えないことから、学者たちはこのエネルギーを「暗黒エネルギー」と呼び、これを書いている時点でそのありかは明らかになっていません）。ご存じのとおり、時間というものは実際には存在していないという前提のもとに検証が進められていて、現在の科学界ではひも理論（すべての物質が次元の拘束を受けないものとしてエレガントな説明を可能にする数学モデル）を採用しています。わたしたちの現実はそこに存在してはいるものの、その大部分が目には見えないというのが科学的認識です。これまで「薄気味の悪い奇妙なこと」とされていた事柄が一転していくつもの科学にまたがる研究対象となっているいまは、この新たな科学の緊急課題、つまり、これまで隠れていた宇宙エネルギーの謎と、そこに直接アクセスする能力が人間に備わっているという事実を明らかにする絶好のタイミングです。

ペギー・フェニックス・ドゥブロと、彼女をサポートしている夫のスティーヴはこの科学分野の先駆者的存在で

す。エネルギーを活用して他を癒す、肉体のバランスを整える、あるいは何らかのかたちでお互いのために役立てるということは歴史を通じておこなわれてきました。すでに大きな効果をもたらす超物理学的(メタフィジカル)な方法がいくつも世に出ていますので、これをお読みのみなさんのなかにも活用なさっている方がいらっしゃることでしょう。

本書でご紹介している内容は、あなたのよく知るテクニックに対抗するものではありません。UCL (Universal Calibration Lattice®ユニバーサル・カリブレーション・ラティス®。人のエネルギー体内に存在する構造体〔詳しくは第3章および巻末の用語解説参照〕)とEMFバランシング・テクニック® (EMF Balancing Technique®)とはつまり、人類には"隠れた"宇宙エネルギー(まさにここに来て科学界から存在を認められるようになったエネルギー)を活用する能力が備わっているという知識が拡大を続けていて、それが明らかになったものです。したがって、あなたが活用されているメソッドが何であれ、本書はそのテクニックの核心について記す解説書となり、その現在地と未来の姿を学術的に解き明かしていく第一歩になります。

"世に出ている"エネルギーワークの大半は、この目新しい科学によって説明することができます。ペギーとスティーヴはこの新たな情報を伝える世話役を務めてくれます。ふたりはこのワークがもつ働きとエネルギーの活用方法を世に紹介し、新たなインストラクターを育てることでこのメソッドを主流のものにしつつあります。主流のもの？ そうなのです。これまでにはアメリカ海軍所属の科学者から強い関心を示されたことも、NASAから注目を浴びたこともあります。このように人間の反応を研究・観測する側の目に留まったのは、このメソッドが成果を挙げているからこそです。

新世紀が幕を開けてからというもの、大勢の人がこのエネルギーを"体感"しています。そのさまは、新時代を迎えるにあたって宇宙から贈り物が届いているかのような壮大さすら感じさせます。メソッドはまれに見る奥深いめぐり合わせからペギーとスティーヴの橋渡しを受けることになり、ふたりはいまやエキスパートとして活躍しています。関心のあるすべての人にこのメソッドを伝えたいという真摯な思いを抱きつづけ、現在も研究とセミナーに強い決意をもって臨んでいます。これまでにも大勢の方が、このエネルギーの特殊な活用法を知るために、あるいは人に"体感"してもらう方法を学ぶために馳せ参じました。このエネルギーは至るところに流れ、いまこのときも変わらぬ強さで届いているので、この新しいエネルギーには慣れ親しんでいるという方もいました。エペギーとスティーヴの名前は知らなくても、"見る"こと、感じることがいっそう楽にできるようになってきたというペギーとスティーヴの名前は知らなくても、

ネルギーの名前は知らなくても、その絶大な効果ゆえに初歩的な方法によって活用、あるいは"体感"が容易にできるのです。しかし、この新しいエネルギーのすべてを知らしめ、解き明かしてくれる情報ソースとなると、この10年間、起きている時間のほぼすべてをそのエネルギーのもつニュアンスの解釈に注いできたふたりをおいてほかにはありません。ふたりは活用法の確立を目指すとともに、エネルギーを最大限に活用するためのシステムの開発にいまなお取り組んでいます。

これは本人も触れていないことかもしれませんが、この本の執筆中、ペギーはあることに頭を悩まされていました。書いても書いても次々と新たなことが明らかになってくるのです。いつになったら終わるの？ いまとなってはペギーもスティーヴも理解していますが、終わりはないのです。つまり、本書はテキストの第一巻ということになります。この本はじつに深遠なる叡智と科学的重要性を湛えた情報を紹介する入門書となり、いつの日か振り返ってみたときに、なぜあのころよりも前にこの情報を"手にして"いなかったのだろう、と不思議に思うことがあるかもしれません。

ペギーとスティーヴはわたしとともに世界じゅうを旅しています。旅を始めた当初、わたしは一歩退いた立場からニュートラルな目で様子を見守るようにしていました。オーストラリア、カナダ、フランス、ベルギー、ドイツ、そしてイスラエルでも、誰もがペギーに向かって言ったものです。「ああ、またあやしいエネルギーワークのお出ましだね」。しかし、どうでしょう。1週間もトレーニングを受けると、彼らはきまって興奮に目を丸くしているのです。そしていまでは、先に挙げたすべての国々にこのメソッドの支部が立ち上げられています。初めは否定的な目で見ていた人たちが、いまや一番の支持者になっているからです。もちろん、わたしも当時とは異なる立場をとってすっかり肩入れしています。それはとりも直さず、このEMFバランシング・テクニックが効くからです！

ユニバーサル・カリブレーション・ラティスの情報がだんだんと明らかになってきているいま、みなさんもぜひペギーがたどっている旅路に加わってください。わたしたちの身の回りで起きていること、それが目には見えないエネルギー（新世紀が来る前には「聞いて呆れる」ようなものとされていた）を最大限に活用する助けになっていることを知るべきときが来たのです。いまやこれは科学の領域であり……そしてまったくの別物なのです！

序文

ペギー・フェニックス・ドゥブロ

ある惑星が、自らも回転しながら広大な宇宙の回転運動の一部となって太陽の周囲を旋回している。わたしたちはその回転のせいで目まいがしているのかもしれません！　そのしくみを理解、あるいは実感しているか否かにかかわらず、わたしたちはこの運動のなかに存在しています。こうした現実のなかで、個人として、そして人類という集団として、ある逆説的現実から成る新たなパラダイムを共同創造しています。つまり、個人としての性格を強めていく一方で、わたしたちはみな密接につながり合っていることを再発見しながら互いへの尊敬を新たなレベルへと成長させているのです。

もともとわたしはこの本を、エネルギー体内部に存在する特殊なシステムについて知り得た情報をシェアしようと思って記しました。システムはその名を「ユニバーサル・カリブレーション・ラティス（UCL）」といいます。わたしには肉体、エネルギー体に存在するシステムはすべて、ひとつに統合されてつながっているという確信がありました。この新たなエネルギー力学に強固な土台を築くためには、UCLの働きを詳しく理解することが重要です。それを理解することで、この新しいエネルギー力学はすんなりとわたしたちの日常のなかに取り入れられるようになるでしょう。人類が次なる進化の一歩を踏み出して、集団全体としての元型(アーキタイプ)を成長させていくあいだ、UCLはわたしたちのエネルギー体の内側で進化を続けるのです。

ここでご紹介する情報は、わたし自身の30年以上にわたる探求と発見、そして世界じゅうをワークショップで旅した経験から生まれており、エネルギーワークという分野に対して一般に抱かれている理解を補完するのに大いに役立ちます。文化も言語も異なる世界じゅうの国々でワークをおこなっていくなかで、UCLのもつ働きに関する

さまざまな気づきに恵まれました。通訳の方とともにワークをおこなっていると、ときおり、わたしの言ったことが理解されるよりも前に参加者のエネルギーが反応していることに気づくことがあります。そして、エネルギーの言語でコミュニケーションをとっているのです。人と人とのコミュニケーションでも、宇宙全体と、そして自分自身とでさえも、細胞レベルを通じて意思の疎通を図っています。このエネルギーの言語の働き、つまり自分がどのようなメッセージを発していて、それにどのような意味があるのかを理解することはとても重要です。デイヴはEMFバランシング・テクニック®のしくみについて、まるで互いにないものを補い合うかのようにしてみなが知識を持ち合わせていることに気づかされます。

ここで、物理学者（自然科学者）で地球物理学者のデヴィッド・ラピエールをご紹介します。トレーニングの最中に生徒の方とやりとりをしていると、わたしたちはUCLの電磁的性質とEMFバランシング・テクニック®のプラクティショナー兼講師でもあります。

デイヴはわたしに言いました。「君のワークはぼくの理論を証明しているし、ぼくの理論は君のワークを証明しているんだ」。後々になってデイヴがこの本書の付録の執筆をデイヴに依頼したところ、彼はそれを引き受けてくれました。提供してくれた内容からデイヴがこのワークを深いところまで理解してくれていることが読み取れて、この本の共著者としての参加をお願いしたのは正しかったと思い知らされました。インスピレーションをきっかけにして得た情報を解釈するうえで、批判的思考法を展開できるということは、この進化の時代に生きるわたしたちにとって非常に重要な要素になります。ここに記す情報の多くが科学とスピリチュアルのエレガントな融合に寄与し、目には見えない世界と科学の世界をつなぐ架け橋となることがわたしの願いです。

地球を「選択の惑星」あるいは「自由意思地帯（フリー・ウィル・ゾーン）」と呼ぶ人は大勢います。わたしたちはこの選択という分野においてまだ発展途上の存在であり、その事実は朗報といえるでしょう。

さて、ここで読者のみなさんにお聞きしたいことがあります。「悟りのある人生」とはどのような人生を指すのでしょうか？「自由」というものをどのように定義すればいいでしょう？わたしはたびたび、わたしの先祖のひとりであり、アメリカ独立宣言に署名したジョン・ハートに、そして、彼と同じ時代を生きた勇敢な人々が胸に抱いていた自由に思いを馳せることがあります。先に挙げたふたつの問いに対する答えは政治によって左右されるものではありません。どちらも、回答者が自由と悟りをどのように解釈するかによって答えが変わってくる個人的な問題なのです。

自分にとって何が力になるかを知り、それを実践することは誰しもが抱いている権利であり、そのことにわたしは強い情熱を覚えます。現在、いかなる状況に置かれていようとも、あなたには自分に力を与えてくれるものを知る権利があるのです。もしもいま、無力であるように感じていたり、あるいは「自分は自由なんだ、自分の足で立っているんだ」という感覚を増したいのであれば、次なるステップは意識を進化させることです。あなたはすでに宇宙との協力関係にあり、ホログラムを介した互恵的な関係のなかで宇宙全体と意思を疎通させています。もしもあなたが、この関係から発されるパワフルな波動を意識的に活かしながら生きているのであれば、どうぞこれからも続けてください！　学びを重ね、それ以上に、学んでいることを実践してください。わたしたちは身につけたスキルを試しながら共同創造の限界を試しているところなのです。

　本書に登場する表現や概念はあなたの信念体系から外れているかもしれませんが、どうかその先に目を向けてください。わたしはみなさんの信念をありのままに尊重したうえで、みなさんが最大限に悟りに満ちた人生を共同創造することができるように手助けをするための実用的参考書として本書の情報を提供します。

　やすらぎに満ちたエンパワーメント*がもたらされることを願って。

＊　訳注：エンパワーメント＝人が本来もっている力を引き出すこと

序文

デヴィッド・P・ラピエール

読者のみなさんへ

いまわたしはこうして、あたかも同じ時空間にいるかのようにみなさんひとりひとりに語りかけることができます。みなさんは本書のなかでご自身の考えや解釈と共通する箇所に出会うことでしょう。多少の言い回しのちがいはあるかもしれませんし、知らない用語があったとしてもあまり気にならずに、そしてけっして自分に失望したりなさらないでください。科学者のなかにも、ここに記した用語になじめない人は大勢いることでしょう。みなさんに同じ知識の土台を築いていただき、意見交換が最大限になされるようにとのねらいから、巻末に用語集を用意しました。2点の付録 (付録AとB) は"専門的"な内容が好みの方に向けて作成しましたが、読みやすいように平易な表現をしている箇所もありますのでご参考になさってください。これは、必ずしも科学の世界での経歴をお持ちの方ばかりとは限らない、むしろそういう方はかなり少ない（ごく一部）だろうとの推測に基づき、みなさんのために土台となるものを作ろうとしたわけです。現実がもつ本質に対して先入観という限界を抱いていないことはみなさんにとって有利に働きます！ ロバート・モンローが語ったとおり、「人間が抱いている最大の幻想、それはわたしたちに限界があると思うことです」。

資料の内容にご自分のペースでじっくりと取り組めば、労力は報われるでしょう。最後には、さまざまな業界のベテランと会話をするうえでも役に立つような専門用語が身についているはずです。ここに挙げたすべての概念に同意する必要はありません。すべてに答えがあるわけではありませんし、目には見えない現実に関して言えば、答えはあまり期待できないのです。ただ、ひとつだけ確実に言えるのは、この業界全体が考え方の段階をひとつ上げ

ることができれば、遠隔透視をはじめとする現象が既知の事実となっている現実を理解することができるようになり（タイムトラベルは想像されている以上のものがあるかもしれません）、一連の超常現象を覆っていた秘密のベールが剥がされるということです。

身の回りに、あるいは人と交流している際に"微細なエネルギー"を感じることができるみなさん。わたしたちはそのエネルギーが存在すると確信する必要はありません。いまは感じないけれども実践することでそのエネルギーの流れに自らを委ねてみようという用意がある方は、手に流れているエネルギーとたわむれることが磁石遊びに似ていると知って興味をかき立てられることでしょう。ぜひこの磁石いじりを楽しんでください。そのときあなたは超空間で遊んでいるのです！ 超空間は微細なエネルギーでできた領域であると考えられています。この超空間のエネルギー世界に進入するとき、あなたは無限なる神の領域に入っていくのです！ しかし、考えてみれば、そもそもわたしたちひとりひとりが、神が表れた存在なのですがね！

やすらぎをこめて。

もくじ

謝辞　ペギー・フェニックス・ドゥブロ　4

序文　リー・キャロル　6
　　　ペギー・フェニックス・ドゥブロ　9
　　　デヴィッド・P・ラピエール　12

はじめに　20
変化の時代 20／いま起きている変化 20／内的バランスの欠如 21／大規模な変容 22／現実とは何か？ 22／主役は意識と意図 23／多次元的現実におけるホログラフィックなつながり 25／深遠なるつながり 25

第1章　光の世界へ　ペギーの物語　27
神の愛を求めて 30／光に振り回されて 34／女神 36／転機 38／1+1＝∞ 41／めぐり合わせが重なって 43／アーニャ 46

第2章　新たなパラダイムに向かって　心と物質と意図性　49
現実モデルとしてのパラダイム 51／意識の科学への呼び声 51／量子は世界の外にある 52／ソーシャルエチケット 53／確固たる感覚の存在 54／多次元世界は多面的 55／影響力の次元的階層 56／超空間への進入 57／自然の法則を理解する 58／共鳴振動するひもとしての粒子 59／視点のもつ利点 59／変化は高次の空間で始まる 61／超空間という異国に暮らす 62／意識がパイロット 62／相互作用は高次元空間の概念 63／宙を見上げる 63／原因は高次の世界で生じる 64／ハイパーフィールドは高次世界からパターンを伝達している 65／電磁場はハイパーフィールド 66／現実のレンズ 67

第3章 ユニバーサル・カリブレーション・ラティスへの誘い 次元を超えて広がる網の目 91

わたしたちは光の存在です！ 92／あなたは宇宙の格子とつながっている 96／光とエネルギーの8の字のループ 101

UCLの情報ファイバー 103

背面ファイバー パーソナル・エンパワーメント・プリズム 103／コアエネルギーチャクラシステムの統一 106／エクサササイズ エネルギーを取り戻す 112／前面ファイバー 可能性のプリズム 113／希望、夢、願い、意図 113／エクサササイズ 感謝のエネルギー状態を保つ 112／エクサササイズ アイデアの力を思い描く 115／喜びにあふれた緊張関係 116／共同創造のサイクル 116／エクサササイズ「いまこの瞬間」に大きな共同創造のエネルギーを生み出す 117／循環的時間 118／果てしのない物語 120／不安と恐怖 112／自己価値 114／「本当に」という問い 115／発想の力 アイディア 115／サイドファイバー 授受のバランス 111／物事を極める秘訣 110／コアエネルギー放射─ハートの武道 108／ネヴァーエンディングストーリー

新たなエネルギー概念 88

意識のもつ役割 88／可能性を増大させる 89

超常現象と外在系と非局所的宇宙 73

意識を顕微鏡で覗く 73／この世を超えた非局所性 73／非局所的粒子はあらゆる時間枠と相互作用する 75／心−脳は非局所的システム 75／意識は量子世界に 76／一体性をもった全体 ホロムーヴメント 78／この世界は全体運動 79／ホログラフィックな性質 80／かなたへの旅 80／パイロット波を指揮する意図 81／反作用は霊魂の干渉 81／時間をつなぐ不可思議なループ 82／あらゆる古典物理学的場に影響を及ぼしている精神の場 メンタル・フィールド 83／ヴァーチャルをリアルに 85／思考体は光子に干渉する 85／観測可能な変化へのつながり 86／コヒーレンスを通じて発するパワー 86

宇宙の格子構造は霊 スピリット が張りめぐらしている 67

結晶格子としての宇宙 68／真空─幾何学的形状をもった格子 69／個人の網の目が織り成すエレガンス 71／意識と思考がエネルギーの焦点を決定する 69／2次元世界での人間エネルギー 70

第4章 多次元回路 超空間への入口 123

ホログラフィック処理装置 124／流体界面 124／超空間的コネクタ 125／振動する芸術的な織物構造 126／時間との共鳴 126／プログラム可能パターン 127／スカラー波変換機・干渉計としての脳 128／脳半球の干渉 129／超空間の動力装置 130／超空間の形状 132／相助作用を働く幾何学的形状 132／脳への刺激 133／生ける結晶 134／思考共鳴装置 134／超空間には電荷が必要 135

第5章 認識の拡大 意識の軸に沿って 145

進化は意識の拡大と関連している 146／進化的プロセスの原則 147／方程式の定義するところの体系の意識 148／数学的観点 149

人間方程式の解 150

共鳴周波数の増大 150／フローの増大 150／コヒーレンスの構築 151／意識の幾何学的構造 151／進化を遂げるための超次元的ツール 152

多次元回路のつながり 135

オクターヴの法則 135／回路は色と電荷の種類に関連している 136／化学的コネクタ 137／意識によって変調される優先経路 138／特殊処理装置 139／幼少期の経路の発達 139／回路の役割と接続 140／進化に関わる回路 141／霊魂(スピリット)との対話(ダイアログ) 142／相互作用を通じた同調 143

第6章 七色の手 その手でつかむ夢 155

5次元世界と心の場(マインド・フィールド)への回帰 156／エネルギーは生まれながらに表れるの多様性 159／ハートが中枢 160／プライマル・ヴォルテクス極性システム 161／全エネルギーシステムを掌握(マスター)する 161

ディヴィス&ロールズによる磁気的極性の発見 162

フローに乗って 163／人の磁気 164／磁気の威力 164／磁気の感覚をつかむ 165／超空間のなかで遊ぶ 165／共鳴する磁気周波数 167／中央部分の磁気的ボイド 168／明確に異なる生物学的効果 168

人間の磁気放出

chiエネルギーの放出 170／chiは現実を変える 172／地球共鳴周波数の放射を促す 175／光は微細なる領域を明るく彩っている 176／生体系に宿るバイオフォトン 176／スカラーバイオフォトン 177／バイオフォトンを介した細胞通信システム 177／スカラーエネルギーの電荷 178／スカラーマトリックス 179／手には繊細な共鳴検知機能がある 179

超空間で生まれる磁気的ハイパーフィールド 181

電磁場に命を吹き込むハイパーフィールド 182／ハイパーフラックス検知 183／手に帯びたハイパーフラックス 184／類似フリーエネルギー発生機の宇宙フロー 184／ホログラフィーによる多次元的世界の包括的な捉え方 186

第7章 多彩な相互作用 隣り合う生命の網の目に触れる 189

精神の場（メンタル・フィールド）のコネクタ 190／スピンとらせんが場（フィールド）を創造する 190／情報相互作用 191／手は繊細なエネルギーを検知する 192

最も特異な科学的実体——ねじれ率場 194

理論的概念を復活させる 195／遍在する場（フィールド） 196／発生源についての理論的根拠 196／天文学的見地から 197／ねじれ率場と関連のある超常現象 198／あらゆる物体のもつねじれ率場的特徴 199／ねじれ率場の効果——DNAファントム効果 200／位相転換 200／現実はねじれ率場を生成する 203／磁気とスピンはつながっている 204／磁気フロー 205／求心的＆遠心的動き 205／源と共鳴している磁気 205／極性——スピンの特性 206／再び遍在について 206／手——生きたアンテナ 207／ねじれ率場——スピンスピン相互作用 207／確固たる答えは…… 209／つなぎの場（フィールド） 210／意識はねじれ率場とつながっている 211／微細な場 構造 212／微細な場を再配線する 213／相互作用の新たなプログラム 215

第8章 マスター・スイッチ すべての中心 217

発電所 219／電荷＝フロー 219／フローとの調和 219／マスターイグニッション（ラティス） 220／地球とハートの共鳴 221／ポテンシャルを測定する 222／ベクトルポテンシャル-ゲージ場 223／格子内部にポテンシャルを保存する 223／ゲートを開く 224／電荷を蓄積する生得的能力 222

第9章 愛でできた革新的システム——EMFバランシング・テクニック® 227

ユニバーサル・カリブレーション・ラティスへの呼び声——人と人との相互作用 230
格子(ラティス)の共鳴チューニングと電磁場のバランシング——共鳴状態＝1日24時間×7日間の儀式 233／共鳴状態がもたらす恩恵——エネルギーの調和を生み出す 233／光と共鳴状態のテンプレート 235／フェーズ1 叡智と感情 238／フェーズ2 自己決定と自立 239／フェーズ3 コアエネルギーを放射する 240／フェーズ4 エネルギー的成果と未来の可能性 242／複合的ワークと距離の取り方と自己セッション 244／バランスを取ること、そしてヒーリングについてひと言 245

第10章 新たな展望 249
ユニバーサル・カリブレーションへの呼び声
衝撃的な目覚め 250／スピリットでひとつに 250／ホルモンと肉体の進化——化学的・生物学的結合 251／EMFバランシング・テクニック® スパイラル・スイープのエクササイズ 251／わたしたちはこれからどこへ向かうのでしょう？ 257／愛のエネルギー 258

付録A バイオフィールド 260
付録B 自己組織化システム 268
付録C バイオフィールドの物理学モデル 277
付録D 複雑な量子状態の内部で起きる自己組織化 299
用語集
章注 315
参照文献と推薦図書
閲覧推奨サイト 339
索引

エレガント・エンパワーメント　EMFバランシング・テクニック®で宇宙とつながる

はじめに

変化はわたしたちの理解を超えたレベルで進行しています。次の発言にそのことが表れています。

「地磁気が変化し、太陽の活動が活発化し、時空連続体に空間シフトが発生した影響で、地球と太陽が発するパルス（電磁場ではなくスカラー・タキオン場で生じた）に変化が生じています。宇宙に発生しているこうした一連の変化は、意識と人類、そして母なる地球が進化を遂げられるように、最高度に進化を遂げた地球外知的生命体によって指揮され、観察されているのだとわたしたちは確信しています（巻末の章注1参照。以下同。わたしたちは先の書簡において、宇宙の基礎定数が変化を遂げつつあること、時空の構造が劇的な転換期、あるいは『ワープ』の状態にあり、それこそが物理学的な量子‐相対論的側面で宇宙に変化を巻き起こしている実際のメカニズムである、と報告しました。端的、かつ平易な言葉を用いれば、この変化は人間のもつ心に、精神に、そして微細な構造に多大な影響を及ぼし、つづいて人の肉体に、とりわけ脳と中枢神経系やDNA‐RNA複合体に多大な影響を引き起こします。現象はどんどん加速しており、人々の感情は１００倍にも増幅されようとしています」(注2)

変化の時代

わたしたちは「空間」と定義しているもののなかで、そして「時間」として知られているもののなかで独自の座標を占めています。21世紀に入って人類は突如、クジラのように「跳躍」して自分を知りました。これは単なる暦の上での出来事ではありません。20世紀に世界で起きた歴史的な大事件のなかには、この星とそこに暮らす住民をいまとは異なる体験の時間軸に置いてしまう可能性のあるものがいくつも存在しました。あのとき誰かが軽くダイヤルをひとひねりしていたら、あるいはボタンをポンと押していたら、いまごろわたしたちは……という場面が幾度かあったのです。

わたしたちが現在体験している時間軸は人類の勝利を印すものと言えます。わたしたちは大いなる希望の道を歩んでいくことを集団で選択したのです。道の少し先に目を向けると、いままでに見たこともない出来事がわたしたちを

いま起きている変化

待ち受けています。「シフト」と呼ばれるものです。

この発言は1999年に「Ancient Wisdom & Modern Physics」(仮題『古代の叡智と現代物理学』)に掲載されたものです。テレビの「スタートレック」シリーズに出演したら、宇宙船「エンタープライズ」号のブリッジで見張りをしているあいだにでも聞こえてきそうな言葉ばかりが並んでいますが、先の見解を示した人々はSFを話題にしているわけではありません。おそらく、ここに述べられていることのすべてを本当に理解できる科学的頭脳の持ち主はごくわずかでしょう。残りの理解できないわたしたちのために……予想される影響や効果はじつに明確に解明されているのです!

によっては、人類のアンサンブルに参加している全員のチャクラをどんどん高速で回転させてしまうパターンが現れるはずだ。宇宙にそのような状態が生じれば、人々はチャクラが高速回転してしまい、不安の増幅や神経系をはじめとする体内回路が助長されて、体内エネルギーの不調和における放電出現となって表されるだろう(これは、電圧破壊とよく似た現象と言える)」(注3)

このような状況が生じると、人体はさまざまな現象を体験し、その結果として内面のバランスを崩す場合もあるとティラー教授は説明しています。「これを回避するためには内面の自己管理とエネルギーのバランスを取るテクニックを身につける必要がある」(注4)

ティラー教授は後の章で地球の助力に関する問題を取り上げています。そのなかで彼は人類が体験する関係性について論じ、その関係性を3つに分類し、それぞれをこう命名しています。

人と宇宙の関係
人と局所的自己の関係
人と社会の関係

人間が結ぶ関係はすべてのレベルにおいて変容が必要であるとの懸念を示したうえで、ティラー氏は次のような洞察にわたしたちを導きます。

内的バランスの欠如

物理学者でスタンフォード大学名誉教授のウィリアム・A・ティラー博士は、意識の啓発に役立つ著書『Science And Human Transformation: Subtle Energies, Intentionality And Consciousness』(仮題『人の変容と科学——微細なエネルギーと意図性と意識の働き』)を通じて読む者に熟考を促しています。わたしたちはさまざまに変化する要素の影響を受ける可能性があり、現にそれらの要素は人間ひとりひとりのエネルギーシステムに大きく作用している、と指摘したうえで博士はこう続けました。

「しかし、ここでこう考えてはどうだろう。宇宙の霊的レベル、あるいは精神レベルに流れているエネルギー

「人や社会に好ましい変容を引き起こしてそれを加速させる方法のひとつに、人類エネルギーと場(フィールド)の相互作用を用いている方法が挙げられる」(注5)。彼がここで指摘している方法は可能かつ有効な方法です。というのも、人間は誰しも小宇宙にあるエネルギー源(ソース)を活用しているのであり、つまるところ、それぞれがこのエネルギーをもとにしてエネルギー場(フィールド)の内部に独自のパターンを構築しているからです。

人間には宇宙エネルギーを変換するしくみが内面に備わっていて、これを用いてそれぞれの人格や職業特有のエネルギーパターンを形成し、外側に向けて放射しているのです。意識の拡大とともにパターンが質的に変化すれば、わたしたちの身の回りの人々にも好影響が生じます。内側の変化がもたらす影響を感じ、目に見えないしくみや回路の調整に取り組む。ティラー教授は心強い言葉を投げかけています。人がそれぞれに意識の波動を上げて放射スペクトルを拡大していくにつれて「そうすることによって、つまり個人の放射場を介して、誰もが集団全体の変容に作用を与える可能性がある」(注6)。

大規模な変容

変容の道の先に待ちかまえている出来事は、DNAをはじめとする細胞レベルに生じる変化も期待させてくれます。その証拠として議論を呼んでいるのが、インディゴ・チルドレンと呼ばれる存在です。人間のDNAは外部にあるエネルギー源(ソース)から影響を受けていると理解されていますが、アメリカ陸軍将校のフィリップ・J・コーソーが残した次の言葉に、その考えを見て取ることができます。この発言は、1940年代に研究者のギズレロ・フレッシュ博士と議論を交わした後に残されたものです。

「個々の細胞内にフィラメントのようなものが存在するというフレッシュの理論は突飛で不可思議なものに思えるね。彼はフィラメントの活性化因子(とっぴ)として、宇宙が発する何らかの作用の存在や、宇宙空間から地球に連続的に衝突し、脳の電気活動がくり返すリフレッシュ放電に共鳴するような電気放射の存在を想定しているのだ」(注7)

この発言から、外部要因が人間のDNAに大きく作用しているという考えがけっして真新しいものではないことがよくわかります。さらに、これはフレッシュ博士の時代にも一部の科学者からは荒唐無稽なものと捉えられていたわけではなかったことがうかがい知れます。

現実とは何か?

認識を拡大していくことと現実をどのように認識しているかを自らに問うことは密接に関連しています。地球での出来事を理解するには、歴史を知ること、身の回りで実際

に起きていることを知ることが求められます。わたしたちは地球の3次元的現実で起きている本当のことを理解しようとしているわけですが、本書はこれから読者のみなさんを目に見えない無形の領域にお連れいたします。

「新たな」次元の存在、自らのエネルギーの届く範囲内に広がっている同調回路を「発見」していくことで人間は進化を遂げます。その次元は創造行為をなす要素として存在し、人体という多次元構造からのアクセスが可能にし、人体という多次元構造からのアクセスが可能にしています。認識を拡大することで人間は意識の力で内なる構造力学を変化させることが可能であると実感するのです。その際にわたしたちは外側に視野を拡大し、さらに大きな共同創造を可能にしています。人のエネルギー場(フィールド)とユニバーサル・カリブレーション・ラティスはわたしたちが意識レベルで発達を遂げるにつれて、現実の概念はホモサピエンスに対して現在抱かれている認識を超えたレベルにまで拡大することが期待できます。本書では読者のみなさんに人のエネルギー体の知られざる側面をご紹介します。また、わたしたちが人間どうしのふれあいを通じて他人のエネルギー場(フィールド)に作用することができるという概念もご紹介します。この概念は科学的範疇から外れたものではありません。(注8)

「(脳は)『オーラを癒す』あるいはオーラ体といった古くからの考えにはスカラー電磁気学的な確固たる根拠、科学的に信頼に足る根拠が存在する」

ここでの「オーラ体」という用語は「微細な」エネルギー体の概念全般を一般化したものとして用いられています。ご紹介した言葉の主たる支持者であるトマス・E・ベアデン電磁気説の主たる支持者であるトマス・E・ベアデンはスカラー電磁気装置(仮想空間(ヴァーチャル)・ディラックの海・宇宙格子(ラティス)からエネルギーを抽出する装置)の開発者です。ベアデンは脳を次のように捉えています。

「(脳は)スカラー干渉計と超光速量検知機の機能を備えている。この機能が遠隔視や透視、透聴、テレパシー、予知、後知、サイコキネシス(念力)を可能にする。——実際のところ、従来、超心理学で扱われていた一連の現象はすべて、スカラー電磁気説が示す内容によって説明可能である」(注9)

わたしたちが脳の超機能を上手に開発・活用するすべを身につけて存在のあらゆるレベルにおいて形質転換を経験していくうちに、いま超常現象と見なしていることがいつの日か当たり前のことになるかもしれません。

主役は意識と意図

わたしたちが理論と物理学の新時代に移行しつつあるいま、T・E・ベアデンやティラー教授をはじめとする科学界の前衛的有識者たちは「わたしたちの現実において、

心(マインド)と意図は明らかなねらいをもって現実を作り出す原因という役割を演じている」と述べています。本書、および本書の筆者陣が抱いている現実のパラダイムでは、意図を実際の力(フォース)として捉えています。このような力は従来の物理学の概念を超越したものがあるため、唯一、特徴をいうとすれば非物質的エネルギーと表現することができます。

目には見えない次元世界が存在して、そのなかに目には見えない組織のパターンが広がっているとする現実の背景のなかでは、意図が力(フォース)となって主要なパターンの変更や選択、形成、修正、組織化に役立ちます。これらの作用のいずれかが引き起こされると、物質的世界を形成している情報場が変更され、それに伴って物理的変化が促されるのです。

観察者の存在が素粒子物理学の実験結果に影響を与えている、という限られた見方の向こう側に考え方を拡大していくと、現実の共同創造という領域に行き着きます。次にご紹介する文には現実を共同創造する様子が表現されています。

「太極拳でおこなう円を描くような動作は、無意識の発する磁気を通じて効果を発揮する。その刺激を受けて、可能性のある出来事や現実が意識の力によって磁石のように引き寄せられる」(注10)

このみごとな描写は物理学者のP・ステファン・ピーターセンによるもので、この記述は彼の著書『The Quantum Tai Chi-Gauge Theory:The Dance of Mind Over Matter』(仮題『量子太極拳——物質上で躍動する心』)に見られます。ピーターセンはさらに意図と「生命のブループリント」との相互作用について説明を施しています。

「(ブループリントは)……各生体フィールドに見合った幾何学構造を生み出しており、この構造は場(フィールド)の源のエネルギーを全身に輸送する力(フォース)と密接に関連している。このマトリックスは意識のなかや脳内にも張りめぐらされており、しかるべき角度をもった編み目を通じて体の特定の箇所につながっている」(注11)

マトリックス、ブループリント、格子(ラティス)、パターン……これらはすべて、幾何学的形状を指しています。幾何学的形状はあらゆる生命体が発達していくうえで土台になるものです。

「じつのところ、すべての生命体とはこの幾何学的形状そのものにほかならないのだが、これを肉眼で捉えることはできない」(注12)

これは物理学者で『フラワー・オブ・ライフ』(第1巻・脇坂りん訳、第2巻・紫上はとる訳、ナチュラルスピリット)の創始者でもあるドゥランヴァロ・メルキゼデクによる説明です。肉眼に見えないものは「内在系」によって組織されています。この「内在系」という言葉は物理学者のデヴィッド・ボームが唱えた表現で、わたしたちの現実がそれを組織する目

「ボームによれば、それでもなお時空での出来事は時空を超えた非局所的現実によって決定されているといいます」(注13)

アミット・ゴスワミ博士は自身の著書『The Self-Aware Universe: How Consciousness Creates The Material World』(仮題『自己認識する宇宙──意識が物質世界を形成する』)でこの概念を拡大しています。

多次元的現実におけるホログラフィックなつながり

量子物理学の分野に多大な貢献を果たした物理学者のデヴィッド・ボームは「ホログラフィーの理論」によって人間と物質、意識、そして目に見える世界の双方がもつあらゆる側面をつなげています。つまり、わたしたちはひとつの巨大な「全体運動(ホロムーヴメント)」の一部を成しており、「わたしたちは分離したバラバラの存在である」とする考えは幻想にすぎないということです。彼によれば、人間はみな「分離不可能な状態で」つながっているにもかかわらず、自分たちがそれぞれに別個の存在だという錯覚を抱いているというのです(注14)。このつながり、結合性は、わたしたちの3次元的世界を構成している目には見えない要素に付帯する複雑でありながらエレガントな側面全体にも及んでいます。この世界の背景には、未知の次元世界一面に張りめぐらされた網の目が存在しています。この網の目がどこまでも果てしなくつながる鎖のように広がり、あらゆる存在の生命力で脈動しながらいくつもの次元世界をひとつの織物に織り合わせているのです。『エレガントな宇宙──超ひも理論がすべてを解明する』(林一・林大訳、草思社)のなかでブライアン・グリーンがこの世界観をみごとに描ききっています。

「わたしたちが生きている世界は、いくつもの次元にまたがって鮮やかなまでに織り合わされて広がる迷宮のような構造をしている。内側には宇宙の糸が果てしないほど何重にも撚り合わされて、宇宙の法則の波動をリズミカルに発しながら脈動している」(注15)

深遠なるつながり

認識を向上させていくにつれて、わたしたちひとりひとりがエネルギー場(フィールド)や、これまで超常現象と見なしていた能力に加えて、多次元的な性質を備えた存在であることを深く理解できるようになります。また、わたしたちが宇宙全体やお互いとひとつとつながっていること、そして人と人のつながりが宿す深遠なる本質を理解するようになるでしょう。

には見えないポテンシャル(フィールド)を仮定した場。あらゆる空間に浸透し、距離に関係なくどこにでも一定の影響を及ぼす)ことによって現れていることを説明するための用語です。

第1章 光の世界へ ペギーの物語

「探し求めるのもよいだろう。
しかしな、いずれは見出さねばならぬ。
そして見つけたものを手渡していくのだ。
世界じゅうの、受け取る決意のある者たちへの贈り物としてな」

リチャード・バック 『かもめのジョナサン』（新潮社）

初めて息をした瞬間に、人は地球の人生という学校に入学します。呼吸をするごとに、神聖な学び舎の奥へと進んでいくのです。

すべてはあのころに始まりました……。

わたしたちが肉体をもってこの星に生まれてくるいきさつにまつわる信念にはさまざまなものがあります。曰く、神のみわざである、あるいは生まれ落ちる前に順番待ちの列に並ぶ、あるいは宇宙レベルで起きる異変である……。わたしの場合は、あまりに早産だったせいで「産まれました」と母がナースコールで知らせても担当の看護師に信じてもらえませんでした。「まだ産まれるはずがないでしょう！」という大声が別室からこう怒鳴り返したそうです。母は一瞬、言葉を失ってからこう言って、これはどういうことなの？」「産まれるはずがないって言うなら、これはどういうことなの？」こんなふうに半信半疑で地球に迎えられたことを思うたびにわたしは笑い出さずにはいられなくなってしまいます！

わたしは5歳にもならないころから鮮明な夢を見ていました。「見える」能力があったのだろう、あるいは想像力が豊かだったんだよと思う方がいらっしゃるかもしれません。わたしは「仲間」がそばにいることに気がついていました。想像の光の存在がいちばんの遊び仲間で、その存在とは飽きずに何時間もおしゃべりをしていました。ときどき、強い敵意のようなエネルギーをまとった光の存在を目にすることがあり、直観的に「相手にしちゃいけない」とわかり、相手のことを知りたいなどという気持ちはちらりとも湧きませんでした。その存在たちのエネルギーが不快だったので、いまでもときおり当時の体験を思い出しては「判断力と物事を裁かずに見る力を養う」という現在のわたしたちが直面している課題に思いを馳せることがあります。

5歳のころ、家族で住んでいたアパートの部屋を父がめちゃめちゃに破壊する場面を目撃しました。暴れ狂った父がある壁の前まで来ました。その壁には、わたしがその週に幼稚園で作ったフィンガー・ペインティングを母が飾ってくれていました。抑えきれない怒りのままに父がそれを破っていきます。ビリビリと破り捨てる父の姿を見つめるわたしの内面で奇妙なことが起きました。繭に似た形をしたエネルギーに包まれていくのです。それから周囲から遮られるような感覚が湧いてきたのです。それからいつも感じていた「つながっている」感覚が視覚とともに停止しました。たった1本のエネルギーでできた糸しかすが

第1章 光の世界へ ペギーの物語

るものがなくなった寄る辺なさを覚えましたが、幸運にもその糸は喜びと希望だけでできていました。

このときから、父のアルコール依存症はつねにわたしの心に暗い影を落としました。当時、つまり1950年代のなかごろはこうした虐待は周囲に伏せられていた時代でしたので、家族はどうにかして円満を保とうと必死でした。貧しい家庭向けの救済プログラムなどは存在せず、地域社会からの助けやサポートを受けることもできませんでした。アルコールのツケがまわり、年を追うごとに父の状態は悪化していきました。最終的に父は妄想型統合失調症の診断を受けました。

わたしは教育期間の初期をカトリック系の学校で過ごしました。登校初日に「授業中に鼻歌を歌っていた」とのぬれぎぬを着せられて、問題児の烙印を押されてしまいました。学校では出だしから苦難の連続でした。女子修道院の尼僧の担任はよく「あなたを見るとめまいがするので」教室から追い出すと言ってわたしを脅しました。他の子どもたちも(尼僧も含めて)がわたしの家庭環境をさげすんでいたこと、さらには学校でも多くの時間を独りで過ごしていたことがその一因でした。3年生のころ、その尼僧の先生が授業でこう尋ねたことがありました。「みなさんのなかで、大きくなったら尼僧になりたい、という方はいらっしゃる?」。そんな暮らしができたらどんなに楽しいだろう。シスターたちが暮らす修道院の建物はわたしには豪邸に見えまし

た。教会にいるのが大好きでしたし、神様のことも心から慕っていたので、わたしは喜び勇んで立ち上がりました。しかし、先生はギョリとわたしを睨みつけると、嚙みつかんばかりにこう言ったのでした。「あなたがシスターになるなんて当分先の話ですよ!」。思わぬ屈辱にさらされて、わたしは動揺しました。あんなに怒るだなんて、わたしがいったい何をしたというのだろう。家族とわたしがこのような爪はじきに遭うようになった理由が家庭環境にあったとは、当時のわたしは気づいていませんでした。

わたしたちを守り、養っていこうという断固たる決意を母が固めました。あらゆる困難をものともせず父との離婚に踏みきったのは、わたしが10歳のときでした。父がいくらか病気の治療を受け、熾烈な法廷争いを経て、ついに裁判所の裁定が下りました。父は子どもたちとの面会権が認められたものの、会うか会わないかの決定権はわたしに与えられました。当時のわたしの年齢を考えるとこのような司法の決定はじつに異例なものと言えるでしょう。わが家はキリスト教徒としての宗教的背景を色濃くもつ家系で、とても寛容な一家でした。父は変わったとみなが信じたがっていたことから、わたしは毎週日曜日に父のもとを訪れることに同意しました。初めこそうまくいっているように思えましたが、間もなく、本当にこれでいいのだろうか、との疑問が湧いてきました。『小さい弟や妹も一緒なのに、お父さんに会いに行っても本当に大丈夫なの?』。社会背景的に子どもが「告げ口をする」ことがよしとされていな

い時代でしたので、父の住居にアルコールの痕跡を見つけるようになっても、わたしはそのことを胸の内にしまっておきました。

ある日、面会に向かうわたしたちを父が迎えに来たときのことです。2階にある寝室の窓辺に立って外を見ると、父のエネルギー場（フィールド）が目に飛び込んできたのです！　そこには何かよからぬもの、そう、「敵意」のようなものが感じられました。その瞬間、わたしは悟りました。『もう会ってはいけない』。これから自分がしようとしていることを誰にも告げることなくわたしはツカツカと階下に下りて表に出ました。近所じゅうの人たちが見ていたであろうその前で、わたしは力ずくで弟と妹を車から引きずり出すと、父の前に立ってきっぱりと告げたのでした。「もう会うつもりはありません」。もちろん父は烈火のごとく怒りました。「いつか仕返ししてやるからな、ペギー・アン！」。これが父の口から聞いた最後の屈強な言葉でした。そのとき、のちにわたしたちの継父となる屈強な体つきの男性が何の騒ぎかと様子を見に家から出てきました。彼がついてくれているのを感じたことで、わたしは毅然と胸を張っていることができました。

父は二度とわたしたちに会おうとはしませんでした。自分が目にしたものの、わたしも振り返ることはしませんでした。自分が目にしたものの正体がわかったからです。11歳のわたしは気づいていました。「これでみんな自由になったんだわ。お父さんも」と。

神の愛を求めて

一連の出来事はイニシエーションの次なるレベルへと進む準備になりました。わずか11歳にして「見える」能力が再び開花しはじめたのです。わたしはずっと信心深い子どもでしたが、ここにきて神と宗教に対する関心が高まっていました。それからの数年間に、米国聖公会、プロテスタントの会衆派教会、メソジスト派教会、宗派の異なる複数の教会に通いました。いつも聖歌隊で歌い、クリスマスに毎年おこなわれる劇では天使の役をしばしば演じました。

そして15歳のときに初めて、神のエネルギーを感じる体験をしました。当時、わたしは若い女性のキリスト教徒向けのスピリチュアル研究会にいました。聖書を読み込んでいると、神の威光に辺りも色あせたというくらいに行きあたりました。神の偉大さを感じはじめたわたしの体の細胞が振動を始め、どくどくと脈打っているような感覚がわたしの存在全体にほとばしっていきます。「山のてっぺんにでも瞬間移動しちゃうんじゃない!?」。めくるめく感覚の変化に圧倒されてギョッとなったわたしは、思わず乱暴に聖書を閉じていたのですが、わたしには心の準備ができていなかったのです。創造主のエネルギーが現れようとしていたのに、わたしには心の準備ができていなかったのです。

それから数年後、わたしは家を出て自由を手に入れる選択をしました。ティーンエイジャーの多くがそうであるよ

第1章　光の世界へ　ペギーの物語

神への強い情熱を抱いていたわたしは『もしも神様がわたしのお父さんならば知りませんでした』（このころは神の一部だったことが自分がすでに神と一体であることを思い出すきっかけになりました。（大昔の神ではなく、いま現在の神です！）。つながりとついて知りませんでした）。わたしは神の一部だったことがあるはずよ』と想像していました。この想像が、自分がすでに神と一体であることを思い出すきっかけになりました。

いっても、いったいどういうものなのか、はっきりとは自覚していませんでした。ただひとつわかっていたことは、自分の存在のなかにある神、この体の中に、時間に、場所に、いまこの瞬間、わたしの人生のなかにいる神をわたしが心の底から知りたがっているということでした。そのころのわたしは、神を知りたいと切望することが自分の魂を思い出したいと望むことでもあるとは知らずにいました。こうしてわたしは探求を開始したのです。

神が存在することを疑う気持ちなどこれっぽっちもありませんでした。証拠を求めていたわけではありません。わたしが求めていたのは、神とひとつにつながることだったのです。『どうしたらこの結びつきを体験することができるの？』。振り返ってみると、初めての試みであるようなおかしなことをしたのも無理はないと思います（みなさんは自分が宇宙レベルの見せ物になったような気分になったことはありませんか？　ご安心ください、あなただけではありませんから！）。わたしが読んだ本のなかに、暗い部屋

うに、さらに信仰心の篤い一家で育ったことも手伝って、わたしは家族に息苦しさを覚えていました。高校を卒業すると「ここからは自分のルールに従って生きていくわ」と家族に威勢よく言い放ち、18歳の誕生日に結婚しました。夫はベトナムに出征して1年にわたって現地を転戦しました。夫が帰還すると、わたしは他の大勢の人がそうしたように、人生について深く自問自答するようになりました。1960年代の終わりから1970年代の初頭にかけてのことで、宇宙的に見ればすでに水瓶座の時代に入っていました。ベトナム戦争は終結目前で、自分自身を知ることが人間が集団として成長を遂げていくうえで踏むべき次なるステップになろうとしていました。60年代を象徴する自由気ままな暮らしに直に加わることはしませんでしたが、確実にその影響は受けていましたし、時代の空気に煽られて起きた進化の波に乗ろうとしていました。20代の初めで、人生を自分の手中にようやく収めていました。幼なじみと結婚して、素晴らしい仕事に就いてすてきな部屋に暮らしていました。しかし、わたしにはわかっていました。『何かが欠けている』。心のなかに満たされない隙間があったのです。

神への信仰心をかたときも忘れずにいましたが、わたしは望むような神とのつながりを感じられずにいました。当時、「実際に神の顔を見てしまうと生きていられなくなる」と教えられていました。若気の至りで、その警句が文字どおり死を意味するものと信じきっていたにもかかわらず、わたしの思慕は自他ともに認める激しいものへと成長して

にろうそくを1本灯しただけの状態でじっとしているように勧めているものがありました。不気味にも思えましたが、先にも触れたように、本当にひとつにつながりたいと思っていたのです。毛布で窓を覆ってろうそくに火を灯し、寝室の電灯を消して、神に3度、尋ねました。「聞こえますか？」。簡単にあいさつの言葉ぐらいは交わしてからお互いにつながるべきだと思ったからです。2度目まではひそひそ声で尋ねましたが、応答の気配すらうかがえなかったので、3度目はかなりはっきりとした声で問いかけました。すると突然、まるで誰かが叩いているかのようにわたしの化粧だんすがドンドンドン、と鳴ったのです！窓を覆っていた毛布がバサッと床に落ちて、部屋のなかに光がどっと流れ込んで来ました。仰天するあまり、わたしは文字どおり表へと逃げ出すと、アパートから遠ざかろうと一目散に走りました。日中の陽ざしを浴びていると、創造主がこう言ってくれているのがわかりました。「ああ、わたしはすぐそばにいる。だからもうそんな薄気味の悪いことはしないでいいのだよ！」と。そうして、わたしは異なるアプローチを試みるようになりました。

当時のわたしは、瞑想やマントラというものは何ひとつ知りませんでした。それでも心のなかで「覚えています、覚えています」とくり返し唱えました。「わたしと父なる神キリストに意識を集中して唱えました。「わたしと父なる神はひとつです」。呼吸をするたびごとに一体であることを味わいたかったのです。

挿絵1.1　創造

あのコバルトブルーの光が目の前で踊るのを目にしたときは、うなじの毛がふっとそそり立ったものでした。神のことを知りたいとお願いをしていたのに「あら、間違えて別の存在とつながっちゃったのかしら？」。きらきらと輝く青い光は、それからいつもそばにいるようになりました。わたしの向かうところはどこでもついてきました。しばらくすると不安はなくなって、好奇心がそれに取って代わりました。手を伸ばしてそっと光に触れると、チリチリと心地よい、じつに穏やかな感覚が伝わってきます。両手を通り抜けてはその周りを舞い踊るこの光の姿にわたしはすっかり心を奪われました。この光が何を伝えようとしているのかはよくわかりませんでしたが、わたしとこの光はつながっているということだけはよくわかりました。ある夜、この光のせいでなかなか寝つけないことがありました。わたしがベッドに横になっていると、頭の上を光がひっきり

第1章 光の世界へ ペギーの物語

なにか飛び回るのです。あのような光のショーを見せられては休むことなどできようはずがありません！　わたしはベッドから起き出してリビングに移動していきます。不安を覚えたわたしは、とっさに聖書をひっつかむと、それを胸の前でぎゅっと抱きしめました。何が起きているのかもわからぬまま光を見つめていると、心の奥深くからある疑問が湧き上がってきました。それも、頭の中ではなく、太陽神経叢（ソーラープレクサス）の辺りから湧いてきたのです。わたしは光に尋ねました。「わたしに何か伝えたいことがあるの？」。ついに正しい問いかけがなされ、答えを受け取る瞬間が訪れました。喜びの感覚がじわじわと湧いてきます。そして、祝福するようなエネルギーがわたしを取り巻いたかと思うと、光はそのあいだもますます輝きを強め、ついにはまばゆい光を放つ1枚のベールに姿を変えました。次の瞬間、ベールは消えて失くなりましたが、今度は頭のてっぺんからつま先へと、エネルギーがわたしの全身を貫いていきました。そのとき、ついに思い出したのです！　ほとばしるようなエネルギーに打たれながら、わたしは「始まりも終わりもない」という存在になりました。

この幻想的なエネルギーはわたしの肉体の内に、そして外にあふれかえりながら、わたしの存在のすべてを満たしていきました。どこもかしこも光に満ちあふれ、まるで時間の外側に抜け出たかのような感覚が生まれました。エネルギーと光に包まれながら感じたのは、創造主である神の

無償の愛でした。けっして裁かない、無限の愛だけがそこにありました。『やはり神はいたんだわ。いまも愛のエネルギーに躍動しながら』。このとき、わたしには十字架にかけられたキリストのヴィジョンも見えました（これはキリスト教徒としての宗教的背景がわたしにあったからでしょう）。キリストは力強いエネルギーを放ちながら創造主への愛の言葉を唱えていました。エネルギーが強さを増し、全身の細胞が最大出力に切り替わりましたが、わたしの回路にこの電力は負荷がかかりすぎていました。110ボルト用の配線に220ボルトの電流を流したかのように、この忘我の境地は耐えがたい痛みに変わったのです！　わたしは歓喜と感謝の涙を流しました。そのような状態がどれだけ続いたのかはわかりませんが、その夜はとにかく眠れなかったことを覚えています。このときを境に、わたしにとっての人生は永遠にその意味合いを変えました。これほどの愛、光、……そして、ああ、混乱に満ちたものだったとは！

神はわたしの想像していた以上の存在でした！　言葉では言い表すことのできないほどの愛に満ちあふれていた！　すぐにわたしは「口から泡を吹いてひっくり返る変人」と噂されるようになりました（あるいはもっとひどかったかもしれません）。「自分のなかで起きたことを何としても理解したい。この新たな認識のレベルに慣れ親しんで、体験

を再現する能力を磨いてあのつながりを感じながら生きていきたい」とわたしは願うようになりました。

どこにその答えと導きを求めてよいのかがわからず、わたしはそれを間違いなく知っているはずの人々、つまり、それまでに知り合った宗教的指導者に助けを乞いました。ところが、彼らの答えはわたしが期待していたような目の前を明るく照らしてくれるものではありませんでした。

「どうして君にそのような体験ができるかね? 君はまだ22だ。しかも離婚家庭の子で、あの界隈の出ときている。君にはかなり変わったところがある。どうして君なんぞに神が語りかけるのかね」と。

少しがっかりしましたが、あきらめずに尋ねて回ったわたしは、ようやく本気で耳を傾けてくれて、答えを持ち合わせていそうな人物にめぐりあいました。「なるほど。そのヴィジョンは光が見えるところから始まるのかね」。彼女は尋ねました。「そう、そうです。きれいな光でした!」。彼女が何かを知っていりそうな質問をいくつかしてきたので、答えにこちらに近づいている期待感が湧いてきました。この人は何でも調べ、膨大な量にのぼるさまざまな解釈や原理をしらみつぶしに研究することに没頭しました。あの何らかのエネルギーを帯びた、神の無条件の愛でできたキラキラと輝く光の正体を探す旅の始まりでした。

ちがいない、と。そして、次の瞬間、『そうだったのか!』と納得させられました。結論として、彼女はこう警告してきたのです。「忘れちゃだめよ。サタンは光の天使であって、とんでもないイカサマを働くものなの」。はあっ…。もう体験したことを人に話すのはやめて自分で答えを探求すべきときが来ている。わたしはこのとき悟りました。

光に振り回されて

わたしは心に誓いました。もう一度、あの無条件の愛の境地を体験しよう。そして今度は「しっかりとこの手につかんで絶対に離さない」と。「謎を解く鍵になりそうなもの、そして、あの強烈な愛のエネルギーを取り戻す鍵になりそうなものは何でも調べ、膨大な量にのぼるさまざまな解釈や原理をしらみつぶしに研究することに没頭しました。あの何らかのエネルギーを帯びた、神の無条件の愛でできたキラキラと輝く光の正体を探す旅の始まりでした。

ここでご紹介しているのは、わたしが辿ってきた探求の道をぐっと短縮したものです。わたしと同じ道のりを辿ってきた経験のある方は大勢いらっしゃるでしょう。わたしは読むことから始め、次から次へと乱読し、その勢いは留まるところを知りませんでした。どの本もわたしに力を与えてくれて、日常生活にもたいへんなやすらぎをもたらしてくれました。この探求をおこなっているのはわたしだけではないのだと実感することも多々ありました。今日、わたしの自宅を訪れた方のなかには、書斎の本棚を見て「読んだことのある作品ばかりだ」と驚かれる方が大勢います。自分たちがお互いに「同期して」意識の世界を探求していた過去があったと思い知らされるのは何とも嬉しいものです。

熱心に本を読み漁っていたころ、わたしはベリーダンスの研究もしていました。全身のエネルギーを躍動させよう

第1章 光の世界へ ペギーの物語

という決意に燃えていたのです。

踊るときには淡いブルーの衣装を身にまとい、自らを「エレクトラ」と名乗っていました。このころ、所属していたダンスグループで知り合った女性にシルヴァ・マインド・メソッドの存在を教わりました。このコースはわたしが今日まで学んできたもののうち、最も価値のあるものとなりました。わたしは同じ志を抱く人たちの集まりに、あるいは肉体を介してエネルギーを使って働きかけるグループにも参加しました。

つづいて関心を寄せたのが禅でした。東洋哲学の研究を通じてマクロビオティックを実践している方々とも知り合いました。初めは食べ物を最大限に消化するために、律儀にもひと口ごとに玄米を35回嚙んでいたものです。「古くから受け継がれてきた」基本的な叡智、たとえば、物事にはすべて表と裏があるといった意味について熟考を重ねたこともありました。身に着けようと取り組んだものはことごとくわたしを魅了し、そこに宿る叡智は乾ききったわたしの魂に水のごとく染み込んでいきました。全部を習得しようとなんてしていたら一生かかるわよ、という警告を受けてもわたしの決心は揺らぎませんでした。

最終的にスーフィズム（イスラム教の神秘主義的思想）に強く惹かれ、ピア・ヴィラヤットの『Toward the One』（仮題『一体となった世界に向かって』）はわたしの心の拠り所になりました。同書に記されていた実践的な導きの言葉が実りの多い示唆を与えてくれたおかげで、霊的な存在としての

わたしの表れ方に深みが増していきました。さらにわたしは、キリスト教再生派の熱心な伝導集会に所属して数年間活動しました。この間にわたしはリバーシングセッションやロルフィングセッションも経験しました。何年かにわたってシッダヨガの実践とスワミ・ムクタナンダとの個人的交流を続けたことが、この人生の旅路で最も貴重な体験を提供してくれました。

つづいて、シャーマニズムがわたしの「訓練教育カリキュラム」に加わりました。初めにアフリカ系のシャーマンに、それからブラジルのシャーマンに学びました。やがて、ネイティヴ・アメリカンの叡智にも親しむようになり、ラコタ族の神聖なパイプを所有する美しい女性に師事しました。この女性、その名も「リトル・ホーク」がうやうやしくパイプを包みから取り出した日のことが思い出されます。彼女はわたしをじっと見つめると、こう言いました。「わたしには見えます。あなたは他人のエネルギーを盗む必要はないのです」。パイプを両手にそっと載せられたそのときから数年間、わたしは指導を受けました。

テコンドー、太極拳、カンフーといった武道も学びました。あのエネルギーの躍動感を人生に取り入れるために何にでも挑戦しました。実際のところ、わたしが学んできたことは「真実は内にある。すべての答えも然り」「わたしたちは荘厳なる存在であり、なにごとをも極める力がある」といったスピリチュアルの原理をもたらしてくれましたが、これらの信条を日常

においてはなかなか実践できずにいました。これらの信条だけでは、わたしがもう一度味わいたいと願っていたあの強烈な愛の感覚は生まれなかったのです。無限なる存在に触れ、深遠なるヴィジョンを胸に抱きつづけてはいましたが、日常に映し出されるのは無力感ばかりでした。正直なところ、長年の努力もむなしく、人生も、仕事も、家庭もめちゃくちゃでした！　いらだちは募りましたが、神への愛と彼・彼女のことを知りたいという欲求は変わらずに抱きつづけていました。

女神

こうして15年ものあいだ、わたしは存在を確信していた神聖なる現実を探求し、待ち望んでいました。自分には「電源装置」のようなものがあることはわかっていました。『でも、どうやったらそれをオンにできるの？』この疑問はわたしが研究を続けながら神と融合するためのさまざまな試みをむなしくくり返しているあいだ、つねにつきまとっていました。いにしえの真理を理解して「わたしたちはみなひとつなのだ」との認識を深めるたびに心が満たされましたが、それでもわたしは、真実を垣間見せてくれたあの電撃的なエネルギーをどうしてももう一度味わい、そして維持したいと願っていました。探しあぐねた末に、わたしはありったけの思いを怒りのままにぶつけました。「もしもわたしのなかに答えがあるのならば、どこにあるの？　

どうすればそこにたどり着けるの？」。答えが訪れたのは1988年の立春の日のことでした。壮大な光のショーのなかで、ついにわたしは始まりも終わりもない歓喜を再体験したのです。

このときは長身で黒髪の光の戦士がずっと付き添ってくれていました。わたしを肉体から連れ出すと、宇宙の無限エネルギーが入り組んでできた格子の迷宮を導いていきます。右も左もわからないエーテル界のことですので、彼がついてくれていたことにはどれだけ感謝したかしれません。わたしたちは宇宙の奥の方へと進んで行きました。「さぞ壮大なハーモニーが奏でられているにちがいない」と期待して現実世界のあるほうを振り返りましたが、そこにあったのは自由と隷属のはざまで格闘しながら不協和音を発している生命体の寄せ集めでした。しばらくすると、わたしたちはある場所に入りました。広々とした空間に優美な調度品がしつらえられ、息を呑むような眺望が広がっています。目の前にはいままでに見たことがないほど巨大な窓がそびえ、その向こうには宇宙空間が果てしなく広がっています。部屋には数人の女性がいて、どうやら信頼できる仲間のようでした。わたしたちはそこで準備をしていたのでした……これから起きる出来事に向けて。

窓外に広がる荘厳な宇宙を眺めていると、その出来事が展開を始めました。窓の左端に白い、妙なる光が浮かび上がってきます。白光でできた優雅な馬でした。漆黒の空間をさっそうと駆けてくる馬の背には、見目麗しい女性の

姿かたちをした光の存在が乗っています。わたしは思わずハッと息を呑みました！「ねえ」と声をかけようと振り返りましたが、ガイドとなってくれていた戦士の姿が見当たりません。そこへ、女性たちがわたしの周りに集まってきて、みるみるうちに愛とやすらぎの感覚が辺り一面にほとばしっていきました。再び光の女神の方に向き直ると、あの光の戦士が女神の傍らに寄り添っていました。「あら、美貌を満喫中なのね」。わたしは彼の姿を見て笑ってしまいました。ところが驚いたことに、戦士は女神を乗せた馬をわたしのいる方に向かって導いてくるではありませんか。そのとき、周りにいた女性たちは場所をゆずってわたしを光のソファにもたれさせてくれました。戦士姿のガイドと光の存在が近づいてくるにつれて、心のなかを支配していた静けさがどんどん強さを増していきます。ついに、わたしたちの間にあるものは巨大な窓だけになりました。光の存在はするりと馬を降りると、宙に浮いたまま、あたかもそれが存在しないかのごとく窓をすーっと透り抜けてしまいました。女神が光の美貌をわたしの顔の真正面に据えます。お互いのエネルギーが同期していくのを感じていると、女神はわたしにそっと微笑みました。晴れやかな笑みに、わたしは混じりけのないやすらぎを覚えました。

次の瞬間、思わず言葉を失うような出来事が起きました。いまでも思い出すと心を奥深くから揺さぶられます。わたしと女神は、じわりじわりと融合してひとつの存在になったのです。とてつもなく強烈なエネルギーでした。これま

での15年はこのときのための準備期間だったのだと一瞬で悟りました。いまだからわかることですが、光のパワーとエネルギーがあまりに強烈だったので、この瞬間まで待つ必要があったのでしょう。光の存在と一体化していくにつれて、わたしの心にはえも言われぬ不安が広まっていきましたが、新しく出会った仲間の女性たちが「アァァァー」という歌声でそれを和らげてくれました。歌声は口からではなく、心（ハート）から発されていて、その心地よい響きにたいそう癒されました。どんどん心が楽になっていき、気がつくとわたしは光の柱に光の糸を幾重にも束ねたような姿になっていました。情報が奔流のようにひっきりなしに送られてきます。どれくらいのあいだそうしていたのでしょうか（こうした出来事は時間の制約を受けないものなのです）。物質的世界で目を覚ましたとき、この体験で受け取ったエネルギーはほとんどそのままわたしのなかに残っていた

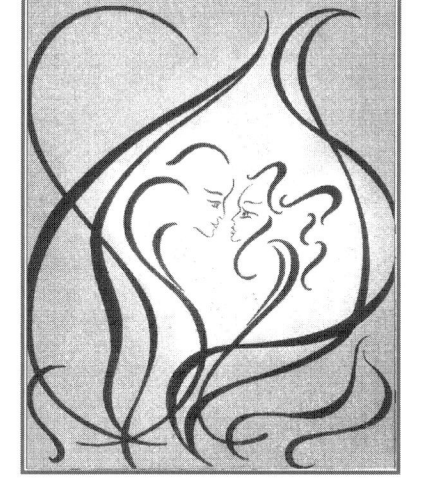

挿絵1.2　愛

ました。ただ、たっぷりと充電されたような感覚はあっても、全細胞にエネルギーを完全に吸収させるまでは動き回ることができなかったので、何ともこっけいな話ですが、わたしはベッドの上に起き上がって『誰か生まれ変わったわたしにハッピーバースデーの歌を歌ってくれないかしら』などと夢想していたのです！

あのえも言われぬ光とエネルギーの存在は何者だったのでしょう？　彼女は自身を永遠の女神と名乗っていました。男神、つまり父なる神は創造主の陽の側面にあたります。わたしが出会って融合を体験したのはきっと陰の側面だったのでしょう。わたしのエネルギー場　全体を流れる光のパターンはこの融合によって変換と活性化を遂げました。このエネルギーパターンがユニバーサル・カリブレーション・ラティス（UCL）であるとわかるのはのちのことです。あのとき、わたしはUCLを成している光とエネルギーの糸になって「わたしの真実がこの光とエネルギーの糸になって」の体験をしていたのです。チャネリングを体験したのはこのときが初めてで、この一度の重大事件のなかで、最終的にEMFバランシング・テクニック®となるエネルギーの追加パターンを含めた膨大な量の情報を受け取っていたのでした。若かったのでしょう。これでようやく霊的に目標としていたレベルにたどり着いた、これこそが待ち焦がれていた変容だったのだと当時のわたしは思っていました。驚きに満ちたスピリチュアルな世界の門が開いていたのでした。

ここから先は人生も魔法にかかったかのようにスイスイと運ぶに違いない。しかし、わたしは自分のエネルギーが以前と変わっていないことに気づくようになり、さらなる試練と儀式を経験することになるのです。

転機

『スピリチュアルな世界の門が開いたことがわたしの人生にどのようにはね返ってくるのだろう』。そう思いをめぐらせていると、次なる試練が幕を開けました。当時、わたしは読書を始めてから4、5冊目の本としてリン・アンドリュースの『Crystal Woman』（仮題『クリスタル・ウーマン』）を読んでいました。わたしはリンの本を読むための時間をつねに確保していました。彼女の作品はストーリーに強く訴えかけるものを感じ、読み終わったあとに貴重な気づきやきっかけをもたらしてくれたからです。物語を読み進めていくと、リンがパワーを手に入れるという場面にさしかかって体調が悪くなることに本人が気づく、『これ、すごくよくわかるわ』。そのとたんに、わたしはだんだんと気分が悪くなってしまいました。『しっかりなさいよ、ペグ』と内心つぶやきました。『あら』と思いました。『あなたったら、暗示にかかりやすいのね』。

その数日前、わたしは近所の子どもを連れて地元のプールに泳ぎに出かけましたが、じつはそこで肺炎をもらっていたのでした。子どもの場合は比較的症状は軽いものの、

第1章　光の世界へ　ペギーの物語

大人が罹ると死に至ることもあります。重い症状が出ました。何というシンクロニシティーなのでしょう！わたしは大急ぎで本を読みました。リンが自身の男性性と女性性をうまく統合できたのかどうかを確かめておきたかったのです。彼女は作品の最後にそれをやり遂げていたのです。

読み終えたのを合図に、わたしの試練は佳境に入りました。このときは『これも宇宙が手助けしてくれているからなのかしら』と、物思いにふけったものです。当時、魂の探求のために読んだ作品の舞台となった異国の地を訪れることができなかったので、宇宙がこの冒険をコネチカット州ノーウィッチの片田舎にいるわたしにもたらしてくれていたのです。ついに過酷な試練の絶頂到来です。40度の高熱にうなされ、顔は真っ赤に染まり、心臓は狂ったように打ちつづけました。わたしはバスルームまで這っていくと、辺りのものにすがりつき、しがみつきして何とかその場に立ち上がりました。

ふと見上げると、目の前にこれまでに見たこともないほど巨大な光が浮いていました。どうやらこの青白い星は、次なる次元へと続く入口のようです。リゲルのように燦然と輝く光を仰ぎ見ているうちに、気づきました。『わたしはいま、肉体から旅立ってこの一生を終える機会を示されているのだ』。直感的に目を閉じて光から顔を背けると、声に出して言い放ちました。「いやよ、待って！こっちにいたいの！仕事をやり遂げるのよ！」。内心驚かされました。『どこからこんな考えが出てきたの？どういう

こと？』。当時、わたしは幼いふたりの子どもがいて、さらにデイケアで4人の子の面倒を見ていました。つまり、しがないデイケアのおばちゃんです。それなのに『仕事っていったい何のことを言ってるの？』。このときはまさに、一大転機でした。ここで旅立つという選択にも心惹かれるものがありましたが、あの無限のエネルギーを体験してもなお、わたしは本気でこの地球上に留まりたいのだと気づいて、我ながら意外な思いがしました。それもこれも、じつに多くの恵みをこの星で体験していたからでした。

ふたたび見上げると、星はもう消えていました。それからの数日間、わたしは生死の境をさまよいました。危篤に陥る直前、高熱がきっかけとなって幻覚を見ましたが、そのなかでわたしは、リン・アンドリュースと同じようにアボリジニ風の男性に体内に水晶を埋め込まれるという体験をしました。この肺炎から快復するまでに数ヶ月を要しました。この体験を境に、肉体的には丈夫になりましたが、気分はイラストの棒人間さながらになりました。病は癒えたのですが、あのときわたしの全細胞に取り入れたはずのエネルギーが休眠状態に入ってしまったのです。

1989年のことです。わたしは相変わらず当時住んでいた区域のデイケア・マムとして活動していました。胸の奥深くでは、この惑星の本質に関わるエネルギーに重大な変化が起きたことを確信していました。見る能力と想像力がふたたび生き生きと動きはじめていました。あの女神がわたしのエネルギー場に現れたこと、そして、金色に輝

く光の存在も登場したことに気づきました。この金色の存在はおそらく天使と呼ばれる存在でしょう。左側に3人の天使が付き従ってくれていることがはっきりとわかって、わたしはいつも愛おしく思っていました。この光の存在たちがまとっているエネルギーパターンは、現在のEMFバランシング・テクニック®のロゴマークとして表されています。

子どもたちの世話を続けながら、わたしは天使たちから受け取った情報を用いて新しいエネルギーワークを生み出そうとしていました。天使たちが示してくれた情報といくつかのエネルギーワークを組み合わせて、セッションをおこないました。人のエネルギー場(フィールド)に広がるミステリーサークルのパターンをたどっていくようなセッションでした。『そこにあるとおりにパターンをたどるように』と天使たちに指示されたので、得られる結果はクライアント個人のニーズ、つまり意図によって千差万別でした。肉体に癒しが起こることもとおりありましたが、それもわたしは副次的効果であると捉えていました。現在EMFバランシング・テクニック®として知られるようになったこの新しいメソッドで一番に目指したことは、ユニバーサル・カリブレーション・ラティスを活性化し、調整することだったのです。

同じころ、わたしの人生と環境が劇的な変化を始めていました。まず、わたしは家のなかをつねに整理整頓するようになりました。「あのワークは効く」という口コミが広

まるにつれて、訪れるクライアントの勢いが増してきたからです。気分や感覚が「変わった」あるいは「軽くなった」という声があがりはじめ、人生が充実したものになったと人々は実感するようになりました。しかし、そこにたどり着くまでの道のりもトントン拍子というわけではありません。クライアントが引き続き自力でおこなう必要のあるワークがあるからです。それでもクライアントの方々は継続することで以前よりもエネルギーや気力がみなぎってくることに気づき、自分たちの魂が用意した次なるステップをやり遂げるよう導かれている実感が得られるようになりました。一度にひとりのクライアントに根気強く向き合ってワークに取り組むことで、評判は徐々に高まっていきました。

そんなとき、思いがけない偶然が重なり、EMFワークを称賛する内容の記事が地元紙に掲載されました。これをきっかけにして、わたしは生まれて初めて公の場に出ることになりました。地元で開かれている社会人向けの教育プログラムに講師として招かれたのを皮切りに、ニューエイジ系の店舗やホリスティックな健康促進のための博覧会から一流企業にまで招かれるようになったのです。記事になるほんの1年前までは、世捨て人のような暮らしを数年間していたわけですから、この一歩はけっして楽なものではありませんでした。人前に出るとひどく気おくれがして、人づきあいも苦手でした。

その一歩はほとんど無意識のうちに踏み出していまし

1+1=∞

強烈な恐れや苦痛、悲しみといった感情は深い学びをもたらしてくれます。23年の結婚生活を経て、わたしは最初の夫・デヴィッドと離婚しました。長きにわたって別々の道を歩んできたわたしたちの間には、果てしないほどの隔たりができていました。ともに過ごした年月やふたりのすばらしい娘に恵まれたこと、そしてスピリチュアルの道を長年探求していたわたしを見守ってくれていた彼の寛大さにはいつも感謝していました。結婚生活も終わりに近づいたころ、デヴィッドの職場の同僚がこう言っているのをわたしは立ち聞きしました。「これで彼女もまともな仕事に就かなくてはいけなくなるな！」。自分のすべてだと思っていたものが終わりを迎えてしまったことで、『これからどうしたらいいの』と途方に暮れてしまいました、が、自分の魂の成長に深く関わっていることはわかっていました。誰もが経験するように、わたしはこのとき苦い教訓を得たのです。

思い出の詰まった愛しの我が家をあとにして、街のなじみの薄い地区に越しました。すべては自由を手に入れるためでした。このときの経験はわたしに逞しさを授け、人生とキャリアを着実に築いていくことを教えてくれました。わたしは事務所と駐車場付きの大きな屋敷を中古で借りました。ふたりの娘を守らねばとの思いから、主婦業も続けることに決めました。ひと月でも仕事にあぶれたら支

た。神・女神への情熱と愛にひたすら従ったのです。自分がどれほどの変身を遂げようとしているのかなどということにはまったく気づいていませんでした。ユニバーサル・カリブレーション・ラティスとEMFバランシング・テクニック®について語り、教えるためのすべを、わたしは知らず知らずのうちに身につけていました。人がすらすらと口ずさむ歌や詩のごとく、伝える内容が魂からあふれてきたのです。地元のラジオ局やテレビ局からも出演依頼が舞い込むようになりました。必ずしも簡単にというわけではありませんでしたが、わたしは自分がこの過程を継続したいと願っていることを実感するようになりました。遠方にも足を延ばすようになり、初めはニューイングランド州内をあちこち回り、つづいて国内の各所に出向くようになりました。数年が経つと、このワークが全国規模のビジネスに成長しつつあることに気づくようになりました。

他人の内側にあるUCLに働きかけをおこなううちに、わたしの肉体とエネルギー場（フィールド）にも力強さがみなぎることができ、「自分の存在のエネルギーを満タンに保っておく」ことができるようになっていきました。あの宇宙エネルギーを自由に流すだけの余裕もできて、『これでわたしも自分のパワーを保っておくことができる。神・女神との結びつきもよみがえ（蘇）るんだわ』と確信しました。わたしはこのときを初めて、地球上でやすらぎというものを覚えるようになりました。

払いも滞るのではないかと、いつも身の細る思いでした。

このころのわたしは、あれほど情熱を注いでいた無限なる協力者の存在をすっかり忘れてしまっていました。宇宙はわたしたちみんなのことを知っていました。そしてわたしは、宇宙とのつながりをたしかに築いていました。それは、お金のやりくりに不安を覚えはじめた日の翌日のことでした。あるすばらしい女性が電話を掛けてきて「ワークを教わりたいっていう人が5人いるの。あなたは越したばかりでしょう。どうぞうちを使ってちょうだい」と言うではありませんか！ そのクラスでいただいたお金は新しい家に必要なものを買ったりする代わりに大切に貯金しました。お金のもっているエネルギーに注意を払うようになったのもこのころです。人生に挑戦と刺激が同居していました。わたしは地域で一対一のワークは拡大を続けていました。わたしは地域で教えながら、家庭の状況が許すときには引き続き出張セミナーもおこない、個別のワークと出張セミナーで家計を支えていくことができたので、EMFバランシング・テクニック®の開発も継続しました。プライベートではときおりデートをして、大胆な冒険に出たこともありましたが、特別な関係には一度も至りませんでした。子育てと仕事に満足できていたので、シングルでいることに心地よさを覚えていたのです。他人の存在で気持ちを埋め合わせる必要がなかった、つまり自分で自分を完結していました。それでもときには、こんな思いにふけることもありました。『この星に真実の愛は本当に存在するのかしら。もし存在する

のなら、それはどのような経験なのかしら』

これもシンクロニシティーのしわざでしょうか。地元の社会人向けプログラムで「エネルギー入門」という講座を開いたわたしは、教室に大勢の男性の姿を見て呆気にとられました。講座には30名近くの登録がありました。ステファン・ドゥブロが教室に入ってきて席に着くのを見て、わたしはすぐさま目を奪われてしまいました。『ここには仕事に来たのよ』と何度も自分に言い聞かせました。開始からしばらくして、受講生たちのエネルギーの様子を観察しながら教室をぐるりと歩きました。ステファンの背後に立ち止まると、彼がふり返ってわたしを見ました。その瞬間、エネルギーの奔流がわたしの全存在を一気に駆け抜けるのを感じて、わたしはまるでうら若き乙女のようにうろたえ、なつかしさを覚えたのです。初めて会ったとは思えないようなな

挿絵1.3　融合

す。どうにか夕方の授業を終えると、彼がわたしのところにやってきて世間話をしました。話してみると、わたしたちには共通の知人が大勢いること、そして幼少時代を隣町で過ごしていたことが明らかになりました。その後の展開についてては、ロマンス小説の一冊も書けそうな気がしますが、夫を困らせるようなことはしないと約束したのでやめておきますね！

夫婦としてのわたしたちのエッセンスを説明するとこうなります。「自分は魂の存在になっていく」と知っている男性がいます。そこに同じような思いを抱く女性を加えます。それを内なる創造主への愛と理解に混ぜ合わせて、できたものを愛のエネルギーに溶け込ませる。これで無限の可能性のできあがりです！

果たして、わたしたちは何の迷いもなく結婚して、それ以来ずっと手を取りあって成長してきました。別の次元で光の存在と会うときにガイドとなって付き添ってくれたあの戦士に、ステファンが生き写しであることに間もなく気づきました。EMFバランシング・テクニック®のフェーズ3とフェーズ4は、ステファンとわたしが出会った日の目を見た情報です。このワークを肉体とするならば、彼はその手となり足となって完全性と安定という欠かすことのできないエネルギーを注いでくれました。わたしたちはともにこのワークによく仕え、尽くすことを誓いあいました。彼はこれを確かめながら、わたしがもてる力を存分に発揮するよう励まし、進化を続けるこのワークの質と完全性をたゆむことなく評価しつづけてくれています。わたしたちはいつも互いを補いあっています。1＋1が無限大になるような膨大な可能性をはらんでいて、このパートナーシップは無限の関係にちがいないとわたしは感じています。わたしたちはお互いを尊敬しあう親友であり、そしてもちろん、魂で仲睦まじく結ばれた夫婦なのです。

めぐり合わせが重なって

ステファンと結婚してからもわたしはEMFの個人セッションを続けました。出会ったころは生きていくことを第一に考えて、1日6時間、週7日間働いていました。人に奉仕しているのだからいつでも対応できるようにしておかなければ、と自分に言い聞かせていました。奉仕することと自分をないがしろにすることは別だということを、このときのわたしは身をもって知ろうとしていたのです。わたしはだんだんと燃え尽きていきました。よかれと思ってしていたこととはいえ、明らかに生活にバランスを欠いていたことと、明らかに生活にバランスを欠いていました。

そこで、ステファンの助言を聞き入れてスケジュールを見直すことにしました。子どもの成長をサポートする必要がわたしたちにはありました。セッションは週4日に抑えて、それ以外の日は子育てに充てました。自分たちが人々のために法に則って法人を立ち上げました。自分たちが人々のために奉仕していると同時にこれがビジネスでもあるということ

を世間に知らしめるためです。わたしたちが、いまもともに歩んでいるスピリチュアルな道の始まりです。わたしたちはパートナーである無限の存在の導きに従うことを学びながら新たなスキルを開発していきました。ステファンがいつも言って聞かせてくれていたことがあります。「大切なことは成功するかどうかではなく、ベストを尽くすかどうかなんだ。やるだけのことをやって、それでだめならばそれでいいじゃないか」と。コンピュータにも習熟して、広告宣伝も自分たちでおこないました。プラクティショナー向けのトレーニングのしくみを作り、さらにはトレーナー養成プログラムも立ち上げ、最初のEMFマニュアルも自分たちで作成しました。その間、わたしたちはお互いにといかに協力しながら家族としての関係を育んでいくかを学んでいきました（すんなりことが運んだとはひと言も言っておりませんので！）

思わず腰を浮かせるようなチャンスが次々と舞い込み、わたしたちはその多くをものにしながらたくさんのことを身につけていきました。1995年の夏には、ある心躍る出来事がありました。わたしたちの親友のひとりを介して、コネチカットに本社を置き、研究開発をおこなっている一流企業のソナリスト社がわたしたちに接触してきたのです。C・エヴェレット・クープの健康関連のビデオシリーズをプロデュースしているソナリスト社は、政府からの契約を専門に取り扱っていました。同社はわたしたちと共同でNASAに助成金を申請してEMFバランシング・テク

ニック®の効果を研究したいと考えていたのです。実験でわたしたちが担当したのは、受講生をふだんおこなっているトレーニングやエクササイズを提供することでした。実験は「チームパフォーマンスの改善に与える電磁場エネルギーの認識の作用」をテストする目的でおこなわれました。つまり、魂と生体を統合することによって集合意識を刺激しようと試みたのです！　機が熟していなかったということでしょうか。非常に残念なことに、ソナリスト社はNASAの助成を受けることができませんでした。それでも、海軍所属の研究者と協力して詳細に記した実験の内容を23頁にもわたる正式な提案書にまとめた経験は、宇宙から届いた激励ともいえる貴重なものでした！

わたしはこのころもホリスティックな健康促進のための博覧会でたびたび講演をしていました。その際、来場者の方から「リー・キャロルさんのクライオンシリーズってご存じですか？」と尋ねられることが何度もありました。いいえ、と答えると、相手の方はきまってこう言うのでした。「あなたが話されている内容とリーの書いていることには重なるところがたくさんありますよ」。心惹かれるものはありましたが、まだ興味本位の域を出ることはなく、それもすぐに薄れていきました。それまでにいくらかの成長を遂げていたことで、わたしは本から何かを得たいという段階は卒業していたのです。わたしは望んだとおりに、そのまま実践の道を進みつづけることにしました。

やがて春が訪れ、わずか3日間のうちにクライオンシリーズ第1巻の『終末の時』を3部、しかも、それぞれ別の方からいただくというハプニングが起きました。3部とも自宅まで配達されてきました。偶然が3回も重なればさすがに気になり、好奇心をくすぐられました。しかし、おそらくそれが「チャネリング本」だったからでしょう。わたしは読むことはせずに、しばらく考えることにしました。それまで紹介されたチャネリングによる情報はどれも大いに刺激を与えてくれはしても、実用性に乏しく、中身が薄いものも見受けられる気がしていたのです。実体のあるもの、つまり、その世界に役に立つようなツールと情報をわたしは渇望していました。

しかし、夫のステファンはこの奇遇を放ってはおきませんでした。彼は本を手に取り、作品にこめられているエネルギーと情報に深い感銘を受けました。これは貴重な資料だ、と見抜いた彼は、ところどころをわたしに読み聞かせてくれました。内容を楽しく聞くこともできましたし、何よりその情報の明確さには目を見張るものがありました。それでも、わたしが自分から本に手を伸ばすことはまだありませんでした。そんなある日、ステファンはニューエイジ系雑誌のエージェント代表と電話で話をしていました。ふたりはEMFワークと関連するクライオンのエピソードを話題にしていました。そこでこの代表は、わたしたちはEMFワークのことをすべきなのではないかと感じて、彼の電話番号をステファンに教えてくれました。また偶然が重なりま

した。

「君にあげるよ」。ステファンがそう言って電話番号のメモをくれました。それまでにもさまざまなシンクロニシティーを介して、スピリチュアルな分野のすぐれたリーダーたちと話をする機会に幾度も恵まれてきました。大きな気づきや学びを与えてくれる相手と触れ合う新たな機会の到来です。リーへの配慮から、ここは作品を読んでから連絡を取ったほうがいいだろうと思い、ついに彼の書いた本を自ら手に取りました。初めはおさらいする程度に読むつもりでしたが、気がつくと隅から隅までむさぼるように読んでいました。わたしはそこに記されている言葉に深く胸を打たれ、読みながらときに膝を叩いて大喜びし、声をあげて泣き、笑いました。

リーの作品は、わたしがそれまでに人生やワークで経験してきたことに説明を施してくれました。わたしは1989年に力強い変容が壮大なスケールで起きたことを感じ取っていましたが、じつは、UCLがアクセス可能になったのがこの年だったのです。そうした出来事を考えてみれば、あとの章で触れます。このワークに関することに絞って考えれば、集合意識のなかにクライオンが登場したことはEMFバランシング・テクニック®だけではなく人類全体が進化を遂げる大きな要因になりました。それまでわたしは7年間にわたって、何百、何千という個人セッションを通じて人のエネルギー体で起きているこの進化を最前

列で目撃していたのです。

リー・キャロルに電話を掛けて話をすると、わたしたちはすぐに打ち解けました。まるで古い友人と会話をしているかのような親しみがそこにはありました。同じ年の秋に、わたしとステファンはニューハンプシャー州を訪れて、リー・キャロルとその魂のパートナーであるヤン・トーバー、そしてクライオンに会うことができました。そして1997年の2月、わたしたちはいまも世界じゅうを旅しながら、ともに無限なる存在とのパートナーとしてワークの共働者になりました。わたしたちはいまも正式にこのワークの共働者になっています。

ユニバーサル・カリブレーション・ラティスが明らかにする現実は、世界じゅうの人々の信頼を得ています。「じつは格子状の構造がずっと見えていた」と言う方は大勢いるはずです。わたしたちのトレーニングセミナーでも、UCLの情報は非常に歓迎されています。受講者のみなさんは自分が作っているものの存在を意欲的に学ぼうとしていれとつきあう方法を確かめながら、一回一回のクラスをいるときには、受講生ひとりひとりのフィールドの場に走るエネルギーの糸が反応する様子を確かめながら、一回一回のクラスをそのときに合った面白いものにしています。教えながらわたしの言葉を通訳してもらっていると、参加者の方がそのエネルギーが動いたことにわたしが気づくよりも前にエネルギーが動いたことに気づく、といったことがときどきあります！わたしたちが日常で使っているものとは別の言語が間違いなく存在しているのです。

EMFバランシング・テクニック®は、ユニバーサル・カリブレーション・ラティスに働きかけることに特化したエネルギーワークです。このメソッドの種は、すでに地球全体に播かれています。これを書いている時点で、33カ国でプラクティショナーと講師が活躍しています。このワークはいまも成長を続けていて、その素晴らしいニュースが急速に、かに効果が表れていて、その素晴らしいニュースが急速に広まっているからです！

アーニャ

あるときステファンとわたしは、あの光の女性との出来事について話していました。「わたしの一部だったのかしら？」とわたしたちが日常で使っているものとは別の言語が間違いなく存ありは、あの光の女性との出来事について話していました。「わたしの一部だったのかしら？あの女性は天使だったのだろうか」と。「わたしの一部だったのかしら？」とわたしは

挿絵1.4　目覚め

思いました。わたしにとって彼女はつねに支え、助けになろうとしてくれるかけがえのない友人です。あのこころやすらぐ光の存在の正体はいったい何だろう。ふと、ステファンがこんな言葉を漏らしました。「彼女に名前はあるのかな？」。そのときです。気がつくと、背すじがひとりでに伸び、わたしは低い声でその名前を口にしていました。「アーニャよ」と！　彼女はそれから30分以上にわたってわたしたちと会話をしました。彼女がわたしたちのもとに現れてくれたことがとても力になり、勇気づけられました。

わたしはいまではこのように理解しています。アーニャとの体験を通じて、わたしは神聖な女性性に触れていたのだ、と。アーニャはジェンダー意識の表れ、垣根のないひとつに統合されたものの表れですが、ここではみなさんにわかりやすいように、このすばらしい存在を「彼女」と呼ぶことにします。アーニャは豊かな学びを授けてくれる存在であり、わたしたちを取り巻く目には見えない惑星変化の一員として活躍しながら、クライオンがもたらす惑星変化の知識を補い、さらにはEMFワークの発展をも手助けしてくれています。彼女は人と人とがつながり、この現実においてお互いを敬い、尊重するようにと心を配っています。また、わたしのことをフェニックスと呼びたがり、人のなかにある不死鳥のような永遠性に目を向けることをわたしに思い出させてくれます。人はみな人生の炎のなかで燃え尽きて、何らかの形で必ず復活を遂げるのです。アーニャ

はいつも、わたしたちの生命が永遠であることをさまざまに示してくれます。それを伝えていくことが、このワークが担う次なるレベルです。わたしが教えているときには必ず彼女がそばにいてくれます。わたしは自分がワークを実践する側の立場にそうしていることをはっきりと自覚しているのですが、それはその時々にチャネルをつなげたり外したりしているのです。EMFバランシングの講師がワークを披露する機会があれば、その時機や場所に関係なく彼女はサポートを提供するためにやってきます。プラクティショナーがセッションをおこなっている場所にも彼女は必ず現れます。わたしはいまでも彼女との間に「わたしたち」という感覚を見出しています。なぜなら、アーニャとわたしが本当にひとつになって存在しているという感覚を覚えることがいまでもあるからです。現れ方がどうあれ、わたしは彼女に対して聖なる愛を感じていますし、この学びを人々と分かちあっていく責任を担えることを光栄に思っています。

わたしには人が怖くてめったに家から出ない時期がありました。それがいまでは世界じゅうを旅するようになっています。スケジュール的に多くを要求されるところがあって、一度の旅に長いときで7週間、教えに出ていることがあります。わたしがどうやって神の存在を思い出そうとしていたか、みなさんは覚えていますか？　教えているとき、わたしはみなさんのなかに神・女神の顔を見てい

「探し求めるのもよいだろう。
しかしな、いずれは見出さねばならぬ」

リチャード・バック　『かもめのジョナサン』

第2章

新たなパラダイムに向かって

心と物質と意図性

> 現実について述べているかぎり、数学の法則は精確とは言えない。そして精確ではないかぎり、現実について述べてはいないのだ。
>
> アルベルト・アインシュタイン

> 知性は空間のあらゆる地点に存在していて、思考のパワーを通じて働きかける。
>
> ニコラ・テスラ 『The Wall of Light』

わたしたちひとりひとりは神が投影された存在です。そ れでは、わたしたちがこれまで人間の原動力と呼びならわ していたもの、つまり、人という存在の構造とエッセンス となるものをどのように定義すればいいでしょうか？

人間は誰もが、ふだん自分たちの外側にあると見なして いる「宇宙（訳注：あるいは森羅万象）」という全体の一部を成 しています。実際のところ人間は、知覚システムに古くか ら課されている制限や限界がもとになって、自分たちが分 離した存在であると誤解しています。自分が他の人と別々 であるとみなしているだけではなく、生きとし生けるもの すべてと切り離されていると捉えているのです。形を伴っ た物理的現実に生きることで、人生とは直線的な出来事の 連続であると思っています。わたしたちはずっと、時間や 空間は自分たちが存在する範囲を区切る座標にすぎないと いう信念に自らを押し込めていました。しかしながら、も しも時空が生み出す視覚的幻想がなければ、人間は変化し つづける世界のなかで自己（アイデンティティー）の認識

を保つことはできないのかもしれません。

この章のみならず、この本を構成する要素はすべて、科 学界に登場した新たなパラダイムが指し示すものと同じ方 向を向いています。この新パラダイムでは、3次元世界で 観測される見かけ上の現象を説明するにあたって「世界は 多次元的なものである」という考え方が中心的役割を果た しています。この章以降で議論に取り上げる科学的理論の 数々は、みなさんがEMFバランシング・テクニック®の基礎的な原理をよりよく理解するための土台としても役 立ってくれるでしょう。

本書では「わたしたち人間は、多次元的存在であるだけ ではなく、あらゆる相互作用において、なかでも自分たち がエッセンスとして備えている電磁的性質に関連する相互 作用において次元の枠を超えて活発に機能する存在であ る」という見方を採用しています。

この高いレベルの見方に立てば、拡大する現実のイメー ジを描いていくうえで新たな展望と可能性の扉を開くこと ができます。このイメージを描くことでわたしたちはパラ ダイムのシフト、つまり人々の抱く世界観の劇的な変化に 寄与することになります。わたしたちはこの新しいパラダ イムを集団で創造しているのです。この新たなパラダイム に立てば、これまで奇妙、不思議、異常、あるいは解決 不可能とされていたことが解決できるようになります。本 書では、これからご紹介するテーマを理解するうえで中心 となる主要な新説を引用しています。つづくセクションで

第2章 新たなパラダイムに向かって 心と物質と意図性

は「パラダイム」と「多次元性」という言葉の定義を明らかにし、拡大していくことにします。

現実モデルとしてのパラダイム

一般的に言うと、パラダイムという概念は科学の世界に行き渡っている特定の現実のイメージ、あるいは現実モデルや、特定の科学分野に関連しています。その現実のイメージ、あるいはモデルは、ひとたび確立されると特定の現象の認識、分析、実証がおこなわれるようになります。パラダイムの概念は科学の分野だけではなく、わたしたち人間が認識する身の回りのあらゆる側面に存在しています。現象に対して加えられるもっともらしい説明は現実の枠組みのなかで解釈されているので、パラダイムそのものが課す制約の範囲内に文脈が限定されます。例えば、地球の歴史上では、地球こそが宇宙の中心であると科学界、宗教界がかたくなに主張していた時代がありました。静止している地球に対してすべての天体が一定の軌道、あるいは運動を保って周囲を回っていると信じられていたのです。その時代に受け入れられていたパラダイム、つまり、地球が宇宙の中心であるというイメージに観測結果や論考を確実に一致させるために、天体運動に関するじつに入念かつ大がかりな描写と説明がひねり出されました。当時存在していたパラダイムの範囲では、これらの描写が観測していた現象に対して充分な説得力を与えていたのです。言うまでもなく、このパラダイムはのちの時代になって誤りであることが証明されました。16世紀に科学界に一大シフトが発生し、地動説の誕生とともに新たなパラダイムが産声をあげたのです。

意識の科学への呼び声

科学界で起きた一大シフトのもうひとつの例は、アインシュタインの相対性理論の誕生と量子物理学理論の発展に見ることができます。これらの理論はわたしたちが抱きつづけてきたじつに機械論的な世界観……つまり空間と時間を絶対的なものと見なし、すべては単純な機械論的な法則によって説明可能であるとするものの見方をすっかり一変させました。

機械論的な法則では量子の世界を説明することが不可能であるだけではなく、いまや物理学者たちは「意識が量子的世界において現実の形成に積極的な役割を果たしている」と考えています！ いまわたしたちは、**物質と意識の間にある相互的な役割をいかに定義するか**、という課題に立ち向かっているのです！ 物質と意識を切り離して考えることはできません。さらに、意識は電磁場のヴァーチャル仮想的な領域と作用しあっています。わたしたちの究極の課題は、**超次元物理学**の科学を発展させて、意識の存在を一大方程式にまとめあげることなのです！

量子は世界の外にある

素粒子の世界を観察すると、素粒子の現実は人間世界とはちがって時間というものにまったく頓着しないことがわかります。実際のところ、素粒子から成る量子世界の内側には時間や空間の存在しないヴァーチャルな（目には見えない）現実が広がっていると表現するのが適当です。

素粒子、たとえば電子が過去にも未来の世界にも同時に存在することができると仮定してみてください！ 人がその電子を現実のなかで認識できるのはほんの一瞬ですが、その間にもこの電子は異なる時間枠の内外で同時に躍動しながら、過去と未来における体験を情報としてそのエッセンスのなかに保存しています。

素粒子の世界で人と会う約束をするのは至難の業でしょうね！ 一瞬にしてどこもかしこも約束の場所と同じように見えてしまうはずですから。そこではどれだけ肉体が分離していようとも、すべての出来事が結合性の性質を帯びている（つながっている）のです。これは非局所性と呼ばれる特殊な性質です。量子世界の出来事は瞬時にしてつながります。たとえ宇宙の端と端で起こってもです！ 目には見えないこの隠れた現実……すべてをつなぎ、ひとつにする網の目、あるいは格子の正体は何なのでしょう？

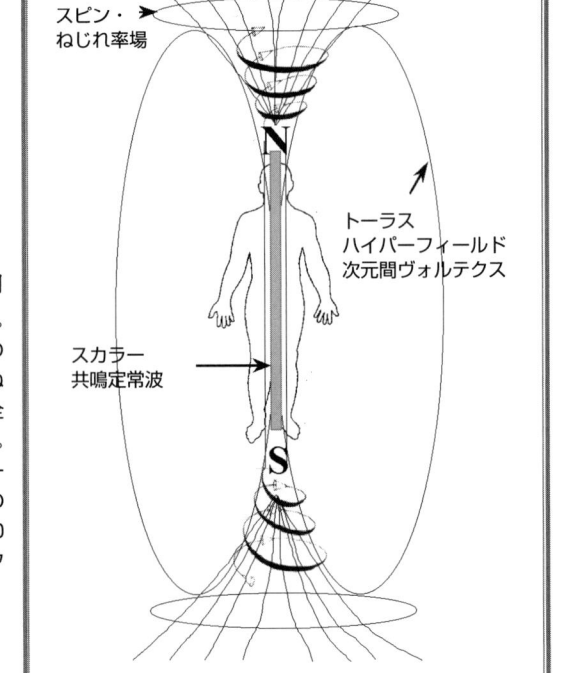

図表2.1　肉体と超空間

肉体は超空間（高次元空間にある場（フィールド））に囲まれています。超次元的な渦（ヴォルテクス）であるトーラス（環状体）が玉ねぎの皮のように幾重にも層を成しています。このエネルギー場（フィールド）はねじれ率場のもつ超空間的性質を帯びています。この場（フィールド）全体にエネルギーのフロー（流れ）と流束が存在しています。ベアデンは「肉体は真空（宇宙の海）と恒常的なエネルギー交換をオープンにおこなっている」と見ていました。このエネルギー交換は出力1,000メガワットの発電所を100万基集めたものに相当する規模です！　これはすべて「フリーエネルギー」なのです（注1）。

図中ラベル：
- スピン・ねじれ率場
- トーラス　ハイパーフィールド　次元間ヴォルテクス
- スカラー共鳴定常波

ソーシャルエチケット

素粒子が単なる無生物であると考えられていたのはもう過去の話です！　素粒子は有機体を伴った知性的存在としての性質をもっていることがわかってきました。体系内部で個々の粒子として、そして集団として運動しながら、外部の環境を実際に認識しているのです。

過去の観察結果から、複数の電子のグループが集団どうしで互いに連動しながら運動していて、その動きから外部の情報に影響を受けていることが読み取れました。これらの粒子は実際に情報を受信しているだけではなく、受信した情報に対して同調あるいは共鳴、そして応答することができます！（これは、これからわたしたちが形ある乗り物を介して伝達されるものとして理解していくことになる情報です）

これまでにも、まるで一流交響楽団の指揮者に合わせて一糸乱れることなく躍動しているかのような素粒子の動きが幾度も目撃されています！　組織化された影響力が働く**電磁場**と呼ばれる領域があると想像してみてください。そこであなたはあっと息を呑むような光のショーを目撃することになります。　物理学者たちの間で電磁場のメッセンジャーと呼ばれている光子フォトン（光の粒子）が電子に情報を伝達、交換しながら場に広がっていくのです。物理学の世界では光は5次元の投影であるとされています。それは光が「高次の」次元空間から生まれるためです。

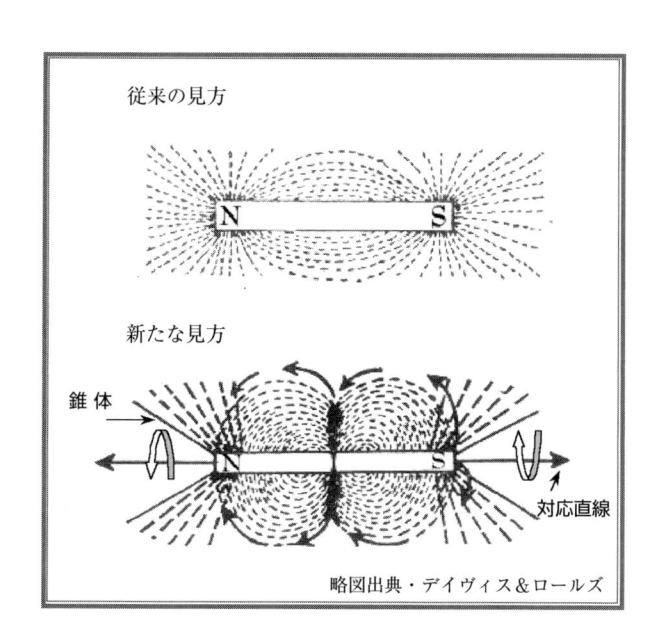

図表2.2　新旧の磁力観

従来の見方では、磁力線はＳ極からＮ極へ、あるいは逆から見るとＮ極からＳ極へと磁力が伝わっていくとされていました（注2）。デイヴィスとロールズは新たな見方を確立し、エネルギーは双方向に向かって同時に伝わっているとしました。ふたりが「力のケーブル」フォースと定義したケーブルは二極性を示します。それぞれがもう一方の極に向かって移動して、互いと反対方向に旋回運動をおこなうことで、エネルギーパターンは8の字を形成します（注48参照）。

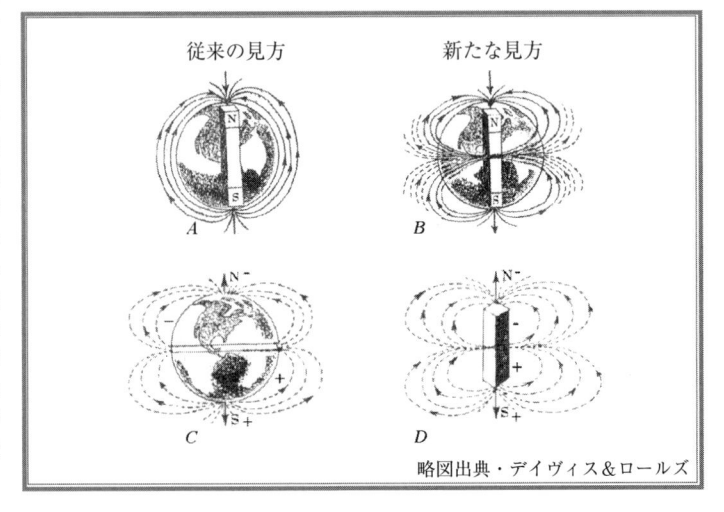

人体はDNA内部からバイオフォトンという粒子を発しています。電磁場の帯びる電位が高まるほどに人体の情報交換は活発になります。認識の拡大をもたらしてくれるのは、進化していく電磁場構造から届く情報なのです。当然、わたしたちが物質と呼んでいるものの組織（構造や形状）を提供しているのは電磁場です。電磁場の存在なくして物質化、あるいは「しっかりとした形を伴った」固体の具現化は起こりえません。

ここで、みなさんは次のふたつのことを思い描いてください。「光が意識からエネルギーパターンの刷り込み（インプリント）を受ける」という理解が定着すること。そして、光という多次元的実体から成る超空間構造体を通じて、人の心の場（マインド・フィールド）が光とつながっていることを！

確固たる感覚の存在

ことは知性の存在だけでは終わりません。現在、物理学者たちは素粒子が感覚を有するものとしてモデリングをおこなっています。素粒子には感情や精神に似た側面があってエーテル的な性質があると考えられているのです！　先の考察で見てきたように、特定のパラダイムの世界においては非一貫的、あるいは異様な出来事が解決不可能になって初めて、考え方やものの捉え方、解釈の仕方、現実の評価方法を見直すものです。新たな知識と認識をより広い現実の捉え方へと統合して

図表2.3　地球磁場の新たな見方

地球磁場は従来、Ａの図の磁力線が示すように、南極を発して北極へと移動すると考えられていました。デイヴィスとロールズの発見によると、実際の地球磁場はＢの図のような動きを見せていて、これはＤの棒磁石に見られる動きに酷似しています。ふたつの異なるエネルギーが形作るらせんが８の字を描いていること、磁気のフロー（流れ）から＋と－の対向する電極が発生していることにご注目ください。つまり、磁場と電極が同時に存在しているのです。Ｃの図でデイヴィスとロールズが示したのは宇宙探査船の磁気測定の結果です。その結果は地球磁場現象のもっているパターンと極性の存在を裏づけています（注４）。人間のエネルギー場（フィールド）にも同じパターンを見ることができます。磁性の法則は宇宙レベルで働いているのです。

従来の見方　　新たな見方

略図出典・デイヴィス＆ロールズ

第2章 新たなパラダイムに向かって　心と物質と意図性

いくあいだ、わたしたちはもうこれ以上役に立たない過去の考え方を徹底的に転換する必要があります。そうした古い考え方はわたしたちを解決不可能な問題に押し留めるだけです。これからわたしたちはその問題を従来とは異なる視点で捉えなおすことを可能にしてくれる新しいパラダイムの世界へと足を踏み入れるのです。しかしながら、トマス・クーンの作品からもわかるように、科学の古いパラダイムを捨て去るには多大な困難を要します。新たなパラダイムの導入には科学界の「革命」が伴うのです。ここでご紹介する見方は、すでに科学界と現実に対してわたしたちが抱いている理解において進行しつつある革命の一部と言えるでしょう。

多次元世界は多面的

多次元的という用語を定義するのはさらに難しい問題です。立つ視点によって、その意味合いも異なってくるからです。例えば、人が別々の時空の座標にあって複数の異なる人生を同時に生きている可能性があることを説明するくだりでこの言葉が用いられます。

つまり、過去、現在、未来のすべてが同時に存在しているものとして時間を捉えれば、人生での経験がすべて並行現実のなかに同時に存在していることになります。それらの人生がすべて無関係な別々のものであるという考えは、これまでの時間の捉え方と限られた意識に立った場合にの

み生じてくるものなのです。人生で起きた別々に思える経験は一本の糸でひと連なりになっていて、人間のもっているエッセンス、つまり霊的存在としてのエッセンスの核へとわたしたちをつなげてくれています。

次元が「層」を表しているという概念は、多少直線的な考え方であると言えます。例えばここで、ある空間で複数

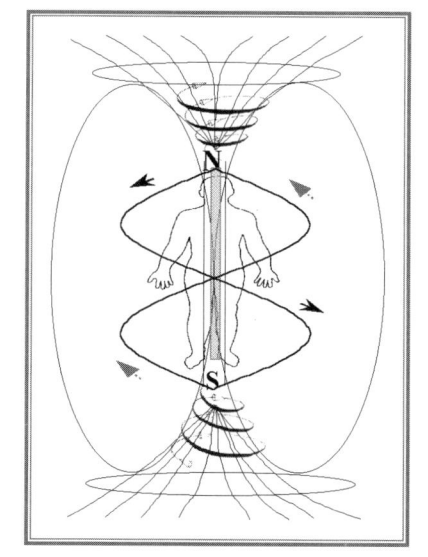

図表2.4　双方向のフロー

人間のエネルギー体の最大の特徴は、人を磁石として見立てることができることです。デイヴィスとロールズが発見した磁力の法則では、エネルギーは主にふたつの方向に流れていて、そのフロー（流れ）は8の字のループパターンを描いています。エネルギーが回路に流れ込むこの動きによって「フリーエネルギー発生機」が生まれます。このパターンによって、地球のみならず、個々の細胞と共鳴状態を築くことができるのです（注59参照）。

のラジオ番組が「オンエア」されていて、あなたはどれでもチューニングを合わせることができるとしましょう。それぞれのラジオ放送は同じ「空間」にあります。チューニングのつまみを回せば別の放送を選ぶこともできる。登録する放送局が増えれば、空間にさらなる信号が流れるのです。

理論上は無数にラジオ放送局をチューニングすることが可能です。ラジオのチューニング可能域を拡大して、受信状態のダイナミックレンジ（訳注：識別可能な信号の最小値と最大値の比率）を増やせばさらに多くの「局」が受信可能となり、ラジオの放送電波が「空間」に積み重なっている様子が想像できると思います。超空間の特徴はこのように同一の「空間」にいくつものものを収容できることにあります。ですから、ラジオ局という「空間」は超空間であると言えます！電波信号はすべて同じ場所に存在していますが、それぞれに周波数や位相、振幅といった特徴は異なり、その異なる特徴こそが特定の波動を帯びた存在にとってぴったりの「次元」になるのです。人間の感覚は特定の波動域内で機能しますが、信号の受信には特殊な回路が必要になります。

次元にアクセスする唯一の方法はそれに適した回路を用いることです。機能が限定されたチューナーは同じ超空間のなかにあってもそれを取り巻く「次元」の存在を認識することができません。人の進化とは、新たな次元の存在と自分のエネルギー体内部にある回路の存在を「発見」することであると言えます。

例えば、可聴域は約20ヘルツ〜20キロヘルツ（20〜2万ヘルツあるいは「1秒あたりの振動」）、ものが見えるのは可視光線の波長の範囲内で光が注がれているときです。これらの同調システムには制限があり、人が肉体感覚で検知しているものよりもはるかに多くのことが現実にはありうます。ある意味で、人は感覚があることで自分たちを取り巻く無数の次元の存在を認識できずにいると言えるかもしれません。そうした次元は共同創造の要素として存在し、わたしたちが内面に宿している多次元構造からアクセスすることができます。認識を拡大することで内面構造を意識的に作り変えることができると実感できるようになるわけです。それによって視野が拡大し、創造の可能性が広がるのです。

例えば、このことはふだん街で目にすることはできませんが、超空間的視点に立つことでこの不可能の限界を超越できるようになります。

影響力の次元的階層

しかしながら、わたしたち執筆者が拡大を願っている多次元性の概念は、現実を作っている構造、あるいはそれを織り成している織物の内側にある影響力の階層と関係しています。「現実」という言葉は広い意味があり、わたしたちが認識している世界と認識できない世界（ヴァーチャル・リアリティー（仮想的現実））の両方の意味があるのです。

第2章 新たなパラダイムに向かって 心と物質と意図性

この階層はいくつもの「層」が積み重なったかのような構造をしていますが、状態の更新はサンドイッチのようにてっぺんに新たな層を加えておこなわれるわけではありません。玉ねぎのように内側に新たな層が次々と増えてくる様子を思い浮かべてください。入れ子、あるいは埋め込み式の構造です。このように次元と呼ばれるものはユニークな層を成し、各次元は目に見えない糸のようなものでお互いをつなぎ合わせ、特有の統合状態を生み出しています。

次元の状態は個々の特性、つまり目には見えない振動によってはっきりと特徴づけられます。ところが、次元は単純に振動、あるいは周波数によって色分けすることもできますが、通常はより複雑に区別されます。また、特定の次元内部の特徴や現象を支配する法則あるいは規則性は、その特定の現実の側面を支配する形状のパターンに応じてさまざまに変化します。

わたしたちが慣れ親しんだ世界を超えてこうした領域へと入っていく旅の途上で経験する可能性のある出来事の基礎となり、それらを特別なものにしているのが、この独特のパターンの表れです。

物理的世界に見られる層構造の例が生体系です。生体器官は細胞、細胞は分子、そして分子は原子、原子は素粒子の集合体から成っています。ここで疑問が湧いてきます。素粒子は何でできているのでしょう？

超空間への進入

仮想的な世界に入るとわたしたちは超空間、あるいは（物理学用語でいうところの）真空、あるいは宇宙格子（一部の読者の方にはこちらのほうがなじみがあるでしょう）へ

図表2.5 意識のループ

ベアデンの著書『Excalibur Briefing』によると、生命体の意識のループは心の場をチューナーにあたる肉体につないでいます。ニュートリノ場とフォトン・バイオフォトンと電磁場がループの中間成分になります。ベアデンの説によれば、ループの基礎構造は2方向に操作、パターン化、構造化されます。

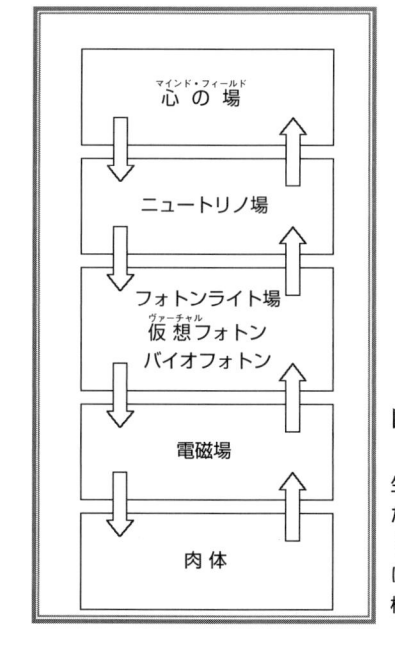

とやってきます。真空は空っぽではありません。むしろ満タン状態であり、物理学者はエネルギーのプレナム（充満した状態）であると捉えています（注47）。時間も空間もないこの領域は織物の背景布の役割を果たしていて、そこから物質、時間、空間が次元の特質となって出現しています。これらの特質がわたしたちに現実を直線的に見えさせているのです。わたしたちは層構造の概念について考察を続けますが、この構造が作られるのはあくまでもヴァーチャルな（目には見えない）世界でのことです。

素粒子は原子よりもさらに小さな架空の粒子から成っていて、個々の粒子はそれぞれが存在している層、あるいは存在している次元からは大きくかけ離れた世界で誕生します。しかしながら、これらの粒子、あるいはエネルギーははるか遠くにある生まれた場所の記憶を持ったまま、わたしたちのいる世界に「下りてくる」のです！ ヴァーチャルなレベルの現実に入れ子や埋め込み式の重なり合ってできている世界が内包されていると想像してください。光が素粒子と相互作用をおこなうことで若干の時間が取り除かれたり、加えられたりしていく。こうした光と物質の相互作用がわたしたちに直線的な捉え方を促しているのです。

自然の法則を理解する

物理学者たちは日々、自然の**法則**を理解しようと努めています。現在の学説は、これまで存在が明らかになった既知の力（フォース）の相関性についての理解を統一しようとしています。統一理論の発見を希求する動きは「自然は調和のとれたエレガントな展開を見せるものだ」という信念から派生しています（本書では重力や電磁気、強い力（フォース）と弱い力（フォース）について論じていますが、これらはどのように関連しているのでしょう？）。物理学者たちはこのような問いを発します。「これらの力（フォース）は共通の源、あるいはアイデンティティがあるのだろうか？」「これらの力（フォース）は共通の源から発しながらいかにして違いが生まれてくるのだろう？」

現代のひも理論のなかにこれらの問いに対する説得力のある答えを見出すことができます。源の初歩的なレベルにおいて「ひも」と呼ばれる高エネルギーの実体が物質の構

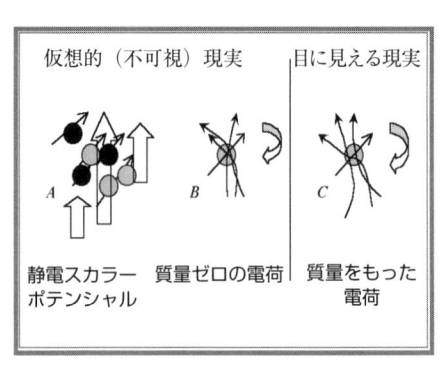

仮想的（不可視）現実	目に見える現実
A 静電スカラーポテンシャル	B 質量ゼロの電荷　　C 質量をもった電荷

図表2.6　電荷の概念

質量をもつものでも、質量ゼロのものでも、粒子は電荷（電気的定義での）を帯びています。電荷を帯びた粒子は回転する球体として想像することができます。スピンはヴァーチャルな粒子だけではなく光も捕捉します。質量をもつ電荷、質量ゼロの電荷、どちらの場合でも、この回転する球体の内外に仮想的な粒子（ヴァーチャル）のフロー（流れ）と流束が発生します（注49参照）。

第2章 新たなパラダイムに向かって　心と物質と意図性

成要素を提供しています。このひもは分けることができません。**ひも**は組み合わされてさまざまな独特の波動パターンを形成するようになります。

共鳴振動するひもとしての粒子

「亜原子粒子」はある特定の共鳴振動（定常波共鳴の状態で発しているエネルギー波形パターン）が物理的に観測可能なかたちで表れたものですが、物質はスカラー波共鳴として理解することができます。パターンの形状と振動の共鳴がわたしたちの暮らす宇宙の内部に現れる本質や特徴を決定づけています。物質的現実はすべてひもの集合、つまりあらゆる観測規模で相互作用しているひもとしてモデリングすることができます。DNAがいくつものひもがひと連なりになっているかのように見えることを思い出してください。

ひも理論の大統一は10次元の存在によって実現します。超ひも理論は26次元を考慮していますが、ここで初めて、既知の宇宙の法則は定義統一の様相を呈するようになります（注6）。26次元の空間というのは、想像が非常に困難で複雑なつくりをしていますが、この世界のほうが自然の法則の定義や説明はシンプルにおこなえます。数学の世界では11次元や26次元の空間を説明することは可能であっても、通常の人の知能ではそう簡単に理解できるような代物ではありません。そのような理論で現実の構造の何がわか

るのでしょうか？　現代の最先端理論が完成を見るのは、意識という要素を組み入れた方程式をまとめあげたときであると言えそうです。

視点のもつ利点

物理学者で『超空間――平行宇宙、タイムワープ、10次元の探究』（翔泳社）の著者のミチオ・カクは、高次元空間がじつはとても「シンプルで幾何学的な」空間であると断言しています。実際にシンプルなのかもしれませんが、も

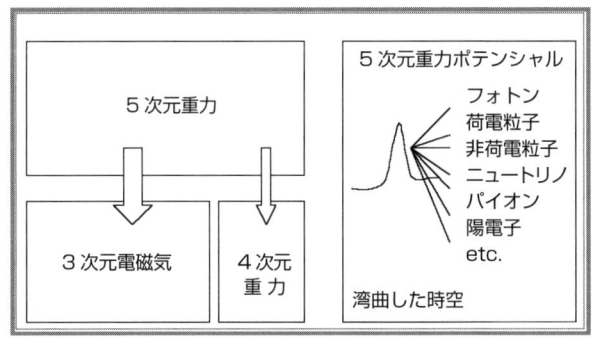

図表2.7　電磁気の源

カルツァ・クライン11次元理論によると、電磁気力と重力は5次元空間において統一されており、その空間は4次元時空と余剰時空から成っています。5次元重力場は電磁気力の源であるとともに、私たちが通常体験している4次元重力の源なのです（注50参照）。

しもわたしたちが現在のように生きていくことを達人的なまでに複雑なものにさえしていなければ、高次元空間も簡単なものに見えていたかもしれません。

高次元空間を理解するうえで鍵となるのは、(高次元の物理学や数学はさておくとして) この空間の存在が地球規模、宇宙的規模、あるいはホリスティック (全体的) な見方を可能にする大局的な視点に立たせてくれることを理解することです。この大局的視点から見れば、観察者と観察される側という垣根は消滅します。あなたはこの空間では観察者、そして観察される側の両方になるのです！ 高次の視点に立つことで大きな見方が可能になり、21世紀の地球における人生を経験をしているわけが理解できるようになります。わたしたちの大いなる目的とは何なのでしょう？ ひとりひとりがもっている次元の枠を超えたエッセンスを思い出し、それとつながることなのでしょうか？

大局的視点とは、たとえるならば次のようなものです。絵を眺めているときの様子を考えてみましょう。低次空間であるあなたは細部に注意を向けています。これが一枚の絵を見ているときの状態です。一方、高次の視点から見れば、あなたは細部を含めた絵の全体を眺めています。脳はこのたとえとよく似た特性を備えています。脳は低次空間の能力によって細部にフォーカスすることも、高次空間的、超空間的、多次元的能力によって絵の全体を眺めることもできます。どちらも同じく価値のある能力です。脳が最適な状態で機能するために重要なのは、わたしたちが意識的に

図表2.8　光 (フォトン) の性質

この図では、フォトン (光) のもつ性質について説明します。各ベクトルは単純な実体ではありません。その奥には何があるのでしょうか？ 光は高次元空間へとつながる架け橋であり、意識から成る心の場(マインド・フィールド)へとつながっています。人間の肉体細胞はバイオフォトンの放出と吸収を通じてコミュニケーションを取っています。DNAはフォトンエネルギーの受信、送信、変換と集積をおこないます。バイオフォトンは人の手からも放出されているのです！ ウィリアム・ティラーの見解では、光は電磁放射 (物理的空間において)、磁電放射 (エーテル空間において)、デルトロン放射 (高次の微細な空間において) が合成されてできたものです。フォトンは時空を超越して存在しています。アーサー・ヤングはフォトンそのものが意識であると説明しています！ (注51参照)

振動内のニュートリノ波面

V=C
V=C

3次元の電場ベクトル
磁場ベクトルに対する
超空間的仮想ベクトル

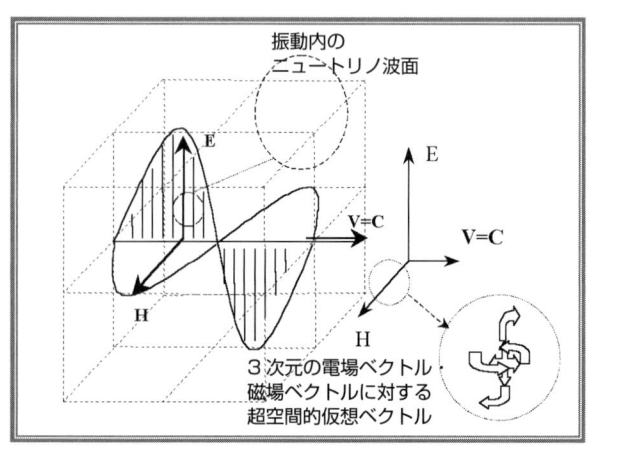

第2章 新たなパラダイムに向かって 心と物質と意図性

大いなる潜在性を体験できるように低次と高次の双方が調和しながら機能することです。わたしたちが脳の電磁的活動として観測しているもの（脳波計等の機器で計測される活動）は、脳機能が目には見えない超空間で引き起こしたさざ波であり、活動の投影されたものです！ 電磁気は5次元空間での運動が投影されたものです。目には見えないこの運動を、従来の方法で計測や数値化することはできません。

変化は高次の空間で始まる

高次元空間から観察すれば、低次元世界の変化は、高次領域内で生じる無数の変化がきっかけとなって生じることがわかります。実際に、わたしたちがこの現実システムのなかに何らかの変化を起こすためには、4次元と呼ばれる高次空間にアクセスする必要があることが理解できるでしょう。ニュートンのリンゴは3次元空間的な形状によって定義することができますが、3次元のリンゴのエッセンスを描写するには、形状以外の要素が必要になります。リンゴには重量や芳香、手触りや色つや、水分含量をはじめとするさまざまな特質が備わっています。それらの特質が、わたしたちがおこなうリンゴの描写に「次元」を追加しているのです。

ある特定のリンゴを選んでそれを「リンゴ」と名づけたとします。さらに、ある特定の香りを指してそれを「香り」と名づけたとしましょう。さてここで、このリンゴの香りを変えるとしましょう。この香りの質を3次元世界で変えることはできるでしょうか？ 答えは明らかにノーです。この属性に作用するためには、「高次元空間」にアクセスしなければなりません。その空間であれば「香り」という設計パラメータを変更して「リンゴ」という名のエネルギーパターン全体に再統合することができます。わたしたちがいる空間に表されているものはひとつの全体的なエネルギーパターン（エネルギーパターンの統一体）であり、

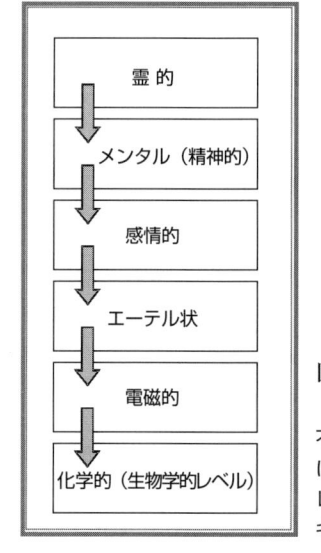

図表2.9 高次の現実の影響力
ウィリアム・ティラーの見立てによれば、不調和を修正するためには影響力を階層順にたどっていく必要があります。電磁的レベルに変化をもたらすには微細なエネルギー場（フィールド）の存在が必要になります。

霊的 → メンタル（精神的）→ 感情的 → エーテル状 → 電磁的 → 化学的（生物学的レベル）

その全体性こそがそのものをユニークなものたらしめているのです。可能性という領域において香りは限りない可能性を帯びています。「リンゴ」とは、内在するその性質を構成している全成分がリンゴにしかない組み合わせで表れたものであり、またそれらをひとつにまとめたものです。内に宿る成分のいずれかを変えたとしても見かけ上はそれまでと同じかもしれませんが、それをひとまとめにしたもの、全体性においては違うものです。

超空間という異国に暮らす

多次元的な存在であるわたしたちのエッセンスには「高次空間」に宿っているものがあります。それらの要素は人生を変えるうえで役立つガイド機構のようなものを提供してくれます。肉体をもっているわたしたち人間には高次の空間、つまり「超空間」へとつながることのできる電磁的なアクセスツールが備わっているのです。これらのツールを用いることで、わたしたちはより意識的に次元を超えた存在として現実を作り上げることができます。この章では人間のもつ超空間的な本質について論じていきます。わたしたちには生まれながらにして超空間を操る能力が備わっていて、それらは通常、無意識的認識のなかで働きます。「意図」は意識的にわたしたちを超空間構造へとつないでくれます。

意図が時空にしわを生み出すことで運動を開始します。創造の渦(ヴォルテクス)の隙間を刺激することで意図は超次元の入口全体でエネルギーの働きを誘導、指揮する役割を果たします。意識を維持することで潮の流れのようなものが生まれて時空が変化し、新たな出来事となってわたしたちの暮らす現実のなかに送りこまれるのです。

意識がパイロット

高次空間内に広がる相互結合した幾何学的形状のなかを進んでいくには、次元の枠を超えたプロセスを経ることになります。幾何学的形状、幾何学的パターンという要素が、わたしたちの複素空間の概念を成す個々の「層」を定義していると仮定しましょう。

次元を作る個々の成分をつなぎ合わせるうえで鍵となるのは、リンクとなるものとそこまでの通り道、それをつなぐ回路やポータルを発見、あるいは構築して、幾何学的形状どうしを自然な流れで調和とともに、つまり共鳴状態でリンクさせていくことです。意識はそのナビゲーター役となってあらゆる存在に備わる幾何学的形状の層を進みながら広がっていきます。

その通り道となるのが固有周波数、生命周波数、魔法の窓(マジック・ウィンドウ)とも呼ばれる次元間節点やアインシュタイン・ローゼン・ブリッジ、あるいはワームホール、あるいは幾何学的形状を備えたコネクターの存在です。EMFバランシング・テクニック®は人間の多次元的本質全体に広がる幾何学的パターンのなかに統合を生み出していくテク

第2章 新たなパラダイムに向かって　心と物質と意図性

ニックであるとわたしたちは理解しています！　これは次元間でのエネルギーパターンの移動、あるいはクロスオーバーを可能にする超次元的プロセスです。霊（スピリット）とも関係するこれらのエネルギーパターンは、人のもつ波動という物理的領域において必要となる可変性という要素を内包しています。変化と変容を生み出しているのはつねにこのパターンなのです。革新的なツールというものは個人の成長や変容を促します。

相互作用は高次元空間の概念

わたしたちが電磁的エネルギーをもつ存在として人と相互作用をおこなっていることを理解するためには、超空間に注意を向ける必要があります。併せて、基本的な専門用語も必要になります。なぜか？　電磁的現象と人の発する磁気は超空間にその源があるからです。光と同様に、電磁気は高次空間の構造体がワープするのに伴って5次元から生まれるさざ波、あるいは振動です(注5)。今日の物理学はこの点に理解を示しはじめています。相互作用現象は高次空間を通じて起こっています。高次の世界で霊（スピリット）と無数の協働的な要素の間に化学反応が発生することで自然（万物）が生み出され、わたしたちの人生にも変化が生じるのです。

宙を見上げる

水生生物が自らの暮らす水という次元世界から受けている制限をもとに抱いているであろう世界観について考察し

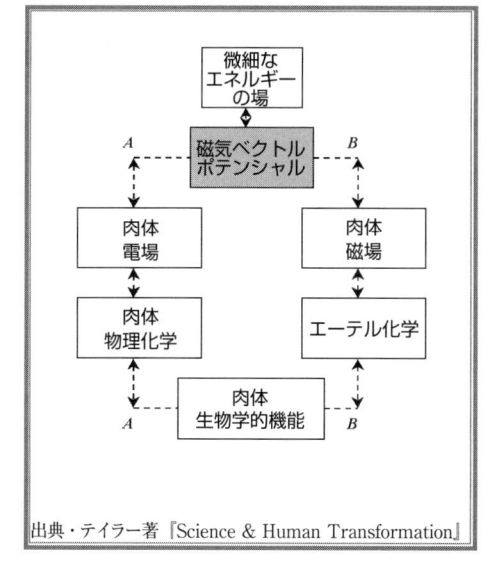

図表2.10　ティラーによる作業仮説

ウィリアム・ティラーは、方程式を使ってひとつのモデルを打ち立てました。ティラーはこのモデルのなかで新たな視点を提供することで、人間性に進歩をもたらそうと試みたのです（注9）。このモデルは、微細なエネルギー場（フィールド）と人体がおこなう生物学的プロセスを結びつけています。ティラーは磁気ベクトルポテンシャル（電磁場の性質を規定する場（フィールド）のひとつ）を微細なエネルギー場と人体をつなぐ架け橋のようなものであるとみなしているのです。この観点から人のエネルギーを理解すると、わたしたちは微細な構造を「操作」することを通じて肉体の生物学的機能に大きな作用を加えることができるとわかります（注55）。

出典・テイラー著『Science & Human Transformation』

ましょう。その深みから頭上を見て、海と呼ばれる自分たちの世界の表面にできる大小の波を観察している生きものたち。「あの波やさざ波はどのようにして生まれ、世界の表面をかき乱しているのだろう」と不思議に思っていることでしょう。水生生物たちにずば抜けた洞察力があれば、さざ波は同じ次元からではなく、その向こう側にある空気という次元をきっかけにして生じていることをすでに見抜いているかもしれません。

しかし、なぜ波は激しく荒れ狂うときもあれば、穏やかに凪ぐときもあるのでしょう？「どうして世界の表面はいまあんなにてんやわんやになっているんだ？」。水中にいる生きものたちは疑問を抱いていることでしょう（人間は自分たちが多次元的惑星に生きるという事実を考察したことがあるでしょうか!?　この星は、空気と水という2種類の大きく異なる物理的状態・次元のなかで、生きものとしての体験を積み重ねている存在が暮らしています。さらに、水中には空気の次元が内包されている点〔水生生物は自ら酸素を抽出しています〕や、例えば水蒸気のように、空気にも水の次元が内包されているという点も考察しましょう。ひとつの次元が別の次元を内包することができるというのが超次元のもつ特質です）。

水に暮らす生物は潜望鏡がなければ隣り合う次元の様子を覗くことはできません。しかし、もしそれができたとしても、ふたつの世界の境目にさざ波が引き起こされている原因までは「見る」ことはできないでしょう。わたしたち

でさえ風を「見る」ことはできません。わたしたちが観測しているのは風が与える効果です。ひょっとすると、潜望鏡を覗き込んで、帆を高く掲げた帆船が風の力に推進力を得てぐんぐんと海上を突き進む様子を目に留める魚が1匹ぐらいはいるかもしれません。この観察の経験から、水面で起きる波の運動は風のしわざだ、という見方が育ってくるということも考えられます。それでは、風は何がきっかけで生まれるのか？　地表面で発達する異なる気圧（高気圧と低気圧）だ、と言えるでしょう。では、異なる気圧はどうやって生じるのか？　と言えるでしょう。このようにして問いを掘り下げていくと、原因要素のヒエラルキーが究極の原因を掘り下げていくと、原因要素のヒエラルキーが玉ねぎのように層の内側に別の層が重なってできていると言うこともできますし、あるいは空間の次元と同様に、各次元が原因要素の連鎖のなかで生じる運動を構成する特徴的な要素の出現を可能にしているとも言うことができます。

原因は高次の世界で生じる

引き続きこのたとえを使って、高次元での出来事が原因要素やその下の次元での出来事に作用しているという事実について述べていきます。

例

1　地球の表面の温度変化によって差圧の変化が生じる。

第2章　新たなパラダイムに向かって　心と物質と意図性

2　高気圧と低気圧の差圧が大きくなると、風の強さと風速の増大を招き、

3　風速と強さの増大によって、波高の値も増大する。

さて、水の世界に暮らす熱心な思索家はたったいま意識の進化的飛躍を体験しました。究極の原因要素を海の底から探求するうちに、水とは切っても切れない関係にあるこの友人は光明を見出したのです！　連結変数が決定的な連鎖を展開しているなかで、照りつける太陽が海表面のさざ波の発生に大きな役割を果たしています！　しかし、わたしたちは答えをもち合わせているのでしょうか？　光が生まれる原因は？　そして光はいったいどのような性質をもっているのでしょうか？

ハイパーフィールドは高次世界からパターンを伝達している

これは人生にも同じことが言えないでしょうか？　ちょうど物事がわかりだして答えが見つかりそうだと思いはじめたころになると新たな難題が浮上する。そうしてさらに大きな体験や発見と気づきを得る可能性を秘めながらわたしたちを前進させる。

既知の4つの次元（3つの空間的次元とひとつの時間的次元）から先の次元は超空間と呼ぶことができます。超空間はそれぞれに独特の表現方法でハイパーフィールドを実現しています。ハイパーフィールドとは、特定の作用の表れ方を伴うエネルギーパターンのことです。これは情報の供給と伝達をおこなう場（フィールド）であると理解することができます。スカラー波、あるいはスカラー場は、超空間のなかで振動というエネルギーパターンとなって表れる情報の輸送伝達と保存をおこないます。スカラー波は超光速で伝わります。

わたしたちのいる現実において働く相互作用の様子から、ハイパーフィールドの世界を垣間見ることもあるかもしれません。多くの場合、わたしたちがそのようすをはっきりと見て取ることができないのは、直接的な観察では超

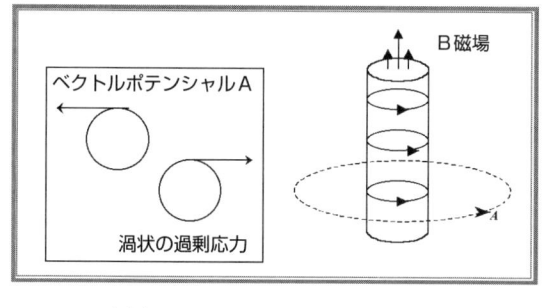

図表2.11　ベクトルポテンシャル

真空内に生じる時計回り、あるいは反時計回りの渦状の過剰応力は、ベクトルポテンシャルAの生成に対応しています。磁場の形成にはこのポテンシャルが真空内で存在している、あるいはその生成現象が真空内で発生することが必須条件になります。Aの場（フィールド）は初期応力場です（注56）。

空間を感知できないからです。唯一の方法は何らかの二次レンズ、あるいは二次フィルターを通じてアクセスすることによって、ハイパーフィールドから引き起こされた出来事の因果関係や効果を間接的に見て取る方法です。こう考えると、宇宙の法則は「場（フィールド）の内部にまた場（フィールド）が」現れ、「渦の内部にさらなる作用が」……といった表現に従っているように思えます。

現実のひとつのレベルから次のレベルを内面から眺めてみると、組織化された場（フィールド）が出現していることに気づくことができます。

現実のひとつ上の次元に広がる組織化された場（フィールド）は、現実の物体的レベルにおける具現化に必要なパターンを必ず帯びています。その一例が物質です。物理的粒子が組織立った現れ方をしているのが物質なのです。

この組織は電磁場全体を移動しています。電磁場が存在しなければ大いなる計画やブループリントも存在しえず、結果として3次元の世界が構成されることもありえません。電磁場内に流れるエネルギーのパターンを変えれば、物理的現実の表れにも変化が生まれます。

電磁場はハイパーフィールド

人の肉体構造と対比して考えると、電磁場は一番目のハイパーフィールドであると言えます。電磁場はその内側に、さらに高い次元にあるハイパーフィールドのエネルギーパターンと情報をコード化しています。

図表2.12 ホログラムによるイメージの再構築
コヒーレント（訳注：ふたつの異なる波動、パターンの間で位相関係が一貫していること）なレーザー光線をホログラムの表面に投射することで物体の3次元的イメージを形成することができます。レーザー光はフィルムを「感光」、あるいは「再生」します。その過程で周波数情報を含んだコード化されたパターンが3次元形式に変換されます。ホログラムの顕著な特徴は、どんな部分やかけらでも、もととなる映像の再現に利用できるという点です。部分が全体を「含んでいる」、あるいは「内包している」のです。この点から、ホログラムは宇宙のもつ一体的な性質を表しています。

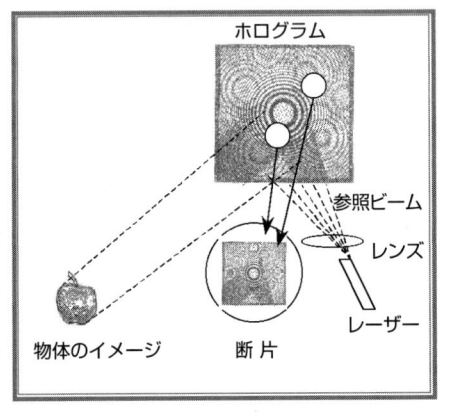

このようなことから、光と同様に、電磁場は5次元世界が投影されたものであり、その領域の振動を発していると言えます。これらの現象（類似する特徴から成る）はどちらも、コード化された高次の情報を伝える手段なのです。

投影と振動、いずれの現象も物理的現実における物質の出現と組織に作用し、影響を与えます。わたしたちは自らの多次元的性質を介して自分の現実を組み立て、操作することができます。その際、高次空間のハイパーフィールドの内部で意識の力を用いてパターンの刷り込み(インプリント)をおこないます。

現実のレンズ

次元を成す各層にはその人の人生の目的を表現するうえでぴったりの「フィルター、あるいはレンズ」がはめ込まれていると考えられます。このことは人生の特定の目的達成に関連する肉体的な制限や健康面での問題と関わっているかもしれません。フィルターの場合は、特定の目的を達成するうえで欠かすことのできない特質や能力と関連している可能性があります。こうしたフィルターは、目的達成に最適な潜在能力を発達させるために一定の制限を加えることもあるでしょう。わたしたちはこのようにして、他のかたちでは起こりえない独特の課題に直面することをあえて選択し、それを乗り超える方法を学んでいるのかもしれま

せん。

今日、わたしたちは遺伝子の革命的変容が起きている可能性があることに気づいています。この可能性はすでに現代の子ども、あるいは大人の集団内でも実証済みです。DNA内部に第3の鎖が存在するというのが今日の進化論に見られる現実ですが、こうした変容は、肉体をもった存在としての個が誕生することを助けてきたフィルターの性質転換を意識・霊(スピリット)が選択した結果です。完全性が表現される可能性はつねに存在しているのです。

魂の目的が進化を遂げ、肉体を使ってそれを表現するために高機能の乗り物が求められるようになると、こうした進化は物質の形状や性質の変化によって実現します。必要となるエネルギーパターンを操作して人間の肉体レベルに変化を生み出す。これは意識をもった霊性が意図的に協力しておこなっていることです。こうした理解に立つことが、わたしたちが新しい明日の共同創造に積極的に臨み、さまざまな制限から自らを開放する力を与えてくれます。

宇宙の格子構造は霊(スピリット)が張りめぐらしている

意識は、あらゆる存在がもつ幾何学的形状の層を旅しながら、宇宙全体に浸透していきます。

ここで、ある高名な科学者の科学的な観点を引用したいと思います。彼は独特の宇宙観と宇宙内部にある人間エネルギー構造に関する見方を展開しました。スタンフォード大学物質科学工学名誉教授のウィリアム・ティラー博士は、物理学と超物理学(メタフィジックス)の間に架け橋を築いた人物です。著書『Science and Human Transformation : Subtle Energy, Intentionality and Consciousness』のなかで、ティラー教授は科学界の伝統から2、3歩先を行く考えを示しています。教授は自身の長年蓄積してきた研究結果と、微細なエネルギーや超常現象に関する研究を続けるなかで体験したことを引用して、新たな洞察へとつながる格好の資源を提供しているのです。同書には研究結果や理論だけではなく、わたしたちがもつ多次元的存在としての性質を理解するうえで助けとなるモデルも収められています。

ティラー教授の見方はすべて、確固たる科学的思考のうえに成り立っています！　本書では教授の作品を引き合いに出してはいますが、彼の考えをその著書全体に流れる緻密さそのままに紹介することはできません。ティラーは豊富な題材について考察をおこなっています。超空間から生体系のエネルギー放射、意図が実験装置に与える影響や微細なエネルギーを発する装置に関するものまで、多岐にわたっています。微細なエネルギーが引き起こす現象、科学と新しい意識の世界に興味のある方にとって彼の作品は格好の情報源となるでしょう。(注11)

結晶格子としての宇宙

結晶格子構造のエキスパートでもあるティラー教授は「格子枠組み(フレームワーク)」に基づく独自の宇宙モデルを考案しました。教授はこの格子マトリックスには六角形を形作る性質があると見ています(棒磁石の両端に生まれるパターン、雪の結晶、またはハチの巣を連想させる磁場の六角形がその証拠と言えるでしょう)。この六角形はいわゆる空間(真空と超空間)すべての条件を満たす調和格子の形状を作り出しています。ティラー教授は微細なエネルギーが空間の真

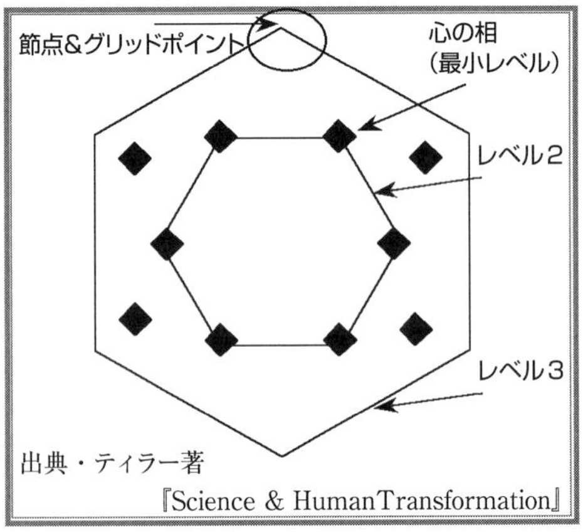

図表2.13　宇宙の格子モデル

ティラー教授は、心の格子と物理的現実（レベル3）をつないでいる10次元の格子構造を概念化しました。レベル2はエーテル状の物質から成る空間です。図のような節点は何層にもわたって格子が組まれている多重格子構造によく見られる部分で、次元どうしをつなぎ合わせ、エネルギーや情報の伝達をおこなっています。ティラーの説では、意識と意図がこのプロセス全体を誘導しているといいます！（注57参照）

第2章　新たなパラダイムに向かって　心と物質と意図性

空内に存在していると仮説を立てています。

真空——幾何学的形状をもった格子

物理学者たちは空間の真空を幾何学的な格子構造によって動的安定状態に保たれている超流動体としてモデル化しました。例えば、エロル・トールン氏は実験での観測結果を引き合いにして「準結晶を観察したところ、真空は20面体構造をモデルにできそうだ」としています（注12）。このモデルのなかで3次元空間は20面体や4面体を成しており、高次空間に存在するより複雑な構造が実質的に投影されています。これは高次の複素空間どうしが3次元空間とつながっていることで数学的に調和のとれた関係が存在していることを意味しています。

ティラーの唱える格子モデルは多次元的場（フィールド）構造をもっています。これはどのようなものでしょうか？　この組織の基礎にあるのは、空間にさまざまな格子模様を形成する光のエネルギーパターンです。この光がコード化されたグリッド線は、人生や宇宙空間が展開していくうえで必要となるパターンを規定します。

この格子状のグリッド構造体は時空の外側に存在しており、通常なされる原因と結果に基づく見方の制約を受けません。過去、現在、未来のすべての時間はチャネル、あるいはコネクタを通じてつながっています。次元間節点（ベアデン氏は魔法の窓（マジック・ウィンドウ）とも呼んでいる）は、

エネルギーと情報が各次元間を循環するのを促しています。この通信チャネルにアクセスするには、このシステム全体にチューニングし、干渉し合う性質が求められます。格子（ラティス）の各層はぴたりと調和する幾何学的形状のある情報波が移動しています。この格子（ラティス）構造のなかを意識と深いつながりのある情報波が移動しています。格子（ラティス）は現実のもつすべてをつなぎ合わせているのです！

意識と思考がエネルギーの焦点を決定する

ティラー教授のモデルによれば、節点には可能性の地図が保存されていて、そこで意識がエネルギーに転換されます。各節点はわたしたちの思考、つまり意図の焦点であり、すべての節点は事実上の心（マインド）のネットワークサイトと言えます。わたしたちの宇宙の海には思考エネルギーが引き金となって莫大な量の可能性のエネルギーが貯蔵されているのです。

そこに保存した可能性をもとに思考エネルギーの変換パターンが形成され、そのパターンは出来事として人生に投影されます。これはホログラフィーの原理にそっくりですよね！　このエネルギーパターンを通じて、物質的存在と微細なエネルギーから成る存在の通信が構築されます。ここである種のフィードバックループが発生します。つまり、これらの出来事に対する人の反応がグリッドへとフィードバックされて新たな可能性とパターンの組み合わせが形成

され、次の出来事が結果となって表れるのです。

2次元世界での人間エネルギー

ティラー教授は人間エネルギーのモデルも考案しました。人間ドラマの映画は2次元レベルの相互作用がおこなわれるセットで演じられています。意図の使い方と愛を注ぐ術を学ぶ存在であるわたしたち人間は、そのなかで霊魂と協働して（共同創造のプロセスとして）壮大なドラマを演じています。ティラーの考案したこの拡大モデルには、物理学の世界でこれまで採用されていた見方とは明らかに異なる点がいくつかあり、それが大きな特徴となっています。際立った特徴は次のとおりです。

（1）真空は粒状のものでできており、結晶格子ネットワークと同様に規則正しい配置と構造化がなされています。格子ネットワーク全体はいくつもの層が重ね合わされてできており、各層が共通してもつ節点と呼ばれる接合点を通じて互いに情報をやりとりしています。節点を通じて濾過された情報波は11次元から4次元へと届けられます。

（2）基本原則は人間の意図の存在です。この原則は「肉体は基本的に自己を進化させることを目的として存在しており、意図の使い方、愛の注ぎ方を学ぶための道

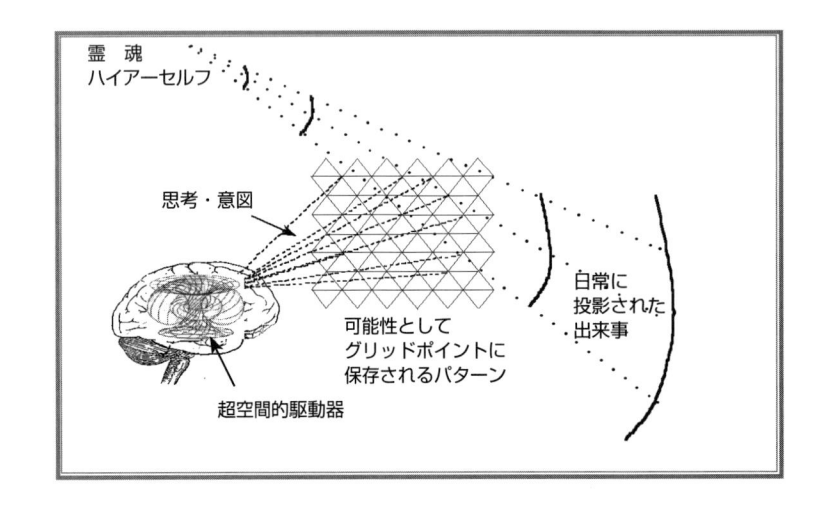

具として存在している」ことを前提にして成り立っています。

（3）意識は情報波を発し、その波は格子を移動しながらエネルギーパターンに作用し、物理的物質やエーテル的物質と相互作用をおこなう分子に影響を与えていきます。

（4）物理的原子はエーテル状原子と微細エネルギー性原子、つまり、感情的、知的、霊的要素に囲まれています。

（5）光は物理的空間における電磁放射、エーテル空間が発する磁電気放射、そして高次の微細な領域から発されるデルトロン放射が合成されたものです。

個人の網の目が織り成すエレガンス

宇宙は物理的にエレガントな状態で調和とともに世界を展開しています。わたしたちを取り巻く個人の網の目は、ひとりひとりに独特の配置をほどこしたエネルギーの層で構成されています。しかし、注目すべきはこの網の目と同じ構造を外部宇宙がもっている点です。わたしたちはこの網の目をユニバーサル・カリブレーション・ラティス（UCL）と呼んでいます。ユニバーサル・カリブレーション・

図表2.14　出来事のパターンの投影

ティラーの見解では、思考と意図が「可能性」を生み出して、宇宙に張りめぐらされた格子の節点に保存します。この可能性はパターンとなって形を成します。このパターンは周波パターンと相互作用を働いて日常の出来事となって表れるために「霊、あるいは神聖なる自己」の存在が必要になります。ティラーによれば、霊魂から発される一次ビームは、ホログラムが放つビームと同じ働きをします。現実への投影のための一次ビームは「霊」あるいは「自己の神聖なる相」から生まれます。つまり、心（マインド）のレベルで設定された周波数パターンと相互作用して物理的現実に映し出すのです。節点に保存されているパターンと可能性を変更すれば人生のなかに映し出される出来事も変化します。挿絵では、霊魂はホログラフィーの再生プロセスと同様に参照用エネルギービームを発しています。人生に起こる出来事は超空間的現実で形成されたホログラフィーの投影です。そのプロセスにふたつの要素があり、ひとつは思考と意図によるパターン形成、もうひとつは霊魂が協働して現実化するプロセスです。節点に保存された可能性は、**意図によってプログラムすることも変更することも可能です！** それによって人生に投影される出来事も変化します。わたしたちの見立てでは、人は思考と意図によってユニバーサル・カリブレーション・ラティス（UCL）のなかに直接的にパターンと可能性を構築し、UCLはパターンの増幅や投影、そして外部宇宙との共鳴関係の構築に役立ちます。このプロセス全体を誘導しているのは意識と意図です。

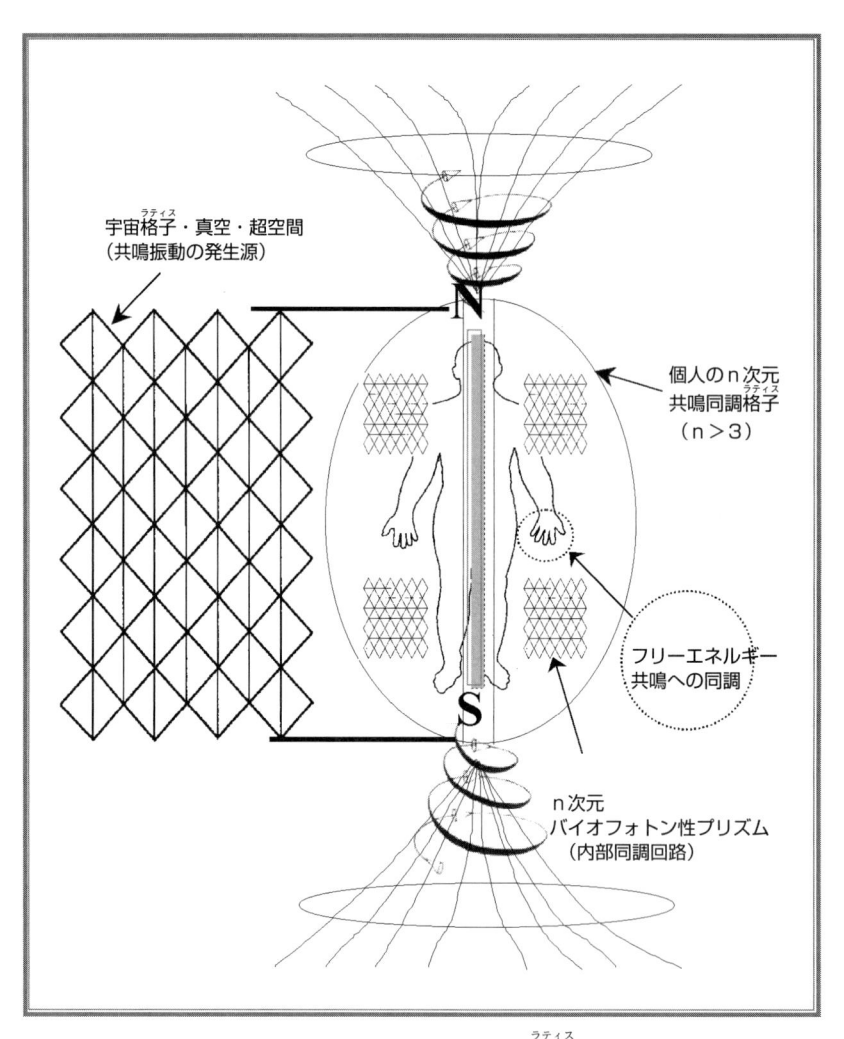

図表2.15　共鳴する個人の格子(ラティス)

ユニバーサル・カリブレーション・ラティス（UCL）、つまりあなたのエネルギー構造体は共鳴状態に同調する機能をもったn次元（n＞3）格子(ラティス)構造と言い換えることができます。本書では、人間のエネルギー構造体の内側にあって光と相互作用をする性質のある複雑なパターンをバイオフォトン性プリズム（光柱）と名づけました。物理的レベルで見ればこれはDNAがもっている機能ですが、微細なエネルギーの領域にはDNAに似たらせん構造が存在します。共鳴する構造体同士は相互作用を働きます。人のエネルギー体が本来の波動に同調すると、エネルギー体の「変容」と情報の変換が可能になります。そしてUCLと宇宙の海（真空）の間に共鳴状態が構築されると「フリーエネルギー発生機」が生まれます（注15参照）。

第2章 新たなパラダイムに向かって 心と物質と意図性

ラティス（UCL）はティラーの唱える宇宙格子（ラティス）へとつながる一次コネクタにあたると見られます。UCLはわたしたちがそのなかに保存しているパターンを増幅、投影する際に活躍します。このパターンは外部宇宙との共鳴を構築していますが、ここでも意識と意図がプロセス全体を誘導しています。

超常現象と外在系と非局所的宇宙

意識を顕微鏡で覗く

研究室で量子世界の謎を解き明かしていくうちに、研究者たちは衝撃的な認識に直面することになりました。それはつまり、客観的現実は過去の出来事を知覚表象したものであるという認識でした。イヴァン・ウォーカーは『The Physics of Consciousness：The Quantum Mind & Meaning of Life』（仮題『意識の物理学——量子マインドと生命の意味』）のなかでこのことを適確に表現しています。

「わたしたちは、観察者が現実という概念にとっての小切手のような存在であるということを発見したことで、自分たち人間のもつ本質に接し……（中略）あることに気づいた。この意識という存在はすぐそばに立って、現実という

舞台を演ずるわたしたちの様子を見ているのだが、おかしなことにその意識はわたしたちが演ずる役柄を描く脚本家の役を演じているのだ」(注18)

心の目で眺めると、わたしたち自身が積極的にこの実験に参加している様子が見えます。こう考えてみてください。物理学者たちは自らの現実を発見しているのではなく、むしろ生み出しているのではないかと！ ノーベル物理学賞受賞者のブライアン・ジョセフソンはかつて、こう述べました。「見慣れない奇妙な分子の研究に精を出しているとき、わたしたち物理学者は自らの現実を創造していると言えるかもしれない」(注19)。例を挙げると、アノマロンと呼ばれる分子は、観察をおこなう実験室ごとに異なる性質を示すのです。このことから、この分子がもつ性質はそれを見出し、創造している人物の影響を受けると考えられます。

この世を超えた非局所性

量子物理学界でなされた驚天動地の発見に「非局所性」と呼ばれる性質の発見があります。この性質は次の現象によく表れています。ふたつの分子が相互作用をおこなうと、継続的に影響しあいながら互いに瞬時にして情報伝達をおこないますが、そこには互いの距離がどれだけあろうともまったく関係がないのです！ 分子どうし、あるいは物理的現象が何十億マイル、何十億光年離れて、あるいは宇宙

の両端で起きていようと関係ないのです！[21] 瞬間的なコミュニケーション、あるいは影響力や情報のやりとりがシステム間で続けられていくのです！この現象は亜量子レベル、つまり目には見えない現実のレベルで発生しています。ナドーとカファトスはこのように述べています。

ギシン実験の結果は「物理学者たちに非局所性、あるいは不可分性は宇宙に生きるものが地球規模、あるいは宇宙規模で備えている性質であると結論づけざるを得なくする」ものである。[20]

従来の「局所性」の概念では、相互作用はすべて時空内で交わされている信号を介したものであることが求められていました。ここでいう信号とは、光速以下で移動するものに限られます。さらに、信号が局所的なものであれば、この信号が交わされた証拠はわれわれの暮らしている時空で観測可能なはずです。非局所的な現象はこれらの制約には縛られません。スピードの障壁は存在しないので、わたしたちがこの時空で信号が交わされる様子を観測することはないのです！

アインシュタインは非局所性の発生について「不気味な遠隔作用」と呼びました。相互作用の発生には目に見える局所的信号の働きはいっさい介在しません。言い換えれば、非局所性の発見は目に見えない現実、つまり宇宙で生じるあらゆる物理的事象をつないでいる現実の存在を明らかにしているのです。この現実は、物理的現実の基本的レベルに存在する一体性をもった全体性と関連しています。『In The Non-Local Universe : The New Physics & Matters of The Mind』（仮題『非局所的宇宙――新たな物理学と心』）のなかで、ナドーとカファトスは、

「心、あるいは人間の意識は、ひとつとなって連綿とつながっている宇宙と呼ばれる全体のなかに生じる緊急現象である」[22]と考えています。この目には見えない力がすべてをつないでいる現実が意識なのです！

非局所性

不可分な全体性

協働的な組織

時間と空間の独立

観察者を実験から切り離して考えることはできない

物質にかかるあらゆる力（フォース）の根底を成す量子場の存在

生物・無生物のすべてに意識は宿っている

表2.1　量子論の重要な概念

第 2 章　新たなパラダイムに向かって　心と物質と意図性

非局所的粒子はあらゆる時間枠と相互作用する

素粒子のもつ非局所的性質について考察していると、異様な考えに出くわすことがあります。ベアデンは「粒子は他のハイパーフレーム（他の時空システム）と相互作用を働きながら自分たちが存在している『時間枠』と協働してわれわれに恩恵をもたらしている」と考えています(注23)。

このような粒子が時空のねじれや歪みであると理解することで、事態はさらに奇想天外な展開を見せます！　物理学者のマーク・ハードリーによれば、この歪みがあまりに激しいので、時空が時空そのものに折り重なって結び目を形成し、そこに時間が急激なカーブを描いて流れ込んでいるといいます（8の字型のループを思い浮かべてみてください）。

この時間ループを通じて過去も未来もすべてひとつにつながります。このループによって粒子は同じ時間に存在している他の粒子との相互作用だけではなく、過去や未来に存在する粒子とも相互作用を働くことが可能になるのです！　(注24)

非局所的現象は、科学史上きわめて意義深い重大な発見です。非局所性は普遍的本質である、つまりこの物理的現実は非局所的であるという発見は驚くべき影響力をはらんでいて、ここに来てようやくそれが科学のコミュニティーで明るみになってきています。非局所的性質は相互作用を

おこなう粒子や肉体構造の枠を超えて広がっています。意識、心と脳のシステム、そしてわたしたちの存在のもつ多次元的側面はすべて非局所的なものなのです！　つまりすべての存在は、どれだけの距離に隔てられていようとも、他のシステムと相互に働きかける能力を備えているということです。

心-脳は非局所的システム

アミット・ゴスワミは著書『The Self-Aware Universe : How Consciousness Creates the Material World』のなかで、近年おこなわれたある実験の結果について論じています。この結果は人と人が心と脳のシステムを介しておこなう相互作用は非局所的であることを裏づけました。メキシコ人神経生理学者のジャコボ・グリンゲルク・ジルベルバウムが主導したこの実験は、フォトン粒子に関連しておこなわれた非常に画期的な実験として知られるアスペ実験と同等の「独創的」実験として高い評価を受けています(注25)。

実験ではまず、ふたりの被験者にお互いに打ち解けたと思えるようになるまでしばらく会話をしてもらいます。それから被験者のふたりは別々のファラデー箱に入ります。このファラデー箱は従来の電磁信号を完全に遮蔽して通しません。
ここで第一の被験者には点滅する光を見せます（この内容はもうひとりの被験者にはいっさい知らされていませ

ん)。光の点滅が発せられると、第一の被験者の脳波計に誘発電位が信号となって観測されます。そして、驚いたことに、同じ波形と強さの信号（いわゆる移動ポテンシャル）が第二被験者の脳にも同時に発生するのです！ ゴスワミはこう説明しています。

ふたつの（つまりふたりの被験者の）脳‐心システムは非局所的な相関システムとして機能しています。心‐脳システムの相関は非局所性をもった意識と脳の量子的本質によって保たれています。このような共鳴状態の獲得は人間の非局所的な意識と量子脳に内在的に備わっている能力なのです！

ゴスワミは遠隔視をはじめとするサイキック現象は意識がおこなう非局所的活動の実例であると見ています。このような超常現象には「非局所性、つまりあなたがいまいる局所的時空間システムから飛び出すことが求められる」と彼は言っています（注26)。

この実験結果から、人と人とのつながりにはつねに目には見えない、それでも実際的な非局所的相関が伴っていることに気づくことができます。見方によっては、ふたりの人の心‐脳システム間でおこなわれる情報や影響力の伝達は「共鳴」の形態と見なすことができます。この共鳴状態は超空間を通じて得られたものなのです！

意識は量子世界に

人間の意識の局所的側面と非局所的側面はどのようにしてつながっているのでしょう？ 意識はいかにして物質と相互作用をおこなっているのでしょう？ これらの疑問はけっしておざなりにはできない代物です！ 最先端の研究をおこなっている科学者たちの間でも意識は量子的世界で活動しているとする考えが一般的なものになってきています。さらに、**客観的現実は意識から独立しては存在し得な**

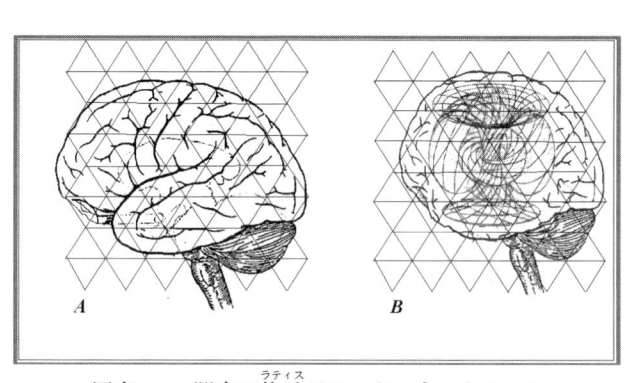

図表2.16　脳内の格子グリッド・ネットワーク（ラティス）

ティラーモデルでは、10次元宇宙格子が脳全体に広がっています［図A］（注13)。節点は物理的世界に存在する非局所的情報とパターンにアクセスできると同時に、格子構造の別の箇所、つまり高次元で起きていることも「認識しています」。つまり、時空のいかなる場所にある情報も格子（ラティス）のすべてのグリッドポイントに存在しているのです！　わたしたちの見立てでは、UCL（ユニバーサル・カリブレーション・ラティス）は外部宇宙に対する一次コネクタの役割を果たしています。UCLは小宇宙内においてパターンの増幅、投影、シグナルの発信をおこなうとともに、そのシグナルとの共鳴を構築しています（注61参照)。

第2章 新たなパラダイムに向かって 心と物質と意図性

「現代自然科学の分野にパラダイムの大転換が起こるだろう……（中略）さらに、物理学者たちは知的な量子状態を通じて認識することになるのだ。意識と物質が相互に働きかけをおこなっていることを！」（注33）

この分野を探求していると、故デヴィッド・ボームが世紀に与えた影響の大きさをあらためて実感させられます。20世紀が生んだこの偉大な物理学者ほど科学のパラダイム転

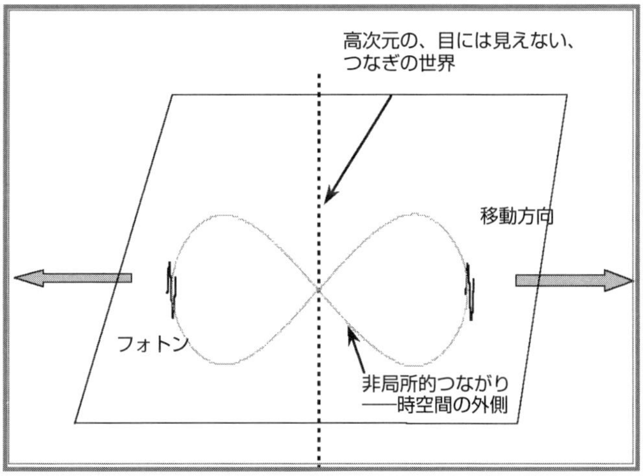

いという概念が広まりを見せています。

これは物理学者アミット・ゴスワミが『The Self Aware Universe』で提起したものと同じ議論です。わたしたちの見立てでは、この宇宙は「自己を認識」しており、いわゆる物質世界を創造しているのは意識そのものです（注31）。この見方を完全に理解することは、科学とスピリチュアリティをつなぐ架け橋を渡るということなのです！

事実、意識を物質的世界に関連づけると、数々の矛盾や量子世界のもつ不可思議さは一掃されます。量子世界そのものは不明瞭な要素のある領域であり、絶対的性質について述べることは不可能です。この領域を一般的に説明する際には波動関数と呼ばれる方程式を用います。波動関数は蓋然性（がいぜんせい）、あるいは可能性を説明するものです。多くの可能性のなかで、ひとつの選択肢が現実味を帯びてきます。それが突如、特有の物理現象が発生するのです。

意識が量子世界で果たしている役割はピーターセンも著書『The Quantum Tai Chi』のなかで論じています。ピーターセンの見解では、意識は波動関数を崩壊させて選択した現実を創造する磁化過程の位相を決定する役割を負っています（注32）。

物理学者アンドレイ・デテラは自身の論文「Physical Model of the Biofield」（仮題「生体場の物理学モデル」）のなかで説得力に満ちたコメントを残しています。

図表2.17 非局所性・宇宙の真理

1982年、アスペ実験は共通する事象から発生したふたつの光の粒子の間には非局所的なつながりがあることを証明しました。この結果により、物理学者たちは非局所性が宇宙の生命体にあまねく流れている力学であると結論づけざるを得なくなりました（注20）。人間の意識と心（マインド）、脳、ハート、そして感情はすべて非局所的なものなのです！（注62）

換に寄与した人物はいないでしょう！ ここでホログラフィック宇宙論（心と物質は分離不可能であるとする理論）について見ていきましょう！

一体性をもった全体

デヴィッド・ボームにとっては、自身が記した古典的文献でさえもそれまでの量子物理学の研究で出会った現象を丸ごと説明するには物足りないものがありました。デヴィッド・ボームが科学に果たした最大の貢献は、物理的現実のもつ性質を解釈したことです。ボームは、物理的現実のもつ性質とは、突き詰めると別々のものの集合体ではなく、動的流束を果てしなく続けている一体性をもった全体であると主張しました。ボームが量子力学と相対性理論から得た洞察によれば、すべての部分は一体性を保ちながら「ひとつの全体性に融合・統一されている」世界へと向かっていたのです(注34)。

潮の満ち干きと同様に、ボームの考える一体性をもった全体は絶えず動いています。ものはすべて、目には見えないエーテル状態から発生して姿を現し、最後には再びエーテル状態に戻って消滅するのです。

ボームは、わたしたちの世界で実際に起こっているこの絶えることのない変化のフロー（流れ）を全体運動と呼びました。ホロムーヴメントのなかでは心と物質はひとつになっています(注35)。

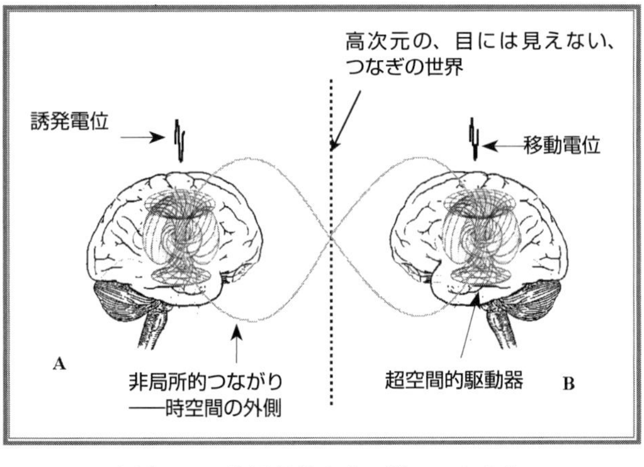

「このフローのなかでは、心と物質は別個のものではない。むしろ、それらは全体がおこなっている分離不可能なひとつの運動を成す異なる性質なのである」

ボームは生物と無生物をも関連づけて見せました。「活性状態を形成するのが心の特徴である。そして、電子には心に似た性質があることもつかんでいる」(注35)。このように、物質はいわゆる空っぽの空間から独立して存在して

図表2.18 非局所的な心 - 脳のつながり

メキシコ人神経生理学者グリンゲルク・ジルベルバウムは、人と人がつながるうえで心と脳のシステムが発揮する非局所的な性質を証明しました（注25）。従来の手法では実験対象者（物）間に情報のやりとりは起きていないとされていました。ふたつの心 - 脳システムは相関関係を結んだ非局所的システム同士として「いまの時空にあるシステムを飛び出す」ことで相互に作用しています（注26・注52参照）。

いるのではなく、物質と空間がそれぞれ全体の一部を成しているのです。

この世界は全体運動(ホロムーヴメント)

ホロムーヴメントという用語を作り出すにあたって、ボームは「現実はホログラムと類似したしくみでできている」と考えました。ふだん、わたしたちが体験している目に見える形で起きている現実はホログラフィックな投影であり、そのもととなるホログラムを形成しているのが通常は隠れていて目には見えない現実、つまり高次空間の内在秩序です。

内在秩序のなかにはあらゆる現象の発生に合わせて隠れた状態で存在する秩序の源があります。どの現象も、わたしたちの目の前に現れるときには単なる偶然から無作為に起きた出来事のように見えます。内在秩序が外面化してできた現実、あるいはわたしたちが現実と認識するものとなって現れた現実をボームは外在秩序と呼んでいます。

内在秩序はすべての基本となる一次的な現実と理解されています。そうなると、わたしたちの外側にある現実は広大な宇宙の海にすぎないということ、あるいはボームが言うところの外在秩序であると言えます。わたしたちが見知っている現象はすべて、高次元世界の内在秩序が投影されて展開しているものなのです。

内在秩序、外在秩序は時空のあらゆる領域に相互に浸透していて、それぞれの領域はすべての存在を内包しています。つまり、すべてのものはすべてのものに内包されています。1980年にボームはこう説明しています。

「内在秩序のなかでは、存在の全体性は空間と時間の各領域に内包されている。したがって、いずれの部分、あるいは要素や側面を思考のなかから抽出しようとしても、それは全体を内包しており、ゆえに抽出の源となる全体性とも本質的につながっているのである。以上のように、全体性は議論しているすべてのこと（万物）に原初から共通して流れているのである」(注36)

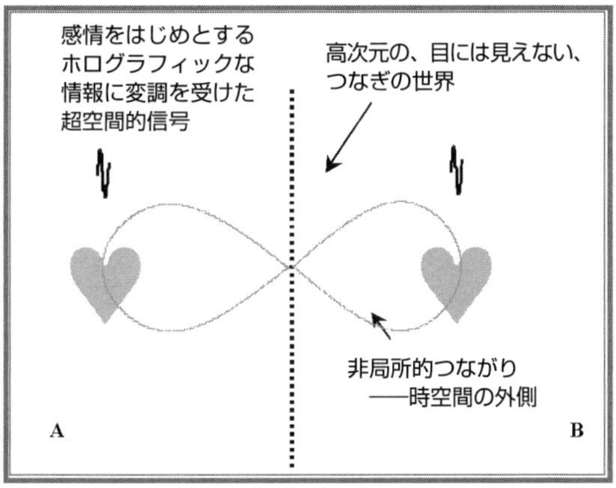

図表2.19 ハートに流れる感情は非局所的
心-脳システムの発する信号は、ハートに流れる感情をはじめとして、人のエネルギーシステムが備えるさまざまな側面に変調を受けています。

ホログラフィックな性質

ボームは物理的現実を構成しているそれぞれの部分には全体についての情報が内蔵されていると考えていました。この点から考えると、宇宙を構成している各部分には宇宙全体に関する全情報が収められています。では、亜原子粒子をつなぎ合わせている網の目（ウェブ）とはどのようなものなのでしょうか？　量子物理学的発見を説明するにあたって、ボームはまったく新しい概念を提唱しました。彼は、すべてにあまねく浸透してそれらをつないでいる場が存在すると発表し、それを量子ポテンシャルと呼びました。量子ポテンシャルは空間のあらゆるところに存在し、その影響力は距離の介在によって削（そ）がれることはないので（重力と同様）、どこでも等しい強さで働いています。

量子ポテンシャルは全体を組織化する構造体を形成します。たとえば、個々の電子がプラズマ（イオン化ガス）中に集まった場合を考えると、電子の集団運動は量子ポテンシャル場を介して統合されます。ではどうやってこの統合をおこなっているのか？　量子ポテンシャル場は波状の情報場を成して電子に指示を発しているのです。まさに、電子は量子ポテンシャル場から情報を入手し、それをもとに現在の状況を把握しているのです。

量子ポテンシャル場はシステムに対してエネルギーではなく情報による制御を与えています。この概念は、船が陸からの電波信号による制御を受けているのと似ています。

船は自らのもつエネルギーによって運転されていますが、航行の指示は電波に乗せて発されています。電波が運んでいるのは船を進路変更させるエネルギーではなく、情報だけです！　同じことが電子の振る舞いにも当てはまります。量子ポテンシャル場は、電子がいまの環境と相互作用をおこなうために必要な進路変更の指示を出しているのです。電子は瞬時にその情報を空間のあらゆる場所で量子ポテンシャルから受け取ります。重要なのはポテンシャルの強度ではなく、形状だけなのです！

かなたへの旅

物理学者のジャック・サーファティはウイリアム・ティラー同様にわたしたちを旧来既存の概念のかなたへと誘（いざな）ってくれます。サーファティは新たな概念分野を編み出し、それをポスト量子論と名づけました。この考え方は従来の量子論が定めた基本原則を逸脱している点で異色と言えます。ひと言で言うならば、サーファティは心（マインド）と物質がおこなっている相互作用の説明を試みたのです！　彼の理論で心（マインド）と物質は、相互作用は量子の世界の向こう側で生じています。

心（マインド）と物質は、相互作用を通じて物質に対する作用と組織化の双方をおこなう情報波の媒介を指揮しているのが意識的に認識される意図です！　この情報波を指揮しているのが意識的に認識される意図です！

第2章　新たなパラダイムに向かって　心と物質と意図性

サーファティのモデルでは、ボームが唱えた量子ポテンシャルはパイロット量子ビット情報波となり、この情報波は精神が生み出す波動の場（フィールド）から発生しています！この量子ビット情報波が原因となって物質の複雑かつ動的な自己組織化が促されますが、サーファティは精神の波動の場と量子ポテンシャル場の間をつなぐ鎖の存在を提供しました。この量子ポテンシャル場は電子に対して指示情報を提供しているのです！

サーファティの見立てでは、肉体で生じる意識的認識は体外の非局所的意識とつながっています。電子は脳内の電子配列の媒介を経て「微小電気双極子ナノアンテナをコヒーレント（訳注：波がもっている干渉する性質のことをいう。干渉縞の鮮明度が最大のときをコヒーレント、干渉縞ができないときをインコヒーレントと形容する）な位相状態に配列する（注37）」。この配列はコヒーレントに同調した格子構造の表れと捉えることができます。脳微小管に情報を取り入れると同時に、肉体と精神的波動の場をつなぐ役割を担っているのがこの配列です。

パイロット波を指揮する意図

それでは、何がこのパイロット量子ビット情報波を指揮しているのでしょう？　サーファティは「意識的に認識される意図である」と説明しています（注38）。このパイロット量子ビット情報波は情報パターンのようなもので、思考と似た形体をとって物質を組織します。この情報波は時空の外側で活動しています。つまり非局所的な性質をもっているのです。そしてその活動は強度には左右されません。この思考に似た形体は個体のエネルギー運動を指揮しています。情報波が微弱であっても、量子レベルには大きな影響が生じます。アクティヴ（訳注：能動的）な情報はあらゆる場所でポテンシャルを帯びていますが、意味のある場所においてのみ活性状態になります。形体はアクティヴな情報なのです。

反作用は霊魂の干渉

サーファティのポスト量子論には際立った特徴があります。この理論で鍵となる概念が、彼の言うところの反作用です。反作用は心が物質に対して働く相互作用（マインド）と、心に対して物質が起こす相互作用の間に影響を与えます。反作用は双方向で発生する相互作用の活発なフィードバックループなのです。この双方向のプロセスは活発なフィードバックループを生み、このループが心と物質を分離不可能な全体としてひとつにつなげています！　サーファティは「反作用は、脳のもつ高性能な制御構造がパイロット量子情報に応じてかたときも休むことなく機能していることを示唆している」と説明しています。相互作用がおこなわれているあいだ、再構築プロセスが同時進行しています。この相互作用は、「過去、未来、そして絶え間なく流れるいまという瞬間に脳に作られる光でできた円錐の外側から届く外部メッセージによっ

てくり返し起こされている」のです(注39)。彼は、反作用は「物理学の方程式に生命を吹き込んでいる。この運動を動かしているのはホーリースピリット（聖霊）である」としています(注40)。

反作用については、まだ述べるべきことがあります。物質の量子レベルに対して働く心の発する意図は、物質が心に対して働く反作用と連動して生じます。これによって、いくつかの現象が引き起こされます。

- 「不可思議なループ」の創造
- 意識的に認識される意図 - 意識の体験
- 真空からのゼロポイント・エネルギーの抽出
- システムの内発的自己組織化

時間をつなぐ不可思議なループ

この概念はさらなる興味をかき立ててくれます。この「不可思議なループ」とはいったい何でしょう？

サーファティは、ループはデュアルフォームになって現れると明かしています。

「不可思議なループ」の創造

「未来を発した意図は、過去を発した経験とループを描く。これは、記憶の機能に事前の反応と過去の原因が関わっていることに似ている」(注41)

「過去を発した意図は未来を発した体験とループを描く。

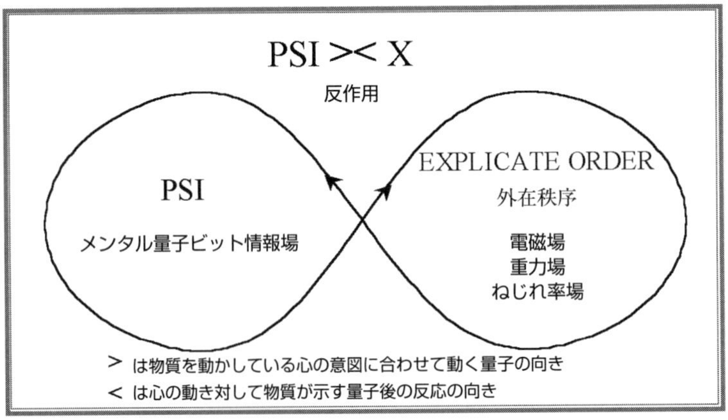

図表2.20　心（マインド）と物質の不可分性

　サーファティは心（マインド）と物質は「反作用」の法則に則って相互に作用しているとしています。彼の説明によれば、物質を組織する「パイロット量子ビット情報波」を指揮しているのは**意識的に認識された意図**です。精神、あるいは思考のエネルギーは電磁場エネルギー、あるいは光エネルギーに転換されると考えられます。ベアデンの理論によれば、思考のエネルギーには以下のことを可能にする、あるいは実行する効果が

あります。（1）荷電粒子の電荷の消去、あるいは電荷を帯びていない物体内部に電荷を発生させる（2）外界の物体に静電場を誘導する（3）物体の周囲に電磁場を発生させて相互作用する、そして（4）微細なエネルギーを電磁場のハイパーフィールド流束に凝集する。さらに、思考エネルギーは継続的に電気的パターンに凝集して肉体機能の重大なプロセスに作用し、その形成、調節をおこないます（注63）。

第 2 章　新たなパラダイムに向かって　心と物質と意図性

「未来の出来事の遠隔視（ジム・シュナーベル著『サイキック・スパイ──米軍遠隔視部隊極秘計画』[高橋則明訳、扶桑社ノンフィクション]）や創造的思考活動でも似たことが起きています」(注42)

あらゆる古典物理学的場に影響を及ぼしている精神の場（メンタル・フィールド）

ここで本書では初めて数式をご紹介します。この方程式はサーファティが自身の唱えたポスト量子論のなかで最も基本となる考え方です。既知の力（フォース）から成る場には次のものが含まれます。

$$PSI \asymp X$$

Psi＝思考のもつメンタル量子ビット情報場（ボームの内在秩序）

X＝外在秩序（「内在秩序」とともにボームの唱えた用語（フォース））＝既知の力（フォース）から成る場をはじめとする拡張型電磁放射源から発した粒子の物質構造

1　電磁場（従来的なマクスウェル‐ヘルツ型）
2　数種類のねじれ接続場
3　空間の歪みやワームホール内にある大きな3次元空間
4　アインシュタインのメトリック重力場
5　強弱双方の相互作用が働くヤン‐ミルズ場

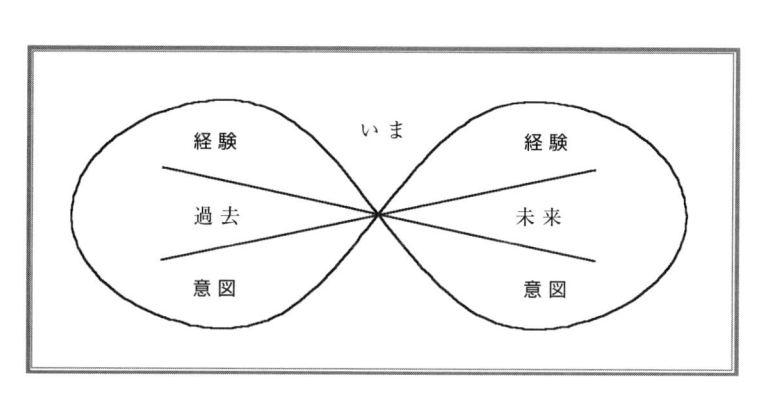

図表2.21　意識が引き起こす不可思議なループ

ジャック・サーファティによると、精神の場（メンタル・フィールド）は情報パターンと類似のパイロット波を励起（れいき）します。量子パイロット波は物質生成の原因となります。このパイロット波は時空の外側で運動しています。つまり、非局所的な性質をもっているのです！　心と物質の相互作用は「過去や未来、その他の時空から届く外部メッセージによってくり返し引き起こされて」いますが、この外部メッセージが、サーファティの称する不可思議なループの描くデュアルフォームというプロセスを構築します。そのプロセスとは（1）未来を発した意図が過去に発した経験とループを描きます。そして、（2）過去を発した意図が未来を発した経験とループを描きます。このループの中心付近でわたしたちが経験しているのが、意識上の「いま」という瞬間なのです。心と脳のシステムは「古典物理学的」装置、つまり時空に根づいている脳と「量子論的装置」、つまり非局所的な心（マインド）の間に相互作用を引き起こします。心のもつ非局所的側面は超空間に存在し、そこには未来と過去が共存しています。心（マインド）‐脳システム、そして心（マインド）‐物質システムでのオープンなコミュニケーションは外部宇宙を相手におこなっているのです。このやりとりはいかなる部分でも発生し、それは時空内でどれだけ距離があったとしても関係ありません！

〉は、心が物質を動かすという量子力学的意図を示す矢印。〈は、心に思い浮かべた物質が不可分な意識的瞬間を生み出しながら示すポスト量子論的反応。

サーファティはここに提示したものよりも数学的にはかに厳密な定式化をおこなって理論を裏づけています。彼はここで、ポスト量子論を証明するために実験的根拠を提示し、近年になって秘密が解明された遠隔視の話題を引用しているのです(注54)。

サーファティの理論をどう端的に言い表すことができるでしょうか？ 定式化されたもののなかには精神の波動の場（フィールド）を発して物質に働きかける「意図」の存在ができているのです。それに対して物質が反応し、「不思議なループ」が発生します。過去と未来の意図、そして体験が式の一部として同時に登場しています。これによって大規模な位相コヒーレンスが生まれるのです！ 超常現象のような思考エネルギーでできた精神の場は物質粒子だけではなく、そのほかのものも含めて従来の電磁場をはじめとする古典物理学的な場にも働きかけることがわかります。

変換可能な思考エネルギー

この概念はベアデンが唱えた理論のなかでも充分な裏づけがあります。ベアデンは思考エネルギーには電磁場に変換できる性質があると見ていました。本来、思考のエネル

ギーは電磁場とは異なる次元の超空間内に存在しています。しかし、直交座標回転を2回連続で実行すると、この思考エネルギーは別のタイプの場、つまり従来型の電磁場に変換されるのです。

ベアデンはこの点について『Excalibur Briefing』(仮題『魔法の取説』)のなかで詳細にわたって考察を展開しています。おしなべて言えば、ベアデンは物理学と超物理学（メタフィジックス）の間にある障壁を飛び越えて、ある種の場から異なる種類の場への変換を考慮する高次元の算出法を開発しようと呼びかけているのです。さらに彼は、わたしたちには次のような新しいパラダイムを獲得する必要があるとしています。そのパラダイムは、

「心（マインド）と物理学を同じ理論的枠組みで完全に網羅することが可能だが、それには心（マインド）が物質に及ぼす作用をその枠組みで説明可能であることが条件になる」(注41)

この新たなパラダイムには「意図」（ベアデンは「発端」とも呼んでいる）という要素が不可欠です。さもなければ、わたしたちはこれからも謎が不可欠なままで通常の科学に取り残されることになります。

ベアデンの理論によれば、「意図」という思考エネルギーを用いることで次のような効果が生まれます。

・荷電粒子からの電荷の消去、あるいはそれまで電荷を帯びていなかった物体への荷電

- 外部の物体への静電場の誘導
- 物体と相互作用させるため、それを包む空間への電磁場の誘導
- 磁場のもつハイパーフィールド流束への微細なエネルギーの凝集
- 肉体のすべての重要なプロセスに対する作用、形成、機能調整をおこなう電気的パターンへの継続的凝集

ヴァーチャルをリアルに

『Excalibur Briefing』のなかでベアデンは思考エネルギーの性質について議論しています。思考、つまり精神のエネルギーは仮想的、あるいは観測不可能な実体と見なすことができます。この実体は、その内側に存在する超空間フレーム、あるいは超次元的フレームにリアルな物体として存在しているのです。もしもわたしたちがその実体と同一の超空間に共存することができれば、その実体は人間にとって非常に具体的で理解しやすいものになります。しかしながら、わたしたちの現実は思考や精神のエネルギーとははっきりと異なる超次元的フレームなのです。もちろん、思考も観測することはできません。

『The Quantum Tai Chi-Gauge Theory : The Dance of Mind Over Matter』のなかでステファン・ピーターセンはニューロンが脳内でおこなっている思考を構築するパターンの選択は心、あるいは意識に関連していると指摘

しています。脳内で実際に起きている樹枝状ネットワーク（神経末端）の発火パターンは意識が決定しています。ピーターセンによれば、心は自らを表現するために最適な樹枝状ネットワークの発火パターンの選別をおこないながら、ひとときも休まずに脳をプログラムしつづけているのです（注43）。

この思考体の強さやパワーはこれらが生まれる際に存在する神経ノイズレベルと関係しています。背景にある神経組織の高いノイズレベル、あるいは高レベルのシステム非干渉性において、この思考体は物理的発現プロセスに関与するポテンシャルをほとんど帯びていません。内部システムのノイズを低減するとともに、システム干渉性を向上させることが思考エネルギーの磁化力の改善手段となります。実際、ピーターセンは次のように見ています。

「意識的な思考と知覚は、分極化の役割を果たす……可能性を意識する度合いは、脳内の余剰細胞、あるいは向こう側の意識がおこなう磁気整列の程度によって表される」（注44）

しかし、カール・ユングが認識していたように「個人的、あるいは集合的無意識」から出来事を取り出して実現するためには意識が超えるべき閾値が存在します。

思考体は光子に干渉する

ベアデンによれば、思考体は周波数や形という類似した

性質に従って凝集、干渉します。こうした思考エネルギーの干渉は、人間が意識しているの物理的現実のなかに類似する出来事を磁化する可能性を生みます。ユングは共時性（シンクロニシティー）という用語によって確率の法則ではなく類似の法則に従って生起する出来事を説明しました(注45)。無意識の世界では過去と未来を含めたすべての時間軸で起きた出来事のパターンが存在しています。そのパターンは「いま」の経験と同じように選択によって支配されているのです。

思考体を物理的現実につなげるプロセスは光子の媒介を得て発生します。

フォトン（光の粒子）は思考体のパターンを帯びています。類似する光子は干渉しあい、観測可能な世界と観測不可能な世界を分けている閾値を突破する強さを生み出します。わたしたちはその値を量子閾値と呼んでいます。量子閾値を超越することで電磁場レベルの活動が発生します。

観測可能な変化へのつながり

電磁場はわたしたちを観測可能な物理的変化へと結びつけてくれます。思考パターンを電磁場に伝達しているのは光であるということに注意しましょう。実際に電磁場理論では、光子（光）は場(フィールド)を構成している粒子間の情報伝達を担うメッセンジャーであるとされています。もしもわたしたちに電磁場内で起きている活動を観察することができ

たら、さまざまな強さや色や周波数が花火のようにくり広げる光の一大スペクタクルを目撃することになるでしょう。こうした相互作用はつまり形を与える、あるいは英語の動詞 inform の語源のとおり「形を成す」ために情報を交換しています。ティラーは、光は高次の微細な領域から発されたデルトロン放射エネルギーとエーテル空間から発された磁電気放射エネルギーから成るとしています。つまり、光から送られた情報がやりとりされるあいだ、目には見えない高次の世界から生まれたパターンと形もやりとりされているのです！ 光は時空の外側で発生している現象であり、アーサー・ヤングは光そのものが意識であると見なしているのです！

コヒーレンスを通じて発するパワー

仮想的な、あるいは証明可能な(ヴァーチャル)、つまり可能性のパターンを人間にとって観測可能な現実に変換するためにはあるプロセスを開始する必要があります。『Gravitobiology：The New Biophysics』（仮題『重力生物学──新たな生物物理学』）のなかでベアデンはこう述べています。

「物理学の世界では既知のことだが、ヴァーチャルな実体はリアルかつ観測可能なものに変えることができる。それ

第2章 新たなパラダイムに向かって 心と物質と意図性

にはエネルギーを加える必要がある」(注46)

エネルギーを加えるというプロセスは、電荷を加えるプロセス、あるいは活性化やベアデンが言うところの点火のプロセスであると言うことができます。充分に荷電されると最終的にはヴァーチャルな、あるいはぼんやりとしたイメージが観測可能な状態で出現します。このとき大切なのは、コヒーレントな内部状態を通じてエネルギーを加えていくということです。ピーターセンが断定したように、この現象が始まるには磁気整列がコヒーレントな状態でおこなわれ、脳細胞が活性化することが必要になります。

ここであらためて、人間にはコヒーレンスと磁気整列、そしてそれぞれのもつエネルギー系の統合状態を保つ必要性があるということを強調したいと思います。わたしたちの見立てでは、人間はユニバーサル・カリブレーション・ラティスのなかで可能性のパターンの保存と伝達をおこなっています。自分がまとっている格子（UCL）にしっかりとつながることで、そのパターンを日常の具体的な出来事に投影する、あるいは磁石のように引き寄せて実現することができます。このようなエネルギーとのつながりを生み出すことがEMFバランシング・テクニック®の最大の目的なのです。

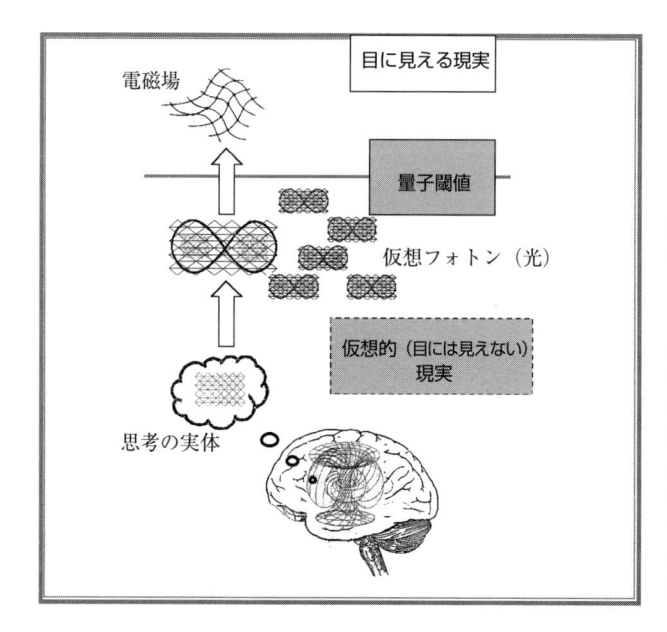

図表2.22 ヴァーチャルをリアルに

『Excalibur Briefing』のなかでベアデンがおこなった考察から、思考、あるいは精神のエネルギーは仮想的な（観測不可能な）実体とみなすことができます。この実体は確率のパターンを帯びており、周波数と形状によって干渉（凝集あるいは集積）します。パターンはヴァーチャルな光子（光）に追加、あるいは伝達され、光子はパターン干渉の類似性に従って集合します。量子状態の変化は電磁場フレームにまでその影響を及ぼし、電磁場の発生、あるいは変化を促します。観測可能な物理変化は継続的に発生します。同調や共鳴を通じて内部パターンが外側の現実に作用し、さらに外側のパターンが同様のプロセスを通じて内部の現実に影響を及ぼします（注64参照）。

新たなエネルギー概念

この章を締めくくるにあたって、このエネルギーの概念についていくつか申し述べておきたいと思います。以下にあるように、従来の方程式ではエネルギーを質量がもっている機能と捉える向きがあります。

$$E = mc^2$$

（E＝エネルギー、m＝質量、c＝光の速度）

この基本方程式をより適切な形で記すとこうなります。

$$m = E/c^2$$

つまり、質量はエネルギーを光の速度の2乗（c×c）で割る（あるいは鈍化させる）ことで出現すると理解することができます。

この章の内容から、人間が思考の進化を遂げていくあいだ、意識、心（マインド）、あるいは精神の場（メンタル・フィールド）が、物質とさまざまなレベルで相互作用を働いているのが見えてきます。意識が外側のシステムに対して指導的作用を働いていること、この外側のシステムそのものが大量のエネルギーを蓄えている可能性があることもわかります（海岸から発された電波が海洋上の船舶に指示を出しているイメージです）。意識の面で成長を遂げていくにつれて、エネルギーシステムと相互作用する能力も、物質とエネルギーを組織する能力、あるいはそれらに影響を与える能力も向上していきます。

人間はエネルギーの存在として成長を遂げながらも、自分たち個人がもつエネルギーを直接的に供給することで外側への作用を果たしていることも同時に理解していきます。意識が発する「意図」は、思考のもつ精神の場（メンタル・フィールド）を通じて指示的なパイロット波を発信し、その信号波が実際的に物質世界に影響するのです。この事実がはっきりと要求していることがひとつあります。それは従来のエネルギー方程式の書き換えです。わたしたちはどのようにして意識（C＝Consciousness）を新たな方程式に組み込めばいいのでしょう？

意識のもつ役割

わたしたちは新たなエネルギー観に即した方程式を提案します。この新しい観点に立って方程式を書き換えるとのようになります。

$$E = mc^2 \cdot C^2$$

（C＝意識）

この観点では、エネルギーは意識の力の累乗を乗じることで具現化されます。さらにその現象は意識の力に反響を及ぼします！

第2章 新たなパラダイムに向かって　心と物質と意図性

$$M（物質世界）＝E/(c^2 \cdot C^2)$$

これらの方程式から、物質世界は、光の速度によって鈍化されたエネルギーが意識の干渉を受けて具現化したものと捉えることができます！

可能性を増大させる

意識的認識レベルを向上させていくにつれて、わたしたちはその効果、つまり意識が人生に生み出す可能性を増大させています！宇宙の法則のなかには、まだその存在が認知されておらず、一般に習慣化されていないものがあります。今日の物理学に認められ、世間で採用されている法則の数々は、科学が記した重大な進歩と言えます。

それでもまだ、科学はわたしたちの現実が備えている動的かつ複雑な真の本質をようやく理解しはじめたにすぎません。この現実の内側では、意識と物質が相互作用をおこない、集中された意図がわたしたちの世界を具現化する役割を演じています。宇宙はわたしたちが慣れ親しんでいる物理的法則を超えた活動をおこなっているのです。引き寄せの法則には、類は友を呼ぶ効果があります。これはよく言われる「正反対のものどうしが引き合う」という概念では理解の及ばないものです。

宇宙の法則のなかでは、わたしたちが明確な意志をもって意識を集中させたものが日常のなかに具現化されます。その意図はハートからあふれ出し、高次の自分と同調しているときに最も強力に発されるのです！

わたしたちは出来事のいきさつにはいっさい囚われずに、これらの法則が日常のなかで効果を発揮することを許すだけでいいのです。わたしたちが宇宙エネルギーに同調していくにつれて、一連の法則は日常に効果を表すとともに法則そのものにバランスをもたらしていきます。

このバランスという観点から見ると、わたしたちは完全に開かれ、目覚めを遂げた認識とともに「いま」という時空、つまりわたしたちが瞬間、瞬間を生きている時空で機能することができます。認識は人生の経験から獲得した叡智をもとに知識をもたらしてくれます。宇宙の法則を用いることで、わたしたちは宇宙のみならず、自分自身の神聖なる目的とも共鳴関係を構築しているのです。

「わたしたちはある種の超空間的物体であり、物質に影を落とす。この影とはつまり、肉体的有機体である」

テレンス・マッケンナ 『The Archaic Revival』

第3章 ユニバーサル・カリブレーション・ラティスへの誘（いざな）い

次元を超えて広がる網（ウェブ）の目

わたしたち人間は調和的な光の波形でできた幾何学的形状の集合体で構成されている。この光は知性によって指揮されているのだ。

ブルース・ケイシー 『The Energy Grid』

肉体に貯蔵できる光の量が増えるほどにあなたの波動は高まり、あなたを取り巻くエネルギーを高次のものに変換する能力が向上する。

サネヤ・ロウマン（オリン）『スピリチュアル・グロース』（マホロバアート）

現代の科学は、肉体という生体系に化学的‐電気的本質が備わっていることを証明しています。しかしながら、広義に捉えれば、わたしたち人間は炭素や化学的物質や電位以上の存在です！わたしたちには電磁的性質も備わっていて、電磁気はいくつもの次元にまたがって起きる現象であることが知られているのです。

わたしたちは光の存在です！

電磁的性質をもった存在である人間は可視光と不可視光の双方を有する電磁スペクトルの一部であると言えます。「量子物理学」と呼ばれる科学分野の研究成果により、光は電磁場の土台を成していることがわかっています。光子は、この場（フィールド）を構成する最小粒子であると同時に、電磁場に存在する粒子間のコミュニケーションをとりもつメッセンジャーでもあります。したがって、わたしたちは炭素‐化学物質‐電気‐光の存在であり、わたしたちが光の存在であることが

はっきりとします（注1）。

このことから、わたしたちは自分の振動周波数を変えることができるのです！わたしたちは事実上の回路が存在し、この回路は共鳴のプロセスを通じて修正が可能です。「わたしたちは光の存在である」あるいは「わたしたちはライトボディ（光のエネルギー体）を有している」という考え方が科学的妥当性を帯びてくるのは、わたしたちが肉眼で視認する力さえあれば電磁場は光の一大スペクタクルを披露してくれる、ということを明確に理解したときです（注2）。

1800年代、物理学者たちは電気エネルギーの治癒効果の検証を試みました。結果は理想からはほど遠いものでした。電流を流すために使用した電極はしばしば被験者にやけどを負わせ、体内の健全な臓器にまで意図せぬ感電が起こりました。電荷の操作が困難だったためです。これらの電気療法が失敗に終わったのは、進化的計画のなかで人間にこのような癒しを受ける準備ができていなかったからだと見て間違いないでしょう。わたしたちの存在の化学的側面に注目しつづける必要があったということです。わたしたちはその道で飛躍的な進歩を遂げて、肉体の助けとなるさまざまな療法を開発、発達させてきました。現代医学の力によってめざましい治療が利用できるようになったことに疑いの余地はありません。しかしながら、進化する生き物であるわたしたちは自分たちが抱いている

第3章　ユニバーサル・カリブレーション・ラティスへの誘い　次元を超えて広がる網の目

存在としての化学的性質へと向かう傾向をどんどん強めていて、その進化的傾向は求める癒しのもとになるものの種類によく反映されています。その源とは例えばホメオパシー、薬草学や自然医学、生きた波動を帯びた精油類、細胞構造とDNAに作用する新しいサプリメントです（注3）。

近年になって、現代医学の教育を受けた人々が補完療法（あるいは代替療法）のプラクティショナーたちとユニークな団体を次々に組織しています。わたしがご縁をいただいてワークをおこなった人々のなかには、高度な教育を受けたあとにそれまで採用していた療法と訣別した方もいれば、従来の療法に代替的アプローチを加える選択をした人も大勢います。興味深いことに、これまで代替療法を提供する側にいたものの、ここにきて主流となっている教育を受けたいと希望している方もいました。現代に生きるわたしたちはじつに幸運と言えます。双方の世界の一番よいものを提供してくれる人々に恵まれているのですから。

わたしたちが光の存在であると信じるようになったとしても、受け継いできた化学的側面を尊重するとともに、もてる叡智と良識の双方を活かして体に取り入れるものを選択しながら進化していくことが依然として必要です。認識的に化学物質を摂取することをやめる決断を自然に下す場面が多くなるでしょう。大概の方（カリフォルニアの方々は例外ですが！）にとって、「栄養を考えて健康食品の販売店を経営していました。1970年代の後半、わたしは健康食品と自然に即したアプローチを採用しましょう」と訴えるわたしたちのような人間は、風変わりな発想をもたおかしな人たちでしかありませんでした。化学添加物や農薬、保存料、合成ホルモン、抗生物質等を含まない健康的な食品を食べるという考え方は、当時はまだ主流ではなかったのです。玄米がスーパーマーケットに並んでいるのを初めて目にしたときの感動をわたしは一生忘れないでしょう。かつては奇妙なものとされていた考えが、いまや一般的なものになっているのです！

現在、わたしたちは自分たちの霊魂がもつ電気的な本質を活用して表現する力をより大きなものへと発達させています。存在が帯びている化学的、電気的側面を統合していくにつれて、わたしたちは肉体を電気的・エネルギー的なメソッドで癒す方法を身に着けることができます。昨今、医師たちは電気と電磁気を活用して神経系の失調をはじめとする症状に対処するようになってきています。それでも、癒しのプロセスにおいて自分たちが担っている役割を理解することが重要な鍵を握っていることに変わりはありません。

ユニバーサル・カリブレーション・ラティスを活用して自分の存在の電荷を満タンに保っておく方法がわかるようになると、わたしたちはDNAをエネルギー的に、そして電磁的に変えることができるようになります。これによって潜在能力が増し、生来的にもちあわせている叡智を活かして急速な治癒とさまざまな学びを奇跡的とも思えるな形で実現できるようになります。

どれくらい奇跡的か? たとえば、わたしは自分と娘に発症した喘息が急激に治癒してしまった経験があります。30代のなかごろに、わたしは喘息を患いました。この服薬を拒むわたしに、医師はきっぱりと言いました。「1日3回の薬をのまないと死にますよ」。わたしは必要に応じて薬を飲みましたが、いつかきっと薬いらずになってやるわ、と心に誓いました。いまとなっては、あの薬のおかげで呼吸ができるようになったのだと感謝しています。ホメオパシーのレメディーの効果とプラクティショナーの助けもあって、喘息のもとになった問題を徐々に明らかにすることができました。間もなくして、娘のシャーナも喘息を患いました。自分が息を切らせてあえぐぶんには構いませんでしたが、6歳のかわいい娘が息をしようともがき苦しんでいる姿は見るに堪えませんでした。わたしたちのこのような状態は、たちの悪いことに1年以上もつづきました。

ある日、シャーナが非常に激しい発作を起こしました。レメディーを使っても、薬を飲ませてもまったく効きません。そこで、わたしはひとりになって瞑想をおこないました。自分が宇宙の中心になっているところをイメージして全身全霊で問いかけました。「何か見落としていないかしら?」。すると、わたしの全身とその周りをエネルギーが駆け巡る感覚が湧いてきて、この感覚はそれから1時間以上にわたってつづきました。胸腺の辺りからは金色の温かな光があふれ出して両腕を伝い、両手から放たれていきます。わたしは2階に上がると、両腕をつたい、両手からシャーナにあてまし

た。すると、どうでしょう。ヒッ、ヒッ、ヒッ、と短くあえいでいた娘が、ついにスーッと長い息ができるようになりました。このとき以降、シャーナは一度も喘息を発症しなくなりました。

翌日のこと。「喘息なんてもうまっぴらだわ」と思ったので、わたしは上部ハートセンター・胸腺に意識を集中して「もう一度あの金色の光とエネルギーを作ってちょうだい」とその部分にお願いをしました。胸は温かな金色の光で満たされました。それから5日間、合計5回にわたってお願いをして金色のエネルギーを受け取ると、喘息は完全に消えました。いまから15年前のことですが、わたしはあれからずっと喘息とは無縁の暮らしを続けています。

怪我をしたとしても、その部位をただちに再生してくれるようなエネルギーを発生させることは?自分の場（フィールド）の内部に出現している傷のエネルギーを一瞬にして再生し、病気を治すことは可能でしょうか?喘息が完治してから数年後の初夏、わたしはとてつもなく大きな学びの出来事に直面しました。どのようなものかというと、次から次へと的外れなことをして一生の教訓を得ることになった……と言えばおわかりになるでしょうか?友人のひとりが誤って我が家のキッチンで火事を起こしてしまったのです。気がついたときには手のほどこしようがなくなっていました。コンロには火に包まれたやかんが載っていて、炎は天井まで噴き上げています。電子レンジはどろどろに溶けて、コンロの上にあるキャビネットにまで飛び火していて、キッチン全体に黒煙がもうもうと立ち込めて

第3章 ユニバーサル・カリブレーション・ラティスへの誘い 次元を超えて広がる網の目

います。わたしは何も考えていませんでした！（まさに何も考えていませんでした！）燃え盛る火のなかのやかんをむんずとつかむと、一目散に裏口から出て、それを外に捨てました。

火はわたしの両手両腕を焼いて濃い赤紫色に変色させていました。両手の血管は痛々しいまでに腫れ上がっていました。パニックになったわたしは完全に度を失っていました。「いつものエネルギーはどこに行っちゃったの？」と心のなかで叫んでいたことをいまでも覚えています。友人3人に電話をして「助けに来て！」とお願いをしましたが、「病院に行ったほうがいい」と言うひとりの意見に従うことにしました。出発の準備をしていると、両手と両腕がチリチリと疼きだしました。とてもはっきりとした感覚でした。これはあの上部ハート・胸腺から発されたエネルギーにちがいありません。「何か感じる。ジンジン疼くの」。かたわらの友人に自分の身に起きていることを伝えようとしたそのときです。わたしたちの見ている目の前で、赤紫になって血管も腫れ上がっていたわたしの両手が、わずか2、3分のうちに色も組織も元の状態に戻っていったのです。出来事の激しさを物語る水ぶくれもまったく残りませんでした。あれだけ取り乱していた感情も完全にやすらいだものに変わり、大きな教訓を授けてくれたこの劇的な出来事をすぐに笑って話せるようになりました。

それでも、この可能性に対してはバランスの取れたアプローチをなさることをわたしはお勧めします。人間の体に

は自己治癒力が確かに備わっていますが、急速な治癒はつねに期待できるでしょうか？ 強い感情によって体内に化学変化とホルモン変化を引き起こすことはできますが、そのためにわざわざ火を噴いているやかんを手に取る必要はないのです。そんな行動は絶対にお勧めしません。「愛をもって自らを表現しなさい」と。わたしたち現代人は、この愛という力強いエネルギーを表現できるようになってきたばかりで、それが本当に意味するところをようやく体験しだしたところなのです。癒しも再生も人間には可能です。みごとにおこなう人もいますが、それでも時間はかかります。

急速な治癒と再生が可能であると考えたとしても、いま現在わたしたちが生きているこの現実がもつすばらしさや神聖さは少しも色褪せはしません。急速な治癒の実現は助け合いの精神のもとにもたらされます。これはわたしたちの進化的プロセスの次なる目標であり、達成を目指すにあたって自分たちの現状に罪悪感を抱く必要はありません。わたしたちは人間が自分たちの大いなる可能性を受け入れるようになるにつれて、ニューエイジに対するやましさめいたものを作り出してきたことに気づきました。「どうやってわたしはそのようなものを作り出したのだろう？」「どうして作り出したのだろう？」。もしもわたしたちの現れ方がもつ重要性を真の意味で理解していくのであれば、自分に対してこのような問いかけをおこなうことは重要で意義深いことです。わたしたちが生み出すものにはすべて理由

あなたは宇宙の格子とつながっている

ユニバーサル・キャリブレーション・ラティスは人間ひとりひとりの肉体を囲んでいるエネルギー体であり、わたしたちを宇宙格子（訳注：宇宙全体に張りめぐらされているエネルギーの格子）、つまり無限の源、あるいは宇宙エネルギーの源とつなげています。このつながりのおかげで人間は宇宙格子から受けたエネルギーを活用することができるのです。宇宙格子はここで変圧器のように回路から回路へとエネルギーを変換する機能を果たしています。

わたしたち執筆者がこのプロセスを「新たなエネルギーに合わせて再配線する」とよくたとえるのはそのためです。それは、宇宙格子がかなたの見知らぬ場所にだけ存在しているわけではないということです。わたしたちの存在そのもののなかに、そして細胞の奥深くまで、そのさらに奥にある素粒子のエネルギー場まで浸透しているのです。わたしはユニバーサル・キャリブレーション・ラティス（以下、略してUCL）について記した章をクライオンシリーズ第7巻の『Letters from Home』（仮題『故郷からの手紙』）に寄せる栄誉に恵まれました。すると、世界じゅうの読者のみなさんからその章の内容について「よくわかる、わたしにも経験がある」といった報告が寄せられました。これからあなたは本書に記してある内容を読み、図解の事例について詳しく学んでいくうちに、電気が静かにうなりをあげながら「充電」されていくような感覚を覚えるかもしれません。これは、あなたが情報と共鳴していくことで、波動エネルギーがあなたのなかで激しく動いているから起こることです。何らかの強い直観的感覚が働いてUCLの存在を「認識」し、細胞レベルまで納得するということもあるでしょう。何も感じないとしても、この純粋に知性的な概念によって新たな理解が刺激されるといったこともあるかもしれません。それもまたエネルギーが動いているからこそ起きることです。このテーマはあなたがエネルギー的状態を保つ助けとなり、それが必ずやエレガントなエンパワーメント（訳注：あなたが本来もっている力を引き出すこと）に貢献するはずだと考えてください。

無限のエネルギーの源とのつながりを強めていくに従って、さまざまなすばらしい能力が現れてきます。『聖なる予言』（ジェームズ・レッドフィールド著　山川紘矢・山川亜希子訳、角川文庫）は、無限の源につながることはすなわち、もう他の誰のエネルギーも必要としなくなることだと教えてくれます。ああ、よかった！　考えてもみてください。もうこれ以上、取るに足らない気休めで遊ぶ必要はないのです。そ

第3章 ユニバーサル・カリブレーション・ラティスへの誘い 次元を超えて広がる網の目

してあれだけのエネルギーが手に入るのです。なぜならあなたはもう慰めごとに興じない選択をしたのですから。あなたはそのエネルギーを使って何をしますか？ わたしたちが新たに抱きはじめたパラダイムのなかで、個人の自由という実感が確実に育まれていくことでしょう。

UCLのエネルギーパターンは全宇宙規模のものです。つまり、基本的な形状や構造は誰しも同じなのです。進化を遂げつつあるわたしたちが活用できるように、大いなる電気エネルギーを保っておくのがUCLの主な目的です。

そして、UCLは個人レベルの進化を促し、祝福してくれます。ここに美しいパラドックスがあります。この構造は「いまここに存在すること」から生まれるワンネスへとつながるようにも促してくれるということです。わたしたちすべてがつながっているというすばらしさを文化的背景に関係なく祝福してくれます。この概念は、誰もがたやすく受け入れることのできるものではないでしょう。それは、このワンネスというものを理解して、その意識を生きることを実践するわたしたちに懸かっています。

ひとつ例を挙げましょう。わたしはこの星のどこにいるときも、たとえば空港、ショッピングモールにいるときも。そしてとりわけセミナーなどを開始する直前は人間観察をするのが大好きです。わたしはワンネスを神が表現されたものだと思っていて、人の姿を見かけたときはいつも「あ、いたいた！」と心のなかで言ってはその場にいる人々を讃えています。そして、「このなかで何人の人がわたしたちはみなひとつにつながっていると知っているのかしら？」と考えるのです。わたしは、たったひとりでも顔を上げてにこにこしている人がいると嬉しくなってしまいます。人間が多様性をもった存在でありながらもひとつであることを祝福するための意義深い方法を発見することが、日々、わたしに大きな楽しみをもたらしてくれています。

全宇宙レベルでのコミュニケーションに秀でようというのであれば、まずは自分自身の宇宙に親しんでください。自分の宇宙がどのような配線システムで機能しているのかを基本的に理解できれば、自分が宇宙全体と、そして他人とお互いにつねに意志を疎通させていることがはっきりと理解できるはずです。「思考とは行為である」「人は思考そのものである」「言葉にしなければ真意は伝わらない」といった金言は誰もが一度は耳にしています。これらの諺の言わんとするところがどれだけ遠くまで伝わっていくのか、そして、そのメッセージが日々の現実を創造するうえで不可欠な役割を担っていることに気づいたとき、これらの言葉はいっそうその重みを増します。真意を言葉にして伝える方法を学んでいくことは何も謎めいたことではありません。自分自身や他人との明確なコミュニケーションを日々、実践していくことで、それは伸ばすことができます。たとえひと言も発さなくてもです！ 存在しているというだけの理由で、あなたはすでに宇宙格子（ラティス）の一部となっているのです。あなたは祈ることや瞑想をすること、エネル

ギーワークをおこなったり、何らかの意図を抱くことでこの格子とのつながりをつねに強めることができます。UCLの存在を意識しながら働きかけることで、すでにあなたはつながりを強化する手段を手に入れているわけです。使えば使うほどにつながりは強くなっていきます。それはエクササイズをくり返すことで筋肉を鍛えていくのと同じ要領です。

はじめに、人にはエネルギー体が存在するという概念を理解することが重要です。この存在は物理学の電磁場の法則によって予見することができるかもしれません。肉体はさまざまなシステムによって構成されていることがわかっています。筋肉系、骨格系、内分泌系など、さまざまなシステムから成っています。それと同じように、エネルギー体もさまざまなシステムによって構成されていることがわかっています。そのひとつがチャクラシステムです。これはいにしえの霊的(スピリチュアル)かつ超物理学的(メタフィジカル)な書物のなかでよく知られていたシステムです。メンタル体、エーテル体、そして感情体もエネルギー体を成すシステムのひとつで、これらは現代の霊的研究の思索家が著した本の多くにも取り上げられています。本書でみなさんに提供する知識と経験は、わたしが長年精力的におこなってきたワークと、人のエネルギー体内部に存在するユニバーサル・カリブレーション・ラティスというシステムについて作成した文献に基づいています。わたしはかれこれ12年以上（執筆時）にわたってワークの現場でエネルギー場(フィールド)と直接的に相対してきました。

ここでご紹介する知識は、これまでおこなってきた研究と、直観の力を用いて個人的におこなってきた探究、そして実際にこのエネルギー場(フィールド)とその場(フィールド)のもつ肉体との密接なつながりをテーマにわたしが実施した実験の結果を組み合わせたものです。

体の外側を走っているUCLの糸状のものは、交感神経系の延長のようなものです。この糸を通じて感じていることや意図していることを表現する方法を身につけていくと、宇宙格子(ラティス)とのコミュニケーションの明確化、そして増幅も可能になります。

UCLは宇宙格子(ラティス)と個人の間に共鳴関係を生み出して、共同創造のプロセスを全面的に助長増進させます。宇宙格子(ラティス)の内側に誘起された波動はあなたにとって深い意味をもつものになって返ってきます。宇宙との関係の限られたものにしか成し遂げたやり方でそこに加わるよう求められているのです。自らを奮い立たせて「よし、わたしもやるぞ」と宣言するとき、それは、そのマスターたちを讃えることになります。わたしたちはひとりひとりがマスターの卵です。わたしたちはこの地球での暮らしのなかで自分自身に精通熟練する方法を学んでいます。わたしたちはみな

第3章 ユニバーサル・カリブレーション・ラティスへの誘い 次元を超えて広がる網の目

魂の存在でもあるので、自己のそうした側面を具体化する方法も学んでいます。すべてはひとつであるという世界のなかで、わたしたちは共同創造をおこなっているのです。

これまで、霊的な探求をおこなう人たちはたいていの場合、縦方向の道をたどり、上昇して神の自己、つまり高次の自己（ハイアーセルフ）へとたどり着きました。今日になって父祖伝来の教えが復活したことで、人間は自分たちの足元にある大地とのつながりを取り戻し、生命をもたらす母なる大地の力を讃えるようになりました。垂直方向のエネルギーの動きは古いエネルギー力学の世界ではふさわしいものとされてきましたが、いまは人間が力強い霊的な可能性を湛えた存在へと成長を遂げていくときです。この進化は上下だけではなく横方向の霊的な動き、つまりわたしたち人間を取り巻くすべての本質を敬い、認める動きを引き起こします。わたしたちには横方向に広がる二極性の存在に宿る完成されたエネルギーを活用する能力があります。わたしは二極性が存在することは楽しいことでもあると思っています。UCLの挿絵を見ると、8の字のパターンを描いている横向きのファイバーが、ユニバーサル・カリブレーション・ラティスの縦長の情報ファイバーと各チャクラの間をつないでいるのが見て取れると思います。練習を積んでこの横向きのファイバーを強化すれば、共同創造をおこなう力を増大させることができます。これはわたしたちが新たなエネルギーの世界でたどる霊的な通り道です。ここに来てわたしたちは、自分たちがいまいる場所こそが故郷（ふるさと）なのだと気づきはじめています。わたしたちは地上に楽園を生み出すことができます。いま、その骨組み作りから喜びをもって参加する機会が与えられているのです。

この構造にはさらなる要素が含まれていますが、ここでは基本となる理解をおさえておきましょう。「目新しい考え」をもった人とつきあうことは、わたしの大きな生きがいです。大局的に物事を見ることのできる人と一緒にいると非常に刺激になるのです。しかしながら、わたしたちが抱えている最大の課題は、人生の縮図ともいうべき細部を成す要素を地道に学んでいくことです。学んでいると、細部は大局が反映されたものだということがすぐにわかってきます。つまり、全体図と縮図には等しく重要な意味があるのです。この章では、宇宙格子（ラティス）のなかでも、万物が相互につながっていることと関連する箇所について考察していきます。UCLの一部に触れれば、UCLの他の全部分に作用することになります。エネルギー体のシステムのひとつに触れれば他のすべてのシステムに作用し、といった具合に、連綿と相互作用は続くのです。

次頁の挿絵3.1は上下に走りながら情報を運ぶ光・エネルギーのファイバーが個人を取り巻いている様子を表しています。背後のファイバーはわたしたちがたどってきた歴史に関する情報を搭載しています。左右両側のファイバーは世界とやりとりしている情報を、前を走っているファイバーは人間の可能性（潜在性）、あるいは未来に関する情

報を搭載しています。さらに、8の字のループが横向きに走っていることにご注目ください。これらは各チャクラを通じて肉体と縦方向の情報ファイバーとをつないでいます。この8の字型のループは自動調整ループといい、前後を走る長いファイバーとの情報交換を担っています。コアエネルギーが体の中心軸から垂直方向に放射しているのがわかります。コアエネルギーはいまこのときを表しています。コアエネルギーの頂点部分にあるのが頭上のセンターで、頭頂部にあるクラウンチャクラから60センチ上方に位置しています。肉体のエネルギー場は自己のもつ高次エネルギーとこのセンターでつながっています。足元のセンターは足の裏から60センチ下に位置し、ここで

個人のエネルギー場と地球のエネルギーがつながります。UCLの構成要素はそれぞれに特殊な機能をもっていますので、それを次に検証していきましょう。

UCLはこれまでずっと存在していたものの、人間がその波動にアクセスできずにいたのでしょうか。近年、この惑星のエネルギーと人類の意識に変化が生じたおかげで、わたしたちにも利用可能になりました。ユニバーサル・カリブレーション・ラティスが形を成して人のエネルギー場で機能しはじめる様子を「観察」してきた経験から、UCLはずっと存在していたわけではないとわたしは思っています。それでもUCLはいま間違いなく、人のエネルギー体内部のシステムとして存在しています。わた

挿絵3.1　長いファイバー

第3章　ユニバーサル・カリブレーション・ラティスへの誘い　次元を超えて広がる網の目

したちが肉体だけの存在ではないことに読者のみなさんの多くはすでに気づかれているでしょう。人間を構成しているもののなかには、エーテル状の体もいくつか含まれています。ユニバーサル・カリブレーション・ラティスは、それらすべての次元に存在しているわたしたちの体のなかに広がっています。この無限の光のエネルギーファイバーから成るシステムは、人のさまざまな種類のエネルギー体と記憶を保存した結晶構造、そしてDNA構造を保存している全電磁エネルギー場（フィールド）を合わせたものです。つまりところ、これらすべてを合わせたものが、ひとつの「体」を形成しているわけです。

光とエネルギーの8の字のループ

8の字のループについて学ぶことで、人間に備わるシステム内の電荷を再配分する能力と、再配分をおこなう理由についての洞察がもたらされます。格子（ラティス）内のどの箇所に帯電させるかということが、わたしたちが共同創造をおこなっている現実の現れ方を強く決定づけます。最大の自由が手に入るのは、自分のエネルギーを中心軸、あるいは存在の核の部分、つまり「いまという時間」に集中しているときです。あらゆる変化がこの「いまという時間」のなかで生じています。体のある部位から別の部位に意図的にエネルギーを移動させることができるようになることは、共同創造のプロセスにおける劇的な進歩といえます。わたし

たちはこの電気エネルギーを存在の内部で再調整する方法を学んでいきます。

この8の字型のループが見えるようになったばかりのころ、わたしはそれが何なのかと不思議に思っていました。超物理学（メタフィジックス）と霊魂を長年研究していましたが、このようなものは見たことも聞いたこともありませんでした。人に話すどころか、エネルギーワークの仲間に打ち明けるのもためらわれました。ループのタイプはほとんどの場合、人によってまちまちです。調和が取れてよどみなく力強い流れを見せるループもあれば、収縮しているものや膨張しているものも見られました。数年ものあいだ、わたしは体前部の格子（ラティス）のループがもつ性質をつかみきれずにいました。どうにもきりがないように思えたのです。あとになって、この部位の格子（ラティス）はいまだに進化を続けていることに気づかされました。

この8の字のループは、電荷を移動させる導管の役割を果たしています。導管は事前にコード化された情報を円形パターンにして内包しています。この円形パターンはその人の内なる叡智の導きに従ってループを移動するエネルギーのフロー（流れあるいは流量）を調節します。ループは、自動調節と自動制御をおこなうUCLの性質に寄与しています。電荷はわたしたちの行動や思考の内容に従って自らを無作為に調整しています。より直接的にエネルギーの電荷に作用するには、UCLへの働きかけに特化したメソッドであるEMFバランシング・テクニック®のワー

クを受ける、あるいは実践するという方法があります。
ワークを開始した当初、ループが情報を電荷という形にしてコアエネルギーへと運んでいることに気づきました。しばらくすると、コアエネルギーがループを通じて情報を返していることがわかり、どうしてもこの運動が意味するところを知りたくなりました。コアエネルギーは肉体に計り知れない影響をもたらし、その影響は人類が進化しているころで著しく増大します。観察していると、体前部のループがより完全性を増しています。UCLのこの部分が活性化されたことでわたしたち人間が飛躍的進化を遂げたのだと気づきました。この横方向のエネルギーの動きは人間が目覚め、覚醒した人生を送るうえで非常に重要な要素となります。

より深い視点から見れば、8の字は無限を象徴しており、あなたと創造主の間に一対一のつながりが結ばれていることと、宇宙との無限のパートナーシップが存在することを表しています。頭上には自動調節をおこなうループがあって、高次の、つまりインスピレーションのエネルギーを調節します（みなさんのなかで、真実を直観すると肌がピリピリと疼いたり鳥肌が立ったりする方はいますか？）。この下向きのエネルギーの動きはあなたが楽園を創造するのに必要となる回路を強化してくれます。このエネルギーの流れを体感する経験はよく「神の啓示」と呼ばれています。上から下、そして下から上の双方向にエネルギーが流れる

とどんなことが起こるでしょうか？（真実を告げる疼きが双方向に流れるでしょう！）つまり、創造主とのパートナーシップを手に入れる際に最も考慮すべき要素は、人の霊的エネルギーが双方向に動くことです。この動きが生まれるとどうなるか？　双方向のエネルギーの流れを強化することは、存在に備わっている電荷を満タンの状態に保つのに役立ちます。この働きによって「上の」エネルギー、つまり、神のエネルギーと「下の」、すなわち人間のエネルギーの間に神聖なる融合が生まれるのです。

このふたつのエネルギーと調和の取れた関係を築くことが理想です。無限のエネルギーの源と深くつながっていることで、個人は存在のあらゆるレベルにおいて自由なエネルギーの状態を生み出すことができます。UCLはこの融合を促す働きがありますので、上下のエネルギーの動きが活発になるほど結びつきは強まるのです。

足の下には自動調節をおこなうループがあって地球のエネルギーを調節し、そのエネルギーは上昇してUCL全体に流れていきます。わたしは足元のループに関するある重大な発見をしました。エネルギーワークを始めたころ、クライアントの多くが「ネガティヴな」エネルギーは地中やどこか別の場所に向かって解放されると思い込んでいました。なかには、ネガティヴなエネルギーをわたしのオフィスに置き去りにしてしまうのではないかと心配なさる方までいました。ないとはわかっていましたが、安心なさるために、その方々には足の下に金色に輝くちりとりが

あって、それがネガティヴなエネルギーを処理する場面を想像するようお願いしました。数年が経って、観える力がついてきたわたしは、ようやくこのプロセスの全容が理解できるようになりました。ある日、クライアントの足の裏から流れ出たエネルギーが足の下の8の字のループを1周するあいだに調整（カリブレート）・強化されて、新たなエネルギーとなってふたたび上向きの流れに乗ってUCL全体に広がっていったのです。つまり、「ネガティヴな」エネルギーを解放するというのは、エネルギーのリサイクルをおこなうことにほかなりません。これによってわたしたちはかつてないほどに、自分のエネルギーと自分自身に責任をもつようになっていきます。

UCLの情報ファイバー

背面ファイバー
パーソナル・エンパワーメント・プリズム

12本ある光とエネルギーでできたファイバーは、「長い情報ファイバー」と呼ばれ、これらはUCLの外側の境界を形作っています。この垂直方向に伸びるファイバーは、前面ファイバー、背面ファイバーと左右のサイドファイバーの4つのグループに分かれていて、ひと組につき3本

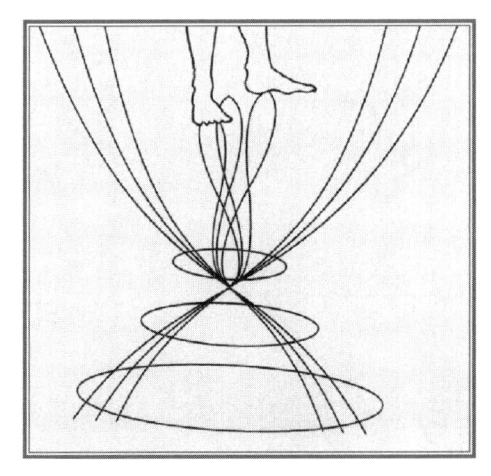

挿絵3.3　足元の自動調整ループ

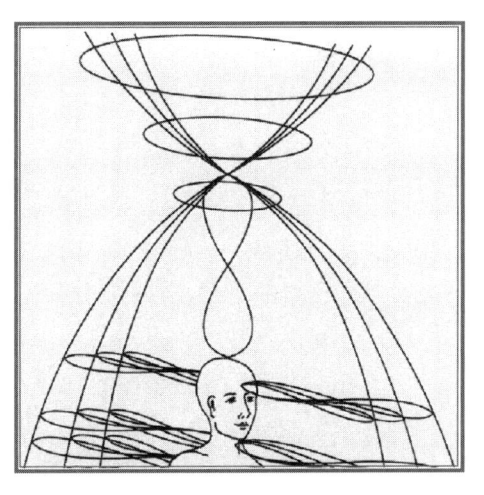

挿絵3.2　頭上の自動調整ループ

のファイバーがあります。ファイバーはあなたという存在全体がもっているエネルギーの情報を搭載しています（挿絵3.4参照）。挿絵では12個の点によって代表され、頭上から真下に向かって伸びているように見えます。

背面ファイバーは人の背後に伸びている3本のファイバーで、各チャクラから発したエネルギーがこの3本とつながっているエリアを「パーソナル・エンパワーメント・プリズム」といいます。背面ファイバーには過去生と現生で本人が体験したあらゆる出来事を含めた個人の歴史に関する情報が搭載されており、身体的特徴や健康に関する情報といった遺伝的傾向が帯びているエネルギーパターンも入っています。

情報は背面ファイバーの内側にある幾何学的模様の入った極小の光ディスクに保存されています。自分たちの人生を共同創造していくプロセスにおいてより大きな責任を認めるようになると、人間の革新的成長と関連のある過去の情報がより簡単に得られるようになります。

このディスクは情報を電磁的に記録していて、わたしたちがフロッピーディスクなどに情報を保存しておくのとよく似ています。このディスクの周辺に通常よりも強力な電荷が流れるようになると、電荷は現実という形をとっていきます。

このときと呼ばれる時間枠にくり返し現れます。その現実が本人の望んでいたものであれば、反復されたことで人間のセルフエンパワーメント（訳注：自ら本来の力を引き出すこと）に役立ちます。しかし、往々にして、わたしたちのエネ

ギーの歴史は望んでいないパターンを生み出すので、それが錨となってわたしたちに前進することをためらわせます。こうしてわたしたちは気がつくと望まない状況をくり返し生み出しているのです。

パートナーと呼ばれる人との関係がうまくいかなかった経験をして、それでもなおくり返し似たタイプの人物を引き寄せてしまうという方がいらっしゃるかもしれません。それも、自分にとって健康的なことではないと自覚しているにもかかわらず。あるいは、身の回りに集まる友人や出来事が、気がつくと自分の関心を満たすようなものではなかった、ということもあるでしょう。これは過去生で起き

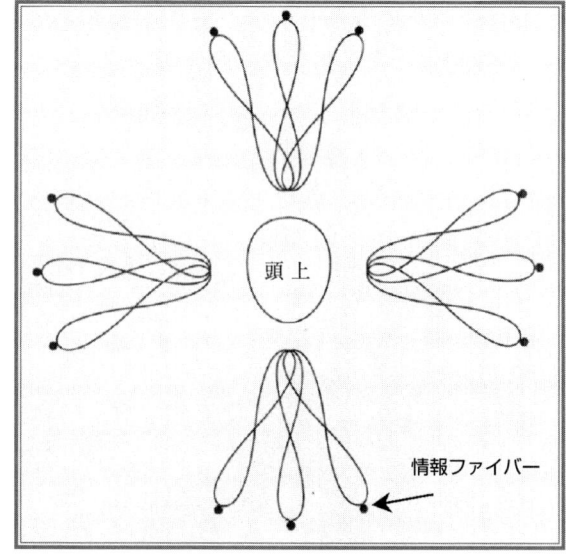

挿絵3.4　頭上から見た図

第3章　ユニバーサル・カリブレーション・ラティスへの誘い　次元を超えて広がる網の目

た出来事を含めた過去から知らず知らずのうちに届く自分でも気づかないようなエネルギーが依然として電荷を生み出しつづけていて、それが現在に作用している可能性があります。こうした出来事をしっかり解決しておかなければ、そのエネルギーはあなたの内面にさまざまなかたちで影響を及ぼします。過去を発したアンバランスなままの余剰エネルギーは、日常のなかにさまざまなかたちで理想と異なる事態を引き起こす可能性がありますし、現に引き起こしているのです。従来のセラピーアプローチには、人のエネルギーパターンの調整と解放をおこなっていないものが数多くあります。効果的な変化をもたらすものもありますが、長期にわたるプロセスを経て初めて結果が出るという場合がほとんどです。背面ファイバーを調整することで過去のエネルギーに直接的に働きかければ、エネルギー体が余分な電荷を解放してリサイクルすることができるので、はるかに好ましい結果を得ることができます。この解放のプロセスが起これば、従来の療法の効果を促進することもできますし、場合によっては、それらをもう受けずに済むようになるかもしれません。

このようにエネルギーの帯びている電荷を調整することができるようになると、「カルマの解消」としてよく知られる、過去から受ける制約から自由になる機会を生み出すことができます。わたしはその機会を「恩寵の状態」と呼びたいと思います。この機会はわたしたちがこれまでに人

生の教訓を学んでいく途上でくり返し獲得してきたものであり、そしてこれからも獲得しつづけるものです。

わたしがメソッドを教えはじめたころ、受講生の多くがある不安を抱いていました。大災害を含む歴史的な地球の浄化が起きると本や噂で聞かされていたからです。20代の前半に生まれて初めて得た深遠な気づきから、そのような破滅的な出来事はまったく必要ないということは明らかでした。人間はすでに自らを滅ぼす手段は手にしているのですから、それを果たすのが自然災害である必要は当然ないのです。それでも、このときわたしにはっきりとわかったのは（みなさんのなかにもお気づきの方は大勢いらっしゃるでしょう）、それまでの四半世紀で庶民の意識に大規模な変化が起きたことによって、人類の未来に起こり得る現実が変化していたということです。「わたしにはそんな災害の様子は見えませんよ」と受講生に告げました。実際、わたしに見えたのは、人々が自分たちのもっている金色に輝くエネルギーにアクセスして、それをいまだかつてないやり方で活用している時代の光景でした。「人類は、長きにわたって夢見ていた黄金に輝く時代に少なくとも個人レベルで到達しつつあるんだわ」とわたしは感じました。この「いったい人類はどうやって、責任ある人間としてそれからわたしたちはその恩寵とチャンスに満ちあふれた状態に近づいていくのだと実感したとき、わたしは知りたくなりました。「いったい人類はどうやって、責任ある人間としてその恩寵を日々の暮らしのなかに実現していくのかしら？」エンパワーメント・プリズムを流れるエネルギーを調整

すると、エネルギーの歴史、つまり過去が叡智と支えをもたらす黄金の柱に姿を変えます。過去の電荷に働きかけをおこなうほどに、わたしたちは力強さを増していくのです。

UCLを活用して古い出来事にまつわる余分なエネルギーの解放と再生をおこなうことで、このエネルギーは自由を得て、より有益なものに注がれるわけです。実際、過去に向けて過剰に注いでしまったエネルギー、とりわけ過去の出来事に注いでしまった感情的執着の強いエネルギーを取り戻します。そして、それをいまこの瞬間に活かしてエネルギーを取り戻すのです。

鮮やかなまでに負荷を解消してエネルギーを取り戻すと、出来事の記録は残ったまま、「教訓は学ばれ、叡智は得られた」という境地が生まれます。これによってわたしたちを引き留めていた錨は、共同創造へと向かう力を与える黄金の叡智と支えの柱に変わるのです。

このエリアの浄化と調整をおこなっているとき、人間は自分自身を癒し、エンパワー（訳注：本来の力を引き出す）しています。場合によっては、これ以上役に立たない遺伝的、肉体的、心理的パターンの帯びている負荷を無力化することもできます。あなたがご自身のエンパワーメント・プリズムを強化・調整していくと、もしも進化を遂げていくうえでもう経験する必要のないパターンが存在すれば、その状況も同時に解消することができるでしょう。

エネルギーのファイバーは意識をもった光でできています。この光は意図に反応して動いています。エネルギーの

フロー（流れあるいは流量）に意識的に指示を出し、どのような結果を望んでいるかを表現することを「意図を発する」といいます。

意図を発して古いカルマの契約を解消すれば、過去の出来事に付着したままのエネルギー電荷を完全に自由にすることができます。宇宙の叡智と高次の霊的世界の理解は、この地球上にいながらにしてただちに手に入れることができます。あなたはすでに悟りのある人生の土台を築いたのです。それに気づけば、人生を次なるレベルへと導くさらなる責任を自ら取ることができます。UCLには高い波動のエネルギー電荷が保存されていて、あなたが力に満ちあふれた状態を得ることができるように手助けしてくれます。

コアエネルギー――チャクラシステムの統一

過去のエネルギーを解放したら、そのエネルギーはいったいどこに行くのでしょう？ そのエネルギーのなかへと放たれて「いま」という時空において利用できるようになります。純粋な光とエネルギーでできた柱が体の中心を貫いているのがおわかりになるでしょう（挿絵3.5参照）。コアエネルギーはわたしたちを宇宙エネルギー源、あるいは宇宙格子（ラティス）のエネルギー源へとつなげるユニバーサル・キャリブレーション・ラティスの一次オープン回路です。宇宙エネルギーはUCL全体を循環しています。

第3章 ユニバーサル・カリブレーション・ラティスへの誘い 次元を超えて広がる網の目

光のディスクが情報とエネルギーの受発信をくり返すうちにファイバーそのものを通じて二次接続がおこなわれます。

新時代にわたしたちを待っている心ときめく刺激的な挑戦は、エンパワーメントのプロセスを上手に活用しながら魂と体を融合させていくことです。コアはいま現在を表し、ここであなたは過去から取り戻したエネルギーの存在を知り、その使い方を身に着けていきます。

過去のエネルギーにアクセスして「いまという時間」を表すコアエネルギーのなかで活用することができることにも気づくでしょう。UCLのおかげで自分のエネルギーを一歩一歩着実に（大きな一歩もあれば小さな一歩もあるでしょう！）存在のコアのなかに注ぎ、集中させていくと、この融合が起こりま

↓ コアエネルギー

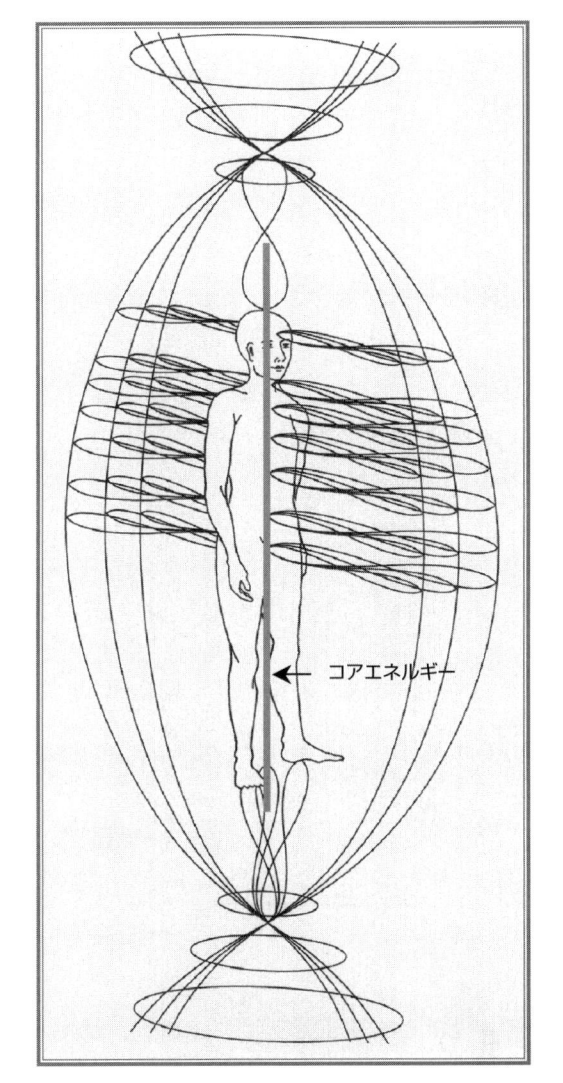

挿絵3.5　チャクラの統合

す。日常のなかで確信をもってコアエネルギーを放射しているとチャクラシステム全体が一本にまとまり、「人間は本来、光の存在である」ということを物語るかのような、金色に輝く光の塔と化していきます。宇宙とのダンスで踏み出す次なるステップは、宇宙格子（ラティス）全体にエネルギーを放射して無限なる自己を表現することです。内側に向かってはっきり、くっきりさせていくのはもちろんのこと、外側にも明確に力強く表れていくでしょう。

チャクラの主なものは肉体のエネルギーセンターにあたり、内分泌系に対応しています。各チャクラが互いに調和しながら機能していると、チャクラが内分泌系にホルモン変化を引き起こし、結晶メモリ構造とDNA命令コードの

間に効率的なやりとりを呼び覚まします。このプロセスによって宇宙とのコミュニケーションが拡大し、UCLがエネルギーの再配分と強化をおこない、より大きな電荷が蓄えられるようになります。UCLは110ボルトの電圧系統に220ボルトの電圧をかけることを可能にする高度に洗練されたエネルギーを次元のようなものです。この機能のおかげでわたしたちは高度に洗練されたエネルギーを次元を超えて活用することができるのです。存在のエネルギーを満タンに保っておくには、手に入るエネルギーを効果的に活用する能力が求められます！

コアは変容を起こす場所です。この領域は人の波動を高め、バランスを整えて健康でいられるように、組織などの再生と長寿をあと押しします。いつどこにいても、コアエネルギーにアクセスしようと意図するだけですぐにつながることができると心が躍ります。しかも、活用すればするほどコアエネルギーは力強さを増すのです。コアエネルギーをわたしは本来もち合わせている深遠なる知性を解放して活性化しています。このなかにあるエネルギーの流れと呼びたいと思います。このなかにあるエネルギーの流れが強まれば強まるほど、本質的な叡智、あるいは霊魂がもっている智恵へのアクセスが増加していきます。

コアエネルギーを放射しているとき、わたしたちは本来もち合わせている深遠なる知性を解放して活性化しています。このなかにあるエネルギーをわたしは霊魂の知性と呼びたいと思います。このなかにあるエネルギーの流れが強まれば強まるほど、本質的な叡智、あるいは霊魂がもっている智恵へのアクセスが増加していきます。

長年にわたって霊性（スピリチュアル）の探求を続けるあいだに、わたしはその師から「答えはあなたのなかにある」とくり返し言われました。意気揚々と人生に臨んではいたものの、ことの成り行きで答えはいっこうにやってこないか、来たとしても困難を伴っていました。あるとき、ふたたび同じことを告げられたわたしは、心のなかで呟きました。「もうたくさん！　わたしが知りたいのは、自分のなかのどこにその答えがあって、どうやったらそこにわたしがたどり着けるかってこと」。まさかその答えにエネルギーの状態を通じてたどり着くことになろうとは思ってもみませんでした。ですから、あえて言わせていただきますが、答えはまさにみなさんの内側にあるのです！　それでは、これからそのありかと、どうやってそれを探ればよいかをお伝えします！

みなさんの存在のコアには無限の可能性が湛えられています。あなたは意図を通じて存在の核のなかに問いかけを発することができます。コアエネルギーを発する態勢を整えるとその答えが現れてきます。核の内側からアクセスできる答えがたくさんあることにあなたは気づくでしょう。なぜなら、あなたは霊魂が宿しているエネルギー、叡智、真実と、そこでひとつにつながっているからです。

エクササイズ　コアエネルギー放射──ハートの武道

ここで日常の場面に活用するための簡単なエクササイズ「コアエネルギー放射」をご紹介します。これはこの章の残りの部分でも頻繁に取り上げるエクササイズであり、ハートの武道と捉えることができます。

第3章　ユニバーサル・カリブレーション・ラティスへの誘い　次元を超えて広がる網の目

1　足元のセンター（足元60センチに位置するチャクラ）に意識を集中しましょう。足の裏から60センチ下の位置に、金色に輝くエネルギーのプールの存在を全身で、五感で感じ、想像力で、思考で捉えます。自分のエネルギーに集中しながら、自分のエネルギーに下に向かって流れるように指示し、足元のセンターとしっかりとつながるように意図を発してください。そこでしばらくグラウンディングした心地よい感覚を味わってください。

2　頭上のセンター（頭上60センチに位置するチャクラ）に意識を集中しましょう。頭上60センチの位置に金色に輝くエネルギーのプールがあるのを全身で、五感で感じ、想像力で、思考で捉えます。頭上のセンターに集中しながら、自分のエネルギーに上に向かって流れるように指示し、頭上のセンターとしっかりとつながるように意図を発してください。そこで高次のエネルギーをオープンに受け入れる感覚を味わいましょう。

3　ここで、灯台が燦然と輝く光を放射していくようなイメージで、コアエネルギーがあらゆる方向に放たれるように意図を発しましょう。もう一度、コアエネルギーを発している感覚を全身で、五感で感じ、想像力で、思考で捉えてください。エネルギーをこの状態に保っていれば、霊的知性が（そして、それ以上のものも）あなたのものになります。必要なのは、ほんの短い時間だけ、上下のエネルギーセンターに意識を置き、心のなかで、あるいは声に出してコアエネルギーを発するようにと意図を発するだけでいいのです。しばらくすると考えなくても自動的に「足元のセンター、次は頭上、そしてコアエネルギーを発して」と手順を進めている自分に気づくでしょう。練習をして毎日をこの状態で生きるようにしましょう。

コアエネルギーの放射、強化に見られる最も顕著な効果は、どのような出来事が人生に起きようとも深いやすらぎを感じていられるようになることです。バランスの取れたコアエネルギーを放射しているとき、あなたはやすらぎの波動を発しています。

ご自宅でひっそりと、あるいは山のてっぺんで、あるいはスーパーマーケットでレジの順番を待っている最中に試してみてもいいでしょう。その状態で問いかけをしてもいいでしょうし、あるいは何も尋ねずに感覚を味わうだけでもいいでしょう。あなたにとって有益な偶然やシンクロニシティーにことごとく恵まれる、あるいはご自分が有利な状況にいることにことごとく気づくでしょう。コアエネルギーの状態を保つことはこうした偶然が生まれるのに役立つのでしょうか？　コアエネルギーを発することで、有益なシンクロニシティーを人生の他の場面に生み出すことはできるのでしょうか？

物事を極める秘訣

物事を極めるうえで必要な条件を思い浮かべてください。あなたにとって極めるとは？ 無条件に愛すること、心がやすらいでいること、叡智、ユーモア？ セミナーなどでこの質問をすると、それぞれが考えを披露していくうちに延々と候補が挙がっていくことがあります。あなたにとってどのような条件に意義があるにせよ、コアエネルギーを発する態勢を整えると、自らを極める能力と力強さが増すことにあなたは気づくはずです。

わたしは物事を極める秘訣を伝授することに強い関心があります。セミナーなどの場では、体に残っている痕跡にまつわるエピソードを交えながら、さまざまなイニシエーションの体験談を披露しています。人前では一度も明かしたことのない体験も含めて、自分を極めるという名目のもとに、わたしは数々の経験をしてきました。すべてはこのことに集約されます……いいですか？ 長年の探求の果てに見つけた物事を極める秘訣をひと言で言い表すとそれは「実践」です！ あなたのもっている思いやりを、愛を、そして叡智を実践してください。ご自身にとって極めるということを意味することは何でも実践してください。ご自身に、お友達に、ご家族の方に、そしておつきあいのあるすべての方に対して忍耐を実践してください。実践したぶんだけあなたはそのことに上達していきます。極める過程を実践する機会は日常のなかに豊富に存在しています。何のマスターになったらよいか？ 自分の人生のマスターは、いままさにそうであるように、極めることを実践するために必要となるそれ相応の状況を用意してくれます。「わたしたちは物事を極めるマスターである。人はただそれを思い出すだけでいいのだ」あるいは、「わたしはマスターであり、わたしはそのことを知っている」と言っている人たちがいます。そして「え、わたしが？ マスターですって？ 冗談でしょう！」と言って笑う人もいます。あなたがどのように理解しているかにかかわらず、悟りと同じように、極めるという境地は、はるかな道のりを経てようやくたどり着くものではありません。肝心なのはいまこの瞬間、この場所で、いかに生きているかであり、真のマスターはできる限り悟りに満ちた人生を共同創造するための能力をつねに成長させているのです (テーマにお気づきになりましたか？)。

人生に変化はつきものですので、ときとして、ご自身が極めた状態をうまく保っていることに気づくことがあるでしょう。そのときあなたは、自分で思い描く最高の基準に従って行動しているはずです。極めた状態を保てない場面では、高次の理解に沿って行動していないために、極めた状態の現れ方が失われたのです。そんなときは、「この状況に自分はどのように対応したいだろうか」と考えてみてください。ですから歌のなかにあるように、元気を出してつまずき倒れてもついた埃(ほこり)を払って、いちから始めましょ

サイドファイバー　授受のバランス

あなたの体の右側には3本の情報ファイバーが縦に走っています（挿絵3.6参照）。各チャクラから放たれたエネルギーがこの右側のサイドファイバーとつながっているエリアを博愛のプリズムといいます。この長いファイバーのなかには幾何学的模様がほどこされた光のディスクがいくつもあり、そのディスクはあなたが世界に与えるエネルギーを伝達送信しています。みなさんは人や集団、場所やものとこのファイバーを通じてエネルギー的につながっていて、思考や行動を通じてご自身のエネルギーを授けています。意識的意図につながることで、与えることと受け取ることのなかにバランスをもたらすことができます。

少し時間を取って、あなたが結んでいるあらゆる関係性について考えてみてください。あなたは何を、あるいは誰を支えていますか？　あなたのエネルギーが向かう先については快く感じていますか？　向かってほしいところに自分のエネルギーを送っていますか？　エネルギーの送り先を吟味していくと、自分にはふさわしくないと感じるつながりが見つかる場合もあるでしょう。あなたはいま、世の中のどこに向けて自分のエネルギーを投じるかについて、幅広い選択肢を手にしているのです。

もうこれ以上、エネルギーを注いで支えたいとは思わな

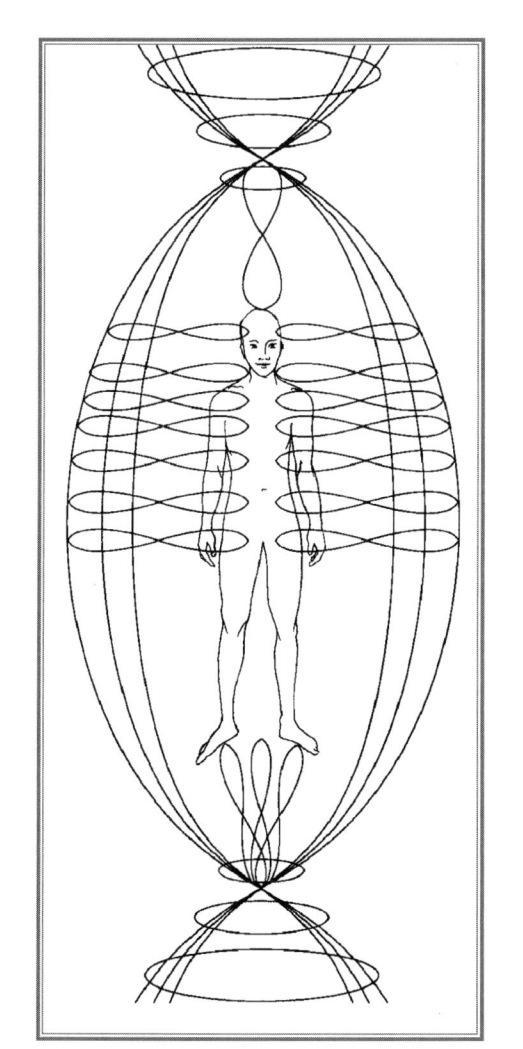

挿絵3.6　サイドファイバー

う。わたしはお約束します。宇宙はあなたにもう一度、そして何度でも実践する機会を与えてくれますから！

い、あるいは成長をあと押ししたいとは思わないつながりはありますか？

ここで、あなたが世の中に向けて発したエネルギーを取り戻すのに役立つエクササイズをご紹介します。

エクササイズ　エネルギーを取り戻す

コアエネルギーを発する態勢を作ってください。意識を博愛のプリズム（右側のサイドファイバー）に集中してください。

つながりのある人物や場所に感謝の気持ちを示してエネルギーをご自身に取り戻す意図を発してください。

なぜ感謝なのか？　これまでに数々の本が感謝の気持ちに宿る魔法の力について記してきましたが、その力はいまも変わらず物事の重要な基礎を成す真実でありつづけています。「あなたとともに学んだすべてのことについて感謝します」。じつにシンプルで力強い魔法の言葉と呼びたいと思います。このような発言はわたしが経験したすべてのことのなかに絶え間なく自由と悟りを共同創造しています。

あなたはこの世の中をどのようにサポートしたいですか？　ご家族や友人、地域の人々や仲間たちにご自身のエネルギーをどのように注ぎたいですか？　もう一度、博愛のプリズムに意識を集中してください。世界にエネルギーを送るという意図を声、あるいは心のなかで発してください。サポートのエネルギーを発しながら感覚を観察してみましょう。

あなたの体の左側にも3本のファイバーが走っています。各チャクラの発しているエネルギーがこのファイバーとつながるエリアを受容プリズムといいます。左側にあるこれらのファイバーの内側には光のディスクがあり、世界から届いたエネルギーを受け取っています。多くの場合、ディスクは充分に活性化されていないので、あなたの受け取っているエネルギーが力になるものとは限りません。まず、コアエネルギーを発するときの態勢を作りましょう。次に、受容プリズムに意識を集中してから、ご自身に問いかけてください。「わたしは人・集団・場所・物から望んでいるサポートを受け取っているだろうか？」

できることならエネルギーを受け取りたくないな、と思っている場所からエネルギーを受け取っていませんか？　これらの質問に答えながら、あなたがいま受けているすべてのサポートに対して感謝するエネルギー状態を作りましょう。これがエネルギー電荷をより有益なかたちに変えるのに役立ちます。

エクササイズ　感謝のエネルギー状態を保つ

コアエネルギーを発する意図を作ってください。次に感謝を示す意図をUCLにある4つすべてのプリズム全

体に発してください。

感謝のエネルギー状態を保つことで、強さややすらぎ、健康をはじめとしたほとんどすべてのものをあわせて保つことができます。ここでもエクササイズの手順は同じです。つまり、最初にコアエネルギーを放射し、つづいて所定の意図をUCLいっぱいに放っていくのです。

両側の情報ファイバーが比較的にバランスが取れた状態にあると、望んでいない関係性とのつながりを楽に断つことができます。これまであなたのエネルギーを奪っていた人や集団、場所やものから何らかのエネルギーを受け取って不健全なパターンに逆戻りするといったこともなくなります。新たな人生のつながりや関係を意識的に受け入れ、あるいは断ちきっていくうちに、あなたの判断力は磨かれていきます。とにかく実践、実践、実践です！

前面ファイバー　可能性のプリズム

旅をして回りながら教えていると、じつにさまざまな方とお会いします。当然、その方々はそれぞれの旅の途上にあって、異なる境遇にあるわけです。なかには「わたしはずっと走りつづけてきて人生を全うしつつあり、もう新しいことをしたいとは思いません。いま望むものはやすらぎだけです」とおっしゃる方がいます。そうした方には「ぜひ、ご自身の存在のエネルギーの核のなかに深く力強いや

すらぎを、お好きなだけ生み出してください」とお勧めしています。もしもみなさんがこの方と同じような途上にあるのであれば、次のことをあらためて思い出してください。わたしたちは無限の可能性をもった存在であり、どのような可能性を選択して作動させてもかまわないのです。選択にきまりごとはありませんし、正しい選択、誤った選択の区別もありません。特別なことをする必要はまったくないのです。何もせずにただじっとして知るという選択をするのもいいでしょう。何もしていることになります。もちろん、何もしないでいることも、何かをしていることになります！　どのような方法でやすらぎを築いていくかにかかわらず、あなたが動きや勢いを生み出すマジシャンであることに変わりはありません。あなたはすべてを生み出す存在なのですから、遅かれ早かれまた創造の意欲がムクムクと湧いてくるはずです！

希望、夢、願い、意図

体の前面にも3本のファイバーが走っています。各チャクラの放ったエネルギーが前面ファイバーとつながるエリアを可能性のプリズムといいます。この場（フィールド）には潜在性と可能性がみなぎっています。直線的な時間において「未来」と呼ばれる場（フィールド）です。

このファイバーのなかにある光のディスクはあなたの希望や夢、願いや意図に関する情報を保存していて、送信機

として機能しながら「似た者どうし」のエネルギーを引き寄せます。意識的に意図を発することで、あなたは新たな希望や夢、願いを活性化することや、あるいはこの情報ファイバーのなかに意図を挿入することができます。このファイバーの存在は、宇宙格子(ラティス)のエネルギーを活用するうえで一連のしくみのなかでも非常に重要な特徴と言えます。

不安と恐怖

希望、夢、願い、意図に加えて、不安と恐怖のエネルギーが帯びている電荷も前面ファイバーには保存されています。この電荷がもたらす情報は宇宙に伝達され、宇宙はそれに忠実に反応します。「人は強く恐れている物事をおのれのもとに引き寄せるものだ」という昔ながらの概念を何度も耳にした方もあることでしょう。さて、宇宙はわたしたちの発するシグナルすべてに、とりわけ応答してほしくないものに応答することがわかりましたが、どう対処したらよいでしょうか？ そのひとつに電荷を少なくするという方法があります。コアエネルギーを発する態勢を作り、不安や恐怖に満ちた電荷を覆っている余分な電磁エネルギーを解放する、との意図を発しましょう。次に、その不安や恐怖を無力化しつづけるために具体的な行動を日常のなかで取るようにしましょう。

どこからともなく不安や恐怖が立ちのぼってくることがあります。シルヴァ・マインド・メソッド®のなかに

シンプルで効果的なテクニックがありますのでご紹介します。恐怖の対象に心のなかで「取り消し」のスタンプをポンポンと押していく、というものです。これはコアエネルギーを発する態勢でおこなうとさらに効果がありますよ!

自己価値

自己価値の重要性について記した本は数多く出版されています。わたしの思うところを手短に記すとこうなります。自分に価値があると認めることは、共同創造のプロセスにおいて重要な要素です。心のなかで「自分には神の恩恵(めぐみ)に与(あずか)るほどの価値はない」と感じている人は大勢います。自分のもっている価値を感じられずにいると、人は共同創造をおこなう能力を狭めてしまいます。わたしたちはそれぞれが創造主の「一部」であり、そのうえ他とは異なる個性をもって全体を構成している部分なのですから、当然の価値のある存在です。わたしたちがもって生まれたその価値を認めることは共同創造をおこなうための能力として欠かすことのできない要素なのです。偉大なる創造主はどうしてわたしたちに「自分には価値がない」と感じたまま放っておかれるのだろう、と思われる方もいるでしょう。真の偉大さはこういうところにあります。つまり、創造主は自由意志をわたしたちに許し与え、待ち望んでいる奇跡はすでに起きていることに気づくのを辛抱強く待っているのです。わたしたちそのものが奇跡です。いまこそ、

第3章 ユニバーサル・カリブレーション・ラティスへの誘い　次元を超えて広がる網の目

本当の自分たちというものを理解して、その真価を認め、宇宙の計画における自分たちの本分を果たすために必要な仕事に取りかかるときです。

「本当に」という問い

特定の考えや願望が実現したわけでもないのに「わたしたちは共同創造をじつにみごとにおこなってきた」と感じるとしたらどういうことでしょう。これが意味するところは「特定の意図が人の成長を推し進めるわけではない」ということなのかもしれません。共同創造を実践するにつれて、あなたは判断力が磨かれていきます。判断力が磨かれることで、どの目標があなたの魂の成長と同調しているかにすぐに気づくことができるようになります。わたしがこれまで発見しなかったなかで共同創造のプロセスにおいて特に役に立ったのが、実現したい意図を「本当にこれは魂の成長に、あるいは魂の次なるステップに見合っているだろうか」と識別することです。

この「本当に」とはいったい何を意味しているのでしょう？　これは、全体性の実現のために完全に前進するという意図を、調和に満ちた宇宙の力(フォース)として役割を果たすにふさわしい環境をつかむという意図を、この問いでわたしたちが発していくということです。実際にその意図を発するとき、わたしたちは共同創造をおこなう存在としての責任を受け入れ、宇宙の調和、あるいは「全体の善」を実現

するために最善を尽くしています。もしもあなたが本当に全体の善のために行動したいのであれば、初めに自分自身が宿っている全体性を開拓していくことの重要性を認める必要があります。世界を変えたいと願っているのであれば、何よりもまず自分自身からスタートしましょう。

発想(アイデア)の力

アイデアやインスピレーション、あるいは何らかの願望が湧きあがると、心がだんだんとワクワクしてきて情熱がかき立てられ、ハートのエネルギーが増していくように感じるでしょう。しかし、共同創造の次なる一歩を踏み出してもいないうちから、かつて人から言われた「無理だよ」という言葉や、同じようなことに挑戦して失敗した記憶がよみがえってくるといったことはよくあるものです。今度、知らず知らずのうちにアイデアのエネルギーは消え失せ、結局あなたは何もしないままになってしまう。今度、心躍るアイデアが新たに湧いてきたら、これを試してみてください。

エクササイズ　アイデアの力を思い描く

コアエネルギーを発する態勢を作ってください。
そのアイデアが光のディスクのなかでコード化された様子を想像してください。

意識の力でこの光のディスクを前面の情報ファイバーのなかに入れてください。

前面ファイバーに入ったことで、アイデアのエネルギーは増幅され、宇宙格子全体に送信されていきます。

ソナル・ポテンシャル・プリズムに願望を入れると、拡声器で音を増幅したかのようにメッセージが宇宙に発信されます。あなたがこのようなやりとりをしたいと願っているのが何であれ、宇宙はそれに共同創造をしたいと願っているのです。このようなやりとりを通じて進化を遂げていくにつれ、わたしたちは自分たちのエネルギーをより鮮やかに、そして明確な目的をもって発信できるようになっていきます。

喜びにあふれた緊張関係

アイデア、あるいは意図を前面ファイバーのなかに入れたら、健全な緊張関係が築かれます。そう、緊張関係です。

「いまこの瞬間」の経験と、あなたが実現を願っている現実の間にある喜びにあふれた緊張だと思ってください。あなたと宇宙の関係は絶妙なエネルギーの緊張状態にあるということでしょう。偉大なパートナーとの適度な緊張を創造すれば、共同創造のフロー（流れ）は完成します。周囲に思いやりをもって接しましょう。宇宙はつねに進化するために必要な材料をあなたに授けてくれています。ただちに何らかの兆しが現れるということはないかもしれませんが、ひとたびそれに気づいたら、実現のプロセスに必要な次のステップは、あなたの側から行動を起こすことです。意図を完全に実現するために適切なステップを踏みましょう。古い諺を思い出してください。船が来てくれるのを待っているのではなく、こちらから漕ぎ出して迎えに行くのです！実り多き共同創造のためには、あなたの前面に走っているファイバーの調整法を習得することが不可欠です。パー

共同創造のサイクル

宇宙というパートナーと力を合わせて円滑に実現を果たすためにも、新たに手に入れたスキルを信頼して、明確な、すっきりとしたメッセージを前面ファイバーから発してください。このマジックにはまだつづきがありますが、それも楽しいプロセスが待っています。あなたの目標と意図を宇宙に向かって宣言してください。宇宙はいつもあなたが前進するのに必要なものをすべて与えてくれていることを忘れずにいましょう。「人生がレモンという酸っぱいものを与えてくれたらレモネードを作りなさい」という格言があります。人生を生きていくわたしたちには、意識という道具が与えられています。それを使って何をおこなうかは選択次第。感謝を感じながらレモンを眺めることができれば、身の回りに思わぬ偶然の一致やシンクロニシティーが存在して、それがときにやさしくあなたの背中を押し、ときに大きな飛躍

第3章　ユニバーサル・カリブレーション・ラティスへの誘い　次元を超えて広がる網の目

を促してくれていることに気づくでしょう。このシンクロニシティーは新たなつながりや資源となるものが手に入る、斬新なアイデアが湧いてくる、スキルや才能が成長する、あるいは集中力が高まる、といったかたちでやってきます。日常的に共同創造の能力を磨いていくと、さらなるシンクロニシティーを生み出していくようになります。次々と新たなつながりを生み出していくにつれて、宇宙とわたしたちの通信リンクはそのリンク能力を向上させて無限のエネルギーの源となっていくのです。わたしたちはこうしたサイクルをくり返していくなかで、自分たちのためになるように一連の作業プロセスや関係性、何かを生み出す力につながるような表現や豊かさを共同創造して、自分たちが進化を遂げるように促しています。

共同創造においてわたしたちが実際におこなっていることは、3次元の現実を迂回（うかい）して自分たちのエネルギー回路を開き、自己が宿している大きな側面とコミュニケーションをするということです。無限の可能性を宿した存在としての側面を信頼することによって、わたしたちはその可能性との協働関係を築きます。

エネルギー回路を開くのは、森のなかに新たな道を切り開いていく作業に似ています。通るたびにその道に精通し、じつに穏やかでゆるぎない境地へと楽にたどり着けるようになっていきます。同じようにしてわたしたちは目標とすることを霊魂と調和した状態へと導き、そこでこの人生で結んでいる真の契約を知るのです（この契約は複数の

場合もあります）。エネルギーを前面の情報ファイバーへと発するスキルを上達させていくに従って、手にするエネルギー電荷はより大きなものになり、わたしたちは未来から届いた現在の現実を創造していきます。ディーパック・チョプラはこのことを印象的な言い回しでこう表現しています。「魔法使いは後ろに向けて現実を創造している。つまり、未来から流れてきたエネルギーにいまを創造させているのです」

最後に補足すると、可能性のプリズムを通じて共同創造をおこなっているとき、わたしたちは魂に向かって、望んでいる結果を手渡してくれるようお願いしているのではなく、それを創造するための道具を与えてくれるようにお願いしているのです。

エクササイズ「いまこの瞬間」に大きな共同創造のエネルギーを生み出す

コアエネルギーを発する状態を作りましょう。

背後のエンパワーメント・プリズムのエリアに意識を置いてください。あなたのこれまでを尊重するために、あなたが重ねてきた学びと体験はすべてふさわしいものだったと認めてあげましょう。つづいて、しっかりといまこの瞬間の中心に存在するために、コアエネルギーを放つ量を増やすという意図を発してください。

このエネルギー状態を取っていると、情報ファイバーを通じて効果的に共同創造をおこなえるようになります。この達成・完成を促すエネルギー状態に入ることによって、宇宙という偉大なる無限のパートナーに同調していくにつれて、自分たちのもつ可能性を最大限に引き出せるようになります。あなたは共同創造のエネルギーをレーザービームのようにこのUCLの前面部分に向かって注ぎ込んでいきます。

循環的時間

「直線的時間」とは、時間は瞬間、瞬間が連続して発生し

ているとする考え方です。直線的時間は、時間について人間が伝統的に採ってきた解釈であり、人間というわたしたちがしている経験のもつ一面を理解するうえで役に立ちます。一方で、「循環的時間」とは、わたしたちが出来事を分解して解釈することでいくつもの出来事が同時に発生しているとする考え方です。循環的時間のなかでは「過去」「現在」「未来」という言葉がより流体的、かつ宇宙的な意味で理解されています。循環的時間は、わたしたちがしている霊魂としての経験のもつ側面を理解するのに役立ちます。つまるところ、そこには「いま」という瞬間だけが絶えず存在しているのです。

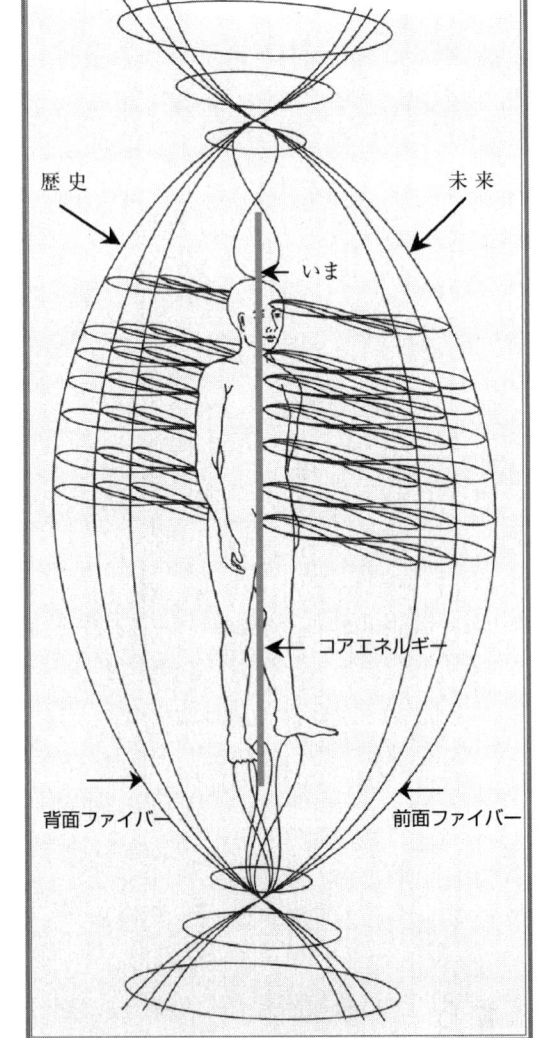

挿絵3.7 循環する時間

第3章　ユニバーサル・カリブレーション・ラティスへの誘い　次元を超えて広がる網の目

挿絵3.7をご覧ください。背面ファイバーと前面ファイバーがコアエネルギーと8の字のループでつながっていることがわかるでしょう。エネルギー電荷が、わたしたちのたどってきた歴史を表す背面ファイバーを発して8の字ループを通り、コアエネルギー、つまり「いま」という時間に流れ込みます。そして「いま」を発したエネルギー電荷もループを通って過去へと流れていきます。

同様に、「いま」が発したエネルギー電荷はループを通ってわたしたちの可能性を表す前面ファイバーへ、そして可能性のエネルギーは「いま」を表すコアへと帰っていきます。これらふたつのパターンを組み合わせると、エネルギーは前面から背面へ、そして、その反対に背面から前面へと完全に循環していることになります。このようにシンプルなパターンにまとめて考えると「時間などというものは存在しない」あるいは「過去や未来は存在しない。すべては『いま』という瞬間に起きている」といった表現の説明がつきます。

このように、わたしたちが経験している「いま」は、わたしたちの過去と可能性の世界から届くエネルギーによって創造されています。いにしえの人々はこのような教えをわたしたちに残しました。「わたしたちが真の意味で手にしている瞬間はいまだけであり、すべての変化は『いま』

のなかで生じている」。わたしたちは「いま」という瞬間を生きる方法を身に着けるにつれて、より大きなエネルギーを存在に帯びるようになります。「いま」という瞬間に帯びる電荷が大きくなればなるほど、あなたは大きな変容を遂げていくのです。

果てしのない物語（ネヴァーエンディング・ストーリー）

UCLはいまなお進化を続けています。近年になってさ

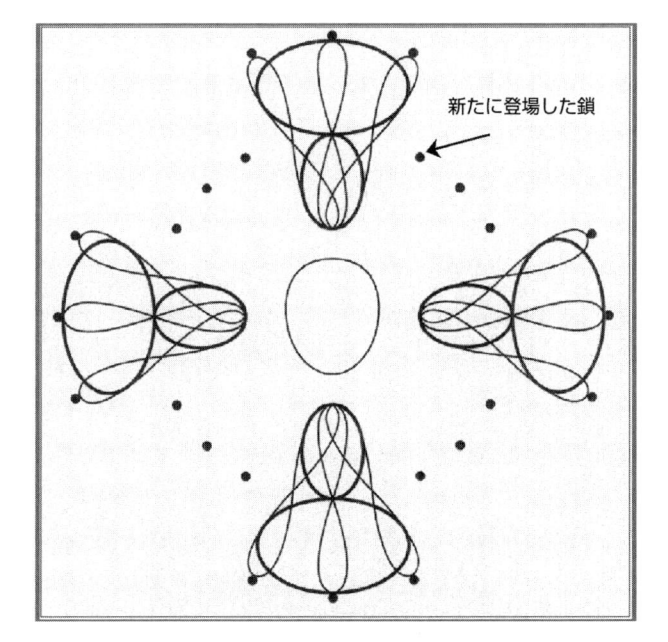

挿絵3.8　新たに現れた12本の鎖（上からの図）

らに12本の鎖が活動を始めました。前頁の挿絵3.8に示した12個の点がこの新たな鎖を表し、最深部に円を描くように並んでいます。さらに、このイラストには4つの上下非対称の大きな8の字がそれぞれ3本ひと組のファイバーを包み込んでいる様子が描かれています。

挿絵3.9には4つのグループに輪郭が加わり、おなじみのパターンができあがっています。このパターンは人間の歴史上を通じてたびたび描かれてきました。このパターンはわたしたちの頭上と足の下に存在しています。それらをつなぎ合わせたものがユニバーサル・カリブレーション・ラティスの構造体なのです！

エネルギーエクササイズを交えながら明確な意図をもって働きかけをおこなっていけば、UCLはどんどん形を成していきます。エクササイズでUCLを強化していくにつれて、新たに手にしたエネルギーを保持し、多次元的に存在する自己を完全に実現させる能力が増大していきます。この説明を読んでイラストを子細に見つめているだけでもあなたは自分のなかにあるUCLのエネルギーを刺激することになります。わたしたちの無限なる自己の視点から見れば、旅は果てしなく続き、そこには言葉では言いつくせないほどの喜びが伴っているのです。何とすばらしい計画でしょう！

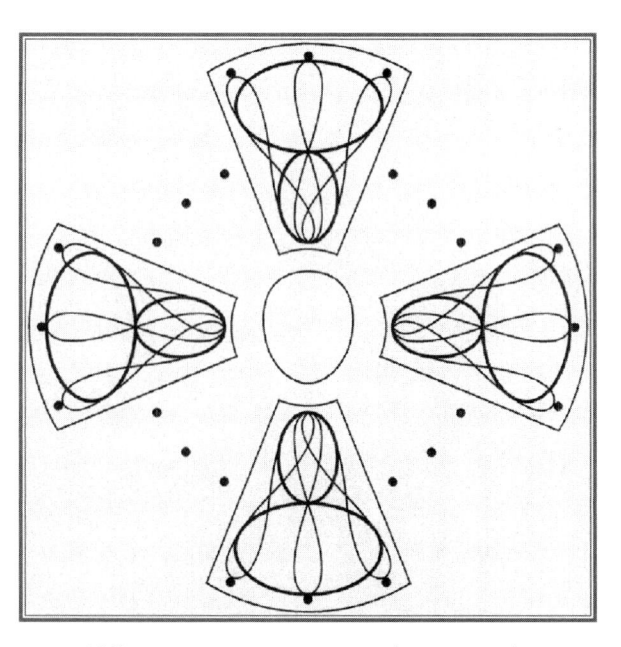

挿絵3.9　おなじみのパターン（上からの図）

「……そして見つけたものを手渡していくのだ」

リチャード・バック 『かもめのジョナサン』

第4章

多次元回路 超空間への入口

現実は幻想にすぎない。ただ、これがなかなかにしつこい。
アルベルト・アインシュタイン

最大の幻想は『わたしたちには限界がある』というものだ。
ロバート・A・モンロー

ホログラフィック処理装置

カール・プリブラムをはじめとする科学者の研究から、脳はホログラフィーの原理に基づいて機能していることがわかってきました。例えば、記憶と視覚は特定の部位に局限された機能ではなく、異なる部位も情報全体へのアクセスを共有しています。驚いたことに、脳の一領域が外科的に切除されても、脳機能のなかには問題なく働きつづけるものもあります。

実際のところ、脳は電圧や可能性の解析機としてよりも、周波数解析機としての性格のほうがはるかに強いことが明らかになりました。脳は単なるアナログの解析機ではなく、むしろ解析しているのは電磁波のパターンだということです。さらに、脳は心臓と一緒に電磁気の活動を大いに活性化させ、いくつかのエネルギーパターンを発生させてエネルギー放射を促しています。

宇宙版インターネットは存在するでしょうか？　遠くにいる相手にメッセージを届ける方法は？　放送電波よりも向こうへ「エネルギー」を送るメカニズムとは？　超常現象の発生につながるメカニズムは存在するでしょうか？　脳が明白な電磁的活動を展開している向こう側の領域では、スカラー波が活動をおこない、超空間的機能のプロセスが繰り広げられています。これらの構造全体には物理的システムの向こう側、つまり、わたしたちがいる時空の外側まで認識の範囲を広げるメカニズムが存在します。これらのプロセスは非局所的現象に適したメカニズムをもたらすのです。脳は非局所的量子処理装置です。

心(マインド)‐脳のシステムは、目には見えない次元を通じて局所的時空の外側で通信をおこなう機能を本質的に備えています。情報パターンはハイパーチャネル(フィールド)を通じて移動し、遠隔地にある物質の微細な場(フィールド)に影響を伝達します。

流体界面

『Gravitobiology : The New Biophysics』のなかでベアデンは「水無脳症(すいむのうしょう)」と呼ばれる医学的に見て不可解な症状について考察しています。水無脳症に罹っている人は頭蓋内にわずか5パーセントの脳物質しかもっていないといいます。残りの95パーセントのスペースは流体で満たされているのです。それでもこの症状を負っている人は通常の人間

第4章　多次元回路　超空間への入口

謎はスカラー波の目には見えない活動とスカラーポテンシャルのなかに潜んでいます。

この謎には、水の構造がもつ特性を理解することによって明らかになる側面があります。この目に見えない構造には、エネルギーのやりとりをおこなう導管が複数存在し、「流体」が代替脳として機能することを可能にしています。こうした現象は単純な電磁気学的理論をもとにして説明しきれるものではなく、脳はそれに加えていくつもの次元にまたがる現実どうしをつなぐインターフェースとしての機能も果たしているのです！　わたしたちの考えているホログラム理論は高次元の現実をも網羅しています。のように、すべてがひとつとなって存在しているものとしてわたしたちは「万物」に言及しています。結局のところ、すべてはひとつなのです！

たしています。導管を通じて次元間をナビゲートしてくれるのがスカラー波です。この導管、あるいは入口を通ってわたしたちは創造の一次渦へとつながることができます。この渦とつながった状態のときに、魂のエネルギーはわたしたちが人間として振動をくり返している物理的世界に入っていくことになるのです。

次元の個別要素とつながるには、次のものを発見、あるいは構築することが重要になります。それはリンク、道筋、回路、あるいは入口となるもの（固有周波数、生命周波数、魔法の窓、多次元世界をつなぐ節点、アインシュタイン・ローゼン・ブリッジ、あるいはワームホール）で、これらは自然発生的に格子構造どうしを調和に満ちた共鳴状態でつないでいます。

その名が示すとおり、スカラー波はスカラー値、強度値、あるいは「スカラー量」の値によって規定されます。このようにスカラー波は情報伝達、または保存をしているのです。

超空間的コネクタ

ベアデンは脳に備わる処理機能のもうひとつの側面を紹介しています。それは、脳にはスカラー波発生機かつ検知機の働きがあるということです。スカラー波は高次元空間、つまり超空間の真空へとつながるコネクタの役割を果たしています。

スカラー波は超空間に流れている波動です。通常の時空の制限が及ぶ世界の外側に存在して、空間の真空を圧力攪乱の一種として超光速（光よりも速い速度）で移動します。音波も同じようなしくみで空中を伝わっていきますが、スカラー波は「極超音速」の波動となって真空内を移動しています。

スカラー波は精巧かつ複雑な定常的干渉縞を形成することがあります。その場合のスカラー波を「スカラー場」と呼びます。このとき、同様の構造体が超空間の真空にも存在しています。干渉縞は独特の格子型秩序構造を形成します。ベアデンはこれを「時空・真空の格子型秩序構造」と表現しました（図表4.2）。この構造は時間と空間の双方を超えて通信をおこなっています！

振動する芸術的な織物構造

真空は背景布のようなものであり、カンバスとなってわたしたちに時空という現実を描かせてくれます。わたしたちは真空から素材（すなわちエネルギーとブループリント・形態形成場）を見つけて3次元の物理的現実を作り上げているのです。シェルドレイクが説明した「形成場」は、スカラー場であると理解することができます。物理的物質は定常波の波形パターンと見ることができますが、これは一種のスカラー共鳴です。

スカラー波は従来の電磁波とは異なります。双方の波の間に物理的関係が構築される場合もありますが、スカラー波は従来の方法で検知することができません。

時間との共鳴

このような波動は時空にストレスや変容を課します。これらの波は4つ、ないしは5つの次元を自由に移動することができますが、スカラー波は時間のなかだけを移動することが可能です。すなわち、波そのものはひとつの場所に定在しながら、時間の流れ（あるいはその他の性質）にゆらぎを加えるのです。また逆に、空間のなかだけを移動することも可能で、その場合は、時間的には一定の点に留まりながら、その双方のパターンをさまざまに組み合わせながら移動していきます。この双方のパターンの性質は、「共鳴（あるいは共振）現象」と呼ばれているスカラー波をさまざまに組み合わせながら移動することができるスカラー波の性質は、「共鳴（あるいは共振）現象」と呼ばれています。

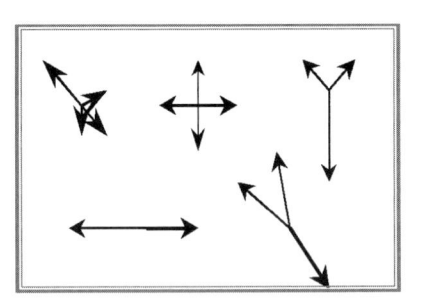

図表4.1　スカラー基礎構造のパターン

それぞれのシステムが独自のパターン化を遂げた基礎構造をもっているために、外見は見せかけにすぎないことがあります。スカラー波はこのように特異なパターンをもった構造をしています。スカラー波は情報を電磁気の構造にパターン化して運んでいますが、そのひとつの例が、治癒効果のあるスカラー波パターンが生まれるときのものです。このパターンは病を癒し、その生体にスカラー波を「照射」する、あるいはそうすることで免疫を付与します。脳がスカラー波を発生させますが、脳が発したスカラー波は半自動的に個人の抱いている意図に合わせてパターン化されます。「思考」が電磁的な構造を伴って現れるのがスカラー波です（注22参照）。

第4章 多次元回路 超空間への入口

このように、共鳴はさまざまな形で実現します。共鳴の概念は空間、あるいは時間との独特の関連性と言い表すことができます。「いまこの瞬間」に生きることとは、この時空と共鳴するように周波数を合わせることにほかならないのです！

プログラム可能パターン

スカラー波を土台として存在しているのがスカラーポテンシャルです。同様の性質をもつ例が静電スカラーポテンシャルです（図表2.6参照）。このポテンシャルは電磁波の根底にあります。これらは内部で高度に秩序立てられています。

内部世界ではスカラーポテンシャルは局所的空間、非局所的空間の双方とつながることができます！　スカラー波はこれらのパターンを情報として超空間全体に伝達しています。スカラーポテンシャルの最も顕著な特徴は、基礎構造を内包しているという点です。非常に特異な電磁気パターンがポテンシャルの内側にコード化、あるいはパターン化されているのです。これらのパターンはスカラーポテンシャルの内部に流れる波動がもつ高調波全体にエネルギーを伝達することができます。

これらのパターンはプログラミングをはじめとする操作を受けることで、物質とその微細なエネルギーとの相互作

図表4.2　時空のラティス

時空のラティス構造体は周波数、エネルギー、空間、時間のなかで秩序立てられています。n次元ラティス構造体（n>3）は、時間と空間を超えて万物をつなぐホログラフィックな相互接続性と、目には見えない秩序の存在を表しています。ＵＣＬはこのような時空間をつなぐラティス構造体を象徴し、関連するすべての超空間的特徴を備えているとわたしたちは解釈しています。このラティス構造体は同調が可能です。秩序の取れた内部構造は共鳴効果を通じて応答します。同調したラティス構造は過去と未来双方の時空に存在する座標と時空に調和とともに相関しています。時空の座標はハイパーチャネルを通じてつながっていきます。

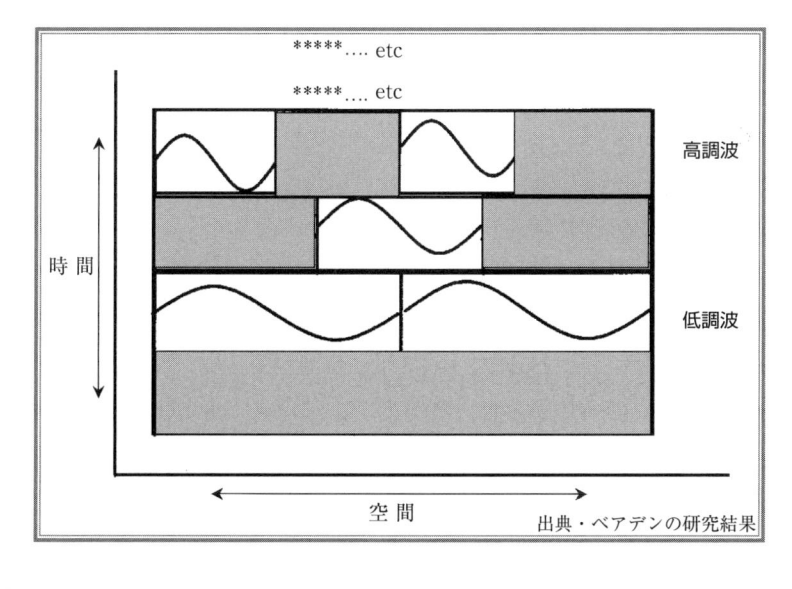

出典・ベアデンの研究結果

用の影響力をもつことができます（注1）。スカラーポテンシャルが形成した時空・真空の格子型秩序構造体はn次元構造（n＞3）をもっています。この構造体は時間と空間の両方を超えて伝達しているのです！ このような格子構造体の視覚化、あるいはイラスト化は不可能です。格子の内側には波動、エネルギー、空間、時間のそれぞれに規則性が備わっています。この格子構造体は時空を超えて万物をつなぎ合わせているホログラフィーの原理の存在だけではなく、目には見えない秩序の存在をも表しています。

わたしたちの解釈では、ユニバーサル・カリブレーション・ラティスは、こうした時空間をつなぐ格子を象徴していて、この構造体には関連する超空間的特徴がすべて備わっています。

スカラー波変換機・干渉計としての脳

スカラー波を電磁波に、そして電磁エネルギーからスカラー波に変換する機能を備えたシステムをスカラー波発生機、変換機です。地球はひとつの巨大なスカラー波発生機であり、変換機です。地球には複数のスカラー共鳴モードがあります（注3）。地球、月、そして太陽は独特のスカラー共鳴システムを形成しています。したがって、地球は多次元的構造体です。

小さな規模で言えば、圧縮変形した結晶や、半伝導性物質、誘電性コンデンサ、プラズマとスカラー波干渉計の例として挙げられます。人間の脳もスカラー波変換機です。つまり、電磁エネルギーをスカラー波に、スカラー波を電磁エネルギーに変換することができるのです。脳の電磁的活動は、可視測定が可能ですが、脳のスカラー波活動は通常の方法では検知することができません。スカラー波は重ね合わせることで干渉縞を生み出し、干渉縞が適切に集束されれば、離れた場所にエネルギーが出現、あるいは発生します。このような機能をもった装置をスカラー波干渉装置といいます。ベアデンによれば、超空

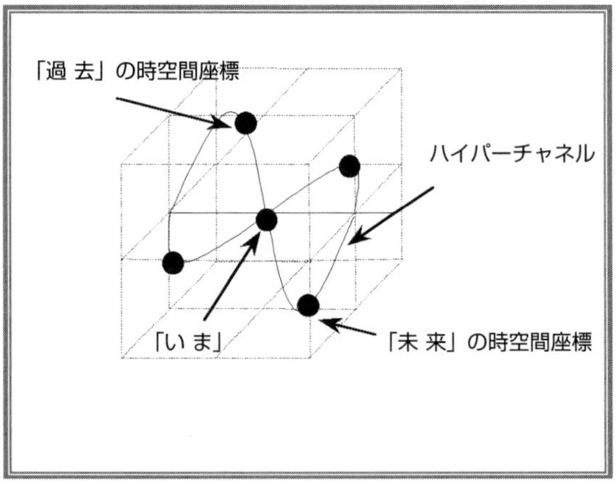

図表4.3 時空間のコネクタn次元

（n>3）の時空格子構造体は、時空を連続体として認識しています。同調を完了したラティス構造体は、内部構造同士で共鳴状態にある時空の座標と調和的関係を構築します。異なる時空内で発生した出来事の間には、周波数に強く支配される性質のあるハイパーチャネル（ベアデンとティラーが唱えた『魔法の窓（マジック・ウィンドウ）』あるいは次元間節点）を通じてつながりが構築されます。ハイパーチャネルは自然発生的に同調が可能です。

脳半球の干渉

間へのエネルギー伝送が可能なスカラー波テクノロジーが存在するといいます(注4)。このテクノロジーは3次元空間内の離れた地点にエネルギーを出現させ、その場所において物理システムに衝撃を加えることができます。離れた場所からスカラー波の内側をプログラミング、あるいは操作して、物質とそれが帯びている微細なエネルギー場に特定の相互作用を起こすことができるのです。

人間の脳の内部では、大脳皮質の両半球が協働してスカラー波干渉装置として機能しています。この概念は、アーヴィン・ラズロが紹介したものです(注5)。ラズロは「脳の神経回路網のなかで起きている活動、つまり、樹状突起で発生する発火現象を司る活動ポテンシャルは、真空に流れるスカラー波のトポロジーの作用を大きく受ける」としています。

さまざまなトポロジーが刺激となって神経活動に複雑な活動パターンが次々と発生します。スカラーポテンシャルに対してトポロジーの種類が極度に多様化した場合にも同様の結果が得られます。

脳内では真空準位でのゆらぎを増幅させる現象が発生しており、これらの現象が脳の情報処理システムに観測可能な影響を引き起こします。左右の大脳半球はスカラー波とスカラー波光線を発生させ、離れた地点に干渉縞を形成す

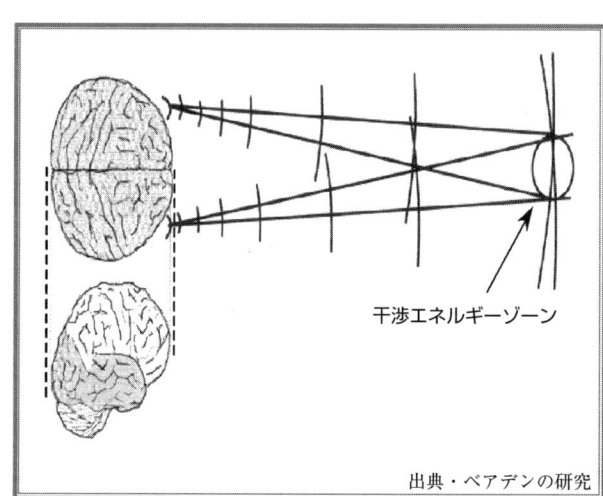

図表4.4　スカラー干渉計としての脳

ベアデンによると、脳はスカラー波を発信し、受信しているといいます。両の脳半球はそれぞれの機能を複合してスカラー波干渉を形成しています。つまり、脳は干渉縞の生成が可能で、そのもとになるのがエネルギー、つまり電磁波を遠隔地に集束させる干渉光なのです。ベアデンは、スカラー波テクノロジーは干渉の原理を活用することによって「ハイパー導管(チャネル)」を通じて情報とエネルギーを空間のいたる所に伝送することができるとしています。この導管(チャネル)は、3次元空間で認識することはできませんが、たしかに存在しています。スカラー波干渉光の影響は物質化されて3次元で可視化します。脳機能の高度化によって「ハイパー導管(チャネル)」が開かれ、事実上、つねに開いた状態になります。導管は脳に備わっている「超次元的機能(ハイパーファンクション)」の通信メカニズムです。「ヒーラー」がエネルギーにチャネリングするプロセスは、精確に言えば「ハイパーチャネリング」です!

干渉エネルギーゾーン

出典・ベアデンの研究

ることができます。

干渉ゾーンの内部では、スカラー波光線の周波数パターンが物理システムと相互作用をおこなって秩序効果、あるいは障害効果のいずれかを生みます。スカラー干渉計としての脳は、ベアデンが呼ぶところの超空間の「ハイパー導管（チャネル）」を通じて、エネルギーと情報を3次元空間のあちらこちらに伝送しています。

スカラー波は、微細なエネルギー場と相互作用をおこないます。先にわたしたちが考察してきた内容に関連して、ヒーラーがチャネリングの際に用いるエネルギーについて言及すると、チャネリングはハイパーチャネリングと描写したほうがより適切かもしれませんね！

超常的なつながり

脳が発するスカラー波の機能のうちで通常では観測できない側面は、超常現象と関連しています。ベアデンによると、遠隔視、テレパシー、予知能力、サイコキネシス（念力）といった、これまで超心理学とされていた現象は、スカラー波の性質によって簡単に説明できます。超空間、あるいは仮想的（ヴァーチャル）空間の真空内において活動するスカラー波は、微細なエネルギーの領域に相当する磁界とつながるのです！ 脳の神経シナプス回路網はスカラー波を発生させるのに理想的な環境です。脳と神経系がスカラー波を結合して同調した共鳴状態

図表4.5　脳のハイパーフィールド

イラストは『Ancient Wisdom & Modern Physics』に報告された研究結果を合成したものによって作られています。基本となるふたつの形状は超空間的構造体を成しています。ふたつはつまり、超空間とつながっているのです。ドーナツ型の形状はトーラス（＝環状体）と呼ばれ、両端がトランペットのような形状をしたものはアインシュタイン・ローゼン・ブリッジとして知られています。この複合体の内側には、自ら回転しながららせんを描くようにして旋回する光のエネルギーがあり、これらは捕捉されながら、同時に放射されています。この超空間的システムは、わたしたちが特定の時空、つまり時間の概念とつながり、そこに留まるうえで重要な役割を果たしています。同時に、ここには次元を超えたコミュニケーションやエネルギーと情報の変換保存をおこなうしくみが備わっています。この電磁気システムにとって重要な点は、そのシステムは脳のもつ6つの構成要素が共同して、あるいは集合体として機能することで発生しているということです。

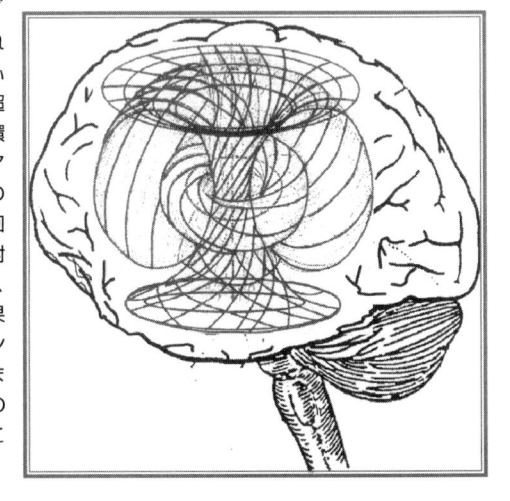

第4章　多次元回路　超空間への入口

のシステム、つまり正真正銘のスカラー波検知機・発生機を形成しているのです。

超空間の動力装置

脳機能のもつ超空間的性質をさらに掘り進めた内容が『Ancient Wisdom & Modern Physics』という出版物のなかに提示されています。本のなかで、研究をおこなった人々は脳が生み出した磁場の3次元的構造体を解析して、その結果を報告しています。

この磁場構造体は何が特徴かというと、超空間構造を表していることです！　この構造の存在によって、物理システムの向こう側、つまりわたしたちがいる時空の外側に認識を拡大するメカニズムができあがります。この磁気的解析を実現するには、高性能を備えた機器類が必要になります。超伝導量子干渉素子（スキッド）をはじめとした機器がここでは使用されます。機械によって場（フィールド）の磁気強度を最小でナノガウスレベル（10億分の1ガウス）まで測定できます。この数値はきわめて小さな計測値です。

3次元の地図に記すと、3D磁気測定結果は独特の超空間場構造の図を示しました。研究者たちは次のような結果を分析しています。

「幾何学的構造体は、全体的に楕円形の長球型空洞を成していて、そのなかに双曲線でできた非直線的アインシュタイン・ローゼン・ブリッジに貫かれるようにして環状体が

サブスペースとなって内蔵されている……または（アメリカ風に表現すれば）、卵型をした空洞のなかにソーセージの刺さったドーナツが入っている」(注7)

引用元となる『Ancient Wisdom & Modern Physics』にはイラストがひとつも掲載されていないので、本書のイラストはこちらで作成しました。研究者たちのデータに直

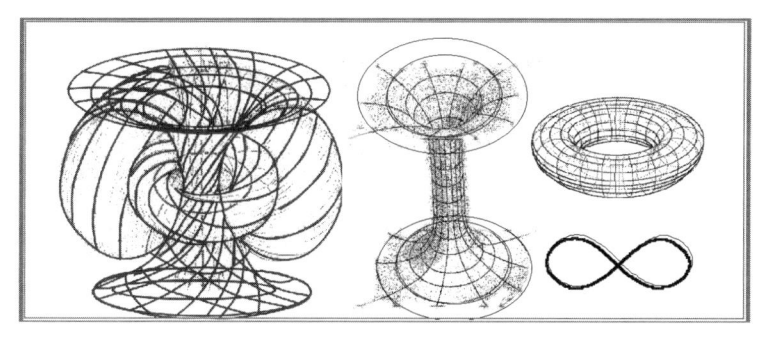

図表4.6　超空間コネクタ

環状体（ドーナツ型の形状）は、次元間をつないでいる渦（ヴォルテクス）です。玉ねぎのように何層にもわたって環状体を内包しています。この環状体はエネルギーと情報の保存変換をおこないます。これはスピリチュアル的、あるいは超物理学的（メタフィジカル）に言えば後光のような光の輪を連想させますよね！　環状体が交差する部分は8の字型を成しています。つまり磁気の宇宙的性質がここには表れているのです！　アインシュタイン・ローゼン・ブリッジは超空間と、時空間から成るいくつもの並行現実をつなぎ合わせるコネクタの機能を果たしています。

接的にアクセスすることができないので、こちらには視覚的イメージのみを掲載することになります。

超空間の形状

両端がトランペットのような形をした筒型の形状は、アインシュタイン・ローゼン・ブリッジという名で知られています。この形状は、あなたを超空間と並行現実へとつないでくれています。ドーナツ型の形状はトロイド、あるいはトーラス（環状体）と呼ばれています。このトーラスは時間と空間で構成された世界とつながっている超空間的形状です。この超空間的性質をもった複合体の内側には自ら回転しながらせん状を描くようにして旋回する光とエネルギーが存在し、これらは捕捉、放射の双方をおこないます。これらの超空間的形状は、わたしたちを「時間」という概念につなげ、留まらせる重要な役割を果たすシステムを生み出しています。このシステムのなかには、エネルギーと情報の変換、保存をおこなうとともに、次元の枠を超えた通信をおこなうしくみが存在します。中脳の内部は、「相対論的時空間から成る空洞であり、この空洞は局所的に内包された超空間の架け橋が存在し、磁気刺激と音刺激に対して調和に満ちた共鳴状態を経験することができる。ここから導き出される推論の数は天文学的な数字にのぼる」（注8）。

相助作用を働く幾何学的形状

脳内にあるこの磁場構造は、次元間をつなぐ渦状のものです。この渦は人間の外的宇宙を目には見えないヴァーチャルな次元へとつないでいます。この世界は、わたしたちが通常、意識的に認識ができて、肉体で感じ取ることのできる感覚の範囲からは大きくかけ離れた世界です。これらの磁気超空間的形状をもつ幾何学的構造は、脳を形成している6つの構成要素の磁場が複合的に寄与し合うことによってできています。ここは重要なポイントですので理解しておいてください！

つまり3次元世界の場（フィールド）は視床、視床下部、海馬、扁桃体、下垂体、松果体の各機能がひとつの集合体として活発に寄与した結果、生じるものなのです。

これら6つの構成要素は、理想的な磁場の環境を生成するために、一体となって相助的に活動する必要があります。6つのうちのどれかひとつでも不活発化、あるいはいずれかの要素の果たしている寄与が除去されると（機能低下、あるいは休眠によって）、脳は潜在的にもっていた磁気的な超空間的機能を最大限に果たさなくなります。

これはつまり、これらの脳の部位に直接的に働きかけることができるように訓練を積むことが必要だということです。そういった活動やエクササイズを経て初めて、個人は秘めたる超空間的な能力に向かって進化の道を歩むことになります。しかし、すべての脳部位を目覚めさせる能力は

人間が潜在的にもっている能力ですので、この進化は必ずやそれらを目覚めさせることができるのです！

脳への刺激

研究者たちの報告によると、太極拳の達人たちは縦長の軸、すなわち、アインシュタイン・ローゼン・ブリッジの円筒状の磁場の存在を表しています。この縦長の軸の存在は、時空間作用に対してポテンシャルがより大きな度合いで生じていることを示しています。つまり太極拳の達人は加齢の進み具合を遅らせている可能性（若返るとまでは言わないまでも）があるのです。研究者たちは太極拳の正式な型と同様に神聖幾何学について精通することが脳への大きな刺激になると指摘しています。大きく分類して氣功(Qigong あるいは Chi Kung) や法輪功のような多岐にわたる運動もまた有効です。(注9)。

あらゆる幾何学的形状に働きかける際、角度や図形といったものは、心や霊魂における空間‐時間に相当します(注10)。

幾何学的形状は「周波数領域」と関連性があり、脳はその領域内で電磁的に機能しています。電磁気の活動はスカラーポテンシャル、そしてハイパーフィールドと本質的に関連しています。もちろん、脳中枢を意識の力で活性化させるために取られる視覚化の全プロセスは、脳の電磁的活動を直接的に刺激します！　意識と意図が脳のハイパー

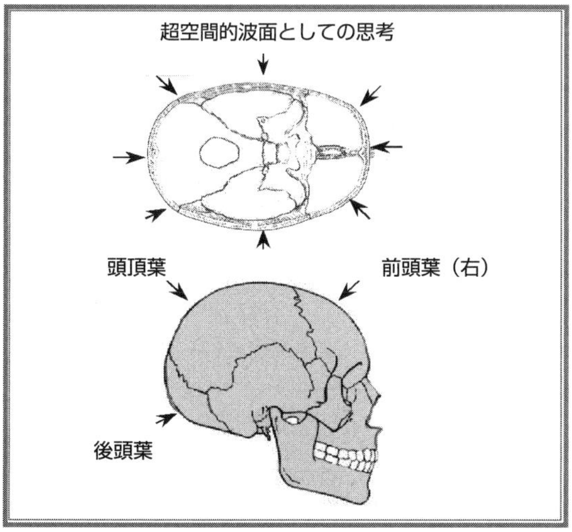

図表4.7　多次元的波面としての思考
（図表引用マトリックスⅢより）

情報と思考は超空間的なもの、つまり多次元的波面となって脳に入ります。脳には複数のシステムがあり、それらはさまざまな磁気的＆音的刺激と共鳴するようにできています。共鳴する有機的結晶構造である脳は、宇宙の周波数スペクトルを電気的刺激に変換します。頭蓋骨とその内部にある液晶構造が高次元空間から届く周波数に調和的な共鳴状態を構築しています。これらの高次の周波数は、結晶構造の内側の複雑な振動パターンを通じて３Ｄの電磁場に変換＆接続されています。

フィールドの活動を導いていくのです。

世界とをつなぎます。

生ける結晶

脳は「心（マインド）の下地となる有機的結晶構造と表現することができる。心が脳に浸透すると、さまざまな解剖学的構造が共鳴しあい、心（マインド）の機能を成す特定の側面の基礎を成し」ます（注11）。人間の頭蓋内にある4つのシステムは、それぞれに異なる機能と共鳴するようにできています。4つとは、

- 左右の脳半球（ひとつとして機能している）
- 感覚皮質
- 第3脳室と側脳室
- 頭蓋骨そのもの

脳機能を司るそれぞれのシステムは、受信、処理、増幅を個別におこないながら宇宙の周波数スペクトルを構成する側面を変化させています。頭、あるいは頭蓋骨は結晶構造でできています。イオン結晶構造は炭酸カルシウムとカルシウムとリン酸塩の化合物からできています。

この有形物は非常に複雑な振動に耐えることができます。この振動は12次元の超空間場（フィールド）構造、あるいは格子を成すものです。この格子は3次元世界の場（フィールド）を超空間の次元

思考共鳴装置

頭蓋骨は5つの骨から成っており、その5つは頭蓋空内の複数の共鳴パターンを脳内に共有しています。これらのパターンは、超次元的な思考波形を脳内に保存する信号に変換するプロセスに集団として関与しています。図表4.8には頭蓋骨を構成する5つの骨の間に5重の共鳴パターンが築かれているのが見て取れます。頭蓋空内の内部構造、つまり脳そのものも結晶性物質から成っています。

心－脳の複合体は、脳内にあるアンテナのような構造物を介して通信をおこなっており、その構造物は顕微鏡レベルでエネルギー・テンプレートを形成しています。この プロセスにはホログラムのパターンをコード化された超空間の情報から脳内の電気出力へとフーリエ変換（訳注：ある形式の信号から他の形式へと変換する際に情報の抽出をおこなう手法）するプロセスを伴います。脳は神聖幾何学が生んだ傑作と言えます。頭蓋骨の構造は空洞を形成し、その空間は統一された場（フィールド）を包み込むことができます（注13）。

ハメロフとペンローズは脳細胞の微小管構造の研究をおこない、脳細胞は意識の所在のみならず、知性のもつさまざまな特質と大きな関連があると発表しました。微小管、すなわち細胞骨格は脳細胞が量子レベルでの情報交換を可能にする特質を示しています（注13）。微小管内の水分は、

第4章　多次元回路　超空間への入口

単純に意識の焦点を合わせる、あるいは意図をこめることによって生じる量子コヒーレンスを通じて高度に構造化、秩序化することができます。

共鳴には電荷が必要

脳の共鳴システムの働きは生体細胞の電離電荷を維持する能力に左右されます。この電離電荷を用いることで意識は物質を通じて自らを表現することができるのです！

脳‐神経系のネットワークが最適レベルで機能するためには高電位が必要になります。システムを活性化するには大量の電気が必要となります。人の電位容量が大きければ、物質を通じて意識の表現が可能になり、つまり霊魂が生体のなかに現れるのです。この容量はEMFバランシング・テクニック®を通じて増大させることができます。

多次元回路のつながり

オクターヴの法則

ここまでは、脳が超次元的能力を備えているとする概念をご紹介してきました。この能力は、人が本来備えている

図表4.8　脳——神聖幾何学の傑作
（図はマトリックスⅢからの引用）

頭蓋骨の5つのセクションは、脳の内部液晶構造に共鳴パターンを構築します。頭蓋骨を主なる5つの構成部分に分けている割れ目は、さまざまな直線的＆非直線的な動きや複雑な振動の発生を促します。頭蓋骨の固有振動周波数は840～890メガヘルツ（これはDNA共鳴周波数でもあります。また、携帯電話用の周波数もこの帯域です）です。頭蓋骨の結晶構造は12次元の超空間的場構造（格子構造）の形成を促します。図表の共鳴パターンには五芒星の形が見て取れます。この五芒星は、古代ギリシャのピタゴラス学派がシンボルとして使用していました。図のさまざまな箇所に、ギリシャ文字ファイで表される黄金比1：1.618が現れています。幾何学的構造は高次元世界、光、そして音と共鳴状態にあります。

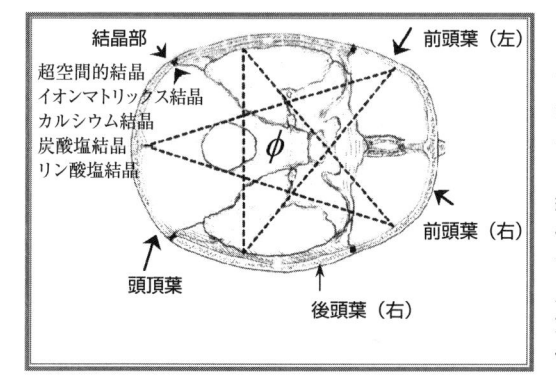

超常的潜在能力の謎を解き明かし、物質や場（フィールド）構造に高次の仮想的（ヴァーチャル）な世界から影響を与える能力があることを明らかにするうえで重要な鍵を握っています。したがって、わたしたちのもっている多次元的機能だけではなく、日常的に知られている機能に関連するプロセスに特化して働く回線や回路が存在してもまったく不思議はありません。

ティモシー・リアリーによって発見された脳回路は、オクターヴの法則に従って機能していることがわかりました。そのなかには、8つの脳回路が存在しています（注14）。オクターヴが重要な役割を果たしている例は世の中にいくつもあります。そのひとつが、64の卦辞から成る易経（訳注：儒教の基本経典であり、占いのひとつ。卦辞は易で用いられる基本図象。基本的な卦辞は8つ）、さらに、現代遺伝学の世界では、DNA－RNA間の対話（ダイアログ）、つまり64（8×8）のコドンによっておこなわれる生命と進化を司る分子情報のやりとりがあります。（注16）。

回路は色と電荷の種類に関連している

1番目から7番目の回路は、色のスペクトルが帯びている特定の振動周波数に共鳴していると言われています。色の種類は1番から順に赤、オレンジ、黄、緑、青、インディゴ、紫です。一般に、初めの4色は左脳の働きと、そして5番目から8番目までの色は右脳の働きと一致するとされています。このようにして見ると、左脳は地球上の出来事に関連があり、右脳は地球外の出来事や進化にまつわる事柄を司っていることがわかります。

人間の意識はこれと同じ7種類の周波数と色に関連して

図表4.9　高次の脳回路には高電位が必要
この図は、高次の脳回路機能を活性化するためには高い「電位」が必要であることを概念的に説明しています。電荷、もしくは電位は、脳と脊髄の白質＆白灰質細胞をより多く活性化し、寄与することで得られます。高電荷が得られているということは、高い電位を蓄え、保存していることと同義です。脳回路は光の周波数と関連があり、光の周波数はその発する色によって異なります。細胞の認識レベルが向上していくに従って、意識はよりはっきりと肉体を通じて現れるようになります！　エネルギーフロー（流量）を増大させて脳細胞を活性化させることが、認識を拡大して霊魂との対話を実現する重要な鍵となります（注26参照）。

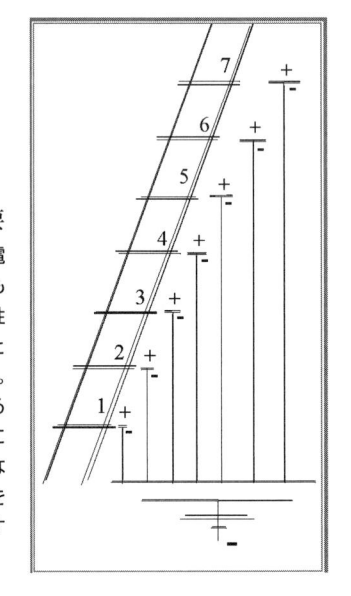

第4章　多次元回路　超空間への入口

いるとみなされています。したがって、わたしたちの認識はそれぞれの回路で優位に働いている振動周波数の質が融合して形作られているのです。

質の配合は人それぞれに異なります。意識の拡大が進むと脳回路の高次機能が目覚め、活動を開始します。その意味では回路の閾値は脳内にすでに存在していると言えます。脳内ホルモンの分泌の調節を活発におこなっているあいだ、脳に化学変化が生じて意識の強化された側面が表面化していくのです。

ティモシー・リアリー博士をはじめとする研究者たちの功績によって、個人の脳回路と脳の特定部位との関連性が証明されてきました。7つの部位は白灰質と脳の白質を交互に入れ替わりながらそれぞれに電位の増大に寄与します。脳・脊髄をひとつに統合されたシステムと捉えても同じことが言えます。白質と灰白質は正と負の代替電荷を与え、それらに電子機器のコンデンサのような役割を負わせて増大する電荷を保存しています。

静電容量効果（図表4.9参照）が増大すると、脳回路の同調が全体として発生するようになります。これによって、全体の脳リズムの周波数が変化します。高い周波数に同調するようになると、脳細胞は微細なエネルギーを受信、保存するために刺激に反応するようになります。それによって、細胞は高次元のレベルを認識できるようになるのです。

肉体の最大の存在意義は、電離電荷を維持することにあ

ります。これのおかげで、意識を表すことが可能になるのです（注16）。システム全体が機能するうえで土台となるのは化学的活性、イオン化流体、ポテンシャル、電荷の保存と電気の存在です。

脳の周波数を変えることは、個々の回路の動作状態を変えていくことに等しいのです。

化学的コネクタ

神経系は脳回路の不可欠な構成要素です。脳の延長ともいえる神経系は、脳の信号を増幅する働きをしています！みごとに同調した健全かつエネルギーのみなぎる神経系は、脳機能の質を向上させるのです！

神経系は肉体の内側を漂う自己完結型回路網です。神経系の主要な部分と肉体は分かれています。すなわち、神経と肉体は連絡をおこなっていないのです。これらの別々の体をつなぐ唯一の手段となるのが化学反応、つまり化学的なホルモン伝達物質のやりとりです。

ホルモンは周波数パターンを広める機能を果たしています

脳と神経系の複合体は同一の意識のレベルで機能し、肉体はそれとは異なるレベルで機能しています。これらのレベルの間で展開される通信を取り持っているのが化学的ホルモン伝達物質です。

わたしたちはこの化学物質から感覚を翻訳しています！つまり、わたしたちはある意識の活動の活性を通じて別のレベルへと結びつける・伝達することで、自分の感覚を解釈しているのです。このシステムがうまく同調せず、やりとりが最大値レベルで機能しなければ、わたしたちは現実を歪んで感じってしまいます！感情のバランスが取れるかどうかは、一連の意識のレベルの間でしっかりとしたやりとりがなされているかという問題と直接的な関連があります。この伝達システムは、化学的ホルモン伝達物質を通じてつながっているのです。

意識によって変調される優先経路

脳の信号は習慣的に特定の優先経路をたどっていますが、たどる経路は文字どおり何千という候補のなかから選別されています。脳の活動全体は、信号に「同調」と変調をおこなう役割を担っています。脳経路を流れる電位は意識の活動、つまり意図によって変えることができます。したがって、**習慣的パターンで変えることのできないものはありません**。脳内化学物質である分泌は意識の働きによって制御することができ、ホルモンが分泌されることで経路内の電位は変化していきます。

したがって、感情的反応も変えることのできないものはありません。新たに選択された信号経路は、細胞内に電位のパターンとして記憶されることで構築されます。

	回 路	脳部位	色 周波数	幾何学的図形
8	非局所的量子	体 外		多次元的
7	メタプログラミング	前頭葉	紫	多次元的
6	神経・遺伝的	右脳半球 ３つの左葉 ３つの右葉	インディゴ	多次元的
5	神経・体細胞	右の大脳新皮質 脳内部	青	多次元的
4	社会・性的	左半球	緑	ユークリッド的
3	後世のために自分の経験を記録しておく	左の大脳新皮質	黄	ユークリッド的
2	感 情	視床・脳橋・第４脳室	オレンジ	ユークリッド的
1	生物的・生存	脳 幹	赤	ユークリッド的

表4.1 脳回路の特徴

第4章　多次元回路　超空間への入口

無数の脳細胞が意識の働きによって活性化、生成されることで脳の高電位状態に寄与することができます。そのあいだに回路の同調も発生します。高レベルの電位が蓄えられることで、思考の容量も増加します。多くの人にとって、脳細胞は生きているあいだずっとスイッチは切られ、使用されないままでしょう。わたしたちが脳細胞を目覚めさせることに意識的に参加することで自らの進化を加速させることができる以上、そのような事態は起こらずに済みます。

特殊処理装置

近年、脳部位のなかには、特定分野の作業処理を専門的におこなっているものがあることが明らかになってきました。特定の脳部位の内部では、習慣的経路が構築されると処理がなされます。脳の信号経路の成り立ちを証明する重要な発見はインプリンティングというプロセスに大きな影響を受けています。このプロセスは、幼少期から10代前半ごろといった成長発達の特定段階の習慣的パターンが生み出されて脳に記憶されます。パターンは細胞内に電位マップとして保存され、それは、テンプレートとなってその後のあらゆる処理に合わせて活躍します。
「パターンにはまり込んで抜け出せない」という心理状態は、脳内における神経活動を文字どおりに描写しています。

同じ経路を何度もくり返したどることで、プログラムされた「応答活動」につねに行き着いているわけです。しかしながら、変えることのできない応答活動はひとつもありません。

幼少期の経路の発達

神経発達の臨界期のあいだに形成された刷り込み（インプリント）は人間の学習能力に限界を設定します。人は条件づけられて刷り込みを受けた回路の許容範囲内の物事しか身に着けられなくなってしまうのです。もしも脳回路の「ソフト」がより複雑精緻なものに高度化されれば、学習のプロセスに重要な影響を与えます。

個人の全体的な発達は、一連の刷り込みのパターンが既存の複雑なオペレーティングシステムのソフトに追加されるたびに促進されます。それによって脳の情報処理システムに複雑性と処理能力が追加され、脳全体の周波数と脳リズムが向上し、容量が増大します。そして脳細胞はより高い周波数に同調して高次の認識とつながるようになります。わたしたちの願いは、子どもたちがより精緻な「脳のソフト」の構築を人生の早い段階で達成できるように手助けすることです。特定の教育的アプローチを用いれば、子どもたちにより対応能力の高い「オペレーティングソフト」を授かることができます（注21）。

子どもの神経発達期のなかで、有益なインプリンティン

グと刺激を確立できる期間はごく限られています(注20)。最大限のインプリンティングと刺激を早期に受ければ、子どもは複雑化した脳機能に適した高性能のテンプレートを授かることができます。そして、それは本人が道具として一生持ち歩くことができるのです!

情報処理能力を向上させると、脳の容量も拡大します。さらに認識を強化して意識のレベルも上昇させることができます。わたしたちは進化的な脳回路を目覚めさせ、その回路を通じて多次元的世界へとつながるのです。わたしたちは幼い子どもたちが早期にその体験をするように手助けすることができます。

回路の役割と接続

すべての脳部位が脳回路の働きに寄与する積極的な役割を果たしています。余剰箇所はひとつもなく、すべての回路が重要な機能を発揮しています。しかしながら、回路の成分のなかには活動の鈍いもの、あるいは休眠状態のものが含まれている場合があります。それは、脳回路そのものの不活性、あるいは休眠につながります。6番回路と7番回路の活動のためには脳の左右の半球を橋渡しして、両半球を同期して機能させる必要があります。

さらに、回路どうしが調和して共鳴状態が築かれると、腺細胞のなかでも下垂体と松果体からの化学物質の分泌が機能するようになるだけではなく、細胞膜に電位が生じるようにな　ります。脳全体が最高の能力を発揮するのは、回路が統合されて一体となって機能しているときです。しかし1番回路はそのレベルにおいて脳機能の「フリーズ」を引き起こす可能性もあります。原因となるのはネットワークに恐怖の影響が及ぶことです。

わたしたちが進化を遂げていくうえで最大の障害となるのが恐怖です。この感情の影響によって、人は右脳の大きな番号の回路の機能を停止してしまうのです。これらの回路は進化によって生まれる運命、そして多次元の運命と関連しています。インプリンティングと社会経済的状況の影響によって、大多数の人がレベル1、あるいは2以上の回路に上昇できずにいます。自分の身の安全や、今日、明日を生き延びるという基本的な問題に忙殺されているのです。

4番回路はシステム全体の中枢となる回路です。この回路には、より高いレベルのセンターに力を供給する、あるいは機能を停止させるだけの能力を備えています。意識と物質としての肉体の間に存在する相関関係が第4回路の構造のなかには窺えます。ここでホルモンが化学的に分泌されることで、わたしたちは感情を手にしています。

この分泌は、人が自分という存在を知るうえでのバロメータになります。つまり、ホルモンをやりとりしてバランスを取ることによって自分のキャラクターそのものを変えることができるのです。この4番目のセンターでは、生命エネルギーの調整がおこなわれています。このエネル

第4章 多次元回路 超空間への入口

ギーはチャクラが開いているときだけそこから現れてきます。人間の感覚・感情は脳のこの領域で二分されて制御されていますが、人はここを自分の存在の中枢であると感じています。

5番回路は思考や高次の感情から生じるパターンと連携しながら統合的機能を果たしています。松果体は、ホルモンの分泌を誘発されると6番回路の働きを活性化します。人間の内面のヴィジョンはここから生まれています。このヴィジョンはまたの名を「直観」といいます。6番回路は未来に対する感覚とつながっています。未来の構築はレベル7でおこなわれているので、6番と7番は密接に関連していることがわかります。6番目の回路は「集合的DNA回路」と呼ばれています。

進化に関わる回路

集合的という言葉は、この回路が進化の物語全体、つまり過去と未来へのアクセスが可能であるということを意味しています。

この回路のインプリンティングは、生物学的‐電気的ストレスを介して発生します(注17)。また、DNA‐RNAフィードバックループ、あるいは対話の処理にも関わっています。

DNAには情報、あるいはブループリントが記憶されて

	回 路	機 能	重要な原則
8	非局所的量子	体 外	
7	メタプログラミング	6番以下の回路の制御	無限の現実の認知
6	神経‐遺伝的	集合的DNA DNA・RNA間の対話 直 観	シンクロニシティー DNAグループ 集合体
5	神経‐体細胞	総合体‐全体 思 考	プロセス 感情のパターン
4	社会‐性的	5番以上の回路に パワーを供給する	存在の中枢と感じる
3	後世のために自分の 経験を記録しておく 意味的	声に関連する	知性のセンター 時間の感覚
2	感情的	随意神経系との関連	エゴ
1	生物的‐生存	内分泌＆生命維持 恐怖による2番以上の 回路へのアクセス遮断	安 全

表4.2　脳回路の機能

いますが、この情報は「抽出」されて初めて活用が可能になります。そこでRNAの役割が鍵を握ることになります。RNAはDNAの「読み取りとコピー」をおこなっているからです。この段階で新しい要素が登場します。RNAは単純タンパク質で、核酸と化合して核タンパク質を作ります。新しい細胞が発達していくうえで役立たない遺伝的情報の伝達を阻止する役割を担っています（注18）。細胞分化という重要な生物学的機能は、こうしたヒストン作用によって引き起こされます。ところが、ヒストンがDNAを覆っていることで、進化のプロセスに寄与するはずの情報を無秩序に遮断することもあります。はたして新たな抗ヒストンタンパク質の合成はこの回路内で発生しているのでしょうか？

霊魂（スピリット）との対話（ダイアログ）

回路6と回路7は「宇宙の翻訳者（ダイアログ）」と呼ばれています。神経系がDNA‐RNA間の対話の信号の受信が可能になると、両回路は作動します（注19）。

これらの回路を活性化することは、DNA内部にある知識の詰まった書物を開くための手段であると言えます。これらの回路は宇宙の翻訳者と呼ばれています。

この考察から明らかになるのは、DNAと脳の処理回路と心（マインド）（微細な情報場（フィールド））の間につながりがあるということ

です。この3つは、独自の奇妙なループで相互につながっていて、ここを循環して進化をたどるのです。

この章では、「脳が磁気と音の共鳴する部屋（電磁超音波共鳴室）のようなつくりをしている」ということを見てきました。その構造から、脳は宇宙が発する信号の受信と増幅をおこなう結晶プリズムであるとも言えます。プリズムとしての脳は、光を7段階の周波数・色の構成要素に色分けします。脳回路の光の強度を増幅できるようになると、高次の回路の発揮する機能や性能が意識的に認識できるようになります。わたしたちはこれらの回路を通じて自分が備える多次元的な本質との結びつきを強固なものにすることで、霊魂とつながるのです。

脳には外部のさまざまな光源周波数と「同調する」（振動、あるいは共鳴するようにできている）可能性のあることが数々の研究で明らかにされています（携帯電話の周波数が脳やDNAの構造そのものに影響を及ぼしていることがその好例です）。脳経路に流れているパターンはどれもスカラー波領域、あるいは微細なエネルギーの領域と呼ばれるものと相関関係にあります。人は、この領域を通じて最大限の作用を組織ポテンシャルに行使するのです。そのポテンシャルは細胞内にパターンとして記憶されています。微細領域を通じて脳回路の同調に作用することも可能です。同調が完了すると、脳回路は神経系を通じてより精確な光の周波数の処理と増幅が可能になります。この機能向上は、各回路の作業レベルに絶大な効果を発揮します。なぜ

第4章　多次元回路　超空間への入口

なら、人は個々の細胞内部の電位を増大させることができるからです。電位が増大することですべての回路は作業範囲を拡大するようになります。

相互作用を通じた同調

霊魂との対話はこれらの高次回路を意識的に用いることによって進歩し、DNA・脳‐ハート・心(マインド)の複合体を統合し、同調していくことを通じて加速されます。この同調には人のエネルギー場(フィールド)を通じて作用することができます。エネルギー場(フィールド)のバランスを調整することで、脳‐神経系複合体の同調に作用することができるのです。それに伴って、脳‐神経経路が構築され、さらなる光エネルギーが各システムに流れ込んで脳回路を活性化します。これはEMFバランシング・テクニック®を用いることで発生するプロセスのひとつです。神経系がこのDNA‐RNA間の対話に目覚め、高次の脳回路によってその情報が収集処理されると、知識の書がそのページを開いて眠っていた神秘を明らかにしていくのです。

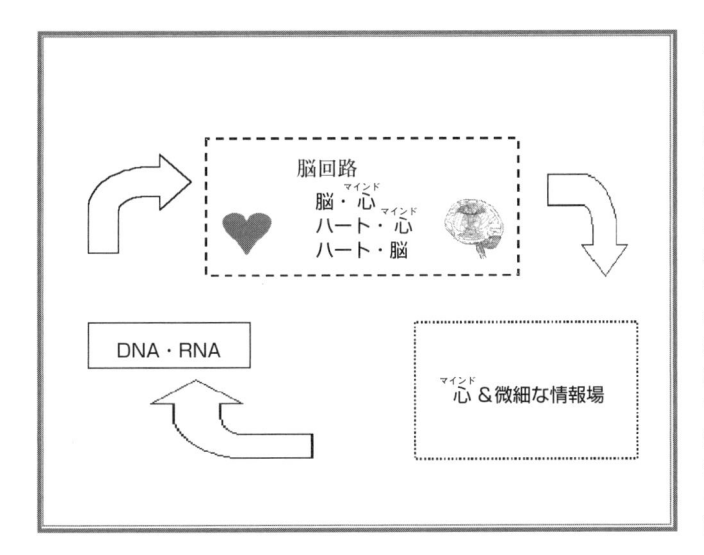

図表4.10　三位一体の進化プロセス

脳と心の場(マインド・フィールド)、そしてDNAの3つの要素が統合、同調、活性化されて初めて進化のプロセスは開始されます。微細な情報場(フィールド)はDNAの生まれたもととなる青写真を提供しています。RNAは微細な場(フィールド)のコードを「読み取り」ますが、その読み取りは、建築現場の監督が製図台の青写真を読んでいるようなものです。RNAも現場監督も光を求めています！　色のもつすべての光スペクトルが微細な場(フィールド)から受信したコード化情報をRNAに完全に変換伝達することが必要になるのです。光の放つ高周波エネルギーは高次の電磁波エネルギーであり、このエネルギーには高電位を充電した電磁場が必要になります。DNA・RNA間のプロセスは、処理工程に向けて情報を収集する高次の脳回路機能と関連していますが、その機能が最大限に発揮されるためには、DNA・脳・心(マインド)の複合体が、光の周波数が帯びているフルスペクトルに同調・調和して、最大限の電荷、あるいは電位の供給を受ける必要があります。ハートが果たす中心的役割からみて、主要な制御装置がハート‐心(マインド)とハート‐脳システムのインターフェースのなかに存在していることがわかります。進化はこの三位一体の回路と結びついているのです！

```
         脳回路
         脳・心(マインド)
         ハート・心(マインド)
         ハート・脳

  DNA・RNA
         心(マインド) & 微細な情報場(フィールド)
```

「人間の形というものは
エネルギー場が堆積してできた岩のようなもの……。
それらの場が生涯にわたる習慣や誤った扱い方によって
ねじれ、歪んでしまったというわけさ」

　　　　　カルロス・カスタネダ　『呪術の彼方へ──力の第二の環』（二見書房）

第5章 認識の拡大 意識の軸に沿って

> われわれ物理学を信奉する者たちは知っている。過去、現在、未来を分けるものは、しつこく居座りつづける幻想だけだということを。
>
> アルベルト・アインシュタイン

進化は意識の拡大と関連している

わたしたち人間は、意識拡大と認識増大の概念を直観の力で進化の内部プロセスへとつなげることができます。ティラー教授の見方によれば次のように集約することができる。それはつまり、物質に霊魂をこめていくということだ」(注1)。進化のプロセスに各体系内に複雑性が獲得されます。

並行宇宙についての主張を展開していくなかで、ヒュー・エヴェレットは「複雑性は基本的に情報理論を用いて測ることができる」と立証しました。外部宇宙と相互作用を重ねたぶんだけ、あなたは多くのことを知ることになるでしょう。外部宇宙から抽出する情報が増えるほどに内なる複雑性が増していくのです。

ティラーはこれらの体系を組織的構造体であると見なしていて、あるレベルでは神経が組織され、またあるレベルでは微細な性質から成っていると考えています。必然的にこれらの構造体では「霊魂がこめられる骨組みとなるテンプレート」を提供する必要が出てきます(注1)。

自分たちを多次元的な存在として考えると、進化のプロセスはわたしたちの本質を成すすべての層に同時に作用すると理解できます。自己を認識している存在である

近年、意識を拡大する、認識を増大させる、そして肉体に、つまり生物学に霊魂というものを取り入れる概念に注目が集まっています。どうすればこのような考え方を具体的な実感のあるものとして理解できるでしょう。どうすれば意識を拡大できるでしょう？これらの疑問は、認知科学やそれに付随する原理に長けた学者陣をも虜にしかねない重大な意味をはらんでいます。

本書では、このテーマに対してより実際的な視点からアプローチしていきます。この節で用いているわたしたちは意識というものを自己の認識と定義しています。意識を拡大するということは、自分が何者であるかという認識を拡大していくことです。自分を知るということは、自分のもつ多次元的な本質とのつながりを取り戻していくことです！これはわたしたちの存在にとって重要な意味があることでしょうか？　意識がこしらえた自分の大いなる意識という肉体的構造物を通じて、外側にある自分の大いなる意識を見つめているご自身の様子をぜひ想像してください！

第5章　認識の拡大　意識の軸に沿って

わたしたちに及ぶ重大な影響は、体系組織内に流れる相互接続性とバランス、一貫性の度合いに左右されています。

人間は進化を遂げる際に、自分たちのエネルギー力学のなかに「新しい」次元と調節可能な回路の存在を「発見する」性質があります。この次元はわたしたちのもつ多次元的構造の基本要素として存在し、わたしたちは創造をおこなううえでの内側からアクセスすることができます。認識を拡大していくと、意識の力で内部構造力学を変えることができるという実感が取り込まれます。そうすることで視野角が拡大され、より大きな創造の可能性が手に入るのです。

進化的プロセスの原則

それでは、「進化のプロセスにおいて最も重要な条件とは何か？」という疑問について考えていくことにします。

自身の論文「A Physical Model of the Biofield」（付録C参照）のなかで、デテラはその答えにつながる大まかな方向づけをおこなっています。進化が順調にプロセスを踏んでいくうえで一番重要なのは、情報をやりとりすることです。しかし、各構造体の環境が整っていること、あるいは発達していくことが次のふたつのプロセスを開始するために求められます。

- 情報基盤の確立
- 進化の基本要素の構築

そのなかでも、デテラは膨大な量の情報を保存する機能の必要性を強調しています。

進化の帯びている側面は場（フィールド）構造が自己組織化する能力と関連しています。

このふたつのプロセスは密接にリンクしています。デテラはこのプロセスどうしの関係を共生関係として説明しています。進化の発生には一次情報源の存在が必要になります。生体構造のいかなるレベルについて考察するにせよ、原則は変わりません。進化のプロセスを通じて生体は内部の情報処理能力の向上と通信システムの強化、そして各プロセスで活用されるエネルギーの高度化と効率化に寄与します。進化的プロセスの原則は、バイオフィールドを超えて微細なエネルギー構造の世界全体に広がっていきます。

進化のプロセスが発生するのはバイオフィールドの内部に留まりません。人のエネルギー体が帯びている微細な性質は、相互に作用する**全体**としての役割を果たしています。サーファティが唱えた相互作用のループで見たとおり、心と物質はお互いを継続的に自己参照しながらダンスを踊っているのです。自己参照の循環のなかで、情報はやってきては出ていくをくり返していますが、**反作用の法則**に従って相互作用が反復されることで、ある解が生み出されます。この解は「自己矛盾を起こすことなくその生成方程式を変化させていく（注2）」のです。進化のプロセスの土

台となるのは情報のやりとりなのです。

したがって、意識の拡大には情報のやりとりと情報そのものの存在、そして情報処理能力が関連しています。プロセスの発生には、鍵を握るエネルギーフロー（流れあるいは流量）の処理についても考察が必要になります。それによって、進化を起こすうえで必要な基準を作ることができるようになります。それらをまとめたのが表5.1です。

方程式の定義するところの体系の意識

もちろん、意識を方程式で定義したり、説明することはできません。しかしながら、情報理論の法則は体系がはらんでいる複雑性の目安を定めるのに役立ちます。わたしたちは複雑性を獲得することで外的宇宙との相互作用と情報交換をおこなう能力を拡大しています。複雑性が増大することは、意識が高度化することにほかなりません。

ティラー教授はすでに方程式で体系の意識を特徴づけるのに利用できる公式、あるいは方程式を世に示しています。この方程式は情報理論と関係があります。ティラーは意識の度合いをチャネリング能力、あるいは生命体の情報処理能力を測る基準と関連させて考察しています。意識方程式を一般的に記すとこうなります。

意識＝$A \cdot \Delta\gamma \cdot \ln_2 (1+P/N)$ (注3)

情報源との相互作用
情報のフロー（流れあるいは流量）
エネルギー構造体の存在（配線と『骨格を成す』微細な構造体）
発信源と受信体間の同調（コヒーレンスと共鳴状態に同調が必要）
受信体の情報抽出能力 （活きた情報の獲得のために体系内の同調、バランス、コヒーレンスが必要）
受信体の情報の強度と形式の処理能力（体系内の同調、バランス、コヒーレンスが必要）

表5.1　進化的プロセスの基準

第5章　認識の拡大　意識の軸に沿って

方程式は通信工学理論の公式に基づいていますが、式の各パラメータについては表5.2のなかで定義しています。

数学的観点

ここに示した数学的概念を把握しきらずともエネルギー体の重要性を理解することは可能です。ここに数学的な要素を織り交ぜて示したのは、みなさんがより深く理解できるようにとの配慮からです。もしも数学的説明を読み飛ばしたいというときは数頁後の「人間方程式の解」の項に飛んでください。

この方程式のなかで、Aは定数ですので、この考察では無視しても構わないでしょう。$1n_2$とは、2^n、すなわち2のn乗を意味しています。考察を進めていく目的と照らし合わせると、これも説明を省略しても構わないでしょう。

数学的観点から考えると、わたしたちにとって重要な意味をもつ項は$\Delta\gamma$、γ、P、Nになります。意識で成長するために、数学的に見てより大きな値の解を探していくわけです。どうすればこれらの変数を修正して大きな解を出すことができるでしょうか？ わたしたちは以下のとおり、式を解きました。わたしたちの意識方程式の解を大きくするためには、次の条件を組み合わせることが考えられます。

・$\Delta\gamma$の増加

意識＝A・Δγ・1n₂（1＋P／N）		
	出典：ウィリアム・ティラー
用　語	定　　義
意　識	チャネル能力・処理した情報の量
A	定数（常数）
Δγ	体系の帯域幅（有効周波数）、γとγ_0の範囲（γの機能）
γ	周波数
γ_0	固定周波数（個人の帯びている音）
$1n_2$	基数2の対数
P	体系の信号電力・強度のレベル
N	体系のノイズレベル

表5.2　意識方程式

- Pの増加
- Nの減少

この方程式を人類にいかに当てはめることができるでしょうか？　人間に関する見地から考えていくことにしましょう。

人間方程式の解

共鳴周波数の増大

Δγ値を増大させる

この項は帯域幅、つまり有効周波数、あるいは人のエネルギー体の反応（感度）を表しています。これは人が受信、あるいは感受可能な周波数、もしくはパターンの基準となります。したがって、個人が情報を処理する能力に直接的に関連します。ひらたく言えば、帯域とは生命体が発揮する複雑性の範囲と言うことができます。

Δγには個人の基礎振動、あるいは基底周波数、すなわち共鳴周波数が入ります。個人の共鳴周波数が高まるほど、その人の帯域幅、つまり情報通信能力（送受信とも）も向上します。この方程式では、意識を増大させるためには共鳴周波数 $γ_0$ を増大させる必要があります。あ

なたの共鳴周波数は体系そのものの帯びている性質です。この性質はエネルギーの複合構造体全体に広がっている同調や調和の度合い、そして内部構造とコヒーレンスが関係しています。

各構造体がバランスを取りながら進化しつづけていけば、共鳴周波数は上昇します。体系の帯域幅は外側の振動に対して顕著な反応を見せながら拡大しますが、その人の固有周波数がそれに合わせて上方修正され、内部リズムが全体として上昇します。これが意識の上昇に相当するのです。先の章で、脳全体のリズムが同じような反応を見せることを確かめました。脳が統合された全体として機能するにつれて、脳の周波数は上昇します。高い電位を帯びるにつれて、多次元的情報の処理能力もアップするのです。

フローの増大

P値を増大させる

Pは信号電力です。この値はどれくらいの量のエネルギーを帯びているか、そして処理できるかを表しています。意識レベルで向上するのであれば、人は体により多くのエネルギーを流す能力を向上させる必要があります。これは電位を高めると言い換えてもいいでしょう。

エネルギーフロー（流量）が増大すれば、エネルギー体の「骨組み」のなかにある既存のチャネルを開いて調節する必要が出てきます。また、網の目状の構造体の内部に新

第5章　認識の拡大　意識の軸に沿って

たな配線、つまりエネルギー・チャネルを開拓する進化のプロセスも必要です。この配線は、高レベルの微細なエネルギーが個人のエネルギー体を出入りするのを手助けするのに必要になります。

この配線は、増大する内部の複雑性や処理ハードウェア知能の増大にも役立ちます。複雑性が増すことで物質のあらゆるレベルでより多くの霊魂が存在できるようになります。ここで、わたしたちはコヒーレンスを増大させる必要が出てきます。コヒーレンスが増すことで、電気の出力レベルが上がり、体系の性能向上につながるのです。進化は微細なエネルギー体を用いて内部を流れる情報のフローとエネルギーを増大させることと関連しているのです。

みつくといったことが挙げられますが、これらはそのごく一部にすぎません。こうしたさまざまな要素があるからこそ、わたしたちは自分自身と人生を変える力となるものを探究しているのです！

意識を増大させるために必要なのは、人生に発生するノイズを減らすことです。さらに、コヒーレンスに満ちた統合状態を内部に構築すること、発する意図を維持、増幅し、外部宇宙に伝達する進化的なエネルギー体を作り上げること、エネルギー体全体、つまりわたしたちの存在そのものが帯びている「電荷」あるいは「エネルギーフロー」を増大させることが必要になります。そして、わたしたちには自らの人生の共同創造に積極的に参加することが強く求められるのです。

コヒーレンスの構築

N値を減少させる

Nは体系内に発生するノイズを表しています。Nは方程式の解にマイナスの影響を与えることのできる項です。人間にとってこの項は解の値を減少させて人生の価値を目減りさせる「ノイズ」のようなものと考えることができます。

ここで考慮すべきなのは、わたしたちの進歩を妨げるような一連の要素だけです。

例として、恐怖や手に負えない感情の動き、先々への不安感やもう力にはならないパターンに執着して過去にしが

意識の幾何学的構造

意識から生きる存在になるためには、複雑性を増す必要があると理解することができます。この複雑性が外部宇宙とのより円滑なやりとり、受信と発信の双方を可能にします。多くのことを知ればそのぶんだけ情報が手に入り、そうすれば、自身にまつわるより多くの情報を外に向けて発することができるのです。

しかし、意識から生きる存在とはどのようなものでしょうか？　いままでと何が変わるのでしょうか？　何か様子が変わるのでしょうか？

わたしたちがかつての時代よりも意識から生きるようになったのは、知性が増したからでしょうか？　認識が高まったのは脳のインターフェースが高いレベルで機能しはじめたからでしょうか？　以前よりもいろいろなことを知っているのは、わたしたちのDNAが進化した、つまり人のDNA鎖と染色体がオンになったから？　通信能力が向上しているのはDNA－RNA間の対話（ダイアログ）が進歩しているから？　関連している脳回路が高度な多次元的様式で機能しているから？　意識が啓いて認識が向上しているのは、人のエネルギー場（フィールド）が進化したから？

もちろん、どの疑問に対しても、答えはまぎれもなく「はい」です！　しかしながら、わたしたちはまだ、自分たちが遂げてきた進化を特徴づける基本的な方法を探っている最中なのです。

人が意識から生きて認識を拡大し、物質のなかにより多くの霊魂（スピリット）をこめるようになると、土台となる基本的多次元構造が変化を見せます。意識がグリッド、つまり格子、あるいは生命の網の目を通じて自らを表現するからです。個人の構造設計の内部を走る幾何学模様のグリッドと帯びているパターンを強化する、あるいは（あえて表現するなら）複雑化させるという方法があります。さらに、個人を取り囲んでいるグリッドを肉体的、霊的側面のための滋養を得るうえで頼りにしている外側のグリッド（宇宙格子（ラティス）、地球意識グリッド）に合わせて存在として調整することも重要です。

わたしたちは存在としての複雑性を増していくにつれて、新たな配線や回路、経路、接続を既存のものに加えることによって、より細かに入り組んだ幾何学的構造をエネルギー場との整合性の度合いを表します。

より多くのエネルギー・テンプレートを活性化していくと、個人個人を包んでいる格子構造も進化を遂げて完全なものになっていきます。

わたしたちは霊的、精神的、感情的側面において完成されていきます。そこでは、内部の共鳴状態が、わたしたちの多次元的性質のあらゆる側面が調整されていることを示す度合いになるのです。全体とどれだけ共鳴しているかが、わたしたちがみな「ひとつ」となって存在している外的宇宙との整合性の度合いを表します。

進化を遂げるための超次元的ツール

人生に発生するノイズを軽減し、エネルギー・チャネルの容量と共鳴周波数を増大させると、わたしたちはよりコヒーレントな、統合された存在になります。意識を向上意識はこの経路と幾何学的構造の相互接続のおかげで機能を発揮しています。人の多次元的構造は3次元的現実を実現するうえで欠かすことのできない要素です。3次元の世界でわたしたちの意識を向上させるためには、個人の構造あるいは生命の網の目を通じて自らを表現する幾何学的構造を調整することは、霊魂（スピリット）の通る経路を調整するということです。

第5章　認識の拡大　意識の軸に沿って

せて認識を拡大し、霊魂（スピリット）とより高度な通信をおこなうようになります。EMFバランシング・テクニックは進化を促進するツールです。このテクニックは配線の再構築や内部のバランス調整、同調、統合とコヒーレンスの発生、増進を助けています。これらは進化を起こすうえで不可欠なプロセスです。つまるところ、わたしたちは進化を個人レベルの変容と関連づけて考えているのです。

ユニバーサル・カリブレーション・ラティス（UCL、つまり個人が帯びているエネルギー構造体です）とEMFバランシング・テクニック®はどちらも、わたしたちが外的宇宙とつながることを可能にし、促しています。わたしたちが進化の歩みを進めて内部エネルギーシステムの調整と再配線をおこなうにつれて、個人の帯びている電荷が上昇します。それによってわたしたちは人類全体としても一つ霊的なエッセンスとのつながりを解放しているのです！

わたしたちは**いままさに**意識レベルで成長を遂げています。意識は情報のやりとりとその処理能力に関連づけることができます。意識を増大することは、わたしたちのエネルギー場（フィールド）のなかにより複雑な幾何学的構造を構築することと直接的に関連しています。**エネルギー・テンプレート**を活性化し、新たな経路を生み出して配線をおこなうことは、このプロセスを加速させるうえで重要な意味合いをもっているのです。

共鳴周波数の増大と出力レベル（電荷）の上昇、そして人生のノイズ軽減を図ることによって、わたしたちは意識レベルでの成長を速めることができます。情報のやりとりが高度化すれば霊魂（スピリット）とより密につながることができるようになります。それは、進化を司る微細構造の配線を発達させていくことで、わたしたちは存在のあるゆるレベルにおいて、霊的な性格を色濃く表していくことが可能になるからです。

第 6 章

七色の手　その手でつかむ夢

この世で最も美しいものは謎に満ちている。
そしてそれは、あらゆる真の芸術と科学の源なのだ。

アルベルト・アインシュタイン

「……あなたが腕をブンとひと振りしたとすると、あなたは拡張された3次元世界だけではなく、それらが小さく巻き上げられた次元をも通じて腕を振っているのだ」(注1)

つまり、わたしたちは多次元的な本質を有しているだけではなく、多次元空間を通じて振る舞っているのです！

さて、この小さく巻き上げられた次元のなかには何があるのでしょう？

5次元世界と心の場(マインド・フィールド)への回帰

わたしたちは第2章のなかで電磁場と磁場には多次元的本質があり、その源は5次元以上の世界にあることをご紹介しました。向こう側にはいったい何があるのでしょう？ 電磁場と磁場は入れ子のように観察できない隠れた現実を宿しています。異次元空間、つまり高次空間の場は磁気内部に存在し、そしてその存在は人の手に認めることができます。

スカラー波などのハイパーフィールドは、次元どうしをつなぐコネクタの役割を果たします。このハイパーフィールドは見過ごすことのできない重要な存在です。ベアデンはこの場が電磁場以上に不可欠な存在であると強調したうえで、

「ハイパーフィールドはコヒーレントな状態で集合して電磁場の創造と破壊をおこないながら電磁場に点火している」(注2)と述べています！ 突き詰めると、ハイパー

この章と次の章では世界に大きな影響を与えてきた数々のアイデアや概念、発見、そして現代の科学的思想をご紹介します。いずれの概念も、今後のより詳細な研究が見込まれていますが、そのすべてが成分となって構成された新たなパラダイムは、わたしたちの電磁的存在としての本質をよりよく理解するために重要な役割を果たします。門外漢の記したこの小論文がつづくふたつの章で目指すのは、さまざまな側面と学術的な色合いをもらんだこの複雑なテーマの謎をわかりやすく解き明かしていくことです。膨大な広がりをもった高次の電磁的本質の感触をつかむために、まずは集合概念の見方に立って答えると理解にすることにします。わたしたちが真に追究している答えとは、人間の多次元的存在としてのエッセンスを再発見し、思い出すことにあります。

まずは『エレガントな宇宙——超ひも理論がすべてを解明する』からブライアン・グリーンの説得力に満ちた言葉を紹介します。

第6章 七色の手 その手でつかむ夢

フィールドは心の場と接続するとともに、その場の作用を受けているのです。

電磁気の活動はすべて、超空間の真空内に発生するゆらぎと関係があります。心の場はパイロット情報波を生成して、超空間の媒介を経て電磁場の指揮と組織化をおこなっています。心はハイパーフィールドを通じて物質と相互作用を働きます。光はパターンがコード化された生命エネルギーを伝達しているのです。

次の章では、ねじれ率場という場を見ていきます。このねじれ率場は超空間とつながっています。両手の虹を使って他人なエネルギーとつながっています。両手の虹を使って他人の手助けをする際には、このねじれ率場のコネクタとして付随していることがつねに電磁場のコネクタとして付随しています。わたしたち執筆者はこれに関連して、デイヴィス&ロールズが果たした先駆的な貢献を讃えたいと思います。デイヴィス&ロールズはもって生まれたエネルギーを詳しく探究するように人々を励ましました。「そうすれば自分だけではなく他の人のためにも役立つのだ」

エネルギーは生まれながらに表れる

わたしたちは誰もが生まれながらにしてもっているエネルギーを表すものです！ デイヴィスとロールズはわたしたちにこのように訴えています。何か「特別なこと」をしなくてもそのエネルギーはただそこにあるのだ、と！（注3）

わたしたちのエネルギーは時空の外側で生じています！ 物質は光が姿を変えて現れたものにすぎず、光は時空の外側に存在しているのです。

光は既存の粒子のひとつひとつと絶えずやりとりをおこなっていて、電磁場のメッセンジャーそのものです。光はわたしたちのなかをつねに流れ、細胞のエッセンスのなかに、そしてDNAのなかに常に存在しています。DNAの同調と修復はこの光のフロー（流れ）がおこなっているのです！

人は光からエネルギーを得ています。このフローはけっして妨げてはなりません！ そのようなことになれば、わたしたち人間が経験するありとあらゆる不調が発生することになります。フローの阻害要因にはさまざまなものが考えられますが、修正することで生まれながらにしてもっていた正常かつ健全なプロセスを復元し、その機能を可能にします。フローの増大は生まれもったポテンシャルを土台をもたらします！ 人が生来備えている体系は超電導（すなわち、フローがまったく電気抵抗を受けない）を土台として活動しているのです。

統合された源

これらのエネルギーはその源において統合された状態で存在しています。人間はこのひとつになった根源的エネルギーから自らの存在のなかに全電磁ポテンシャルを得ることになります。生命体としてのわたしたちは、**あらゆる存在が織りなす背景布のようなものとオープンなエネルギー交換をおこなっています**が、その背景布のようなものというのが超空間の真空、あるいは宇宙格子（ラティス）として知られている領域です。

この背景構造は流動性（超流体）、弾力性（ゴムバンドのように伸び縮みする）といった性質とさまざまな振動モードを備え、顕微鏡レベルから肉眼レベルまでのあらゆる空間全体にその格子を張りめぐらせています。

ポテンシャルのみから成るこの構造体を出発点にして、エネルギーは具体的な形を与えられ、パターン化されて時空のなかのまたとない瞬間に生み出されるのです。再構築のプロセスが一瞬ごとに生じ、わたしたちはこの一連の流れを人生の瞬間瞬間としてデータと意図に合わせて新たな現実が作りで意識が発するデータと意図に合わせて新たな現実が作り直されています。

これはホログラフィーの原理に基づく建設的プロセスであり、一瞬ごとにくり広げられている全体運動（ホロムーヴメント）です。隠れていた内在秩序は外側の目に見える現実に展開します。この活動は、宇宙格子（ラティス）に浸透している霊魂と意識がおこなっています。

この章でご紹介するさまざまな科学的要素はEMFバランシング・テクニック®の根本を成す原則です。読者のみなさんにはこう強くお勧めします。意図の科学と調和の幾何学的形式に流れる力（フォース）と法則を活かせば、あなたは現実を新たに作り直し、創造することができるのです。その可能性をぜひ、探究してください!

多次元の映し鏡

人の手は生体や人間のエネルギーシステム、そして微細なエネルギーの層を鏡のように映し出し、多次元世界の情報をホログラフィーによって示しています。手には鍼のつぼのシステムが完全に表されています。手に散らばっている鍼治療のつぼと経絡は、その人の全生理的側面や健康状態と関連しています。つまり、肉体の生理機能とエネルギーの状態は手を「治療する」ことで変化する可能性があるということです。理論上は、生理学的プロセス、生理的状態、臓器のもつ電磁的極性、内分泌系のバランスと機能はすべて手から知ることができます。

両手（同様に両足も）は肉体のエネルギー交換ポートが最も集中している部位であり、鍼のつぼは仮想的な（目には見えない）源へとつながるハイパーフィールド（ヴァーチャル）です。つぼにはそれぞれ関連するねじれ率場が存在し、超空間との潜在的な相互作用（スピンスピン相互作用）を可能にして

第6章　七色の手　その手でつかむ夢

います。経絡のネットワークはスカラー電流のフロー（流れあるいは流量）をまとめる働きをしています。すぐそばに人がいると、手は共鳴状態で活発な相互作用をおこなう可能性を示します。また、多次元的性質を備えた道具である手は、わたしたちがもつ完全性から成る高次の可能性の相とつながっています。

エネルギーの多様性

手にはさまざまなエネルギーが流れていることがわかっていますが、そのなかには磁気、静電気、超低周波、マイクロ波、赤外線、紫外線、パルス磁気があります。これらは従来の装置を使って検知が可能な場です。別の種類の場（フィールド）のなかにはジョージ・ヤオ博士が発見した渦（ヴォルテクス）をもったものや、デイヴィス＆ロールズが発見したらせん極性を描きながら回転しているものもあります。手から氣が発されているという事実はすでに立証されています。ハイパーフィールド現象（氣、スカラー、スピン・ねじれ率場）は通常の計測装置では計測できません。

ハイパーフィールドは目には見えないものの、あらゆる電磁現象の主たる発生原因となっています。手というさまざまなエネルギーが複合的に宿る場は、生体と微細なエネルギーに対して通常では計り知れない超空間的影響を与えているのです。超空間の非局所的現象は仮想的（ヴァーチャル）な相で場（フィールド）の相互作用は発生しますが、仮想な相で場は発生します。

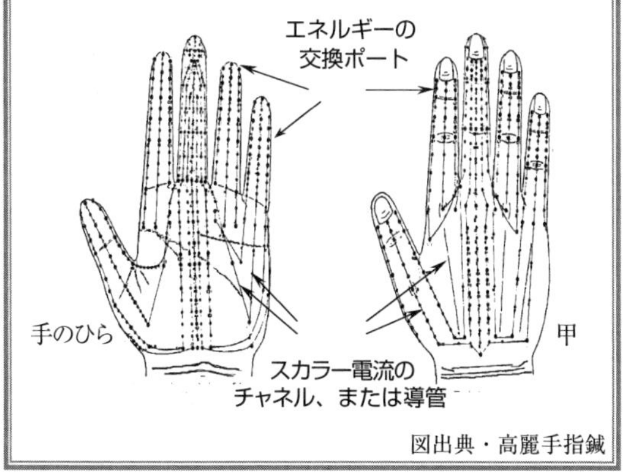

図表6.1　多次元の映し鏡

人の手は生体や人間のエネルギーシステム、そして微細なエネルギーの層を鏡のように映し出しています。多次元世界の情報をホログラフィーによって示しているのです。手に点在する鍼治療のつぼと経絡は、その人の生体がもつあらゆる側面や健康状態と関連しています。両手（同様に両足も）には肉体のエネルギー交換ポートが最も集中しています。鍼のつぼは仮想的な（目には見えない）源へとつながるハイパーフィールドで、それぞれ関連するねじれ率場が存在し、超空間との潜在的な相互作用（スピンスピン相互作用）を可能にします。経絡のネットワークはスカラー電流のフロー（流れあるいは流量）をまとめる働きをしています。すぐそばに人がいると、手は共鳴によって活発な相互作用をおこなう可能性を示しています。

（図：エネルギーの交換ポート／手のひら／スカラー電流のチャネル、または導管／甲　図出典・高麗手指鍼）

ねじれ率場で相互作用が生じることはめったにありません（次章参照）。手は多次元的に活躍する道具なのです。

ハートが中枢

手のひらの中心付近には労宮というつぼがあります。この箇所は別名を第8心包といい、心包経というエネルギーの流れる道にある8番目のつぼです。心包経は心臓付近から外側に向かって流れ、腕の内側を下って手のひらを通り、中指の先に達します（『Miracle Healing from China』〔仮題『中国発の驚異的治療法』〕(注4) 参照）。労宮の付近からは何種類ものエネルギーがはっきりと計測されます。そのなかには先に挙げた磁気、静電気、超低周波、マイクロ波、赤外線、紫外線、パルス磁気といったものが見られ、さらに、この付近のエネルギーパターンにはらせんを描く渦のパターンがあります（ジョージ・ヤオ博士とデイヴィス&ロールズの研究より）。らせんを描く渦の存在は、高次元の一次エネルギーシステムが存在していることを示しています。

この部位から放出されるエネルギーは、癒しをはじめとする「離れ業」と関連しています。このエネルギーはchi、あるいは氣という名でよく知られています。このchi、あるいは氣は、通常の装置では検知することができません。文化や集団的背景のなかでいくつかの呼び方や表現をされています。

図表6.2　労宮のつぼ
労宮のつぼは手のひらの中心付近（黒い円で示した部分）に位置しています。このつぼは心包経のうち8番目のものであることから、第8心包とも呼ばれます。心包経は心臓付近から外向きに流れ、腕の内側を通って手のひら、そして中指の先端に達します。労宮付近からはさまざまな種類のエネルギーがはっきりと計測され、そのなかには磁気、静電気、超低周波、マイクロ波、赤外線、パルス磁気があります（注31）。

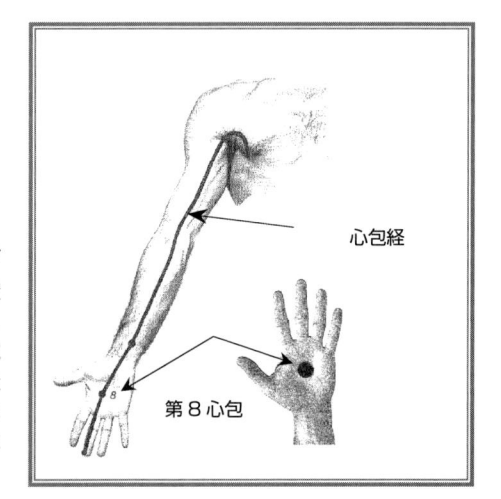

第6章　七色の手　その手でつかむ夢

氣はスカラー波の派生現象と捉えることができます。人の発する磁気を感じるには、両手の距離を広げたり、縮めたり、合わせた状態で手の労宮どうしを向かい合わせたりするといいでしょう。手のエネルギーと場（フィールド）の状態は感情や心の表れ方と関連しています。脳‐ハートのシステムは両手の場（フィールド）のパターンと相関しています。これらは非局所的な現象です。

プライマル・ヴォルテクス極性システム

ジョージ・ヤオ博士は、研究中にあるシステムを発見し、それをプライマル・ヴォルテクス極性システムと名づけました。ヤオ博士はこう述べています。

「（プライマル・エネルギー・システムは）他のすべての人体エネルギーシステムの方向づけを決定し、制御している（注5）。このマスターシステムの方向づけの方向づけの方向づけのすべての自己治癒の力がもっている本来のフロー（流れあるいは流量）を整え、影響（フォース）を与えている」

ヴォルテクス極性システムは、粒子や力（フォース）がらせん状の渦巻きを描く動きと関連しています。ひとつは時計回りに中心に向かって圧縮する性質をもつ正の動き、もうひとつは反時計回りに中心から外側に向けて拡散する性質をもつ負の動きです。

ヴォルテクス極性は次のように定義されてきました。

・右の手のひらは反時計回りに動く負のヴォルテクス極性を帯びている。

・左の手のひらは時計回りに動く正のヴォルテクス極性を帯びている。

ここでの「正」や「負」という表記は従来の電気的極性としての意味合いではなく、ふたつが異なる性質をもった別個のものであるということを表しています。ヤオ博士の描写した両手の（そして体の）ヴォルテクス・センターは、高次元的起源をもつ超空間のスピン・ねじれ率・スカラー場（フィールド）であると理解することができます。この場は因果律を満たす初期場で、「次元的」に下のレベルに属する全システムに影響を与える性質があり、手に電磁的エネルギーを発生させる役割を果たします。人は心（マインド・フィールド）の場の媒介を経ることによって電磁場を形成しているハイパーフィールドに作用することができます。らせんを描くこのヴォルテクス場（フィールド）を通じて創造を司る初期ヴォルテクス場（フィールド）への接続と通信を確立しているのです。

全エネルギーシステムを掌握（マスター）する

人のエネルギー体は制御と作用の度合いに従って階層的に組織されています。ジョージ・ヤオ博士はこれまで、この超空間的起源をもつシステムを発見し、その理論づけと体系化をおこなってきました。ヤオ博士はプライマル・エネルギー・ヴォルテクス極性システムが人体にある他の全

エネルギーシステムの方向づけを決定し、制御しているとしました。同様にこのシステムは本来、人のエネルギーシステム内に構築された自己治癒的な力(フォース)の動きを指揮しています。

ヤオ博士によれば、プライマル・ヴォルテクス極性のバランスが崩れると、電気的、磁気的、波動的性質を帯びた血管系、神経系、鍼灸の経絡、反射点と座標系は悪影響を受けるといいます。

このプライマル・エネルギー・システム理論を整理していくなかで、博士は手にハイパーフィールドが存在していることを立証しています。博士が説明するところでは、手はそれぞれに固有のヴォルテクス極性を示しています。ヴォルテクス極性場(フィールド)はらせん状の渦を巻く動きから成っています。この動きもまた、手にハイパーフィールドが存在する証拠です。

デヴィス&ロールズによる磁気極性の発見

磁気とその性質、そして人体に及ぼす影響を数年にわたって研究したのちに、デヴィス&ロールズは『Rainbow in Your Hands』(仮題『虹の手』)を著しました。同書の表紙にはこのように記されています。

「手当ての科学を学術的に立証し、説明した初めての本」

図表6.3 ヴォルテクス極性

ジョージ・ヤオ博士は、研究中に発見したとあるシステムをプライマル・エネルギー・ヴォルテクス極性システムと名づけました。ヤオ博士の描写した両手の(そして体の)ヴォルテクス・センターは、高次元的起源のある超空間のスピン・ねじれ率・スカラー場(フィールド)であると理解することができます。この場(フィールド)は因果律を満たす初期場で、「次元的」に下のレベルに属する全システムに影響を与える性質をもっています。電磁場はこのような目には見えないハイパーフィールドの影響で生まれます。

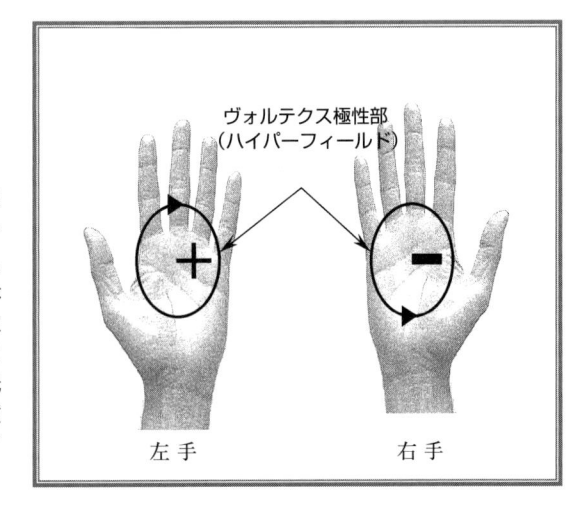

第6章　七色の手　その手でつかむ夢

(注6) わたしたちは「科学的に立証した初めての本」である点を強調しておきたいと思います。このふたりの研究者が残した研究と業績はおそらくほとんど知られていないでしょう。この章でわたしたちは彼らの偉業を讃えたいと思います。

フローに乗って

デイヴィスとロールズは、人の電磁環境ではエネルギーのフロー（流れ）が人の生体系をひっきりなしに出入りしていることに気づきました。ふたりは観測結果をもとに「脳機能は数えきれないほどの肉体周波数を混合し、調節したエネルギーを送受信する基地局のような存在である」との見解をまとめました。それらすべてのエネルギーは手でも生成されていて、機器による測定が可能です(注7)。このエネルギーは他の人間に対して大きな作用を及ぼします。

デイヴィスとロールズによれば、人間が発している電気、磁気、そして電磁気は、多様なエネルギー周波数をもった無数の交流電流と交流電圧でできています。ふたりはこれらをエネルギー複合体と名づけました。これらのエネルギーのなかには未確認の、性質不明のものが存在する、とふたりは考えていました（１９７６年当時）。あなたの手は、光エネルギーのもつ振動を表しています。色は特定の光エネルギーのもつ全周波数、つまり虹の帯びている全

マスターコントロールシステム	・エネルギー体のすべてのエネルギーシステムの方向づけと制御をおこなう ・すべての自己治癒にまつわる力（フォース）本来のフローを制御する ・電気的、磁気的、波動的要素をもった血管系、神経系、経絡、反射点と座標系に作用する
備　考（注釈）	意識の初期高次元場（フィールド）（電磁場に作用を及ぼすスカラー場・ねじれ率場・スピン場（フィールド）のハイパーフィールド）は精神の場を通じてプログラムされたハートと意図が作る感情の影響を受ける。
	右　手　　　　　　　　　　左　手
ヴォルテクス極性	負　　　　　　　　　　　　正 遠心性　　　　　　　　　　求心性 拡散性　　　　　　　　　　圧縮性
方　向	反時計回り　　　　　　　　時計回り
備　考（注釈）	手には超空間的なスピン・ねじれ率・スカラー場（フィールド）がある。 精神の場（メンタル・フィールド）を通じてプログラムされたハートと意図が作る感情の影響を受ける。

表6.1　プライマル・エネルギー・ヴォルテクス・システムの要素
（ジョージ・ヤオ博士の研究に基づく基本原理）

色素を発生させているのです。『Rainbow in Your Hands』でデイヴィスとロールズが伝えようとしていたのはそのことでした。つまり、手の帯びているエネルギーは本人だけではなく、他の人のためにも活用することができるという確信を表していたのです。ふたりは生まれながらにしてもっている可能性を探究するよう読者に促しました。

「手に虹を発生させるためのエネルギーは誰もが生まれながらにしてもっている」(注8)。デイヴィスとロールズは、この点において、わたしたちはみな平等であり、生まれながらに場(フィールド)を周囲にまとい、その生来もち合わせたエネルギーを用いて何らかのかたちで他を助ける可能性を携えていると述べているのです！

人の磁気

どのような観測結果からこのエネルギーの本質は明らかになったのでしょうか？ あるとき、被験者がガラス張りの小部屋に入り、両側の壁に手をかざしてその後を観察するという実験がおこなわれました。小部屋のなかには荷電粒子によって正負のイオンのフロー（流れ）が発生しました。壁に手をかざすと、荷電粒子は手が発する波動に合わせて躍りだしました。手を動かすと、それに合わせて荷電粒子の波動パターンも同じ方向に動きました。手は棒磁石と同じ効果を表したのです。多くの観察やデータ測定、実験の結果から、デイヴィス

とロールズは、手がもっている基本的なエネルギーには、通常の磁石に見られるそれと同じものがあるという結論に達しました。つまり、両手を組み合わせると、人の帯びている磁気がエネルギーを発生させて閉ループフロー（流れ）を形成すること、つまり右の手のひらから左の手のひらへエネルギーが流れることをふたりは発見したのです。

磁気の威力

人の手の磁気的特性はどのようなものでしょう？ 両手は互いに正反対のエネルギーを発しています。手は右も左も磁気的、電気的エネルギーの双方を帯びています。デイヴィスとロールズはこれを自然の法則が表す双対(そうつい)原理であるとしています。正負のエネルギーはつねに共存しており、分離することはできません。同様に、南北の磁極も分けて考えることはできません。手のひらには磁気的、電気的極性があり、反対側（手の甲）と正反対の極性をもっています。デイヴィスとロールズが定義したそれぞれの手がもつ性質を表6.2にまとめました。右の手のひらは磁石のS極と同じ磁極性を帯びています。左手の甲はS極と同じ磁極性です。正極性を示しています。

磁気の感覚をつかむ

手の磁気センターは左右の手の労宮と呼ばれるつぼの辺りにあり、少し練習すれば誰にでも感じ取ることができるようになります。ここで簡単なエクササイズとその位置を見つける方法をご紹介します。まずは感度を上げるためのウォーミングアップから。両手をお祈りするときのように合わせましょう（次頁図表6.4参照）。親指をはじめとして、それぞれの指どうしを合わせて、手のひら全体に均等に圧がかかるように内向きに力を加えていきます。肘は地面と平行になる位置まで上げてください。この姿勢を保ったまま2〜3秒間、圧を加えましょう。そこでフッと力を抜きます。ここまでを3回くり返してください。これによって両手へのエネルギー・チャネルが開き、スタンバイ完了です。

再度、祈りのポーズを作りましょう。ただし、今度は手のひらを1〜2センチ離して構えてください。両手をすれすれまで近づけて、そしてゆっくりと離す。これを何度かくり返して1〜2分間続けてください。つぎに、両の手のひらの中心が互いにすれ違うように手を動かしてください。両手の中心に丸い磁石が入っているような感覚が湧いてくるはずです。

超空間のなかで遊ぶ

このエクササイズでは丸いディスク状の磁石を使うことで人

	右　手		左　手	
	手のひら	甲	手のひら	甲
磁　極	S	N	N	S
電　極	正プラス	負マイナス	負マイナス	正プラス
スピン円錐形のヴォルテクス	時計回り	反時計回り	反時計回り	時計回り
性　質	強度増大	鎮痛作用	鎮痛作用	強度増大

表6.2　重要な手の電磁的性質（デイヴィス＆ロールズの研究に基づく）

の磁気を磨くという体験を積むことができます。直径25ミリ、厚さ6ミリのセラミック製のディスク状磁石を2枚、用意しましょう。指でつまんで互いにすれ違うようにスライドさせます。そのときは磁石どうしに25〜50ミリの間隔を保っておいてください。

磁石を前後にスライドさせて反発したり、引き合ったりする力(フォース)を感じる体験は、じつは時空の歪みと関連しています。この行為は重力も同時に使って遊んでいることになるのです！ このとき、実際には真空、つまりエーテル状の超流動体の内部では何らかの歪みと動きが発生しています！ わたしたちは超空間のなかで遊んでいるわけです！

エクササイズを重ねて感覚に対して敏感になると、手のひらに2箇所のドーナツ状(環状体(トーラス))の部分があることを感じ取れるようになります。互いに作用しあうドーナツ状の部分は、そこに仮想的力(ヴァーチャル・フォース)が発生して圧力勾配が生じていることを表しています(図表6.6)。

磁石の間に感じるものと同じ感覚を、両手を動かしたときに感じるようになるでしょう。それくらいふたつの感覚は似通っています。

両手を交互に動かしていると、エネルギーが盛り上がって感じる部分、つまり調整点が感じられるでしょう。盛り上がった部分を通過したのかから手を少しずらすと、

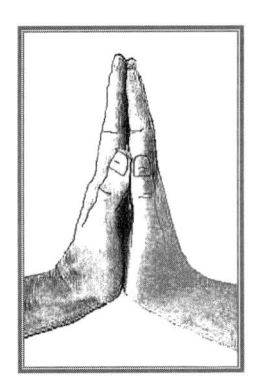

図表6.4 エクササイズ・ステップ１
まず、お祈りするときのように手を合わせます。そして２〜３秒間、左右均等に力を加えてフッと力を抜きますが、このときは肘(ひじ)は上げたままにしましょう。ここまでを３回くり返します。これによって手につながるすべてのエネルギー・チャネルが開きます。つづいて、両手を交互にずらす動きに進みましょう。

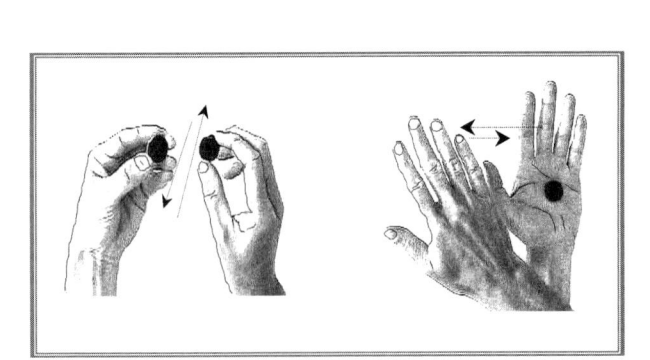

図表6.5 エクササイズ・ステップ２
人が発している磁気は、労宮のつぼどうしをすれ違わせるイメージで手を交互に動かすと感知することができます。両手を25〜30ミリ離して向き合わせて構えます。エネルギーが発生するまでしばらく待ちましょう。つづいて、手を交互に動かします。セラミック製のディスク状の磁石を用いるとこの感覚を刺激することができます。直径25ミリのディスク2枚を用意して、25ミリ間隔で離して構えます。2枚がすれ違うように交互に動かしましょう。反発しあう極どうし、そして引き合う極どうしで試してみてください。手の感度が上がると、磁石がなくても労宮のあたりに似たような感覚がつかめるようになります。

第6章　七色の手　その手でつかむ夢

感じられるはずです。圧力勾配は手のひら全体に存在していて、これは真空とエーテル超流動体が相互作用をおこなっていることの現れなのです！　このエクササイズを楽しんで自分の発している磁気に慣れ親しんでいくにつって、あなたも自分の手のなかに虹が架かっていることを確信するようになるはずです！

磁場とはいったいどのようなものでしょう？　デイヴィス＆ロールズはその著書『Magnetism and Its Effect on the Living System』（仮題『磁気と生態系に対する作用』）で磁場の性質に関する新たな発見を明らかにしました。この発見はわたしたちの磁場に対する考え方を変えました。新旧の磁気の捉え方は図表2.2と2.3でご紹介したとおりです。図表のなかで、磁気のフロー（流れあるいは流量）がS極からN極へ、そしてN極からS極へと2通りの方向性を示しながら流れ、8の字のループを描いているのがわかります。この8の字のループパターンは棒磁石だけではなく、地球の磁場にも見られるものです。これは磁気の法則であり、人間の磁場にも共通する性質なのです（図表2.4参照）。

共鳴する磁気周波数

デイヴィスとロールズは研究のなかで、磁石のS極は、負極性を帯びているN極に対して正極性磁場を示していることを発見しました。従来どおりに考えれば、磁石をひもで吊るすと、S極の先端は地球磁場の北極を指していること

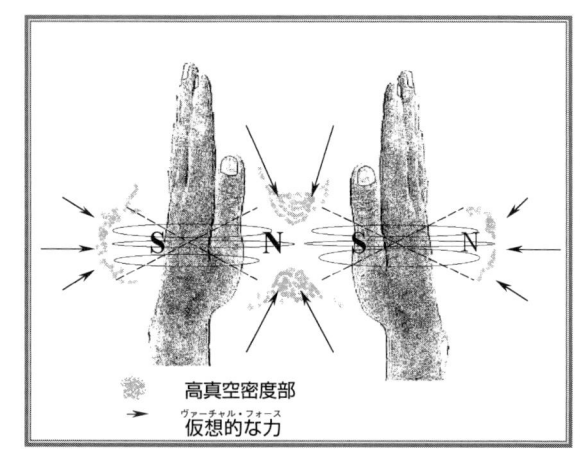

図表6.6　真空密度ゆらぎ

手の電磁場は真空局所状態密度（グレーで示された部分）、あるいはゼロポイント・エネルギー状態に影響を与えます。これによって時空圧力に局所曲率が生じます。両手に挟まれた辺りには相反する磁極とヴォルテクスセンターが衝突する高い圧力のかかったゾーンが生まれ（ブロッホ壁エリア）、新たな 場(フィールド)と仮想的力(ヴァーチャル・フォース)が発生します。この 場(フィールド)と力(フォース)は、両手を労宮のつぼをすれ違わせるように動かしていると手の周囲（矢印で示した箇所）に感知することができます。特異磁石は真空の周囲密度を乱します。この現象は手の反対側にも表れます。真空状態のバランスが乱されることで、スカラー電流のフローが誘起されます。

高真空密度部
仮想的な力(ヴァーチャル・フォース)

とになります。磁石のエネルギーはふたつの方向に向かって同時に流れています。つまり、S極からN極へ、そしてN極を発したエネルギーはS極へ移動しているのです。

N極エネルギーは時計回りに（S極の先端に向けて右回りに）回転し、S極エネルギーは反時計回りに（N極の先端に向けて左回りに）回転しています。こうして両極のエネルギーは棒磁石の1点から外側に動きながら円錐形のヴォルテクスを形成し、広がりを見せながら空間を遠くへと移動していきます（図表2.2参照）。この外向きに広がるヴォルテクスのなかには内向きの、あるいは「逆流性」の動きを示す第2のパワーとエネルギーが表れています。

このふたつのエネルギーはお互いを補完しながら共存しています。磁気エネルギーは動的な性質があり、つまり、周波数を帯びています。周波数は場（フィールド）構造内部の粒子が振動することで発生していて、この構造はらせん状の回転運動をくり返しています。

磁気エネルギーは動的です。つまり、周波数があります。磁気が周波数を帯びているということは、真空内に共鳴状態が築かれているということです。

磁石の中央部分、つまりブロッホ磁壁にはエネルギーフロー（流れ）がフローの中央付近で新たに8の字のループを描いて180度の相転換をおこないます。

デイヴィスとロールズは相対するふたつの極の真ん中に重りを置く実験をおこないました。初めにN極とS極を近づけると、時計回りのヴォルテクスと反時計回りのヴォルテクスのパターンが真ん中で出会って磁気的に中性なブロッホ磁壁を形成しました。つづいてそのゾーンの中央に重りを置くと、重りの重量に変化が現れたのです。相反する性質をもつヴォルテクス場（フィールド）が新たな現象を引き起こした瞬間でした。ふたりはこの重さの変化は重力に生じたものとし、その重力変化はふたつの相反するヴォルテクス磁場によって発生したと説明しました。

「わたしたちは磁気エネルギー、電気エネルギー、重力エネルギー、原子力エネルギーの各構造体の間に介在する関係性を確証づけてきた。これによって、一連のエネルギーを統合するための基礎を説明できたと確信している」（注9）

明確に異なる生物学的効果

1936年、アルバート・ロイ・デイヴィスはある発見をしました。それは、磁石にあるふたつの磁極は、それぞれにまったく異なる影響を生体に及ぼすというものでし

中央部分の磁気的ボイド

磁石の中央部分はゼロ磁場地帯になっています。この磁場ゼロの赤道部分はブロッホ磁壁として知られています。地球磁場ゼロにもブロッホ壁的性質をもった地帯がいくつか存在し

第6章 七色の手 その手でつかむ夢

た。彼はそれから10年以上にわたって何千回という実験をおこないました。それぞれの磁極が、生体系に与える作用を確かめるためのものです。植物の成長から骨や細胞組織が治癒していく様子まで、その対象は多岐にわたりました。デイヴィスはこの研究によって生体磁気学の祖として認知されるようになりました。

デイヴィスとロールズは、ふたつの極が異なるエネルギーを発し、そのエネルギーによって生体に明らかに異なるふたつの結果が現れることに注目しました。研究の結果、ふたりは次のように結論づけました。右の手のひらは強化、拡大、促進に役立ち、左の手のひらは痛みを伴う状況を食い止め、元の状態の回復を助ける。そして両手を同時に使うとこれらの複合的な効果が表れるとしたのです。被験者に対して両手を同時に使用したとき、デイヴィスとロールズは手を当てられた人の全身、つまりその人の体表面を流れるエネルギーの存在を観測しました。磁場は肉体を貫通することができますが、そこには二重作用が発生します。つまりエネルギーがふたつの方向に流れるのです。

「手を当てる、あるいは思考エネルギーを当てると、発したものがはるかに大きな強さをもったエネルギーとなって返ってくる。……これは科学的事実である」（注10）

この言葉は、世界に多大なる貢献を果たした20世紀を代表するふたりの科学者の信念と誠実さをいまも変わらずに

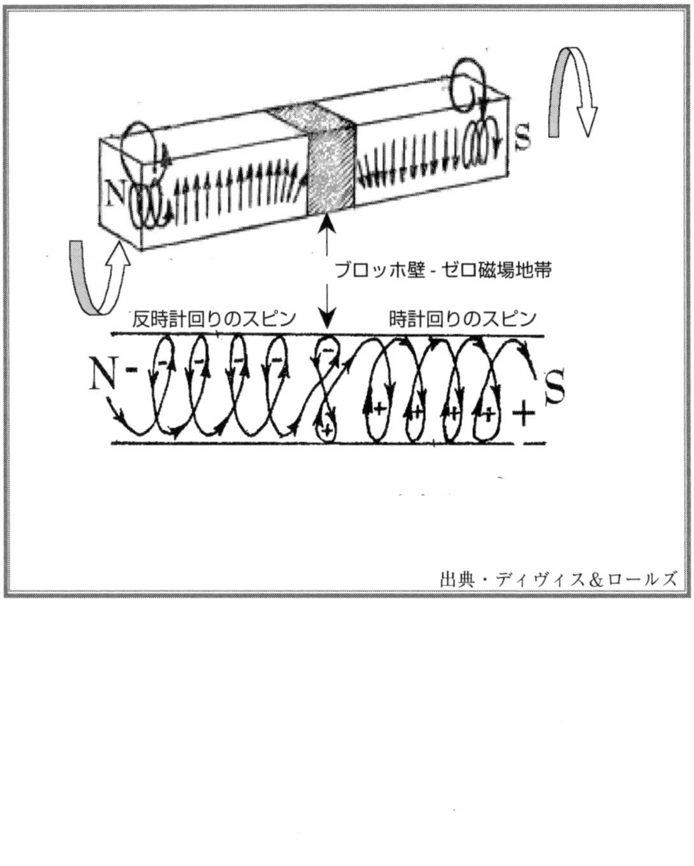

図表6.7 ブロッホ磁壁棒

磁石の中央部分にはブロッホ磁壁と呼ばれるゼロ磁場地帯が存在します。この地帯のなかではエネルギーは8の字のループを描いて流れるコース（相）を180度変換しています。興味深いことに、ブロッホ磁壁現象は反重力や磁気浮上、あるいは反磁性の力（フォース）が観測される現象につきものです。これらのエネルギーが集束すると、時空そのものに局所的圧力が加わります。そのため、ブロッホ壁の引き起こす効果は磁気のもつ超空間的、あるいはn次元的側面といえます。（注32参照）

出典・ディヴィス＆ロールズ

伝えています。

人間の磁気放出

手は無数の自然電磁場を提供します。本書では、そうした場(フィールド)を微細なエネルギー体に対する生きた情報の源として考察していきます。すなわち、手がまとう場(フィールド)は根源的に備わっている自己組織化システムを変化させるのに必要なエネルギーを供給しているわけではないということです。

後述しますが、手のねじれ率場はエネルギーのやりとりをおこなうことなく、情報伝達をおこないます。これを理解することは科学的に重要な意味があります。微かなレベル(すなわち、平均的な人の出力レベル)であったとしても、情報場(フィールド)構造においてこのエネルギーをやりとりする効果は非常に大きなものがあります。この点についてはこの章でのちほど深く掘り下げていきます。

chiエネルギーの放出

手から出るエネルギーの研究はこれまで、氣功(Qigong：chigungと発音し、Chi Gongと綴ることも)が主な対象とされていました。中国ではプラクティショナーの発するchiエネルギーが医療施設内で治療目的に利用されていま

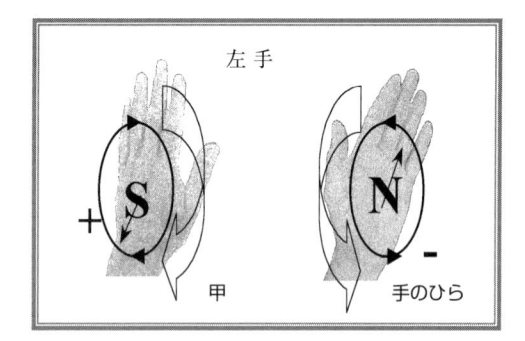

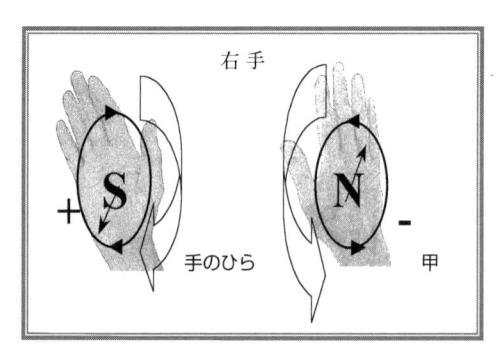

図表6.9　右手の磁気的性質

デイヴィスとロールズは右手に磁気的、電気的性質があることを立証しました。右の手のひらは磁気的にはS極の、電気的には正の極性を帯びています。スピンは手のひらに対して時計回りに回転しています。磁場が存在する箇所には磁気的現象をときおり引き起こすポテンシャル(ベクトルポテンシャル・静磁気ポテンシャル)が存在します。ポテンシャルは超空間的起源をもっており、次元を超えて作用を働きます。

図表6.8　左手の磁気的性質

デイヴィスとロールズは左手に磁気的、電気的性質があることを立証しました。左の手のひらは磁気的にはN極の、電気的には負の極性を帯びています。スピンは手のひらに対して反時計回りに回転しています。右手の甲の部分には正反対の極性を帯びた磁場、電場の場(フィールド)があります。つまり、磁気的にはS極の、電気的には正の極性を帯びて、時計回りにエネルギーがスピンするのです。ふたつの磁極は互いに正反対の性質と効果をもっています。スピン場(フィールド)は通常の3次元空間の外側で効果を発揮するハイパーフィールド(超空間的、かつ高次元的)です。磁場は超空間のねじれ率場とつながっています。

第6章　七色の手　その手でつかむ夢

中国の人々は何千年も前から、氣 (Qi) あるいは chi と呼ばれるエネルギーは生成、蓄積が可能で、手から放つことができると知っていたのです。

このエネルギーは古くから同国内で広範囲な調査研究のテーマとされています。手から放たれる chi のエネルギーは生体に対して治癒目的で活用されています。このエネルギーのもっている特徴はわたしたちがおこなっている考察と大きな関連があります。なぜなら、人間はみなこの chi エネルギーを生成し、供給しているからです。労宮エネルギーポイントを中心とする箇所からもこのエネルギーは出ています。微細なエネルギーの世界でもこの chi は影響を及ぼします。超空間では情報内容こそが変化の触媒になるからです。

手から生じている多様なエネルギーは以前から機器による計測がおこなわれていますが、そのなかには磁場、静電場、マイクロ波放射、超低周波放射（1秒あたり20サイクル以下の可聴周波数）と紫外線スペクトルがあります（注11）。パルス磁気や赤外線（赤の周波数帯域）が指先から放たれる様子も観測されました。この癒しのエネルギーを患者に投与することで効果が得られたという例は、これまで数限りなく記録されています。患者本人がさまざまな氣功エクササイズを実践して健康を享受できたという例も同様です。

何人もの人が数年にわたる実践を通じて高レベルの chi エネルギーの放出方法を開発しています。この人たちはいわ

図表6.10　ヴォルテクス間に生じるスピンの相互作用
N極エネルギーとS極エネルギーが出会うと、時計回りと反時計回りの渦は単純に互いを打ち消し合う代わりに、時空の歪みそのものに圧力を生みます。場（フィールド）に新たな影響が生じます。手は人のエネルギー場（フィールド）全体に広がる磁極・ヴォルテクス磁極地帯に行き当たることがよくあります。その磁極エリアのなかには表皮付近にあるエネルギー交換ポート（鍼灸のつぼ）やチャクラをはじめとした大小さまざまなヴォルテクスエリアがあります。手とヴォルテクスセンターの間に生じる相互作用はハイパーフィールドレベルで発生します。ハイパーフィールドは下位素粒子である高いエネルギーを必要とします。仮想的（ヴァーチャル）（目には見えない）現実にはさらなる基礎構造が内包されています。場（フィールド）の相互作用は従来の理論では説明不可能です。ねじれ率場の性質と相互作用があってこれらの現象は成り立つのです。

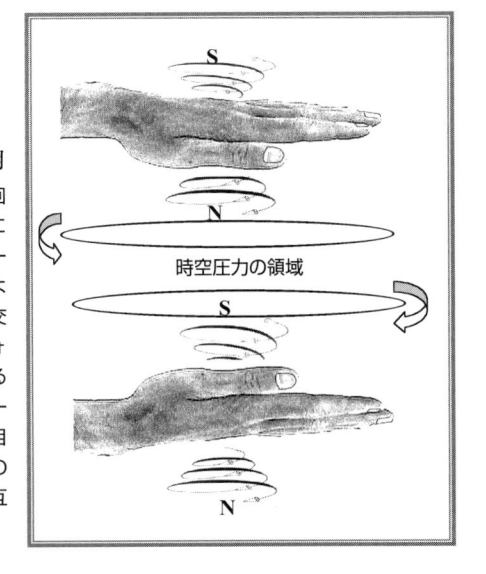

ゆる、氣功の達人と呼ばれる人々です。彼らが生み出すエネルギー場についての報告は、一般よりも高い知識層からも多く寄せられました。測定装置の規格を超える放出量が観測される例もありました。この達人たちは過去に数々の驚くべき研究試験や実験の対象となり、chiエネルギーの可能性を証明しています。

chiは現実を変える

驚くべき実験の例をいくつか挙げましょう。あるとき、数キロ離れた場所にあるレーザー光に作用を加えるようにと氣功の達人に指示が出ました。果たして、この達人の作用によって、レーザー光の強度は最大10パーセントまで変動しました。

他の実験では、以下のことが可能であることが確認されました。

・液晶化合物の分子構造を変化させる
・クリスタル時計の刻む時間の流れを変化させる
・数種類の溶液の化学的構造を変化させる
・赤外セル内の気体構造を変化させる
・DNA&RNAの構造と性質を変化させる
・水の構造を変化させる

ここに挙げたもの以外にも、従来の物理学的法則に逆ら

う現象がいくつも観測されました（注12）。わたしたちが理解を深めていくにつれて、手が発するあらゆるエネルギーは計測される磁気的エネルギーの性質以上に本質的に複雑なものがあることがわかってきています。氣功の科学的研究結果をまとめた論文のなかでヤン・シン博士は氣について以下のとおり結論しました。

・氣は物質、エネルギー、両方の性質を示す
・氣は観測・測定が可能である

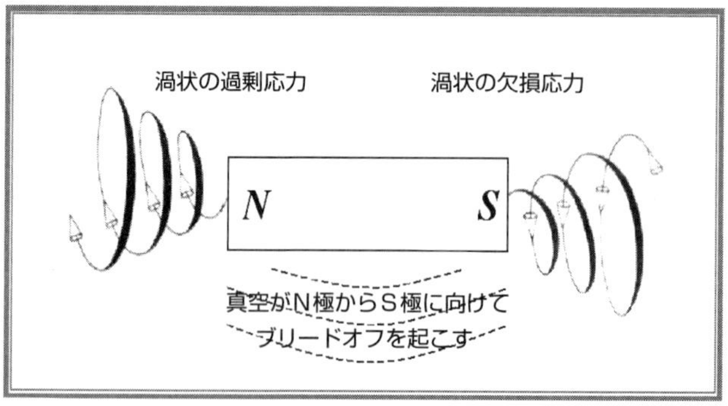

図表6.11　磁場の形成

磁場は真空に形成する圧力やポテンシャルによって形成されます。時計回り、あるいは反時計回りの過剰応力が発生すると、両磁極にらせん状の渦のようなものが観測されます。真空内では、過剰応力が磁場を形成しながらN極からS極に向けてブリードオフを起こします。（注34参照）

- 氣は情報を伝達することができる
- 氣は人の思考や感情によって作用を加えることができる

（注15）。

氣はすべての生物、無生物と関連があるとされています。つまり、万物は氣をもっているのです。さらに、氣は既知の4つの基本的な力（フォース）とも関わりがあります。その4つとは電磁気、重力、強い核力、弱い核力です（注14）。しかしながら、氣はこれらの基本的相互作用では説明しきれない類のエネルギーや現象とも関連しています。その一例が、被験者グループが氣の力を利用して密封されたボトルから錠剤を取り出して見せたというものです。つまり、錠剤が頑丈なボトルの覆いを通り抜けたのです。先の基本的相互作用を超えた性質が氣に関連していることは明らかです。以上のように、氣が備えているすべての性質を従来の計測機器で測定することはできません。次元を超えて広がる人間という複合体は、間違いなく超空間的能力を備えているのです！

地球共鳴周波数の放射

ジマーマンの研究の焦点は「ヒーラー」の手が発しているものにありました。ジマーマンはスキッド（SQUID、超伝導量子干渉計）という高感度磁力計を用いて、「ヒーラー」の手が発しているパルス磁場の計測に成功しました

8〜12ヘルツ（1秒あたりのサイクル）の低周波音波が手の放つエネルギーのなかでも最も優勢なエネルギーです（注16）。脳の神経ネットワークではアルファ波の周波数パターンに該当すると同時に、地球の自然共鳴周波数、すなわちシューマン共鳴波とも一致しています。「ヒーリング」がおこなわれている最中は生体磁場の数値は通常の1000倍高い値が計測されます。

これらの事例で生体磁場の強度が上昇したからといって、対象となった生体内を流れる電気のフロー（流れ）が増したわけではありません（注17）。磁場強度と電流フローの連動を期待するには、生体磁場が生体細胞のみに起因して発生していることが条件になります。観測結果が示唆しているのは、人にも活用可能なエネルギーの源がもうひとつ存在するということです。このエネルギーのフローは共鳴状態を通じて地球磁場とつながることによって発生している可能性があります。

生体系を地球の発している周波数に同調させることによって、生体への理想的な情報伝達がなされます。周波数は搬送波信号、つまりシューマン共鳴周波数に相乗りする形で送信することができます。8ヘルツの搬送波信号を、それ以上の高周波信号と掛け合わせて変調させるわけ

です。これはラジオ局がベースバンド信号を変調して情報を発信するのと同じ要領です。人間の脳と神経系の複合体は、地球が放つスカラー波にチューニングしています。スカラー波変換機能をもつ地球は多様な宇宙エネルギーをまとめあげ、それを地球上の全生物が認識できる周波数の言語に変換して放送しているわけです。地球上の生きとし生けるものすべてにこのエネルギーは必要です。生命は地球と手をたずさえて共生関係を結んでいます。人間のエネルギー場(フィールド)に地球の固有周波数が流れているということは、紛れもない事実なのです！

生体系に宿るバイオフォトン

　生物学的プロセスにおいて光が果たす役割は、1976年にフリッツ・ポップによって再評価されました(注18)。このドイツ人研究者は、すべての生体細胞が光の粒子を発していることを発見しました。この粒子はバイオフォトンと呼ばれています。この放射光は200〜800ナノメーターの波長域で観測されます。この発見以来、わたしたちはバイオフォトンがDNA分子のらせん構造の内部に保存され、そしてそこから放出されていることを知ることとなりました。らせん構造は光の送受信の両方をおこなうアンテナの役割を果たしています。ポップは放射されるバイオフォトンはコヒーレントであると断定しました。どうやらDNAは生命のブループリントを貯蔵しているだけで

エネルギータイプ	磁気、パルス磁場、静電気、赤外線、マイクロ波 超低周波（可聴音以下・8〜12サイクル／秒） バイオフォトン、つまり光が生体系から発されている。 光は多次元的・超空間的なスカラー chi・波である。
非従来的性質	らせんを描くヴォルテクスエネルギー（超空間的）
備　考	非従来的エネルギーは従来の装置や手法では計測できない。 科学的研究によって手の場(フィールド)は意図の作用、変調を受けていることが証明されている。

表6.3　手で計測される基本的放出エネルギー

第6章 七色の手 その手でつかむ夢

なく、光と電気を伝導するうえで不可欠な役割を担っているようです。電気伝導が抵抗をまったく受けることなくコヒーレントなプロセス（すべての電子が一体となって連動）となって発生する現象を超電導と呼びます。DNAは光エネルギーの超電導体なのです！

バイオフォトンは生体細胞内で発生するすべての生体化学的反応の惹起（じゃっき）に関与していると考えられます。バイオフォトンの放出には生体系の生理的状態に変化を伝送するのに必要となるコード化したパターンを伝送する光はエネルギーの源としてDNAらせん構造のなかに保存されています。細胞は特定の周波数をもった光を発することで通信をおこなっています。光は情報を帯びています。人体のなかで光感応性、つまり光を感知し、反応する分子はDNA分子だけではありません。目の網膜のなかにある光受容体、つまりフラビン分子は体内の至るところに見つけることができます。血液ヘモグロビンのもとになるヘムやメラニン、カロテン、金属酵素の多くはすべて光感応性をもっています（注19）。

共鳴が光の放出を促す

ジョージ・ヤオ博士は細胞について「二極間で共鳴しながら活発にバイオプラズマをおこなっている」と描写しました（注20）。バイオプラズマは初期のロシアの研究者が唱えた言葉であり、この人物は生物のバイオフィールド研究

において先駆けとなる業績を数多く残しました。プラズマとは高度にイオン化された、あるいは電荷を帯びた粒子です。細胞は共鳴状態になると光フォトンを放出します。ヤオ博士はフォトンの色をこのように説明しています。

基本的に黄色がかった金色をしているが、細胞極は異なる色をしている。陽極は赤みがかっていて、一方の陰極は青みを帯びている。全体として単体の細胞内に七色のスペクトルが生成されている（注21）。

手から放たれるバイオフォトンには七色すべてのスペ

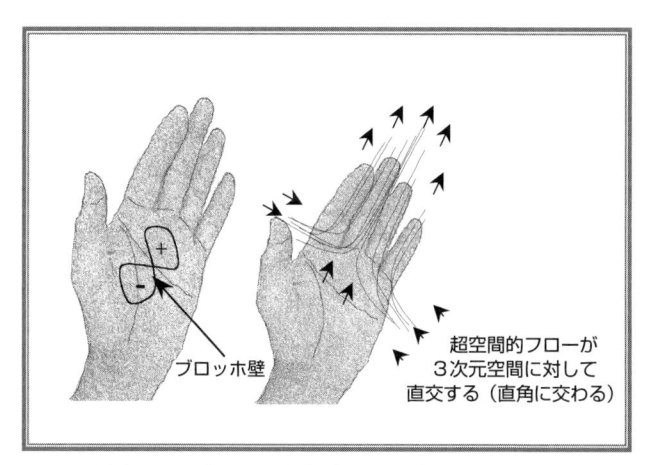

図表6.12　手における超空間的エネルギーフロー
磁気的性質を観察していくと、ブロッホ磁壁、つまりゼロ磁場が手のひらのなかにあるらしいことが窺えます。超空間的「フリー」エネルギーの流束、あるいはフローはここに流れ込みます。8の字型のパターンが強化されていくと関連する場（フィールド）にフロー（流量）の増大という形で作用が及びます。この原理はエネルギー体全体、つまり8の字のパターンが生じているミクロ、マクロ双方のレベルに当てはまります。（注35参照）

トルが含まれています。生体の放出する光はその生体自身間のやりとりにおいて電磁的信号をコード化しているのです！

光は微細なる領域を明るく彩っている

光とはいったい何でしょう？　最先端の理論は「光とは5次元世界が投影されたものである」と説明しています。従来的な考え方では、光は3次元空間の制約を受けていて、本質的に電磁波にすぎません。しかし、現代の物理学は光を多次元的な存在として認識しています（図表2.8参照）。

前出のティラーは「光は（エーテル界の）磁電放射の性質と、（微細な高次領域の）デルトロン放射の性質を備えている」と指摘しました。光は微細な領域や量子の世界、そして心（マインド・フィールド）の場へとつながるコネクタなのです！

バイオフォトンを介した細胞通信システム

次のような場面を想像してみましょう。ある音やコード、あるいは曲を細胞に向けて奏（かな）でると、生体細胞内に化学反応が観測される場面を。あるいは細胞にラジオ放送を流すことによって、ある化学的機能のスイッチがオンになる場面を。あるいはインターネットを通じて信号を送り、離れた場所でそれを受信して、この信号を利用して細胞内に千通りの異なる酵素反応が引き起こされる場面を。

ジャック・バンヴェニスト博士の研究により、分子細胞間のやりとりにおいて電磁的信号が果たしている役割が証明されました。バンヴェニストは電気を使用した単純な手法で特定の分子シグナルを記録しました。コンピュータのサウンドカードを使用して分子シグナルの再生と記録をおこなったのです。記録されたシグナルを関連する生体系に「再生」すると、細胞は原物質があたかも存在しているかのような反応を示しました！

バンヴェニストによると、どの分子シグナルも20〜2万ヘルツの周波数スペクトルで効率的に表すことができるといいます。この周波数は人の声の周波数帯域と同じです（注22）。この研究結果は自分の細胞に向かって語りかけることの効果を浮き彫りにするものと言えます。音声には信じられないほどの可能性が秘められています。音と光と幾何学的構造は本来、調和的に関連しあっているのです！

生体のトランシーバー

生体系どうしはラジオのような機能、つまり相互共鳴を通じてやりとりをおこなっています。通信は分子特有性が強く、個々の相互作用は光速で非常に特異な周波数パターンで発生します。ここで重要な役割を演じているのが水です。水は通信の橋渡し役を担っているのです。水は伝達信号の増幅と中継をおこなっていると考えられています。水には記憶があり、情報のパターンを長期間保存して

第6章 七色の手 その手でつかむ夢

おくことができるのです。いわゆる液晶と呼ばれる水です。水の情報記憶能力は、水に分子構造を変える性質が備わっていることに由来しています。水はじつにさまざまな構造形態を取ることができるのです（注23）。

周波数情報パターンは水のもつ格子構造の内部に保存されています。水内部に蓄積保存しておくことのできる情報量は事実上、無限です。電磁場は水のなかにパターンを刷り込むことができます。しかしながら、スカラー波（非ヘルツ）のパターンの刷り込みを受けた場合、その情報は長期にわたって保存されます。グレン・ライン博士の研究では、水のスカラー波パターンは保存可能で、3週間経っても「再生」することができたといいます。一般化して言えば、物質的な世界と微細なエネルギーの世界を媒介する存在として水が理解されるようになってきているということです（注24）。これはエネルギーとスカラー波情報パターンを蓄積、保存、伝達する水の能力に基づいているのです。

スカラーバイオフォトン

光は微細なエネルギー体と通信をおこなっています！前出のベアデンの説明によると、バイオフォトンは2種類存在します。そのひとつがスカラーフォトンで、これは従来的な方法では検出できません。スカラーフォトンは目には見えない微細な現象であり、超空間、あるいは真空を移動します。そこは当然のことながら、微細なエネルギー体

のふるさとでもあります！ バイオフォトンは情報に示されているパターンに従って色を帯びますが、より精確にいうと心の場によるプログラミングの影響を強く受けます。このように、スカラーフォトンは生きた情報を提供しています。スカラーフォトンは細胞がおこなっている自己組織的な並べ替え作業に対する蘇生性刺激といえます（負のエントロピー、不調和増大過程の逆転、付録B参照）。

光は氣功を使ってヒーリングをおこなう人の手から測定することができます（赤外線や紫外線といった形で現れます）。一方で、氣には通常の電磁波では説明できないような性質を示すという話も聞かれます。事実、氣にはスカラー波に関連した性質があります。

スカラー波は、スピンしている電子が収縮と弛緩をおこなうことによって発生した振動がもとになって生じると考えられています。スカラー波が伝播することで局所的時空が曲がりますが、この現象は真空ポテンシャルのバランスに乱れを引き起こし、そこに保存されていたエネルギーが利用可能な状態になります（ゼロポイント・エネルギーとも呼ばれています。調和状態が乱されると、物理学的真空空間で生じた仮想粒子が観測可能な素粒子へと変化しますが、これらの粒子は電気回路のなかで**フリーエネルギー**を生成するのに活用することができます）。

スカラー波を発生させる興味深い方法にカドゥケウスコイルを用いる方法があります。コイルはふたつのコンダクタを互いにらせん状に巻きつけ、織り合わせて作ります。

電流は反対方向に流れ、これによって電磁エネルギーの観測可能な成分が相殺され、スカラーコンポーネントをポテンシャルとして真空内に残します。スカラー波はカドゥケウスコイル同様にらせんを成しているので、当然、DNA分子はポテンシャルな環境と流量を交換することができます。わたしたちにはこのフローの増強、つまり外部環境と流量を交換することができます。

スカラー波は直線的時間に逆らう

スカラー波はふたつの成分が重なり合ってできており、それぞれが物質に異なる作用を及ぼしています。片方はプラスの時間・プラスのエネルギー波で、これはマイナス電荷を帯びた電子と相互作用をおこないます。もう一方はマイナスの時間・マイナスのエネルギー波で、原子核内のプラス電荷を帯びた陽子と相互作用します。ベアデンによれば、生体細胞はどれも、原子核内部で生じる生体電位によって構成されています。これらの生体電位は原子核内に不規則かつ非構造的なスカラーエネルギーのパターンを形成する可能性があります。こうしたパターンは真空内にも同様の基礎構造を形成しています。

スカラーエネルギーはバイオポテンシャルを充電、組織化することで細胞に吸収されます。このプロセスは従来型の場（フィールド）では起こりえないものです。通常の電磁場が作用できるのはバイオポテンシャルの規模に対してだけで、組織化ポテンシャルの供給はおこなわないからです。

充電が完了すると、細胞は保存したポテンシャルを2種類の光フォトンとして放出できるようになります。ひとつは従来的なフォトン、もう一方は構造体をもったスカラーフォトンであり、このフォトンは細胞の全情報パターンを網羅しています。

もしもこのパターンが異常細胞から生じると、その異常のエネルギーパターンが伝播されて体内の全細胞に伝わってしまいます。細胞核はコンデンサと似た要領で充電をおこなっていますが、このスカラーエネルギーを蓄積するにつれて、充放電サイクルをくり返しながら生物学的、そして微生物学的レベルにおけるさまざまなプロセスに必要なエネルギーや電気を供給しています。

細胞レベルで見ると、スカラー波は細胞機能の土台となるバイオポテンシャルを充電し、それに対して細胞は強力な磁気整列と電荷整列、そして高電位の供給で応えます。

スカラーエネルギーの電荷

わたしたちは自然のスカラーエネルギーに囲まれています。人間の生体系はこのエネルギーを吸収し、放出する一定の流束、あるいはフロー（流れ）のなかに存在しているこれによって食事から得たエネルギーを光エネルギーに変

第6章　七色の手　その手でつかむ夢

換・処理して紫外線として細胞内に蓄える機能が向上します。DNAを活性化して細胞分裂を促すうえで必要となる最小のポテンシャル、あるいは電位が高まるとRNAがDNAを読み取るのに必要な電気を得られるようになります。RNAは周波数の光完全スペクトルを読み取るにつれて（これが人間の進化です）DNAをホログラムにして投影します。RNAがこの投影と位相的に一致すると、DNAのコピー版が再生されるのです。これほどまでに複雑かつ知性に満ちあふれた処理がこのミクロの宇宙で発生しています！

スカラー波テクノロジーはわたしたちが開発しているヒーリングの概念に対するとてつもない可能性をはらんでいます。明日の医学はまさに波動医療ともいうべきものになるでしょう（注25）。ベアデンが説明しているとおり、この新しい癒しのアプローチは治癒のパターンをもったスカラー波を生み出し、その情報を細胞に伝えていくものです（注26）。この効果はすでにアントワーヌ・プライアー、ロイヤル・レイモンド・ライフらの研究によって証明されています（ハルダ・クラークがおこなった研究もご参照ください）。つまり、このテクノロジーは実在するのです！（注27）

この治癒的エネルギーパターンは病気を快復に向かわせるとともに、肉体そのものもつバイオフィールドに永久的なスカラー免疫を与えます。

スカラーマトリックス

スカラーエネルギーは原子の核内レベルで発生します。
アンドリア・プハリッチは陽子の素粒子の内部、つまり陽子内の単極子と反単極子がその源であると唱えました。彼は「手から放出されるスカラー波（非ヘルツ場）は水素結合によって発生し、DNA鎖をひとつにつなげている」としています。

グレン・ラインはこんな説を出しました。原子核内では陽子－中性子間だけではなく、同じ分子の中性子どうしでも通信がおこなわれているというのです。すべての分子は量子情報ネットワーク、あるいはマトリックスを通じてつながりあっています。この情報マトリックスはその網の目の交点に分子内マトリックス構造の全性質を保存しています。ラインはこれを分子内マトリックス理論と呼んでいます。マトリックスを適切なスカラー（非ヘルツ場）周波数で刺激するとこの情報にアクセスすることができます（注27）。

手には繊細な共鳴検知機能がある

手には高度なスカラー波感知機能があります。この装置は脳・神経系複合体と、わたしたちの存在に備わっている多次元的側面の働きによって高度化しています！
図表6.13で、棒磁石を用いてスカラー波を検知する原理を解説しています。磁極は時空の湾曲部分を表しているとい

うことを理解することが大きなポイントです。発生するスカラー波は時空の歪みの影響を受けます。磁極の形成する磁場内では、スカラー波は分散します。磁極で生じる時空の歪みによる振動は関連する単純回路で観測された電流と言い換えることができます。スカラー波は従来とは異なる型破りな手法を用いることで検知が可能になりますが、それでも、このスカラー波テクノロジーはたしかに実在しています。

手も同様に時空の湾曲を発生させます。手にも磁極に相当するものが存在しているためです。概念は先に考察したものとほとんど同じですが、しかしながら、手は非常に高度かつ複雑な共鳴同調回路の機能に支えられています。神経系はスカラー波の導波管の役割を果たすと同時に、脳の処理回路を延長したものでもあり、さらに脳は心の場のマインド・フィールド支えを受けています。この一連のシステムは非局所的な量子スーパーコンピュータと捉えることができます。これぞ本書でくり返し述べている多次元的かつ非局所的、つまり超空間的なレベルでおこなっている高度化です！

スカラー波は手のひらに分散されています。分散されたスカラー波は生体によって感知される通常の電磁波レベルまで縮小します。これは、生体がマイクロ波活動を感知するのと同じ要領でしょう。分散を免れたスカラー波は経絡に入って神経系と相互作用を働きます。当然、脳は神経系と連動して手でスカラー波変換(放出と検知)をおこなうので、手でおこなうスカラー波検知は全身・全存在

でおこなう超空間的な現象になるのです。これは全体のプロセスを理解するうえで重要なポイントです。手を単純に検知用装置として切り離して考えるわけにはいきません。なぜなら人間は、統合されたひとつの多次元的な存在として一連のプロセスで機能しているのですから！

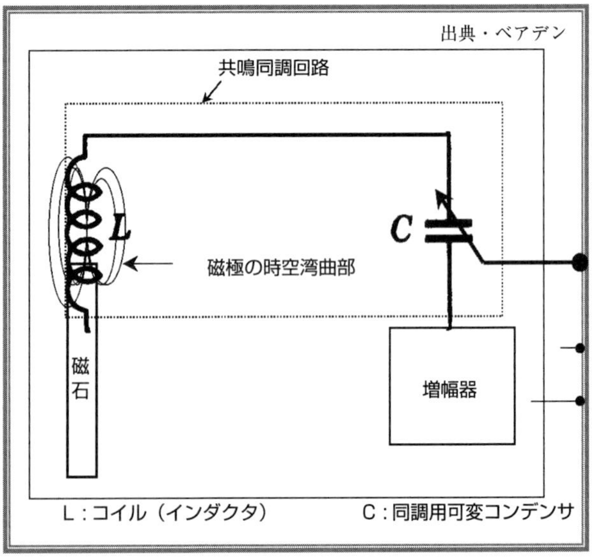

電磁ポテンシャルの発生源となる手は、真空の勾配を生み出すと同時に勾配の状態に反応します(勾配は2箇所の離れた地点のパラメータ、あるいは数値の差によって生じます。ポテンシャルが発生するとき、真空内ではその地点

出典・ベアデン

共鳴同調回路

磁極の時空湾曲部

磁石

L：コイル(インダクタ)　　C：同調用可変コンデンサ

増幅器

図表6.13　スカラー波の検出
図に示したのは簡単なスカラー波検出機の原理です。通常の電磁放射から隔離するために、回路は遮蔽空間に設置します。スカラー波が遮蔽の内側に侵入すると、磁極付近の曲がった時空の内部に振動が生じます(注36参照)。

におけるエネルギー密度に局所揺らぎが発生していると理解することができます。その地点に通常存在する局所対称性を変化させ、その対称性が破れると、高エネルギーゾーンから低エネルギーゾーンに向けてフロー（流れ）が発生するのです〔図表7.2、7.3〕。このようなフローをスカラー電流と呼ぶことができます。局所揺らぎは実際のところ時空そのものに生じている揺らぎなのです。

微細な場（フィールド）内で発生する勾配は人間が手と関連する共鳴同調回路を使って読み取っています。エネルギーシステムの内部で進化を遂げていくにつれて、人間はこうした勾配に敏感になっていきます。わたしたちは相互共鳴を通じて反応しています（人間は手をポインターとして使うだけで、読み取りをおこなうプロセスでは人の電磁気システム全体が活発に運動しています）。勾配のあるところには必ずスカラー電流フローが発生します。両手を使うことによってスカラー電流フローの発生を促すことができるのです（図表7.3参照）。手に存在する磁気ポテンシャルは真空密度の自然なバランス、あるいは平衡状態を破ります。これが生じると、真空内に天然の電流が流れます。このようにして、手は「フローのある」電流を生み出さずに破れの源のみを与えるのです（共鳴回路内で必要となるのは電圧源、あるいは電位源だけです）。この点については次の章であらためて考察します。

超空間で生まれる磁気的ハイパーフィールド

手で起きていること、とりわけ手と微細なエネルギー場（フィールド）の間で起きていることを理解するためには、わたしたちの存在する時空からかけ離れた世界であり、おおざっぱに言うと超空間について説明する必要があります。超空間はわたしたちの

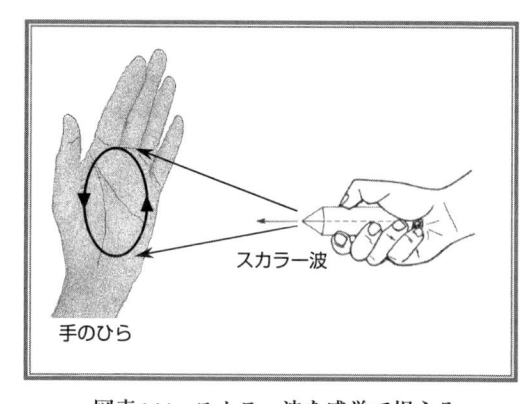

図表6.14　スカラー波を感覚で捉える

手のひらはスカラー波を感じ取ることができます。水晶の先端を手のひらの労宮付近に向けます。水晶の放つエネルギーが感じられるように練習しましょう。水晶は握っている手のひらが帯びるスカラー波を集束、増幅します。手のひらにある数々のつぼはスカラー波を受容することができます。スカラー波は神経系に到達します。神経系はスカラー波を誘導してそのエネルギーを「感知」して電磁放射に変換します。神経系・脳のネットワークはスカラー波検知にふさわしい共鳴回路を提供しています。非線形効果が生じることで手のひら付近の時空に歪みが発生し、スカラー波の漏れを生じさせます。スカラー波はそこで電磁場の基礎構造に縮小します。このスカラー波検知システムがあることによって、手は微細なエネルギーが感知できるようになります。

えば、高次元の存在であると考えられます。超空間のなかにはハイパーフィールドが存在して、その現実の範囲内で運動しています。それでもハイパーフィールドがわたしたちの生きている現実に目に見える形で現れることも考えられます。例えば、電磁場は5次元のハイパーフィールドです。この場はわたしたちの生きる3次元世界に電気と磁力という力をもった場を発生させています。さらに電磁場そのものに基礎構造、すなわち入れ子式の構造をもった仮想的な世界があると考えられます。ニュートリノ場の超空間フレームは、電磁場からかけ離れた次元世界です（巻末用語集参照）。ここまでで物質的世界とは別に存在する電磁場、ニュートリノ場のふたつの超空間的存在について触れましたが、ベアデンの説明によれば、次なるレベルは心の場（図表2.5）ということになります。

電磁場に命を吹き込むハイパーフィールド

一連の考察において大切なのは、超空間とそこに広がるいくつものハイパーフィールドが、3次元のユークリッドの空間でわたしたちが体験する出来事に対して重要な意味をもっていると理解することです。磁気は超空間と関連した現象です。つまり人間の帯びている磁場が発生する原因やポテンシャルは異次元空間に、すなわち高次元世界に存在しているのです。精神の場はハイパーフィールドに働きかけます。ベアデンは次のように述べています。

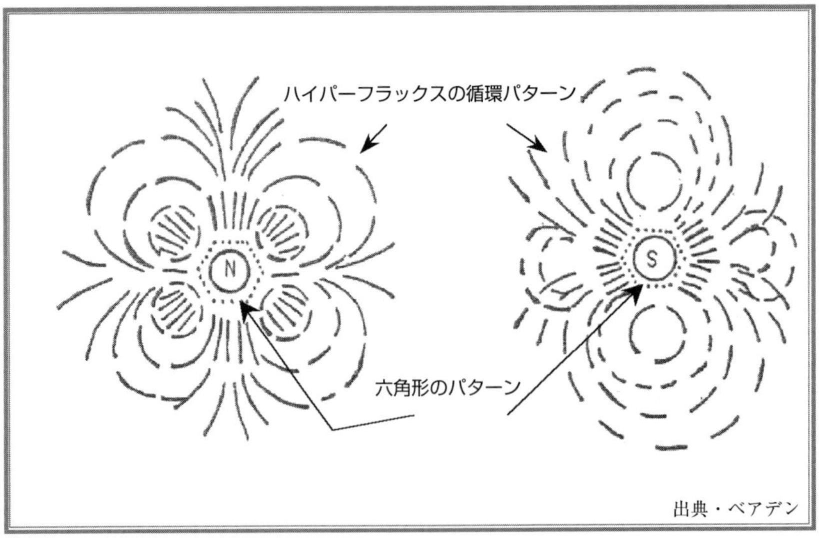

図表6.15　磁気ハイパーフラックス循環

　上の図は磁気に付随する緻密な超空間パターンを示しています。Ｎ極、Ｓ極のハイパーフラックス（流束）パターンはベアデンの『Excalibur Briefing』から引用しました。どちらも中央部分に六角形の幾何学的図形があることにご注目ください。それぞれの極がもつ場のパターンは明確に異なります。Ｎ極には渦の基本形が4つ、Ｓ極には2つ存在します。これらの循環パターンは超空間的な性質があり、準素粒子から成る高エネルギーの鎖と連携して運動しています。これらのパターンは人間の仮想的な（観測不可能な）現実において場に対する相互作用を働きます。この渦状パターンは磁気内部に基礎構造が存在している証です。磁力は仮想的な存在のさまざまなレベルにまたがって存在しています。

第6章　七色の手　その手でつかむ夢

思考パターンは磁場のハイパーフィールドに刻印されている可能性がある。思考エネルギーは「物体を取り巻く空間に存在する電磁場を縮小して物体と相互作用を働く、あるいは微細なエネルギーを磁場のハイパーフィールド流束まで濃縮することが可能である」(注29)

ハイパーフラックス検知

磁気に付随するハイパーフィールドの存在はすでに検知されています！　ベアデンは自身の著書『Excalibur Briefing』で、棒磁石の周囲を循環するハイパーフラックス（流束）の存在を突き止めたことも立証しています。図表6.15、6.17はその循環の様子を図示したものですが、その図からそれぞれの磁極が別個のヴォルテクスパターンを示していることがわかると思います。極ごとにヴォルテクスパターンが異なっています。相対する磁極が互いに異なる作用を与えているという発見（デイヴィス＆ロールズによる）は、この違いと関連しています。この作用は、それぞれの磁極で発生しているエネルギーがおこなう相互作用プロセスを通じて理解することができます。磁極は超空間で発生したエネルギーの追加、あるいは除去を促す源です。こうしたエネルギーの追加や除去は間違いなく生体に大きな作用を与えます！

同様に、磁極を取り囲むようにくっきりと浮かぶ六角形のパターンが見えると思いますが、これらは高次空間の格

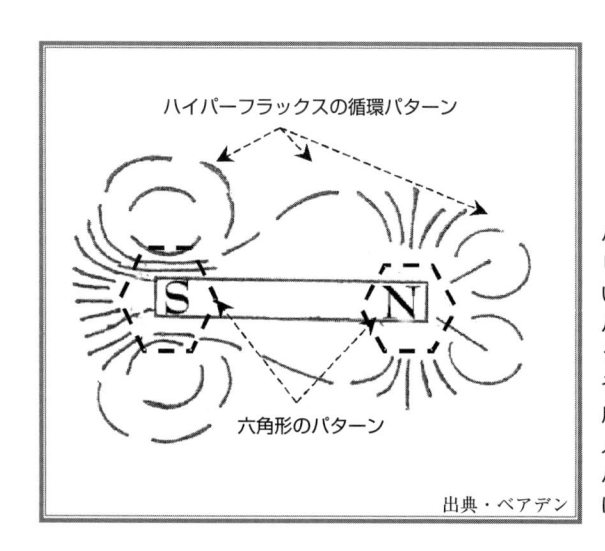

図表6.16　非対称性ハイパーフラックスパターン
ベアデンはこれらのパターンを磁場に付随する「ハイパーフィールドフラックス（流束）」であるとみなしました。図のなかで循環の流れが極どうしで対称になっていないことに注目してください。また、両極に六角形のパターンがくっきりと表れていることにも注意しましょう。これらは3次元空間以外を占有している場（フィールド）であり、そのため遭遇する仮想的な（目には見えない）現実に作用を及ぼしているのです。磁気が検知される箇所には、人間が意識的に認識できる世界の外側にこれらのハイパーフィールドが存在しています。ハイパーフィールドは微細なエネルギーと相互作用を働いています。

（図中ラベル：ハイパーフラックスの循環パターン／六角形のパターン／S／N／出典・ベアデン）

子構造の存在を示しているのでしょうか？　このハイパーフラックス（流束）の循環パターンを抱いている見方を充実させることができます。磁気の法則は全宇宙に働いているのです。

手に帯びたハイパーフラックス

図表6.17はベアデンが発見したパターンを人の手に重ね合わせたものです。図のなかで使用した手の磁極周辺を描いた挿絵はデイヴィスとロールズが発見した内容に基づいています。この図を理解するうえで印象的な点は、これらの渦状のパターンが超空間、つまり高次元を起源として、発生しているという点です。その空間のなかでそれらのパターンは他の場（フィールド）構造と相互作用を働いているのです！

類似フリーエネルギー発生機の宇宙フロー

図表6.18は永久棒磁石と人の手に見られる磁気原理に相当するものを描写しています。棒磁石はS極からN極、N極からS極への8の字型のパターンに特徴づけられます。磁石のゼロ磁場のブロッホ磁壁にも出現するのと同じ8の字のパターンです。

棒磁石は2種類の極性を示します。磁気的、そして電気的極性のふたつです。このふたつは双極子を成しています。真空（宇宙エネルギー源（ソース））からフリーエネルギーを抽出

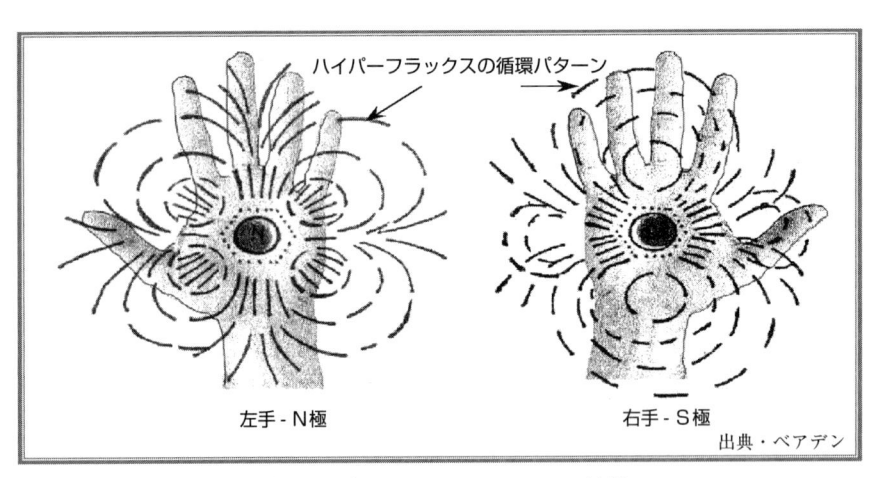

左手 - N極　　　　　　　　右手 - S極

出典・ベアデン

図表6.17　手のハイパーフラックス循環

この図は人の発している磁気に付随する緻密なハイパーフィールドのパターンを示しています。S極とN極のハイパーフラックス（流束）パターンはベアデンの『Excalibur Briefing』から引用しました。人間の手はこのハイパーフラックス（流束）パターンで覆われているのです！　この合成版の案は「手が磁力を発している」というデイヴィスとロールズの発見と「磁極にハイパーフィールドのパターンが生じる」というベアデンの概念を合わせることで導き出されています。パターンの中央にそれぞれ六角形の幾何学的図形があることに注目してください。場（フィールド）のパターンは左右の手によって異なります。N極（左の手のひら）には渦の基本形が4つあるのに対してS極（右の手のひら）にあるのは2つです。この循環するパターンは超空間的性質を表すもので、準素粒子でできた高エネルギーの鎖と連携して運動しています（図表6.15参照）。

第6章 七色の手 その手でつかむ夢

る真空エンジンを生成するためのメカニズムを構築しているのが双極子エンジンです。永久磁石の「永久」とは、現在進行形で持続しているフロー（流れあるいは流量）と真空とのエネルギーのやりとりに由来しています。磁気が多少なりとも減少すれば、自動的に無限のエネルギー源の力を借りて生成された共鳴回路が磁気エネルギーを補充します。永久棒磁石はフリーエネルギーを発生させているのです。

片方はポテンシャルエネルギー欠損ゾーンで、もう一方はポテンシャルエネルギー過多のゾーンです。本書ではS極を欠損のゾーンとして示しました。S極ではエネルギーが真空から押し込まれています。あるいは逆の見方をすれば、磁石に引っ張られています。N極ではエネルギーが磁石から押し出されています。逆の見方をすればこちらは真空に引っ張られています。この押したり引いたりの運動は真空ポンプ、あるいは真空エンジンの働きと見なすことができます。

磁気回路は時空の構造と共鳴しています。宇宙は磁気共鳴回路に絶えずエネルギーを補充しています。

磁極はそれぞれに異なる作用を生体系に及ぼします。片方の磁極は生体エネルギーを消費させ、もう一方は余分な生体エネルギーを凝集、輸送します。このように生体に対して実際に働く有意な作用が生じることから「磁気セラピー」は磁気の法則を理解してから実践することが求めら

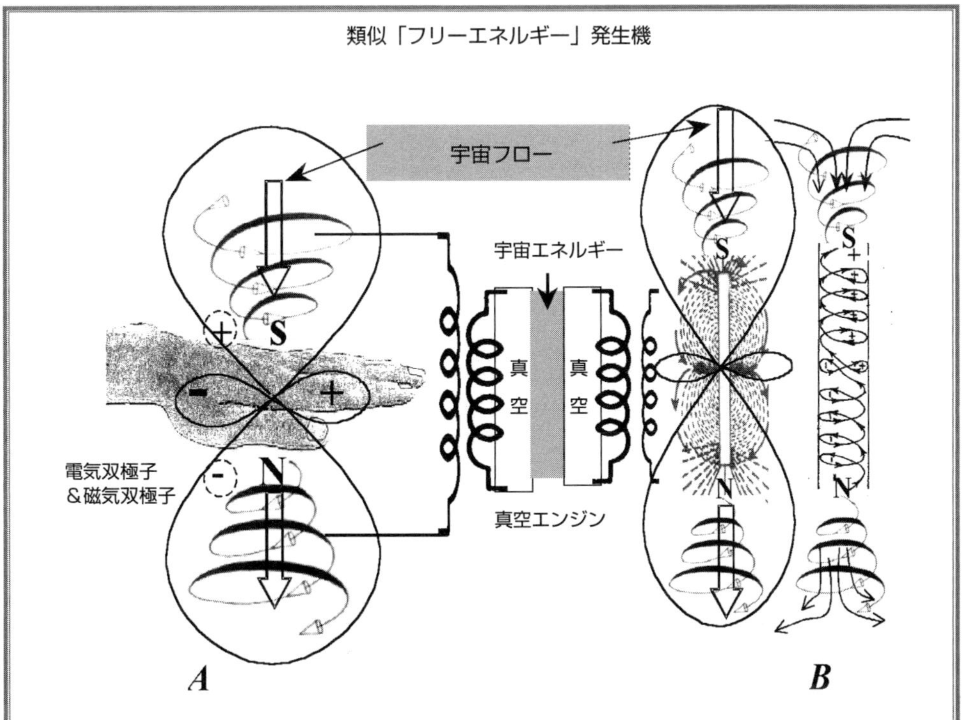

図表6.18 類似フリーエネルギー発生機の宇宙フロー

れます。とりわけ、磁極の性質を特定するうえで役立つ原理をしっかり把握することが必要です。

磁気の法則は手の周辺で働きます。左右に関係なく、片方がS極、もう一方がN極の働きをします。宇宙エネルギーが片方の手において抽入、あるいは引き入れられ、もう一方の手では放出されています。宇宙エネルギーと共鳴することで確立されています。このフローは真空の宇宙エネルギーを起源とし、光はその領域を反映しています。放出されたエネルギーは人のエネルギーシステムが帯びている周波数によって調節、パターン化を受けます。この考察がデイヴィスとロールズのによる「電磁的エネルギーはつねに人のエネルギーシステム全体を流れている」という発見と一致していることにご注目ください。

ホログラフィーによる多次元的世界の包括的な捉え方

本書では全編を通じて、人間は多次元的存在として機能していること、そして超空間と作用しあう天賦の才をもっていることを前提としています。電磁気は5次元の世界を起源とし、光はその領域を反映しています。5次元はさらに高次の空間とつながっています。

人間が本質的にもっている電磁的性質は幾何学的複合構造から成る高次空間を起源としています。光は5次元の世界を反映しています。

人の生物学的プロセスの土台となる超空間的側面を意識する必要はありません。その側面とは、例えばスカラー・量子バイオフォトン通信システムの働きですが、意識せずとも、その側面は確実に存在し、見えない世界で音もなく活動しているからです。わたしたちの世界と並行して存在する別の世界を意識的に認識することがないかぎり、脳はこの3次元の時空概念にわたしたちを限定するように働きます。超空間的存在としての性質と能力を理解するためには、3次元的感覚で物事を捉える世界観から脱却する必要があります。「宇宙はホログラフィーが投影されたものです」と唱えるのは、目に見えるものが現実ではないという意味ではなく、高次元空間で生まれたものがそっくりそのまま投影されたものが宇宙だということです（それでも、アインシュタインならばそれをしつこく居座りつづける幻想と呼ぶのでしょうが）。幾何学的複合構造から成るこの高次空間から見れば、人間のいる4次元世界（時間を含める）はその構造の一部にすぎません。8次元の世界から見ると、4次元のすべてはつながっています。非局所性、つまりわたしたちの空間において居場所に関係なく瞬時に通信をおこなうという複雑な問題は、8次元的視点から見ると容易に理解することができます。その視点とはつまり、わたしたちがいるこの空間は、いくつもの部部がつなぎ合わされてできたものであり、さらにその周囲を、存在可能性のあるいくつもの異世界が取り囲んでいる、とする見方です（注30）。

第6章　七色の手　その手でつかむ夢

ここまでを要約すると、わたしたち人間のもつ各システムは、超空間的波動や信号とやりとりを自然におこなっている、ということです。

人間のハイアーセルフは、これらの複素空間に存在しています。わたしたちの自己とその各システムは、超空間のインターネットを移動する信号を通じて連絡を取りつづけているのです。当然、調節や復調といったさまざまな信号処理がその過程で発生します。人と人とのつながりには相互作用が介在していると理解するには、最初に高次元の観点に立って世界を見つめる必要があります。

手は他の次元とつながって働く装置です。人間はホログラフィーで相互接続されたシステムを備えた存在であり、一体となったエッセンスの内側からつねに機能しています。

第7章

多彩な相互作用

隣り合う生命の網の目に触れる

想像力は知識以上に重要である。

アルベルト・アインシュタイン

ここからのねじれ率場に関する考察はあまりに空想的で現実離れしたものに感じられるかもしれませんが、そこである意図を明確にします。以下に外部ねじれ率場テクノロジーの存在について述べていきますが、そこである意図を明確にします。それはつまり、外部ねじれ率場テクノロジーの存在は、わたしたち人間が内的テクノロジーを備えていることを示唆するものとして役立つということです。内側にあるメカニズムに気づき、それを呼び覚ましていくにつれて、この内的テクノロジーが現実のものとは思えないほどすばらしい可能性を秘めていることが実感できるようになります！ わたしたちはねじれ率場のトランシーバー（放出エネルギーのレシーバー）なのです。20世紀最高のSF作品は理論時代のはるか先を行く物理学の概念をもとにして描かれていたということです。

精神の場(メンタル・フィールド)のコネクタ

現代の学者たちは意識から成る精神の場(メンタル・フィールド)がねじれ率場と

相互作用を働いていると示唆しています（注1）。そして、ねじれ率場は電磁場を通じて物理的現実へとつなぐコネクタの役割を担っています。ねじれ率場が相互作用によってさまざまな効果をもたらしてくれていると納得できるようになれば、より詳細な研究を重ねることによって、この相互作用の存在が、多くの人に受け入れられる可能性も開けてきます。わたしたちは電磁場と重力場の古典論の存在は知っていても、ふたつの場の関連性についてはあまり知りません。ねじれ率場は近年、物理学界で議論の的となっています。この場は「統一場」と呼ばれ、アインシュタインはその研究に打ち込みました。

ねじれ率場テクノロジーはかれこれ10年以上にわたってロシア国内で研究されているとする説があります。西側諸国ではベアデンがスカラー波テクノロジーについて言及しています。ねじれ率場とスカラー波は同義語のようにも思えますが、それぞれに地球上の異なる地域を発祥地としています。近年の出版物ではねじれ率場が広く取り上げられていますが、なかにはアクシオン場やスピン場という名での記述も見られます。近い将来、これらの概念の統一を可能にするような定義上のガイドラインが生まれるでしょう。

スピンとらせんが場(フィールド)を創造する

どうやらねじれ率場というものは、スピンという運動の

第7章　多彩な相互作用　隣り合う生命の網の目に触れる

もつ特徴がもたらしているようです。回転、あるいはスピンという運動は、原子から星、果ては星雲に至るまで、あらゆる物体の特徴です。回転体は空間内部の真空、つまり時空の下地となる構造そのものに乱れを生みます。この乱れは情報を伴って超光速で移動していきます。物体は個々の粒子のもつスピンのパターンがひとつの集合体として重なり合い、まとまってできています。集合体の乱れはその物体特有の干渉縞を周囲に生み出します。

これらのパターンの実態は極度に細分化された情報場であり、物体全体にまつわるすべての情報を網羅しています。場のどの部分を用いても物体全体に関する情報を明らかにすることができます。この場はホログラフィックな性質をもち、つまり、どの部分にも全体についての情報が詰まっているのです。

スピンや回転運動と関連があるのが渦の動き、つまり回転しながららせんを描くパターンです。このパターンは真空という名の背景布の内部に存在していると考えられます。例えば、地球は自らがらせん状に回転して描く渦のなかに存在すると同時に、地球のヴォルテクスは太陽が生み出す巨大な渦によって押し流されています。惑星系の運動は太陽が生み出すヴォルテクスパターンによって維持、統率されています。このような概念は自然について、あるいは重力や磁力の発生について新たな発見を促してくれます！　現実というものに説明を加える概念はひとつとは限らないのです。

情報相互作用

情報、あるいはねじれ率場は相互作用を受けます。この場（フィールド）との相互作用が起きることによって物体の物理的性質が変化する可能性があります。

人体を取り巻いているオーラのことをロシアの研究者たちはねじれ率場と呼んでいます。ベアデンは人のオーラをスカラーオーラと呼んでいます。これはオーラがスカラー波の干渉縞によって作り出されているためです。

ねじれ率場は相互作用、つまり情報のやりとりをおこなうことで知られています。興味深いのは、相互作用が超空間的に、つまり一般的に抱いている時空という概念の外側で発生する点です。脳機能の新たな捉え方として、脳はねじれ波のトランシーバー（レシーバー兼発信機）であるという見方があります（スカラー波の変換機という考え方と似ています）。これらの見方はどれも、わたしたちが多次元的な性質を備えた存在であるという考えを押し広げてくれます。

ねじれ率場はエネルギー移動を伴うことなく情報パターンを伝達する場（フィールド）として知られています。この領域が人対人のつながりにおいてわたしたちがおこなっている相互作用のしくみを理解する助けとなることがきわめて明白になってきています。人間が自分自身の利益となるように、さらには人類全体のために物理的現実を変えることができ

ということを理解するうえでもねじれ率場は役立ちます。

あなたの手のなかには磁気のハイパーフィールドと、さらには超空間のねじれ率場が存在します。この場のたぐいまれなる驚くべき性質はすでに科学的な証明が進みつつあります。わたしたちはもはや、自分たちがもっている超空間的電磁的性質を無視することはできません。ねじれ率場は微細なエネルギーへと相互作用を通じてつながる超空間的一次リンクです。あなたがご自身の手の虹で他人の手助けをするとき、相手の方とのつながりを築く土台となるのがねじれ率場なのです。

手は微細なエネルギーを検知する

図表7.1ではスカラーポテンシャルと勾配の概念を説明しています。4面体の4つそれぞれの頂点は、真空内、あるいは宇宙格子（ラティス）内の平衡状態にある背景部分に局所擾乱（じょうらん）が生じていることを示しています。この4点は、媒質の内部に別々のエネルギーの揺らぎが築かれていたことを表しています。4点はひとつの集合として形を生み出します。その幾何学的図形はわたしたちがいる空間において特定の性質、特徴や機能に変換されます。エネルギー密度の差異として定義されるこの図形の各点は、それぞれの間にスカラーエネルギーのフロー発生を可能にします。このエネルギーの高低差こそがエネルギー密度に勾配を生み、フローの発生を促すのです。

図表7.1　スカラー4面体構造
Aの4つの点はそれぞれ真空の対称性・調和状態の内部で個別に発生する揺らぎを表しています。これらの揺らぎは各地点で発生したエネルギー密度に対する干渉と解釈することもできます。こうした揺らぎから生み出されるのがスカラーポテンシャルです。点どうしはひとまとまりの集合としてあるパターンを表しています（図B）。これが安定した基本波の4面体の形です。4点間に生じる値の差、すなわちエネルギー密度の相対的差異はこの媒質内に構築される勾配となり、勾配はスカラー電流のフロー（高い箇所から低い箇所への流れ）、つまり振動を伴った定常波となって現れます。スカラーのフロー（流れ）は各点を結ぶ導管（チャネル）を生み出します。これらの導管は光や電磁波の音波の通り道として役立ちます。（注24参照）

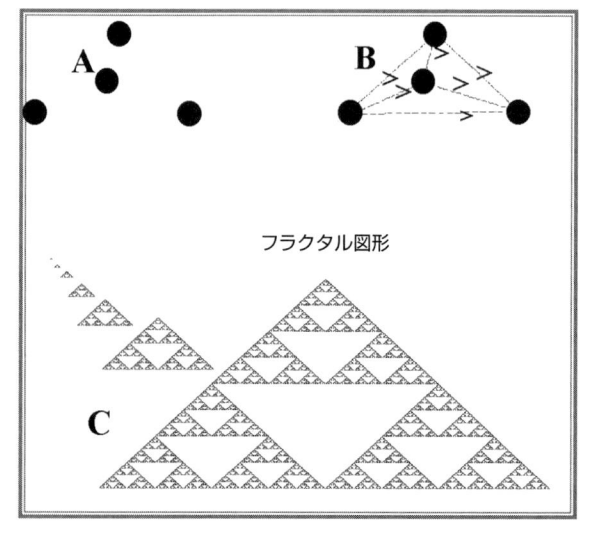

第7章　多彩な相互作用　隣り合う生命の網の目に触れる

図表7.1の4面体はその下に記された自己相似構造、いわゆるフラクタルの内部に見ることができます。この構造体は顕微鏡レベルから肉眼レベルまで、幅広い規模のものが存在すると推定されます。この構造内部が共鳴状態にあるということは、他の次元とつながっている幾何学構造体を同調しているということです。完璧な内部対称性を生み出すことによって、このフラクタルは細胞間の交信と情報のやりとりを可能にします。真空内においてこのような相似構造は安定と対称性、そしてバランスを表しています。同様に人のエネルギー場の内部においてもこうした構造体はバランスの取れた状態を表しています。

格子(ラティス)の形状は「知性によって指揮された光の調和的波形が集合してできた幾何学的模様である」と説明することができます(注29)。同調のプロセスは幾何学的模様、そして幾何学的構造をもった各細胞間に共鳴状態を発生させることなのです。光と音は格子(ラティス)全体に広がっていきます。幾何学的構造と光、音はすべて調和的に関連しあっているのです！

第6章では、手が真空内の勾配を生み出すとともに、それに対して反応もしているという概念をご紹介しました。勾配はパラメータ、すなわち異なる2点における値の差異によって発生し、そして、真空内のスカラーポテンシャルはその地点において発生したエネルギー密度の局所揺らぎと理解することができると述べました(図表6.6参照)。勾配が生じている箇所には必ず何らかの形でスカラー電流のフロー(流れ)が生じています。両手を一緒に使うことでこのスカラー電流のフローを生み出すことができます。スカラー定在波は両手の間に、つまり微細な(超空間的)領域内に振動を引き起こします。これらの波は発生源から組み込まれている周波数とパターンから成る緻密な基礎構造をもっています。こうした波は経路内に流れ込むと、極超音速の(超音波の)作用によってエネルギーの流れが淀んでいるチャネルを浄化していきます。スカラー波は電磁気の音波です(これらの概念は図表7.2、7.3、7.4で説明しています)。根本的に音、光、幾何学的構造体はすべて調和的に関連しあっているのです！

人の手について考察する場合もプロセスは同じです。な

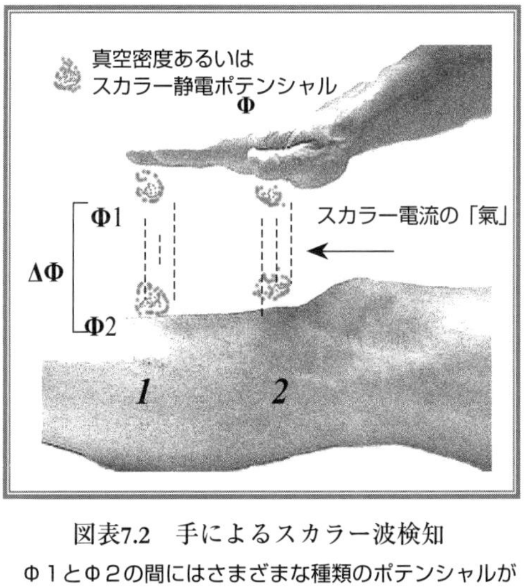

図表7.2　手によるスカラー波検知

Φ1とΦ2の間にはさまざまな種類のポテンシャルが混在しています。上記の通り番号1と2の箇所を例に説明します。1と2のエネルギーの差異が仮想的現実(ヴァーチャル・リアリティー)内にスカラー電流のフロー(流れあるいは流量)を引き起こします。手と神経系は高性能スカラー波検知機と化します。手が微細なエネルギー場(フィールド)を移動していくにつれて、相互作用によって手に物理的感覚(これが検知のしるしです)が生じてきます。手と脳は総合エネルギー変換機(検知機兼放出機)なのです。

ぜなら、磁場が真空の局所密度を変化させているからです。各地点において通常生じている局所対称性を変化させることで、エネルギーの高いゾーンから低いゾーンに向かってフローが生じます。このフローをスカラー電流と呼ぶことができます。ここでもやはり、真空内の局所揺らぎが実際は時空そのものに対する揺らぎであると考えられます。

微細なエネルギーの場（フィールド）のなかで生じる勾配は、手だけではなく関連する共鳴同調回路を用いて読み取ることができます。わたしたちのもつ多次元的な本質が相互共鳴を通じてやりとりを可能にしているのです。

手はポインタにすぎず、読み取りのプロセスには人という電磁的システム全体が活発に稼働しておこなわれています。

最も特異な科学的実体──ねじれ率場

光でできた2本のレーザービームがお互いを引きつける、あるいは反発しあう。磁石のようにお互いを引きつける、はじきあう。どうしたらこのようなことが起こるのでしょうか？ 通常の力（フォース）の概念ではこれらの現象は説明がつきません。答えは以下の考察のなかにあります。

図表7.3　スカラーフローを誘導する
両手からはスカラー電流のフロー（流れ）を誘引するポテンシャルが発されています。この電流は媒質のなかに自然な形で構築することができます。スカラー波は緻密にパターン化された周波数から成る基礎構造をもつ電磁波の音波なのです。この音波は一種のハイポテンシャルな超音波の作用下で開く経路まで浄化していきます。同様に、ハイパーフィールドが微細なエネルギーに与える効果は生命をもたない障害物の 場（フィールド）を浄化します。これがねじれ率場の効果です。

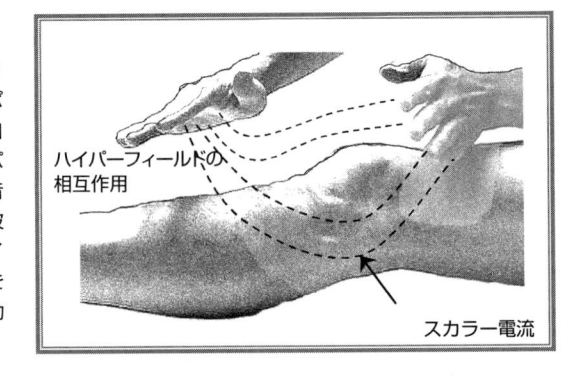

ハイパーフィールドの相互作用

スカラー電流

理論的概念を復活させる

人と人とのつながりの根底にある超空間の不可視的な相互作用を理解するために、ねじれ率場として知られている特異な存在について考察を続けましょう。ねじれ率場に関する考察は、古くは1900年代初頭から理論的文献のなかでおこなわれてきました。しかし、この場の存在は古典物理学の世界ではほとんど無視されていました。

アインシュタインの唱えた力学では、ねじれ率場がおこなう相互作用の存在は考慮されていません。この事実の重大性を見過ごすわけにはいきません。なぜなら、ねじれ率場は今日、アインシュタインの唱えた統一場であると見なされているからです。

「ねじれ率場」の名前を表題に冠した大がかりな調査プロジェクトが、ロシアの複数の研究グループによって数十年にわたっておこなわれてきました。アキモフの報告によれば、今日では世界じゅうの雑誌などの定期刊行物のうち、合計1万件以上の刊行物がねじれ率場に言及しているそうです。この領域をテーマにした研究のねじれ率場の大元となる論文の執筆者数は100人にのぼりますが、ねじれ率場の専門家の半数がロシアで研究をおこなっています。アキモフは世界初のねじれ率場発生機が1980年代にロシアで開発されたと明かしました。開発はロシア人科学者たちの手によって広範な研究機会を目的に進められ、その結果、数々の実験と実用化が進められてきました。数名のロシア人科学者

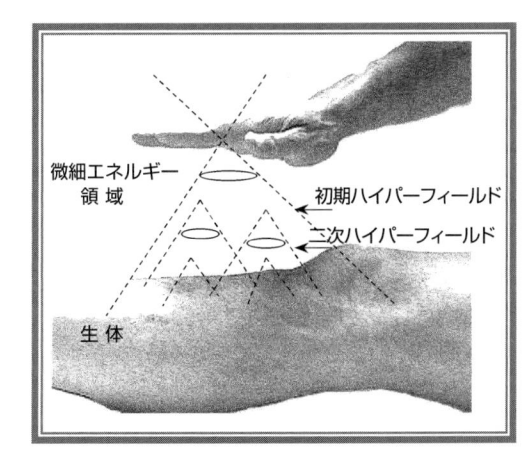

図表7.4 手とハイパーフィールドの相互作用

手が発している3次元的エネルギーはありふれた形で生体と相互作用を働いています。生体の土台となるのが情報場（バイオフィールド）と微細なエネルギーです。このふたつの存在は非従来的な場、つまりハイパーフィールドとの相互作用の影響を受けています。素粒子よりも小さい仮想的な粒子から成る高エネルギーの糸が一次らせん場、そして二次らせん場を形成し、微細なエネルギーに影響を与えています。スピン・ねじれ率場は超空間的な場です。これらの場は情報場の修正に作用することで、最終的に生体レベルに変化をもたらします。

の証言では、ねじれ率場発生機は通常の物理学では考えられないような現象を惹起すること、そして同じようにいまだかつて見られなかった新たな現象を巻き起こすことが可能だといいます(注2)。今日ではこのねじれ率場はさまざまなメソッドによって検知可能です(注3)。

遍在する場(フィールド)

なぜねじれ率場は現代の議論の的になっているのでしょうか？ それはこの領域がすべての電磁的現象と関連しているからです！ 考察を進めていくにつれて、ねじれ率場が非常にたぐいまれな実体であることが明らかになってくるでしょう。ねじれ率場とはすなわち、微細なエネルギー場(フィールド)と同義なのです。

わたしたちは多次元的特徴と超空間のエネルギー源(ソース)をもつ電磁的存在です！ そのため静電場、磁場、電磁場をはじめとする場(フィールド)を生成しています。これらの場は手や心臓、脳からはっきりと検知されています。これまでくり返し述べてきたとおり、電磁気は5次元空間をその源にもっていることから、電磁的存在である人間は、高次元的、超空間的性質が現れた存在でもあると言えます。その超空間的本質として宿っているのが、研究者たちがねじれ率場と呼んでいるものなのです。物体も生き物もみなねじれ率場を帯び、生成しています。これらのねじれ率場は相互作用の影響を受けています。

以下の発言はおそらく、わたしたちがおこなっている科学的考察の根幹を成すとともに、微細なエネルギーが引き起こしている現象と情報場に対する理解に大きな示唆をもたらすでしょう。わたしたちは次にご紹介する重大な事実について明確に把握しておく必要があります。ナチャロフが自身の論文「Theoretical Basis of Experimental Phenomena」(仮題「実験的現象の理論的根拠」)のなかでその事実をこのように強調しました。

「電場-ねじれ率場間の相互作用理論の枠組みにおいては、空間の領域内に静電場、あるいは電磁場が存在している場合、同領域内に必然的にねじれ率場が存在している。静電場、あるいは電磁場はねじれ率場という要素なしには存在しないのである」(注3)

アキモフとタラセンコも同様の発言をしています。

「構想計画を練る段階でねじれ率場には必ず電磁気の出現が伴うことを想定しておくことは大多数の初歩的、そして応用的問題を解明するうえできわめて重要である」(注4)

発生源についての理論的根拠

スピン、すなわち角運動量と波の干渉によってねじれ率場は発生します。すべての粒子はある軸を中心にスピン、

あるいは回転運動をします。らせん状の動きが顕微鏡レベルから肉眼レベルまでのあらゆる規模で観察されます。光を捕捉しているのは素粒子のスピンです。重力場と電磁場というふたつの初期場の存在は広く知られており、これらの場は長期的な作用を及ぼします。第3の場であるねじれ率場も長期的に作用しますが、その性質は先に挙げたふたつのそれよりもはるかに「緻密な」ものです。ねじれ率場のもつ特異な性質は次のとおりです（注5）。

・ねじれ率場の伝播速度は最低でも10の9乗×c（真空内で光速〔c〕の100万倍速く伝わる）
・ねじれ率場は未来だけではなく過去にも情報を伝播する
・ねじれ率場は情報を膨大な距離を超えて伝送することができる。その際にはエネルギーのやりとりを必要としない
・ねじれ率場は周波数を修正しながらレーザー光と相互作用をおこなっており、水晶に作用を及ぼすことができる

天文学的見地から

先に挙げたふたつの特徴を科学的に立証しているのがロシア人科学者ニコライ・コズイレフの研究であるとナチャロフ＆ソコロフは説明しました。コズイレフの興味をかき立てる発見の数々は、望遠鏡を用いて何度も観察をおこなうことで得られました。コズイレフは金属製のふたを閉じている場合でも星々から届く信号を記録することが可能だったことに注目しました。金属製のふたは通常の電磁波は遮るものの、スカラー波やねじれ波を遮断することはで

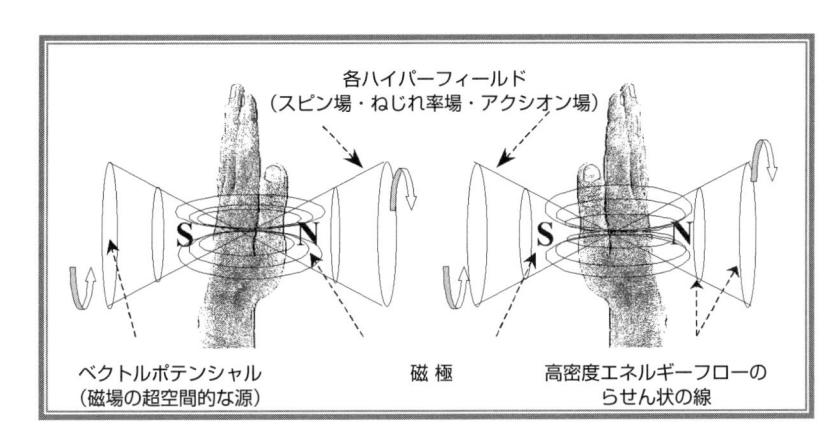

図表7.5　手のねじれ率場

手にはスピン場・ねじれ率場・アクション場が存在します。電磁場が存在している箇所には必然的にねじれ率場が同時発生します（アキモフ、タラセンコ＆ナチャロフの研究による）。わたしたちの意識的認識の外側で起きていることではありますが、ねじれ率場は人間のもつ多次元的現実の側面のひとつであり、個人のエネルギー体が宿っている領域や次元に作用を示します。相互作用は無意識レベルで発生しますが、これらの場（フィールド）は意識的な思考と集中的に注がれた意図の指揮を受けています。電磁的現象はすべて、目には見えない仮想（ヴァーチャル）的なハイパーフィールド、つまり5次元以上の世界を起源にもっています。人間の多次元的存在としての本質は、手に宿る緻密な構造にすべて反映されています。事実、手は人の存在全体をホログラフィックに表す道具と言えるのです（注25参照）。

きないのです。

このことは電磁波である光が金属では遮断不可能な成分を備えていること、つまり光はその基礎構造に超空間的成分をもっていかなくてはいるものの、その成分は3次元空間には伝播していないことの現れなのです。

金属製のふたで超空間的成分を遮断すること、あるいは通さずにいることはできません。通常の電磁波であればそれは可能です。コズレイフはさらに特定の星からの入射光について望遠鏡を異なる3つの地点に設置しました（注3、4、5、6）。

- 入射光が目に見える地点

これは過去に発生した光であり、物理的時間をかけて距離を移動してきた光です。

- 天文学的定義における星の「本当の」位置

ここでは記録された信号は右の項の光よりもかなりはっきりしていました。同一の星から放たれた光がこの地点で記録されたことから、星の放った光は光速の数十億倍という速さで届いたと解釈されました。つまり、光信号は望遠鏡に達するのに時間を必要とせずに「いまこの瞬間」に届いたのです！

- 星が目に見える位置とは対称的で、本当の位置とは相対的な地点

この事実は星の未来の地点から入射信号が届いたと解釈されたのです！

望遠鏡にふたをしたときもこれとまったく同じ結果が得られました。望遠鏡に届いた信号光は、超空間的信号を帯びていたのです。こうした観測結果はすべて、ねじれ率場の存在を示すものとして解釈されました。

ねじれ率場と関連のある超常現象

ソコロフとナチャロフの説によると、さまざまな超常現象がねじれ率場の出現との関連を示す理論上、そして実際的な理由が存在するといいます。ナチャロフはこう述べています。

「ねじれ率場発生機の存在は、いわゆるサイキックの人たちが披露するあらゆる現象の再現を可能にするだけではなく、これまでにどんなサイキックにも示すことのできなかった効果を可能にする」（注6）

ナチャロフ&ソコロフは、キルリアン写真を用いて目に見える形で観測されるものがねじれ率場であると記しています。この場はサイキックに見えているものでオーラと呼ばれているものと同じ場です。ねじれ率場あるいは微細なエネルギー場（フィールド）は統一場であると考えられてきたことから、「オーラ」あるいは微細な場（フィールド）は統一場であると解釈することができます（注7）。このことから、微細な場（フィールド）内の状態は、理想的な電場、磁場、重力場、そしてスピン場が蘇生状態、

第7章　多彩な相互作用　隣り合う生命の網の目に触れる

つまり調和した状態であると考えられます。外部のねじれ率場が微細なエネルギーでできた統一場と相互作用を働いているとき、内部を調和して流れる力は分極効果を発生させてまとまりを失っていきます。

つまり、平衡状態、あるいは人の微細なエネルギー場内の統一場について論じるということは、幾何学のバランスについて論じることにほかならないのです。微細な場の形状に働きかけることが内部の力に平衡をもたらしバランスの取れた統一状態に戻すのに役立ちます。

これは基礎構造を不調和な状態に保ってきた場内部の分極領域を働きかけによって減少させる、つまり充電をおこなっています。全体のプロセスは幾何学的配列を整える超次元的活動なのです。

あらゆる物体のもつねじれ率場的特徴

すべての物質、生物と無生物は特徴的なねじれ率場を有しています。原子と素粒子のスピンが完全に重ね合わされ、あるいは追加されていってひとつの集合としての場が生まれます。この場こそが個々の粒子を取り巻く空間に存在するねじれ率場の強度と性質を決定しています。このことは物質・物体を一体のものとして取り巻く空間にも当てはまるので、すべてのスピン場の重ね合わせが生じるのです。

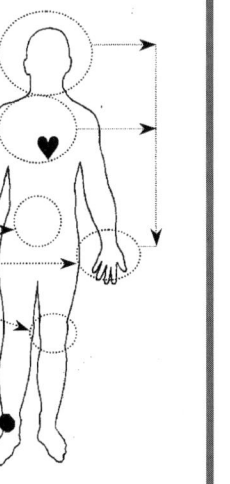

図表7.6　肉体のねじれ率場

検知可能な電磁場の主要な発生源となる心臓と脳はねじれ率場とスカラー波を発生しています。肉体全体が独自のねじれ率場（ベアデンはスカラーオーラとも呼んでいる）を生成し、この場はホログラフィーの機能によって生体組織全体の詳細情報をつねに保有しています。ねじれ率場はその基礎構造のなかに詳細な情報マップをパターンとして搭載しているのです。ねじれ率場は他のねじれ率場に自分の空間的位相を知らせています。手にあるねじれ率場は心臓と脳のパターン（感情と意図）によって状態を修正されています。ねじれ率場は特異な性質をもった超空間的現象と言えます。（注29参照）

つまり個々の物体・物質にはその幾何学的形状に基づく独自の空間的位相を伴ったねじれ率場が存在するということです。物体のねじれ率場を変えれば、物体そのものの形状に変化を加えることができるのです！

ねじれ率場の構造は、外部のねじれ率場、すなわちスピン-スピン相互作用によって変更（修正、作用、刷り込み（インプリント）、分極化）を加えることができます。物体のねじれ率場は新たな位相（分極状態）を帯び、この新たな位相は外部のねじれ率場の発生源が削除されたあとでも原形を保っています。

ねじれ率場の効果──DNAファントム効果

この現象の一例がDNAファントム効果です(注8)。この実験では、試験容器に入れていたDNAサンプルを取り除いたあとも、光は最前までDNAサンプルがあった辺りの領域に対して、まだDNAがそこに存在しているかのように相互作用を続ける、という結果が得られました。このときDNAのねじれ率場は真空状態の内部で分極を引き起こしています。

真空分極はDNA構造を完全に細分化したパターンです。このパターンは物理的真空内に取り残され（準安定状態となって）、一定の時間、留まります。ねじれ率場という分極化したパターンはそこから光と相互作用状態に入るのです。

わたしたちの理解では、物理的現実はその完全なコピーを真空内に備えています。物理的真空内で構築されるパターンの法則に関する優れた考察がアレックス・カイヴァラインネンの研究のなかに見られます。カイヴァラインネンは物理的真空と物質と場（フィールド）の包括モデルを提示することで、あらゆる超常現象、非局所的情報場の存在のみならず、全体性と自己組織化の法則をも説明しています。

これはつまり、一定の空間的位相、すなわちパターンから成る場（フィールド）は物体や生体だけではなく、そのもの自体に記録を内蔵する物理的真空にも記録されている可能性があることを意味しています。物質のスピン状態に変化を加えることによって、帯びている電気的性質や磁化可能性、熱伝導をはじめとする性質も変化させることができると考えられます(注10)。

位相転換

物理的構造を変化させるうえで外部ねじれ率場が発揮した相互作用の効果の劇的な例は、次に記す実験でナチャロフ＆ソコロフが提示しました(注11)。このふたりのロシア人研究者は、Yu.V. Tshzyan Kanchzhenが開発したねじれ率場発生機を使うと生物の特徴を変えることとの説を打ち出しました。このような装置が実在するのか、あるいはこのような実験が本当におこなわれたのかどうかを確かめることはできません。しかしながら、この概念や発

第7章　多彩な相互作用　隣り合う生命の網の目に触れる

想には興味をかき立てるものがあることは指摘しておきたいと思います。そのプロセスの原理原則にわたしたちの理解との関連が見られるのです。

送信用と受信用の部屋を備えたねじれ率場発生機があると仮定してみましょう。提案実験において、送信室には一羽のアヒルを、受信室には一羽のめんどりを入れるとします。このような状況設定で、めんどりはアヒルのねじれ率場を受信することになります。送られてきたねじれ率場に数日間さらされることで、めんどりは足に水かきができ、アヒルのようなくちばしが生えるなど、アヒルの身体的特徴を帯びはじめるようになると考えられます。

いまご紹介しているのは、ねじれ率場を応用して物理的状態に変化を起こす未来工学です（ベアデンが呼ぶところのスカラー波テクノロジー）。これによって、物理的現実の形成、変更、修正をねじれ率場の相互作用を通じておこなえるようになるのです！　先の例では、めんどりのパターンを定義している情報場にアヒルのパターン形成の「充電」をおこないます。充分な時間をかけてアヒルのもつ外部ねじれ率場の影響力にさらされることで、めんどりの情報場が再パターン化され、結果として、めんどりの物理的構造は新たな特徴を帯びていくことになります。情報・ねじれ率場にめんどりのパターンが充電されていくことで、めんどりの肉体は時間の経過とともに自らを再構築し、情報場内部から読み取れる修正点に同化させていくのです。

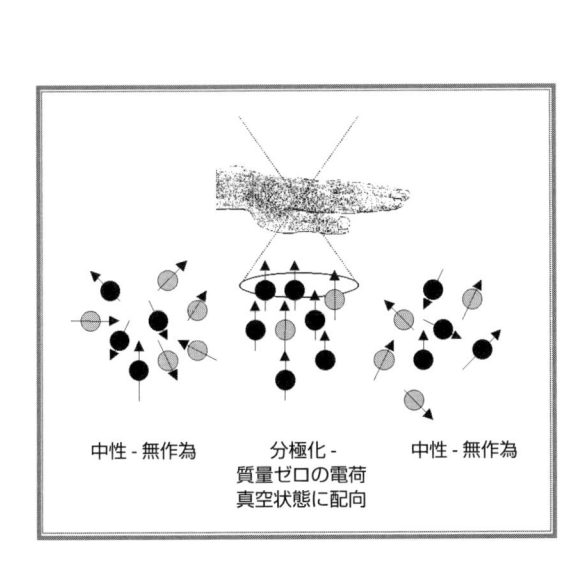

図表7.7　真空分極

手のスピン場・ねじれ率場のハイパーフィールドは真空の電荷を帯びていない調和状態に乱れを生じさせます。分極の与える効果は単純に質量ゼロの選択配向をおこなう以上のものがあります。情報の完全なパターンが真空の状態をミラーリングする手へと伝わります。これは一種の共鳴のパターンです。このパターンによって情報を運んでいる微細なエネルギーとの相互作用が起こり、非局所的な影響の発生する可能性があります。（注30参照）

図表7.8　物体のねじれ率場

現実は微細な初期場の投影

この考察から、物理的現実は微細な初期情報場が投影されたものであるとしても過言ではありません。これらの場（フィールド）構造は、相互作用をはじめとするさまざまな影響力や変化に左右されています。最終的にこれらの微細な場は、物理的現実を形成する際に素粒子を誘導する微細なパターン、すなわち情報ベースを提供してくれます。無線信号で海上の船舶を誘導し操作するのと同じ要領で、「微細な」情報場、そして微細なエネルギーそのものが物理的現実が現れるパターンを誘導し、わたしたち人間はその表れを日頃見ているのです！ 物理的変化が効果を表すためには、ねじれ率場が微細な情報場（フィールド）のパターン形成を変更する必要があります。なぜならこの場（フィールド）は事実上の物質のブループリントだからです！ これこそが先のアヒルの事例で起きていることです！

しかしながら、たとえたちどころに、あるいは目に見えるような効果がなくとも、ねじれ率場はつねに相互作用をおこなっています！ 劇的な変化が物理的現実に生じる必要はありません。相互作用の微細な効果が微細なエネルギーの場（フィールド）内部で、そして量子レベルで生じています。ベアデンによれば、仮想的な（ヴァーチャル）（目には見えない）パターンが微細な場（フィールド）内に配列されると、このパターンは誘因、あるいは充填（じゅうてん）が可能だといいます。個人がこのパターンに充分なエネルギーを加えると、量子閾値を突破した仮想パターンが物理的に実現するのです。

ねじれ率場は共鳴相互作用を生む

ねじれ率場はいかなる体系のエネルギーにも変化は加えませんが、波動関数の位相に働きかけることによって関連する体系に情報を伝達しています。例えば、生体細胞と生物学的プロセスは地球磁場にある極微量の電磁場と揺らぎも敏感に感知することで知られています。

従来の電磁理論ではこれらの低次電磁場が生物学的作用に及ぼす影響を説明することはできません。しかしながら、生体の電磁場にねじれ率場に相当するものが存在することを考えてみてください。ねじれ率場による相互作用こそが情報を伝達する小規模のねじれ率場に影響を受けているのです。このことは外部のねじれ率場に影響を受けているタンパク分子内のイオン（粒子と同様に電荷を帯びている）を用いた実験で観察されました。このイオンは共鳴に似た状態を示しながら外部の場（フィールド）に反応していました（注12）。タンパク質イオンへの生物学的影響は量子レベルでのねじれ率場の干渉効果から生じているのです。

形に対する共鳴

共鳴作用は電荷を帯びていないねじれ率場からも起こります。ロシア人研究者たちは物体のなかでも特定の

第7章　多彩な相互作用　隣り合う生命の網の目に触れる

幾何学的性質と形状に沿った物体は生体と共鳴作用を生み出すことを突き止めました（注13）。調査対象となった形状にはピラミッド状、円すい状、円柱状のもの、三角形や尖頭形、半球形のものがありました。その結果、幾何学的特質を備えた物体のうち黄金比率（1対0.618）に沿ったものはいずれも電荷を帯びていないねじれ率場発生機であると考えられることがわかりました。

電荷を帯びていないねじれ率場は物質的真空内に分極化干渉を生み出します。分極化のパターンには真空から仮想的な力を引き起こし、この力は生体系と相互作用をおこないます。物質のもつ性質のうち、ねじれ率場の生む影響力に対してオープンなものはスピンです。スピンは真空状態のなかに構築された仮想的な物理的プロセスの渦と関連していますが、ねじれ率場はいかなる物理的プロセスの速度も変化させることができます。例を挙げると、ねじれ率場は水晶発振周波数を著しく変化させることが実験によって確認されています（注14）。

磁気はねじれ率場を生成する

自然物体のうち、いかなる物質的存在にも作用するのが永久磁石です。磁石は物体であれ生物であれ、無生物であれ磁化不可能な物体であっても作用を及ぼすことができます。ではどのように？すべての永久磁石は独自のねじれ率場を備えているのです。この発見はロシア人科学者A・

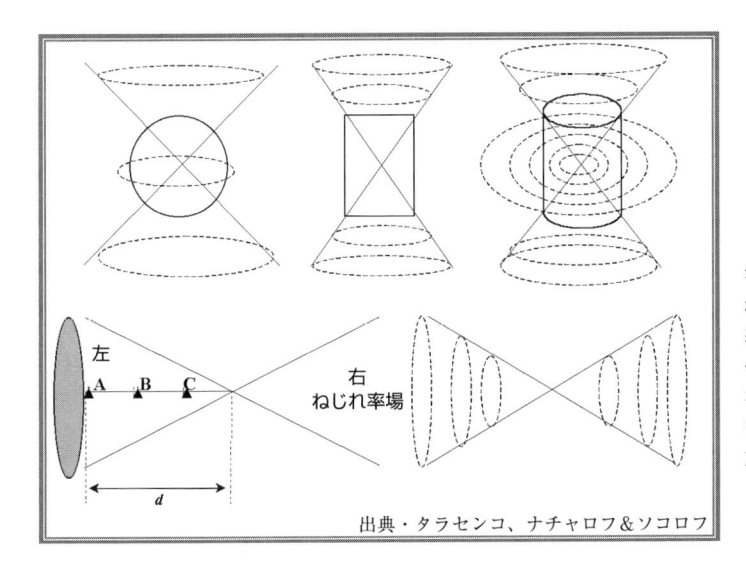

すべての物体が独自のねじれ率場を有しています。ねじれ率場の空間的位相は物体の形状と関連しています。図表はそれぞれの形状が帯びている場（フィールド）の位相を表しています。左右それぞれにねじれ率場があることにご注目ください。ねじれ率場は物理的真空に歪みが加わった結果として生成されると考えられます。（注26参照）

図表7.9　磁石のねじれ率場

I・ヴァイニクが実験によって実証しました(注9)。

永久磁石は配向された磁気モーメントのみならず、ねじれ率場を発生させる古典物理学的なスピン配向をも有しています。ねじれ率場とそれが与える影響はわたしたちが見知っている磁力線とはまったく別のものです。ねじれ率場は磁化不可能なものも含めていかなる物質にも作用が可能です。例えば、磁石は水の性質に影響を与えることができます。水は反磁性の物質であることから磁化は不可能ですが、水の構造は磁石のねじれ率場に対して反応します。もちろん、いかなる磁場もねじれ率場と関連しています。観測可能な磁気的現象の発生源となる手では、ねじれ率場が発生しているのです。(図表7.5)。

磁気とスピンはつながっている

磁気は微弱な電荷を帯びた粒子(磁区)がコヒーレントな整列を受けることで発生します。この粒子はその磁力的実体を成す土台となります。個々の粒子はN極とS極を伴った小さな回転球です。磁場や電流の流れの影響をはじめとする外側の力(フォース)の影響を受けながら物質が結晶化を遂げていくことで回転体は不変の配向性を獲得し、その物質は帯磁します。

荷電粒子が不変のコヒーレントな集団スピンを成すことでスピン・ねじれ率場は生成されます。スピン場はふたつの円錐形を成し、これは磁石の中心から外側に向けて形成されます(図表2.2)。片方の円錐形の内側では集団スピンが反時計回りの渦状の力(フォース)ポテンシャルを引き起こします。もう一方の円錐形では集団スピンは時計回りの渦状の力(フォース)ポテンシャルを引き起こします。これらのスピン場は粒子エネルギーを帯びた糸状のものに回転運動を促して真空内を循環させます。

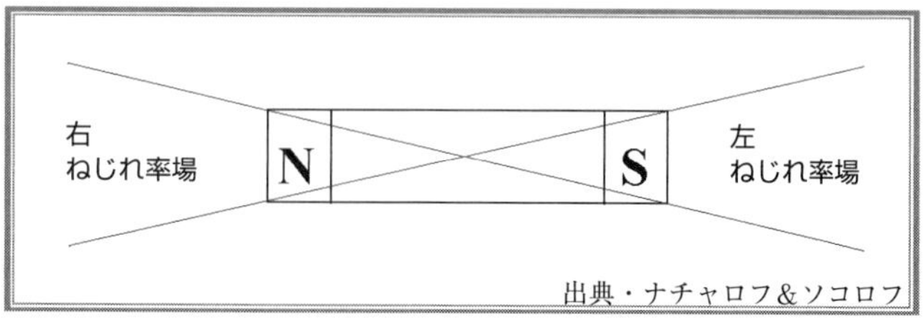

図が示しているのは永久磁石に発生するねじれ率場の形状です。左ねじれ率場と右ねじれ率場の両方が存在していることにご注目ください(磁極のN極が右ねじれ率場です)。物体はあまねくねじれ率場を有しています。この事実のおかげで、永久磁石のねじれ率場は磁化可能ではない物質、つまり反磁性物質と相互作用を働くことができます。(注27参照)

図表7.10 手の光輪

磁気フロー

磁気の存在が真空内に勾配の発生を促すことによって磁力線、すなわちフロー（流れ）が生まれます。スピン場は興味深い作用を生じます。磁気スレッドに沿って流れていくにつれて、粒子はスレッドの経路に沿って時計回り、あるいは反時計回りの進路を形成していきます。それぞれの磁極は真空内の粒子の強度に干渉します。このように、粒子はらせん状の道をたどっていきます。それぞれの磁極は真空内の粒子の強度に干渉します。これによって真空が本来帯びている調和が干渉されることになります。磁極は圧力勾配を受けるか与えるかしているのです。

勾配はつねにフローとなって出現し、観測不可能な形ではあっても、スカラー電流やスカラー運動となって現れます。真空の無限のエネルギー源を発した磁気はS極へのフローを開始します。スピン場のらせんを描く渦状の動きによって粒子のスレッドはS極へと引き込まれるような動きを見せながら、周辺の領域に築かれた勾配によって押し込まれていきます。時計回りにスピンする渦には中心に向かって圧縮凝集する動きでエネルギーを磁極の中心に引き込んでいます。(図表6.11)。

求心的＆遠心的動き

スピンする渦は真空からのフローをS極に圧縮凝集、集束し、N極ではその反対の性質をもった動きが発生してい

ます。N極を発したフローは反時計回りにらせん状の渦を描いています。中心から離れていく拡張性の動きを描いています。中心から離れていく拡張性の動きを描いています。ふたつの極の動きが組み合わせられることでポンプのようなプッシュプル型のメカニズムを形成しています。つまり、S極でエネルギーを真空から引き出してN極へと向かわせているのです。真空内部のポテンシャル勾配を操作することによって本書で「フリーエネルギー」と呼びならわしているゼロポイント・エネルギーを利用するには、一定の原理原則が存在します。

永久磁石は真空のエンジンであり、真空の無限のエネルギー源（ディラックの海、あるいは宇宙の海）を絶え間なく活用することによって永久性を保っています(注16)。

源と共鳴している磁気

棒磁石は共鳴状態を生み出します。すなわち、真空エネルギーの源と同調した閉回路を作るのです。この回路内では電磁場が間断なく生じる永久荷電を受け取り、保存しています。磁石の永久性は、磁石をフリーエネルギー発生機に変えるこの閉回路から得られているのです(注16)。

同様の原理は真空エネルギーとの共鳴状態を構築している手の磁場にも当てはまります(図表6.18)。手の磁場の場合は、人の磁場が真空環境の共鳴周波数のもつ電磁エネルギーによって継続的に充電されています。そのひとつの例がシューマン周波数、人体のしくみがもっている自然周波

数です。このような共鳴状態はフリーエネルギーの受信、あるいは「チャネリング現象」と言い換えることができます。

以上の作用は回転する渦が帯びている電磁的特性を効果的に変化させます。渦の一例がチャクラです。以上の考察はチャクラの作用をも的確に表しています。チャクラがつねにしかるべき方向にスピンするように、そして静止状態、あるいは非回転状態に陥らないように調節をおこなう必要があるのはそのためです。チャクラの渦、あるいはスピンは高い電荷を帯びています（チャクラは小型のアインシュタイン・ローゼン・ブリッジ、つまり次元間コネクタと見なすことができます）。

この原理は1976年、パット・フラナガンが実験で実証したものです。フラナガンが水を渦状にスピンさせると、水は電磁場を形成しました。毎分1000回転のスピン速度をもつ4センチの渦は、1万ボルトもの電圧を生みました！ 電磁エネルギーが水分子に吸収されるに伴って渦構造は崩壊。水が磁荷を帯びたのです！ 水が磁荷を帯びることは細胞膜内でおこなわれるイオン交換にポジティヴな影響力をもたらします。水に磁荷を与えることで、帯電をおこなっている水は液晶特性が高まります。高名な科学者ヴィクトル・シャウベルガーは、このらせん状に回転する水の力の研究応用をライフワークとしていました（注19）。

再び遍在について

棒磁石を密閉容器に入れると、磁力線の動きは封じ込め

極性――スピンの特性

各磁極には荷電粒子でできた糸状のもののフロー（流れ）が存在しています（注18）。これらの糸状のものは相反するパターンに従って運動します。片方の糸状のものは荷電粒子の時計回りの動きによって負の電気的極性を示します。もう一方のフローは反時計回りの動きによって正の電気的極性を示します。

渦状スピンの方向は電気的極性を決定します。渦のスピン密度、すなわち渦のなかでスピンしている粒子から発されたスレッドの密度が勾配、つまり電気的極性の強さを決めています。本書では、電気的極性が仮想的現実内に構築されるポテンシャル勾配を直接的に発生させはしないものの、発生に作用していると言えます。その方法には次のようなものがあります。

・勾配のバランスを取って充電、すなわち強化する（光の捕捉量を増やす）
・渦状スピンの方向を調整する
・渦のなかに描くエネルギースレッドの量を増やしてスピン密度を高める

第7章 多彩な相互作用 隣り合う生命の網の目に触れる

られます。先に見たとおり、こうした密閉環境は磁場を詰め込んでしまうのです。しかしながら、磁石のスピンは閉じ込めることも遮断することも不可能ですし、実際に密閉しても遮断されません。これは磁石のねじれ率場が物理的真空に存在しているからです。この空間は3次元空間とは異なります。観測可能な磁場が不在の際に現れるベクトルポテンシャルという存在について本書では説明しています（図表2.11参照）。アハラノフ・ボーム効果で知られる有名な実験で、ベクトルポテンシャルは通常の空間に磁場がまったく発生していない場合でも大規模な作用を及ぼすことが立証されました。ティラーはベクトルポテンシャルは微細な領域へとつながるリンクであるとしています。ベクトルポテンシャルは棒磁石に存在しています。また、ベクトルポテンシャルは手の周囲にも磁場を形成しています。

手──生きたアンテナ

手の帯びている磁気について考察しなおすと、棒磁石との興味深い類似に特殊な差異も見つかります。人間は炭素で構成された電気的性質を帯びた光の存在なので、シリコン素材の物体とは異なり周波数を修正調節する能力が備わっているのです。

感情と意図は人のエネルギー場の振動を適切な状態に調節しています。人体のホログラフィックな本質と人のエネルギー場はその振動をあなたの手のひらに発生させて

いるのです！

このことはヴァレリー・ハント、ハート・マス研究所、デイヴィスとロールズらの研究によって充分に裏づけられていますし、感情の及ぼす作用の存在は、キルリアン写真術をはじめとするオーラ撮影技術にも見て取ることができます。

手は心臓、および脳がおこなう意図とスカラー波による運動とつながっています。人体は生きたアンテナであり、膨大な範囲の周波数を送受信しています。両手のひらは対になる極性を帯びていて、それは手の甲と甲の中央から円錐状に広がり（図表7.5参照）、磁気赤道の中央部分から手の両側にスピン・ねじれ率場が手のひらと甲の中央から円錐状に広がり、トーラスが均等に浮かび上がっています。

手のらせんを描く渦状の場はDNAに宿るらせん状のエネルギーの形状と大いに関連がありそうです。DNAテンプレートの内側からエネルギーの集合体が広がっていくにつれて、らせん状の渦は何十倍、何百倍に拡大していきます。

ねじれ率場──スピンスピン相互作用・確固たる答えは……

確固たる答えは存在しませんが、わたしたちはここからも、さまざまな可能性の存在について想像をめぐらせることができます。この他に手の場からどのような相互作用が起こると考えられるでしょうか？

手のねじれ率場が生体物質と微細なエネルギー物質に与える影響の大きさについて考えてみましょう。ねじれ率場の基礎構造と電磁場の間に直接的な相互作用が発生する可能性を秘めた事例もあります。

その点についてはアレクサンダー・シュピルマンが説明を施しています。シュピルマンは独自のねじれ率場発生機を設計した人物です。彼はねじれ率場の物理的特性についての考察もおこなっていて、スピン場とアクシオン場という用語をねじれ率場と同じ意味の言葉として用いました。つまりスピン場・アクシオン場・ねじれ率場は同じ実体ということができます。そのため、本書ではこの表現を交互に用いています。シュピルマンによれば、スピン場・アクシオン場はいくつものらせんが組み合わされた複雑な形状を成しています。とりわけ、

「らせん状の糸に沿って高密度のエネルギーが流れている。このフローは偽電荷を帯び、磁場を生成」しています。このらせん状の糸には「ベクトルポテンシャルの規模と方向に非常に敏感な性質がある」のです(注20)。

シュピルマンはスピン場・アクシオン場・ねじれ率場を仮想(ヴァーチャル)粒子が生まれる場所、あるいはその源であると説明しています。「らせん状の糸」が織りなす空間のなかではニュートリノに似た粒子が生成され、この粒子は共鳴周波数スペクトルをはじめとしたさまざまな特徴を備えています。シュピルマンが数年にわたってねじれ率場が生体物質に及ぼす作用について実験と研究をおこなった結果、応用外部スピン・ねじれ率場は次のような効果を発揮することが判明しました。

・植物のバイオエネルギーフローの増加
・動物の免疫系の増強
・外部の場(フィールド)除去後も長期(数週間)残存する影響力

シュピルマンは、個人が電荷を帯びていないねじれ率場発生装置を使用する場合についても考察し、場(フィールド)構造内で起きる活動は実験者の思考に大きく左右されると述べています(注20)。

環状体(トーラス)(ドーナツ状)の形状は磁場のもつ基本的な特徴です。N極の磁気軸はトーラスの真ん中に空いている空洞部分に位置しています。この形状はらせんを描きながら回転する渦の動きのもつ側面であり、この渦の動きによって光とエネルギーを捕捉し、放出しています。この環状構造は仮想的現実(ヴァーチャル・リアリティー)が作り出す異次元世界とつながる超空間的コネクタであり、超次元的性質をもった渦なのです。

双方向の可能性

人の手は生まれつきスピン場・ねじれ率場・アクシオン場を示しています。わたしたち人間はスピン場の発生機であり、この場は鍼灸のつぼ（あるいはエネルギー交換ポイント）やチャクラをはじめとする肉体とエネルギー体の一次的、二次的エネルギーセンター、あるいは大小さまざまな渦を描くエネルギーセンターと双方向に作用しあう可能性があります。

手のねじれ率場と生体を取り巻く情報場の間で発生しているねじれ双方向のプロセスについて考察してみましょう。まず、情報場をこのように考えてみるにもかかわらず、振動する電磁エネルギーの網の目であるにもかかわらず、動的で生命をもった進化する網の目である、と。このような場はバイオフィールドと呼ぶことができます。

バイオフィールドは特殊なタイプの情報場です。この情報場という用語は広い意味で用いられており、他の微細なエネルギーの構造体も情報場と呼ぶことができます。

これらの微細な構造体はすべて電磁的な性質をもった形状を有しています。つまり、ねじれ率場が必ず関連しているということです（じつは、これらの情報場そのものがねじれ率場なのです[注21]）。物理的物質と微細なエネルギー物質の両方に層状の構造体が宿っていることを覚えておきましょう。

微細なエネルギーの場、すなわち情報場は個々が有している高次の源によって組織され、ねじれ率場どうしは作用しあっています。

微細な場からノイズを除去することは可能でしょうか？　バイオフィールドを健康的な通常の状態にパターン化しなおすことは可能でしょうか？　人のバイオフィールドの働きを停滞させて病気を広める寄生虫のバイオフィールドの働きを阻害し、破壊することは？　感情を発生源として微細な場に埋め込まれるノイズ交じりのパターンを消去することは？

感情の働きによって脳・神経系・内分泌腺からスカラー電磁気の活動が発生して攪乱パターンを形成し、そのパターンが微細な場の構造に埋め込まれます。

昨今の科学の世界ではかねてからこうした現象が取り沙汰されています。プリオレ、ライフ、ハルダ・クラークをはじめとする大勢の研究者がこの概念に言及し、さらに、ベアデンに至っては、現在のスカラーテクノロジーは「情報パターン形成」の可能性を提供していて、この技術はいま悪用されつつあると強調しています。さらに、ロシア人のねじれ率場研究チームによる実験結果からは生物の身体的特徴をも変容させる効果が実証されました。これらを総合的に考察すると、ひとつの明確な結論を指し示します。

物理的現実は修正変更の影響、つまり、パターン化された情報の伝達を受けます。物理的変化には時間反転、例えば疾病パターンの消失や健康の快復が生じる、といったも

のがあります。一連のプロセス、そして修正変更は物質（生物、無生物とも）を組織している情報場へと容易に伝わるのです。

すでにこのような素晴らしい現象が20世紀のテクノロジーの成果となって生まれているのです！

つなぎの 場(フィールド)

生命を宿した全細胞と、それを形成している全分子は、目には見えないレース状のバイオフィールド構造体とつながっています（付録Aと付録C参照）。この網の目、すなわちバイオフィールドは細胞どうしを目には見えない形でつなげているだけではなく、細胞どうしをつなげているために必要な仕事を計画するプラットフォームを提供しているのです。

情報場は細胞機能を立案するために用いる製図台のようなものです（ヴァーチャルな意味で）。物理的プロセスはこの作業計画に従い順を追って遂行されていきます。DNAがおこなう作業はまずバイオフィールド構造の内部で処理され、細胞がバイオフィールド内部で必要となるパターンと生命体に合わせてコード化された構造体を発見します。それと同時にこの場(フィールド)は、全体の網(ウェブ)の目構造そのもののアップデートをおこなうごとに入力刺激を受け取っているのです。

肉体的な進化を引き起こすためには、進化した新たな状態が場(フィールド)構造に埋め込まれて、このアップデートされた情

図表7.11　結晶場構造

情報場、あるいは微細なエネルギーの「層」はn次元結晶構造体として概念化することができます（n＞3で、超空間的特徴を備えている［A］）。電気的、磁気的、それぞれのポテンシャルは仮想(ヴァーチャル)的な基礎構造をもっていて、それらの構造は高次空間と構造、性質の面で関連があります。この格子構造体のもつ形状はさらに複雑な空間と共鳴状態を築きます。格子の節点は複数のベクトルが交差しているためにそこで情報が共有され、同調が完了すると情報とエネルギーフロー（流れあるいは流量）に次元を超えてアクセスすることができるようになります。格子内の標準パターン［B］は外部ノイズの影響力によって変形されることがあります［C］。パターン［C］は結晶構造への入力が調和的に保存されていない状態を表しています。

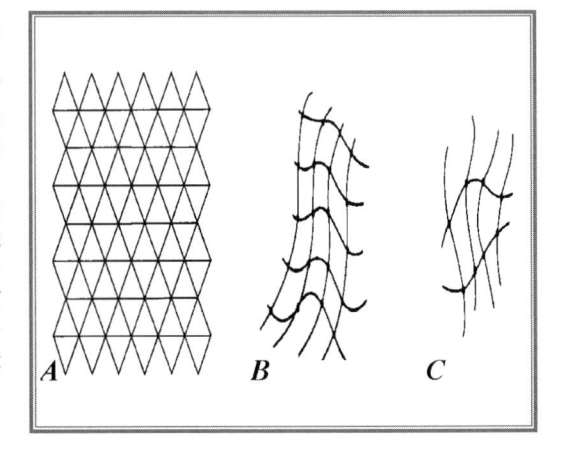

報に細胞がアクセスできる態勢を整えることが必要になります。

ここで、細胞レベルで進化を起こす原則をご紹介します。

肉体変化を引き起こすためには、細胞にとっての新しい情報がこの網の目・バイオフィールド・情報場に登場することが必要になります。

ベアデンとロシア人科学者たちの研究によると、この場の構造と情報内容は心躍る新たなテクノロジーによって操作修正が可能です。肉体変化の実現はパターンを変更することによって可能になり、その変更されたパターンは情報場内部に埋め込むことができるのです。

生物学者たちは、細胞修復は目に見えない影響力、いわゆるバイオフィールド、あるいは形態形成場によって導かれていると認識しています。これらの見えざる場は3次元世界にホログラムを映し出します。その投影が生物学的修復の形成に必要になるのです。細胞の物質的要素の再構築は高次空間から届いた精緻なブループリントに従っておこなわれます。この情報場としてのバイオフィールドはホログラフィーの原理に則っています。つまり場のいかなる部分にも全体の情報を収容しているというわけです。

意識はねじれ率場とつながっている

多次元的存在であるわたしたちは、物理的現実に修正変更を加えながら作用するテクノロジーを生身で備えているのでしょうか？

ここで、ねじれ率場を通じて心の場を微細な構造体につなぐしくみをご紹介しましょう！

ねじれ率場理論の成り立ちを素人が話題にすることはありません。これを研究の主題とする科学者もほとんどいません。この世のものとは思えないような数式が用いられるために、数学理論に関連する物理学的概念を解釈するうえで真のエキスパートや専門家たちに頼る必要が出てきます。そのひとりがアドバンスト・インテリジェンス・エージェンシーのジャック・サーファティです。

本書ではサーファティを「ポスト量子論」の革新者としてご紹介しました。この理論は心と物質の相互作用の説明を試みています。サーファティはとある大物がねじれ率場理論について記した初期の著作の内容を再考察しました（注23）。そのロシア人の著者シポフは、意識から成る心の場をねじれ率場と関連させていました。このことはサーファティが引用した以下のふたつの記述から明らかです（注22）。

シポフの本の74頁にはこうあります。

意識と意図はねじれ率場の働きを誘導しています。

このレベルの現実では「超意識」が決定的な役割を果たしている。このことは仮想的な源というかたちで表されており、この源は普遍的相対性原理の枠組みのなかで活発に活

そしてふたつ目の記述は同じ本の75頁に見られます。

現実の最初のレベルから2番目のレベル（初期ねじれ率場のレベル）への移行は、外部ねじれ率場が稼働する状況下において生じる。実験からこの外部ねじれ率場こそが「意識の場(フィールド)」の乗り物であることは明らかである(注22)。

ひらたく言えば、現実の内在秩序のなかで中心的役割を果たしているのが意識であることははっきりしています。秩序化をおこなう意識の影響力は、ねじれ率場が次元どうしを相互につなぐ鎖のような役割を果たしているあいだずっと働いているのです！

意識と意図と 場(フィールド) 構造

いわゆる「ヒーラー」を対象におこなった研究結果から、手に生じる生体電磁場はプラクティショナーの意識的な意図の力によって強化・調節が可能であることが判明しています。ねじれ率場は静電場、磁場、あるいは電磁場の見かけとつねに関連があります。ねじれ率場の強化・調節をすることで、手を取り巻く空間領域にあるねじれ率場も強化・調節することになります。ねじれ率場は真空に働きかけて媒質の分極

パターンを通じて自身の情報構造を伝達します。つまり、手を覆う空間領域は意識的意図によってパターン化されているのです。

手を遠ざけても真空内のパターン形成された情報場構造を崩壊させることはできません。ねじれ率場は手を遠ざける前まで、情報の波形パターンによって媒質をその周囲の微細な場(フィールド)ごと活性化していました。その波形パターンは組織や幾何学的形状、構造体、形といったテンプレートとなって表れているものです。これらの要素は微細な場(フィールド)の再構築にエネルギーを経ずにおこないます。ねじれ率場は情報のやりとりをエネルギー交換を経ずにおこないます。微細な場(フィールド)はその場にとって意味のある情報波形パターンに呼応しています。これは共振する波動を探る動きと似ています。本書で全編にわたって登場する「真空」という用語は「物理的な」存在について言及していますが、真空は形あるものの外見的特徴の土台となるプレナム、つまりエネルギーの海です。超流動体のひとつ、つまりフローに抵抗を示さない気体状の媒質であると考えられています。

真空内部の擾乱は重力、電磁気、ねじれ率場といった観測可能な力を生成、発生させます。真空状態を操作、構造化することが実際の力(フォース)を操作することになります。これによって真空から直接、エネルギー（「フリーの」ゼロポイント・エネルギー）を抽出することができるようになりま

真空の分極化はつまり、実際に真空の基礎構造を形成している目には見えないランダムな粒子を優先配向、もしくは配向することを指しています。真空内のパターン形成は、真空媒質の引き起こすさまざまな歪みとして定常波パターンが構築された結果なのです（注9）。

これらの定常波は真空内の秩序化と構造化が起きていることを表しています。この構造化は高次の組織化、つまり媒質内部に負のエントロピーを発生させることにつながります。カイヴァライネンによると、定常波の波形は非局所的情報場の存在、そして全体性と自己組織化の法則に基づいて発生しています。

微細な場（フィールド）を再配線する

バイオフィールドをはじめとする微細な場（フィールド）の情報場はn次元（n＞3）の構造体です。他にも仮想的現実（ヴァーチャル・リアリティー）の場（フィールド）も存在しています。この場（フィールド）の成分の内にも直接的に目で見える場（フィールド）にも当てはまります。その場（フィールド）はホログラフィックな世界です。つまりどの部分にも全体にまつわる要素が詰まっているのです。

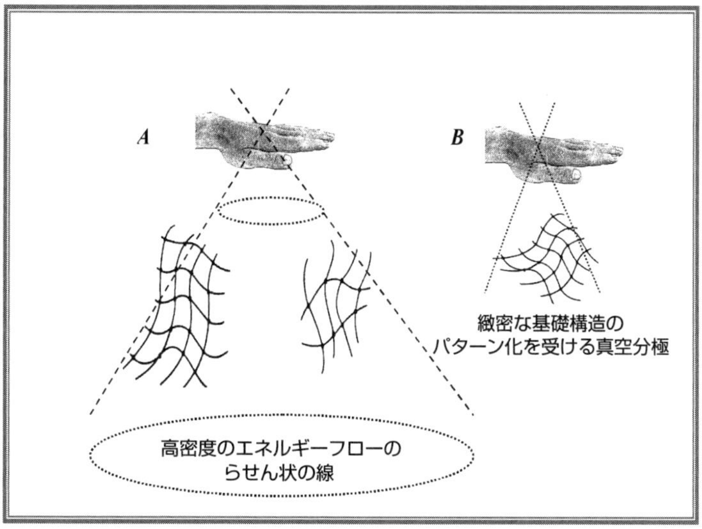

図表7.12　ねじれ率場・結晶場の相互作用

スピン場・ねじれ率場は高密度エネルギーフロー（流れ）を帯びたらせん状の糸から成っています。また、ねじれ率場が源となってヴァーチャルな粒子が発生して、それらの粒子が微細な場（フィールド）と相互作用をおこなっています。この微細なエネルギー場（フィールド）との相互作用（A）は情報場構造の秩序の崩壊を引き起こします。こうして秩序が乱れることで歪んだノイズのパターンが消去され、微細な場（フィールド）は調和的に共鳴状態に再構築、組織の再編（再配線）をおこないます。この再構成を誘導しているのが高次の仮想的現実（ヴァーチャル・リアリティー）です。さらに、真空環境は手を遠ざけてもねじれ率場・スカラー波パターン形成との分極状態を保ちます（B）。手の生体電磁場は意識的意図の働きによって変化し、ねじれ率場はこの生体電磁場と直接つながっています。そのために、ねじれ率場によって形成された真空のパターンは意識的意図によってプログラムされた情報が内蔵されているのです。真空の分極されたパターン形成は情報のやりとりを通じて微細な場（フィールド）の再構成に影響力を与えつづけます。

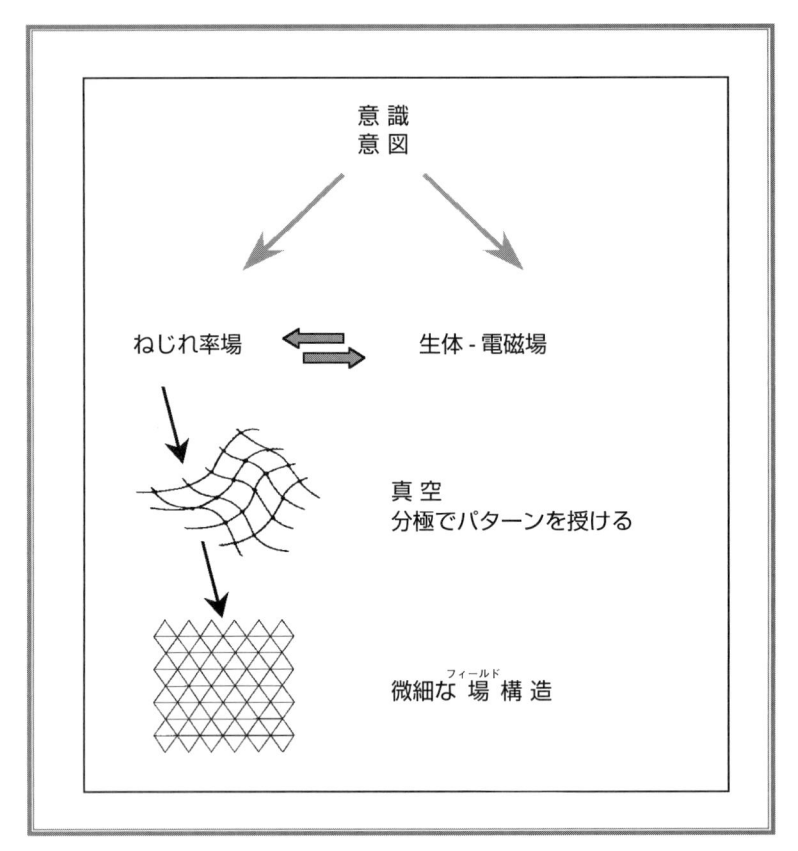

図表7.13　意識、意図、場（フィールド）構造

「ヒーラー」たちを対象にした研究結果から、手の生体電磁場はプラクティショナーの意識的な意図によって強化調節が可能であることがわかりました。ねじれ率場はつねに静電場、磁場、あるいは電磁場の見かけと関連しています。手の生体電磁気の強化調節をおこなうと、手を中心とした空間領域にあるねじれ率場も強化調節することができます。ねじれ率場は真空に働きかけて媒質を分極することを通じて自らの情報を伝えます。つまり、手を覆っている空間領域は**意識的に発した意図によってパターン形成されている**のです。ねじれ率場は微細な場（フィールド）を取り巻いている媒質の情報を搭載した波動パターンで活性化していました。このパターンは**組織や幾何学的形状、構造体や形のテンプレート**となって表れます。これらの要素は微細な場（フィールド）の再構成に作用を与えます。ねじれ率場はエネルギー交換をおこなうことなく情報をやりとりしています。

図表8.1　頭と心臓のつながり

第7章　多彩な相互作用　隣り合う生命の網の目に触れる

微細な場（フィールド）の再構築とはn次元をホログラフィーによって投影することである、というのが最もふさわしい表現です。この見地から見れば、自己組織化の謎は完全に解けます。高次空間からの投影は必ず低次空間に結果を導くのです！

微細なエネルギーの構造体に内蔵されているホログラフィー映像は、潜在的情報として場（フィールド）の再構築に利用されます。新たな潜在的情報を加えることも可能です！　この追加はねじれ率場の相互作用の原理に従っておこなわれ、意識がこのプロセスを導いています。

進化のプロセスを通じて微細なエネルギーの網（ウェブ）の目はこれまで以上にきめ細かく編みこまれていきますが、再編成にあたって最も大きな影響を及ぼす要素は次のとおりです。

・高次のエネルギーの超次元的フロー、あるいは超次元的流束が光から伝達される
・場（フィールド）のホログラフィックな性質。場は意図の力によってプログラミングされたねじれ率場から届く情報パターンに合わせて修正される
・真空（周囲媒質）に留まるパターンは意識と意図によってプログラミングされる

再配線によって高次の構造体には以前よりも大きな進化の可能性が備わります。情報場内部で機能の規模拡大が生じることは知性の増大を意味しています。このプロセスによって信号が強化、明確化、一貫化、かつ増幅されたものになり、通信とエネルギー・チャネルが拡大してオープンになるのです。

相互作用の新たなプログラム

わたしたちが提案する新たなプログラムはこれまでにない大胆な要素から成っています。次のことを確認してください。

・脳はスカラー変換機・干渉計であり、ねじれ率場発生機です。
・脳は心臓と連動し、電磁気発生機・ねじれ率場発生機です。意図がそれを動かしています
・手はねじれ率場・スカラー波を発生させる多次元的装置です。この集合体としてのハードウェア機能は、わたしたちの高次の存在が宿している側面に支えられています
・このハードウェアは無限にプログラムすることが可能であり、相互共鳴状態で機能するように同調することができます
・意識と心（マインド・フィールド）の場はパターン設定をおこなって仮想的（ヴァーチャル）、

物理的現実両面の物質を組織するための土台を成すものです

以上が現実を共同創造する新たなパラダイムにおいて微細なエネルギー場(フィールド)がおこなう相互作用を理解するための21世紀モデルです。

第8章 マスター・スイッチ すべての中心

> 愛とは自然が与えしカンバスに
> 想像力で刺しゅうを施した織物である。
>
> ヴォルテール

これまでの考察には「脳、意図、ハート、感情の働きこそが手の場や人と人とがおこなう相互作用プロセスの支配的な要素である」という概念が基本的な原則として底流しています。

脳が負っている役割はけっして受動的なものではありません。ベアデンは、脳の両半球はスカラー波生成機兼変換機として機能しているという見方を提示しました。脳は電気的パターンを絶え間なく形成しているのです。

これらのパターンはシナプス集団が同期的に発火することで生み出されています。このシナプス集団の働きは意識が決定しています。

シナプス間隙で発火が起きるということは、スカラー波の生成にとって好条件です。発火の個々のパターンは超空間内に侵入するスカラー波と関連し、理論上ではこのパターンは永久に持続します。ひとつの発火パターンから次のパターンへの変化は実際に起きる思考の流れがスカラー波にパターン形成されることによってコード化されている

ことを示しています。つまりスカラー波とは思考情報を時間と空間の至るところに伝達するためのしくみなのです。

個人がスカラー波を受信、変換すると、テレパシーのような現象が発生します。理論上は、スカラーテクノロジーでも同様の結果を得ることができます。すなわち、スカラー波を読解するのに適したスカラー波テクノロジーを用いることで、思考を「読み取る」ことができるというわけです。同じように、適切なテクノロジーがあれば、思考の「送信」も可能になります。つまり思考のプロセスというのは「プログラム化された知性によってパターン形成を受けた自動制御機能付きの基礎構造でスカラー波を生成すること」と言うこともできます。仮想的現実のなかで相互作用をおこなって物質・物体を量子レベルで構成しているのがこの波の存在です。

集中は感情をベースにしたパターンを生成します。意図を情報を集中させることで特定の周波数パターン、すなわち色彩が脳によって生成され、神経系全体に伝達されるのです。

神経系はスカラー波の導波管として機能しています。脳から発された周波数パターンは全身の細胞に共鳴反応も同時に生み出しています。このスカラーエネルギーはスカラーバイオフォトンという形となって、意思のこもった意図の指示を受けて、手に向けて集団的に送られています。デイヴィスとロールズの発見のとおり、脳を発したあらゆるエネルギーは手において見つけることができます（注1）。

第8章 マスター・スイッチ すべての中心

ハート・マス研究所の報告では、同所は現在、肉体の周囲に存在する微細なエネルギーの検知および測定に取り組んでいるそうです。高感度の特殊装置を用いて微細なエネルギー場の性質を明らかにするさまざまな電磁的要素の測定を試みているのです。同所の研究員たちは人の内面的、感情的、そして精神的状態が肉体から放出されるフォトンの性質を左右すると見ています。これらの内的状態がバイオフォトン放出の周波数（色）とフロー（流れ、あるいは流量）を変更しうると示唆し、研究によってこの見解が証明されることを同所は期待しています(注2)。

発電所

脳の超空間的機能（ハイパーファンクション）とスカラー的機能はじつに信じがたい出来事を可能にします。人の思考と意図、感情はこれらの生物的機能を指揮し、作用します。脳と全生体系は外部のソース源から届いたエネルギーを変質させる能力を生まれながらにして備えています。エネルギーはさまざまな生物学的、非生物学的必要性に合わせて集積、変質、加工され、脳の電磁場はエネルギーの形態を新たなものに変える機能を果たすのです。

わたしたちは個々の細胞のDNAが光エネルギーの変換、保存もおこなっていると考えています。脳がすべての構成部位を活性化することで機能を高度化し、全身の細胞を共鳴状態に同調させると、その生体系は**集束型のコヒ**

レントな一大発電所に生まれ変わります。ベアデンは人間の生体系が真空からのエネルギーフローと仮想的（ヴァーチャル）な流束交換を通じて実際に消費するエネルギーフローを計算しました。驚いたことに、その量は出力1000メガワットの発電所が100万基集合した量に相当していました！(注13)

電荷＝フロー

エネルギー体内外の**エネルギーフロー（流れあるいは流量）**はその人の**電荷**と一致します。この電荷は、周囲の真空環境と対比させて考えれば（図表2.6参照）、フロー内の相対的差異、あるいは粒子（または体系）の流束強度の相対的差異にあたります。この差異はいわゆるポテンシャルの存在をも表しているのです。人のエネルギー体を流れるエネルギー、すなわち電荷は意識の介入を通じて変えることができます。しかしながら、電荷は定量ではなく変数です。人のエネルギーのフローを変えるためには追加の「負荷」を処理するために回路を設置する必要が出てきますが、そこでは**既存のエネルギー・チャネル**と導管を開くことが基礎的な前提条件となります。

フローとの調和

エネルギー体を走るチャネルどうしは互いに関連し、つながりあっているので、次に必要となる条件は**回路間にバ**

ランスと調和状態を構築していくことです。この条件を満たすことでポテンシャルの通るすべての導管が過負荷に陥ることなくエネルギーを配給できるようになります。

過負荷は神経系、脳、肉体と微細な構造体に発生しうる不調和を生み出しかねません（注3）。既存のエネルギー回路がフロー（流れあるいは流量）の限度容量に達すると、ポテンシャルの「電荷」が限界に達したかのような様相を呈します。しかし、ここからが進化的飛躍の段階です！ エネルギーと情報の処理を司る新たな回路を生成構築するのです。

マスターイグニッション

この発電所を稼働させるうえで本当の鍵となるものは何でしょう？ もちろん前提となるものは全体系が同調してコヒーレントな状態を醸成することです。それが完了したら、どのようにしてスイッチを入れればよいでしょうか？ 証拠となる実験結果が続々と示されています。その最たるものがハート・マス研究所が発表した「ハートに流れる感情がこの発電所の究極のマスター・スイッチになる可能性がある」というものです。

感謝や思いやり、無条件の愛といったハートに集中した感情が現れると、有益な生理学的効果が人体に起きていることを示す測定結果が得られるようになり（注4）、心臓の

発するエネルギー・スペクトルが上昇します。脳波、呼吸、心拍数をはじめとするさまざまな生理学的機能は、感情によって劇的な作用を受ける可能性があるのです。

「**すべての思考と感情は、全身の状態を左右する心臓の電気系統の働きに反映されます**」（注5）

心臓は生まれながらにして脳機能とつながっています。心臓と脳は交感神経、副交感神経と圧受容器のシステムを

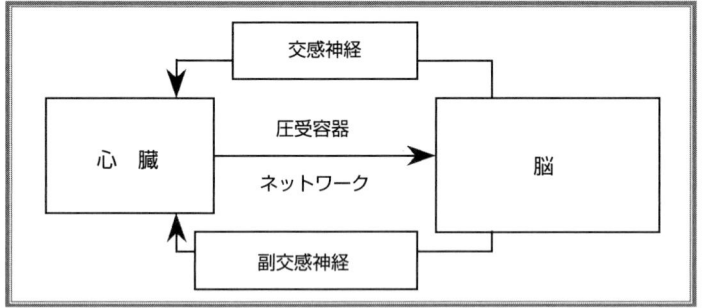

心臓と脳は独特の通信フィードバックシステムを通じてつながっています。圧受容器ネットワークは心臓の生理学的状態についての情報を脳へと誘導し、交感神経と副交感神経のチャネルは脳から心臓へと通信を中継しているのです。心臓と脳の機能の同期と、情報伝達系内のバランスはハートの感情的状態に左右されることが判明しています（情報源・ハート・マス研究所）

図表8.2　地球とハートの共鳴

通じてリンクしています。この双方向通信は脳機能を向上、あるいは停止させるような感情をハートに引き起こす可能性があります。

地球とハートの共鳴

ダン・ウィンターは、人間が抱く愛の感情と地球環境の間に巻き起こる作用について啓発的な実験結果を紹介しています。実験で被験者は心の奥底から集中して感謝と愛を感じている状態をつくるように指示されました。心拍信号をモニタリングしながら周囲に感知装置を設置し、さらに近隣に生えていた木の場（フィールド）にも同じものを取りつけました。研究者たちが驚いたことに、近隣の地球磁場の心拍信号と地球磁場が共鳴配列を構築したのです。

ダン・ウィンターによれば、「地球グリッドは生体という最も強力な共振器の心臓の最低周波数、あるいは最長の波長に対して『周波数ロッキング』を起こし、心臓、脳、地球はすべてキーとなる情報を同じチャネルで放送している」というのです！（注6）ダン・ウィンターはハートエネルギーこそが他のすべてのエネルギーセンターを調整・強化する焦点になると感じています。心臓にはコヒーレントな周波数の生成機能があり、このコヒーレンスを形成する鍵となるのがハートを流れる愛と感謝の感情なのです。

この実験結果は生きとし生けるものがこの惑星のスカラー・パルスにつながっていることを示しています。地球のスカラー・パルスは生命にとって不可欠なバイオエネルギーと情報の源を全生物にもたらします。この惑星の核は太陽と月から届く入射スカラー波を受信、変換、調節して地表の生命たちに再発信します（注7）。全生物は地球と共鳴回路を共有しており、生物どうしも太陽や銀河系、そして宇宙スカラー放射を共有しています。わたしたちは地球の核を通じて共鳴回路を共有しています。すべてはひとつ

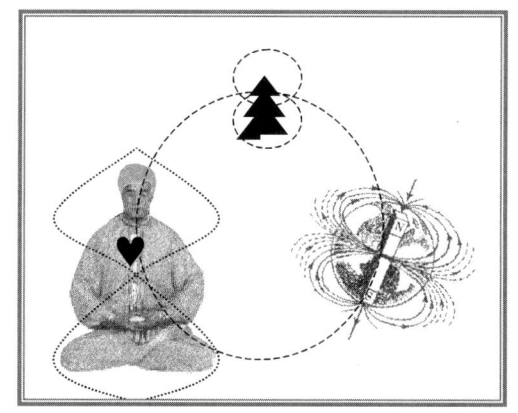

地球が人のハートに流れる感情に共鳴している事実は、地球環境が「愛と感謝に意識を集中した瞑想者の心拍に同調した」ことによって立証されました。ダン・ウィンターは地球磁場の局地変化、そして近隣に生えていた木が発する電磁信号の変化を報告しています。ウィンターによると、局所環境は人のハートの中心的パワースペクトルに対して「周波数ロッキングを起こした」といいます。生きとし生けるものはみな地球のスカラー・パルスとつながっていて、この惑星と共鳴回路を共有しているのです。

つ。すべてはつながっているのです。

ポテンシャルを測定する

手には超空間的（フィールド）が存在しています。わたしたちはそれを確信し、存在を示す確たる証拠もつかんでいます。これから解明、理解が進むと目される事柄の存在を示す証拠もあります。アインシュタインは通常の手段では計測不可能なエネルギー現象を指して「微細なエネルギー」という用語を最初に使いました。氣のエネルギーそのものは微細ですが、その驚くべき効果は測定結果としてはっきり示すことが可能です。

ガーバー博士は、鍼灸を用いる医師が示したもうひとつの驚くべき現象の事例を紹介しています（注8）。この人物は、訓練を積んで腹部に意識を集中することでエネルギーを蓄えられるようになりました。腹部は肉体と微細なエネルギー体が密接につながる場所と考えられています。充分に高レベルのエネルギー強度が得られたところ、医師はそのエネルギーを両手を通じて部屋の反対側にいる患者に発しました（同様の離れ業は多くの氣功のマスターがおこなっています）。

この医師がエネルギーを発しているあいだに数人が彼の腹部に手をかざしたところ、電気ショックのような衝撃が走って彼らは思わず手を引っこめたそうです。この同じ医師は、一枚の丸めた新聞紙に手をかざすだけでそれに火をつ

けることができました。この紙は内側から発火していました。

電荷を蓄積する生得的能力

こうした事例から、誰しもが生まれながらにしてエネルギーを蓄積貯蔵する内在的能力を備えていることは明らかです。先に挙げたエネルギー放射（氣功のマスターにとってはありふれたもの）の例から、大量のchiを保存できる可能性が存在することもわかります。もちろん、それには長期にわたって訓練を積む必要がありますが、それではいったい、どこで、どのようにしてこのエネルギー貯蔵が起こるのでしょうか？

この工程は人の多次元的な性質から成るエネルギー体の内部で発生しています。エネルギー体でエネルギー貯蔵が起こると、体系のポテンシャル、つまり電荷が生じます。場（フィールド）のポテンシャルを変化させることは体系に対するゲージ変換（あるいはリゲージ）と呼ばれます。場（フィールド）のゲージ変換は磁場と電磁場に対する観測可能な外部変化がなくとも発生することが可能ですが、これは充放電プロセスを連続的にくり返すことを通じて余剰フリーエネルギーを供給するプロセスといえます（注9）。電磁場に電荷、あるいはポテンシャルを発生させると、場（フィールド）内部に生じるフォトン（光）の相互作用が増幅されます。これは大きな意味をもった現象です。というのも、光はニュートリノの伝導体なのです（つまり超空間の生体エネルギー情報を伝達

第8章 マスター・スイッチ すべての中心

する(注10)。光の相互作用が頻繁になるにつれて多量の情報とエネルギーがやりとりされる、つまりフロー(流れあるいは流量)が増大し、外部環境とのエネルギー交換が活発になります。

このフローと交換はあらゆる進化的プロセスの発生に不可欠な条件です。この点について、ブルース・ケイシーは次のように述べました。

「わたしたち人間は、光でできた調和的な波形が形成する幾何学的形状の集合体から成っているに違いない。そして、その波形は知性によって指揮されているのだ」(注11)

ケイシーは肉体の生体エネルギーシステムは光の高調波に合わせて同調すると考えています。このシステムには鍼灸のつぼのシステムも含まれます。

ベクトルポテンシャル──ゲージ場

ベクトルポテンシャルは、研究者たちの間でゲージ場と呼ばれています。物理学界では一般的に「場(フィールド)」はエネルギーを保存するための領域と考えられています。ベクトルポテンシャル発生機は肌や心臓、自律神経系に対して生物医学的な作用を行使することが知られており、また、ベクトルポテンシャル場は液体の核磁気共鳴スペクトルに対して作用する可能性を示しています。

タカシ・アオキをはじめとする研究者たちは人体のベクトルポテンシャル場の存在を確認しました(注12)。彼らは、ベクトルポテンシャルは体内に電流が存在することによって生じると指摘しています。この考えに基づいて、彼らはベクトルポテンシャルを帯びている人体は他の人体に対して生体医学的な影響力を行使すると強く主張しています(ベクトルポテンシャル場は人と人とのつながりにおいて生じる微細な相互作用と関連している[ティラー])。

格子(ラティス)内部にポテンシャルを保存する

このエネルギーはどうすれば保存できるのでしょうか? 個人のエネルギー保存には、定常波とスカラーポテンシャルのしくみをおこなう方法があります。UCL(ユニバーサル・カリブレーション・ラティス)は、その内部において定常波の形成が可能な空洞、つまり共鳴空洞と解釈することができます。この定常波はUCLの幾何学的形状の性質に沿って形成され、さらにその性質ゆえに個人個人にとってユニークな存在であり、その人ごとに特有の同調がおこなわれます。

スカラー波は超空間的な性質があるので、わたしたちが抱いている時間の概念には制約を受けません。時空を超えて共鳴することができるのです。個々人の格子(ラティス)のもつユニークさは、人それぞれに異なる同調が起きていることを示唆しています。

音と光は調和的に関連していて、定常波の内的高調波は

n次元格子（ラティス）（n＞3）を生み出し、この格子はその人が発している固有の「音」に同調した和音（コード）から成っています。

このように、格子構造は光でできた調和的波形が形成する幾何学的形状の集合体から成っています（ケイシーの発言はじつに妥当なものに思えます）。

スカラー波は電気重力波、あるいは電磁音波です。定常波はポテンシャルを形成するヴァーチャルな粒子の流束あるいはフロー（流れ）の種類を表しています。UCL内に共鳴状態を構築することでポテンシャルを充電しますが、これがEMFバランシング・テクニック®で発生するプロセスのひとつの説明になります。

ゲートを開く

先に挙げた医師の「chiエネルギーを放射する離れ業」は、単に蓄えていたエネルギーの存在を示すものではなく、さまざまな要素が「複合されたもの」かもしれません。氣功のマスターはこのエネルギー「フロー」の源とつながっているようです。ポテンシャルが引き出される源は無限の領域であると考えられます。電荷の蓄積（先に挙げた事例では腹部に蓄えていました）は宇宙の海へとつづくエネルギーのゲートを開くうえで必要となる「電圧レベルの」最小閾値であると考えられます。

わたしたちは生物学的電荷の最小閾値に到達することがいくつもの脳回路を活性化するうえで必要になると見ています。細胞は細胞分裂に向けたDNA活動を可能にするために最低限の電荷を獲得しなければなりません。光そのものは量子化されているので、高エネルギー状態に移行するためには電子が最小エネルギーの光を吸収する必要があります。閾値は量子状態にも存在しており、こうしたエネルギーには必須の最小入力値が存在するのです。

わたしたちは生物学的電荷の最小閾値に到達することが一連の脳回路を活性化するために必要になると見ています。電荷の最小閾値に到達するためには、自らの基本的なエネルギー・チャネルを開くように努めなければなりません。そして文字どおり、これらのチャネルはバランスを取る必要があります。そうすることによってわたしたちは「電圧の」最小閾値レベルまで充電されるのです。この閾値レベルに到達すると内的な多次元制御装置が作動し、ゲートが開いて高レベルのエネルギーを獲得できるようになります。さて、ゲートの先にはどんな世界が待ち受けているのでしょうか？

ただ、それも気になるところではありますが、わたしたちはまず、「タスクに合わせて最配線される（自分の役割ともう一度つながる）」必要があります。

「元素、化学物質、細胞、原子、分子——
これらの要素はあなたという生ける彫像を部分的に構成していますが
意識が作り上げた信念を通じて各要素の活動を指揮しているのはあなた自身です。
肉体に命を授ける大いなる創造力はその指揮によってもたらされ、
あなたが自分だと思っている自己という存在を絶えず投影しつづけているのです」

ジェーン・ロバーツ

『セス・ブック 個人的現実の本質』(ナチュラルスピリット)

第9章

愛でできた革新的システム
EMFバランシング・テクニック®

> 微細な物質……それは磁気的性質に富んでいる。
>
> R・ライヒマン　[Einstein Returns]

ニューエイジ系のユーモア作家スワミ・ベヨンダナンダの名で知られるスティーヴ・ベールマンは、ニューメキシコ州アルバカーキで開かれた科学と意識に関する会議に出席し、参加者に著名な講演者を大勢紹介しました。自身のプレゼンテーションのなかで彼はこう述べました。「……今日、科学と霊性（スピリチュアリティ）の間を隔てていた目に見えない障壁は徐々になくなりつつあります。愛や思いやり、喜びが人間にとって良いものである、ということに科学的証拠が必要になるのは奇妙なことに思えます。愛は実際に大きな効果を発揮するのか、理論上でも効果があるのでしょうか？」

微細なエネルギーを扱う仕事をしている人々は、一連のエネルギーテクニックが現在の主流となる考え方に受け入れられつつあることを知っています。米国医師会誌（1999年11月11日発行）に掲載されたとある記事は「代替医療は従来的療法の許容範囲外に置くのではなく、むしろそれらを補完する存在として捉えるべきだ」としました。

実際に効果があるのだから代替的アプローチは適切なアプローチであるということです。わたしの個人的な見解では、こうした補完療法に合わせて新たな技術のレベルがこれからどんどん生み出されていくものと思われます。

本書の前半で、ユニバーサル・カリブレーション・ラティス（UCL）は個人が宇宙格子（ラティス）という広大なエネルギーの海へとつながるための入口であると説明しました。「カリブレーション」という言葉は「調整する」あるいは「強化する」という意味です。リンクとして機能を果たすために、個人の格子（ラティス）のバランスを取り、調整することによって強化する必要があります。そしてユニバーサル・カリブレーション・ラティスを使って最大の効果を発揮するのがEMFバランシング・テクニック®です。

EMFバランシング・テクニック®はひとつの手段であり、プロセスです。EMFバランシング・テクニック®セッションが基本的に意図するところは、個人のエネルギーを刺激してできる限り多くの回路を宇宙格子に対して開かせ、人の電磁場を調和させることです。

EMFのテクニックは愛から生まれました。誕生以来、経験と科学的知識に基づいて強固な土台を築いてきましたが、セッションを始めた当初、このテクニックがどうして効果を表すのかと尋ねられると、わたしは堂々と「わかりません」と答えていました。その後、**理由**を知りたいという意図を発すると、宇宙がその答えをもたらしてくれるよ

第9章 愛でできたシステム EMFバランシング・テクニック

うになりました。受講生が講座の最中にその答えを直接もたらしてくれることも頻繁にありました！世界じゅうのじつに多種多様な背景をもつ何千人という人々がEMFバランシング・テクニック®のプラクティショナーになり、そのなかには科学者や技術者、医師もいます。彼らがよくわたしに言うのです。「どうして一連のテクニックがその効果を示すのか、わたしなら説明できますよ！」。わたしはつねにハートでエネルギーを感じ、目でその動きを追ってきました。直観的な色合いの強いわたしのプロセスを科学者から支持してもらい、テクニックの精密なしくみを裏づけてもらうのは有意義なことです。わたしは自分がずっと真実と受け取っていたことに理解を示し、知識を提供してくださった方々に心から感謝しています。

体系立った手法を人に教えるのは、わたしにとってほんどなじみのないことでした。わたしは「流れに任せて感じたことを実行する」といったタイプの人間なのです。星座のチャートがこれを如実に物語っていて、EMFの出席者にわたしのチャートの特徴を話すと、星の並びが示す性質を熟知している人からはきまって大笑いされます。

宇宙は愉快かつ賢いユーモアセンスの持ち主です。わたしがこの仕事に就いたという皮肉を他に表現しようがあるでしょうか？わたしのように流れに身を任せるタイプの女性が精密かつ厳密な手法を教えている。しかも、その相手は形式が課す制限から自由になることを求めているばかり！エネルギーワークにたずさわる人々は、制限から

逃れたいとの思いからこの世界に関わる方が多いのですが、わたしにはその気持ちがよく理解できます。それでも、わたしはあえてお伝えします。手法と形式をマスターすることで、あなたはさらに大きな自由と効果的な表現が得られるのです。

長年にわたる指導のなかで、さまざまなエネルギーワークの手法に実際に従事している素晴らしいヒーラーに大勢出会いました。EMFバランシング・テクニック®は他のエネルギーワーク（自由な形式のものも含めて）の価値を損なうものではありません。実際はむしろその逆です。UCLとEMFテクニックの基本的原則を理解することによって他のメソッドのパフォーマンスが高まることがわかっています。EMFバランシング・テクニック®のエッセンスは、存在に宿っている叡智を讃えることにありますから、わたしはこの場（フィールド）にいる全存在の叡智を讃えているわけです。わたしたちエネルギーワーカーが、自由形式のプロセスの側と手順に則った側のふたつに分かれる必要があるでしょうか？もちろんありません。みなさん、人は異なる世界のベストな部分を味わうことができるのです。みなさんのなかにもエネルギーを意識的に使っている方は大勢いるでしょう。誰かから教わった方もいるでしょうじつに鋭敏な感覚をもち合わせて、最適だと感じることを感じたままに実行する方もいるでしょう。テクニックを使用した場合、形式に従った場合でもエネルギーと一体になれるでしょうか？間違いなくなれます。このような武道

家の姿を思い浮かべてください。この武道家は力感あふれる演武でワンネスを披露していきますが、実際のところ何をしているかというと、ある明確な手順に従ってchi、あるいは氣エネルギーとの一体化を目指しているのです。EMFバランシング・テクニック®はハートエネルギーの武道です。このテクニックの形式に従うことで、とてつもない量の愛のエネルギーを解き放つことができます。

ユニバーサル・カリブレーション・ラティスへの呼び声——人と人との相互作用

宇宙エネルギー源（ソース）、すなわち本書で言うところの宇宙格子（ラティス）は、全宇宙で最も力強いエネルギーの形であるとされています。あなたの抱く信念体系がいかなるものであろうと、宇宙がエネルギーで満たされていることについて異論はないでしょう。本書の大前提にあるのは「進化の途上にあるわたしたち人間には、意識的にこのエネルギー源（ソース）を活用する能力が備わっている」ということです。この星のために無限でフリー、かつクリーンなパワーの源を見つけ出したい。そう願いながら日夜、宇宙エネルギーの研究に励んでいるのが物理学者です。わたしたち個人はいつでも一定の周波数に移行してその宇宙エネルギーを活用して自由に成長を遂げることができます。わたしたちは、科学者た

ちが地球規模でこうした発見をしてくれるのを待つあいだにも、より多くの宇宙格子エネルギーを日常的に活用できるように、自身のエネルギー体をただちに強化・調整することができるのです。

ユニバーサル・カリブレーション・ラティスはわたしたち個人が宇宙格子（ラティス）へとつながる架け橋です。調整・強化のプロセスを経ることによって、宇宙に湛えられたエネルギー電荷をより多くUCLに保存し、人類が使用できるようになります。この調整・強化プロセスをわたしは「新エネルギー獲得のための再配線」と呼んでいます。電荷はわたしたちの内側に宿る神の放つ閃光、あるいは力です。自らのエネルギーと小宇宙の電荷の間に共鳴を生み出す能力を開発・強化していくことで、新たな形式のエンパワーメントを手にするのです。ユニバーサル・カリブレーションへの呼び声が目指すところは、個人が宗教の枠に囚われることなく意識的に人や無限の存在と継続的かつ相乗的なプロセスをおこなうようになることです。UCLを継続的に調整・強化することはジムで肉体の筋肉を鍛えるのと同じで、要は「エネルギーの筋肉を強化」することなのです。

エネルギー的進化とプロセスを遂げることでカルマを解消し、共同創造と個人のエンパワーメントを実現する準備ができます。UCLは**生き物**であり、無条件の愛のエネルギーと完全に共鳴することができます。UCLは人の肉体の内側において金色のエネルギーの存在を表現することができます。この黄金に輝く存在こそ、わたしたちの真の姿

第9章　愛でできた革新的システム　EMFバランシング・テクニック

であり、UCLがそれを完全に表現していくにつれて、人の霊性と生体の統合が進むのです。

わたしたちの日常は霊的に、そして物質的に進化を遂げるために必要となるあらゆる材料を提供してくれます。より多くのエネルギーを手にしていれば人間はより能率的、かつ効果的に成長することができます。霊的な成長と物質的な側面はこれほどまでに密接に関連しているものなのでしょうか？　近ごろではシンクロニシティ、つまり日常的に有益な偶然に遭遇する機会が増えていることに多くの人が気づいています。ジェームズ・レッドフィールドは著書『聖なる予言』のなかでこの概念をじつに鮮やかに紹介してくれました。この変化はまだ始まりにすぎません！「いまいる場所こそが故郷である」という世界観を生きる人がどんどん増えてきていることから、いまは誰もが同じようにに、自分の描いた地上の楽園を創造するチャンスを手にしているのです。

みなさんがいま感じている変化は1980年代の後半に始まりました。地球の磁気グリッドがシフトを開始したのがこのころです。磁北の位置が以前のものから大幅にずれたために空港の滑走路番号の割り当てが改められたという記録もあります。また、グレッグ・ブレイデンは『Awakening to Zero Point』（仮題『ゼロポイントへの目覚め』）に、シューマン共鳴、つまり地球の基本パルス周波数、あるいは地球の「心拍」に生じた変化の測定結果を収録しています。こうした地球の変異は1990年代を通して続き、同

様の現象は少なくとも古代マヤ暦で世界が終わるとされている2012年ごろまで増加していくだろうと多くの人が信じています。さらに、観測史上最大級の太陽放射も今世紀に限って起きているわけではありません。ここには電気を使用する小型機器類や電化製品が巷にあふれたことに伴って電磁周波数が発生したことも複合的に関連しているのです。

今日、わたしたちはかつてないほどに大量の「人工」電磁場に囲まれて日々を過ごしています。電気製品、電子機器、コンピュータ、電話機、無線機タイプの装置はどれも電磁場を生成しますが、家庭や職場に張りめぐらされた電気配線は電化製品の電源がオフのときでも電磁場を生成し、自動車は（オルタネータや発電機を通じて）大規模な電磁場を生み出しています。このため、人の生体電磁場、つまり人体のエネルギー場（フィールド）は絶えず外部力（フォース）を浴びており、この力（フォース）は個人の場（フィールド）の均衡を乱す可能性があります。

テクノロジーは多くの恩恵をもたらしてくれますが、同時にわたしたちは自分がエネルギーの「スープ」の一部であることも忘れてはなりません。霊魂は物質よりもはるかに力強い存在ではありますが、宇宙エネルギーに合わせて調和し、調整をおこなうことが継続的な成長と調和への入口になるのです。このような時代のさなかにわたしたちが身の回りで起きている電磁的変化と歩調を合わせてみごとに進化を遂げていくには、エネルギーワークの活用、とりわ

けUCLを調整・強化することが非常に重要になります。

友人のリー・キャロルに「UCLはどのような外見をしているの?」と尋ねたときのことです。心のなかになつかしいぬくもりが湧いてきたのでクライオンが来たのだとわかりました。リーはこう答えました。「ぼくにはこの答えの意味はよくわからないけど、UCLは『編み込まれている』そうだよ」。そうです、なんと素晴らしい表現でしょう！　先に述べたとおり、UCLのファイバーが各チャクラから横方向に放射されていて、これらのファイバーは8の字型のループを形成して、縦に走るエネルギーファイバーとつながっています。このファイバーがUCLのある箇所に向かって伸びていれば、他のファイバーの箇所に感応しているでしょう。宇宙格子と同様に、ユニバーサル・カリブレーション・ラティスは他からの作用を受けながら相互に連結しています。個人のエネルギー格子は大宇宙の縮図そのものなのです！

量子レベルで見ると、人のエネルギー体を構成しているファイバーの調整・強化はじつに複雑緻密なプロセスと言えます。人の調整・強化には、その人の振動周波数と宇宙格子の関係の土台となる公式のようなものがあります。それは意識レベルでは、意図が重要な役割を果たしている、ということです。EMFバランシング・テクニック®のセッションが基本的に意図するところは、個人のエネルギーを刺激してできる限り多くの回路を宇宙格子に対して開かせて、人の電磁場を調整することにあります。セッションを受ける方はヒーリングによって自分について知りたいと申し出たり、単にストレスを軽減したいと願ったり、じつにさまざまな意図を発することでしょう。しかし、最大の焦点はバランスを取ることです。UCLのファイバーが調整・強化を通じて活性化されていくにつれて再配線が起こり、個人のエネルギー場内に新たな電磁気的秩序が生まれるのです。つながりが強化されると、往々にして共同創造プロセスの成功例が劇的に増加します。

わたしが愛について人前で語りはじめてからかなりのときが経ちました。わたしは長いこと、この言葉が誤って使われていると感じていました。人類と地球のエネルギーはようやく絶えることなく流れくる愛のエネルギーを受け取る準備が整い、わたしたちはそれを使いこなせるようになっているのです。わたしたちはそれを使いこなせるようになっているのです。UCLを活用することで、それを鮮やかなまでにみごとに、喜びに満ちあふれながら実現していくことができるのです。

神やイエス、あるいはブッダといったマスター、スピリチュアルなリーダーたち、家族や自分たちの関係性に注いできた愛は、わたしたちが潜在的に抱く自分自身への愛を反映しています。その愛の存在を認めたとき、自尊心が高まります。わたしたちの自己全体から成るこの愛は広大なものなので、それを入れておく器には頑丈さが求められます。わたしたちがUCLを強化する理由はまさにそこにあります。その愛を自らのなかに抱いていれば、わたしたちは心でひとつにつながれるのです。すると人はこれまで

経験したものとは異なる観点から愛を分かちあうようになります。ユニバーサル・カリブレーション・ラティスの活性化は、自分という愛の存在のエネルギーが不死鳥のように上昇していくあいだ、それを受け取る準備をするうえで避けては通れない重要な過程です。

格子(ラティス)の共鳴チューニングと電磁場のバランシング
――共鳴状態＝1日24時間×7日間の儀式

儀式と配列はとても影響力の強い共鳴を引き起こす出来事です。しかしながら、儀式を体験するためにわざわざザの大ピラミッドに侵入する必要はありません。感覚によるる相互作用は存在の内側に共鳴状態を生み出すので、人はつねに身の回りと共鳴状態を作っているのです。朝、鏡を見た瞬間からその日一日、目にするものはすべて、共鳴状態を生み出しています。音や声、音楽といった耳から入ってくるものもあなたのなかに共鳴状態を作ります。触覚、嗅覚で捉えられるものも同様です。アロマテラピーが普及した事実からもこのことはおわかりいただけるでしょう。味覚も共鳴状態を生み出します。わたしたちが気に入った食べ物やレストランにほれこんでいくのはそのためです。直観を使えば、感じ取ったものがわたしたちの内側に共鳴状態を生みます。「人間が作用しあう人も物もすべて共鳴状態を生むので、わたしたちが経験することすべてが儀式と配列である」という解釈にわたしはすんなりと納得す

ることができます。この理解にたどり着いたおかげで、わたしはすべてがスピリチュアルなのだということを実際的な意味で認められるようになりました。

共鳴状態がもたらす恩恵――エネルギーの調和を生み出す

わたしたちが経験する儀式や共鳴には、賢者や聖者と呼ばれる人々や教祖的存在、スピリチュアルな世界を教える人々、宗教的リーダーやチャネラーと呼ばれる人々との関連から選択するものがあります。これらの人々は特有の共鳴エネルギーを帯びているので、わたしたちは彼らに惹きつけられるものを感じて共鳴状態を体験します。彼らと共にときを過ごすと、その人の存在全体があなたの存在全体に直接語りかけ、あなたの人生は豊かさを増します。その人物との出会いに続いて洞察力が増すなどの恩恵を受けたとすれば、多くはその師、あるいは教祖に起因すると考えられるでしょう。しかしながら、人はエンパワーメントを遂げた状態になると自分自身の人生に責任を取るものです。この観点から考えれば、この教祖的存在、あるいは師から受けた恩恵は、あなた自身の存在がより拡大し、共鳴を経験した結果と理解できます。一連の結果を共同創造している者としての責任を受け入れるとき、あなたは自分自身を尊重するだけではなく、この共鳴状態を創造する手助けをしてくれた存在に最大限の敬意を払うことになります。そして、このことを忘れずにいてください。あなたが

他の存在に作用をすると、その先に広がっていくのです。
ディーパック・チョプラはつねに存在全体で共鳴の波動を体現している人物であり、会った人は誰もがそのことを実感させられます。アメリカ国内の主流雑誌では、生けるる国宝と称しています。たいそうな肩書ではありませんが、チョプラは気取らない優雅さからそう呼ばれているのです。このような人と会うとどのようなことが起きるでしょう？
数年前、夫のステファンとわたしは聴衆1500人を集めた彼の講演を聞きにロードアイランド州へ出かけました。ステファンとわたしはその列に後ろに並んでいた少女とおしゃべりをしました。「彼にハグしてほしい！」。女の子はその偉大な人物に直接会えることに興奮しきった様子で言いました。横目で確かめると、チョプラは瞑想でもしているかのように顔も上げず、次から次へと本にペンを走らせています。インドのスワミ・ムクタナンダ師と会ったときの経験から、師には何の期待も抱かずに接することが重要であるとわたしは知っていました。
休憩時間中、チョプラとわたしは聴衆1500人を集めた彼の講演を聞きにロードアイランド州へ出かけました。ステファンはステージ上で自著へのサインに応じていました。ステファンとわたしはその列に少しずつ進んでいくあいだ、わたしは後ろに並んでいた少女とおしゃべりをしました。「彼にハグしてほしい！」。女の子はその偉大な人物に直接会えることに興奮しきった様子で言いました。横目で確かめると、チョプラは瞑想でもしているかのように顔も上げず、次から次へと本にペンを走らせています。インドのスワミ・ムクタナンダ師と会ったときの経験から、師には何の期待も抱かずに接することが重要であるとわたしは知っていました。

会って、分子を分かちあうことをただ楽しみましょうよ」すると、たいへんなことが起こりました。チョプラがサインをもらおうと本を差し出すと、ステファンが顔を上げて、ふたりは会話を始めたのです。ひとしきり言葉を交わしたあと、ステファンがわたしを紹介しました。「妻のペギー・フェニックス・ドゥブロです」。初めは簡単なあいさつで済ませるつもりでいましたが、思いがけずこんな言葉が口を衝いて出ていました。「以前、『始まりも終わりもない』体験についてお話しされていましたが、わたしも同じ体験をしました。あれで人生がガラリと変わりました」。チョプラはわたしの目をじっと見つめ、わたしは見つめられるがままでいました。真実の瞬間に立ち会っていると直感したからです。そして次の瞬間、なんとこの偉大なる人物はサインをしていたテーブルから身を乗り出してわたしをハグしてくれました。夫に手を取ってもらいながらステージを離れたことはうっすらと記憶していますが、あのときのわたしはいったいどんな顔をしていたでしょう？　夫とわたしは残りの講演も満喫しました。翌朝、目が覚めると、内面の感じ方がそれまでとまったく違っていました。わたしは心の底から実感しました。二度目の『始まりも終わりもない』体験は、わたしだけのためのものではなかったのだ。わたしにはあの体験を他人と分かちあう責任がある」そしてあのころのわたしはそれがいったい何人の「他人」になるのかを知らずにいたのでした。

光と共鳴状態のテンプレート

この共鳴状態はどのようにして人と人の間で生じるのでしょうか？　人は誰もが光とエネルギーから成る自分だけの神聖なテンプレートをもっています。自分を知るための探求をするなかで、人はこれらのテンプレートに固有の振動を促して活性化し、あるいは命を授けるのです。テンプレートは、自分独自の人生の目的の達成を追求するなかで交わす次元を超えたやりとりについて重要な鍵を握っています。さらに、わたしたちは誰もがこのテンプレートという形で大いなる宇宙版パズルの自分のピースを自他に示し、伝達しているのです。これはどれも共鳴状態を通じて成し遂げられる現象です。「共鳴」という言葉は「エネルギー的に何かと同じ位相状態で、あるいは調和して振動していること」を意味していますが、テンプレートはそこで音叉のような役割を果たし、人はみな自分の共鳴の波動によってお互いに作用しあっているのです。人はそれぞれにその人にしかないテンプレートをいくつか宿していて、そのテンプレートは高次のテンプレートへのアクセスという大いなる智恵をもっています。

この関係性を意識的に理解すると、人は自分たちが作り出している共鳴状態に責任をもつようになります。すべての人のなかに神を見ることがわたしの仕事なので、これらの神聖なるテンプレートは深みをもってその仕事を果たす

助けとなってくれます。その人のテンプレートが本人に向けてどのような智恵を明らかにするのか、それを伝えることはわたしにはできません。活性化するのは本人の努力次第なのです。自身の神聖なるテンプレートを見つけ出し、活性化するのは本人の努力次第なのです！　わたしのテンプレートは先に記したような意義深い経験を経てUCLとEMFバランシング・テクニック®の智恵へとつながる鍵を手にしたわけです。

EMFテクニックのエネルギー・テンプレートを受信したとき、あるいはそれをチャネリングをしたとき、わたしはエネルギー的にテンプレートそのものに「なっていました」。いまではわたしには5つのエネルギー・テンプレートがあります。どれも3次元的なダイヤモンド型をした光とエネルギーのパターンです。2体の四角錐が底の面で合体したような形で、8面体として知られる幾何学的形状を成し、EMFバランシング・テクニック®に対して特有の共鳴状態をこのメソッドのテンプレートと徐々に共鳴させながら独特の方法でこの共鳴状態を作っています。経験を積んだEMF講師は、受講生をこのメソッドのテンプレートと徐々に共鳴させながら独特の方法でこの共鳴状態を作っています。経験を積んだEMF講師は、受講生をこのメソッドのテンプレートと徐々に共鳴させながら独特の方法でこの共鳴状態を作っています。このワークを使ったエネルギー調整には直接的な性質があるので、テクニックは早期に新たに修得することができます。同様に、プラクティショナーに新たに伝わった共鳴エネルギーは、そのプラクティショナーのセッションを受ける人のUCLに流れている情報を刺激、あるいは明確化するのに役立ちます。テクニックの特定のフェーズ（段階）に関連するテンプレー

トについては、のちほどフェーズ別に論じる際に詳しく説明します。

EMFバランシング・テクニック®は、UCLの領域全域に施されます。UCLは肉体から60センチの幅で全方向に広がり、プラクティショナーはUCL一帯に広がるその精緻なパターンを、太極拳にも似た流れるような動きでたどっていきます。セッションの大半では、プラクティショナーは肉体の上空、あるいは周囲60センチ以内の距離から働きかけますが、バランシングワークをおこなう際はクライアントの体に両手を軽くあてがう場合もあります。

精確なパターンの解明と習得に励んでいた当初、3人の大柄な光の存在がわたしの左側につねに付き添っていました。わたしは親しみをこめてこの3人を「お利口3人組」と呼んでいました。たいていの場合、わたしは精確にパターンをたどることができましたが、ときおり動きを正しく実践できず、そのときはいつもこの3人が丁寧に直してくれました。直してくれているときは両腕が自分のものではなくなったかのような感覚とともにそっと正しい動きをたどりました。

ある日、わたしはひとつのことに気づきました。『このテクニックにもうそろそろ名前をつけないと』。わたしはそれまで、すべての特殊パターンの習得と、それらを手順として体系化することにたゆまず取り組んできたので、その名づけ親には当然、自分がなるものだと思っていました。

創造力が生き生きとあふれ出し、覚えやすく人目を引きそうなタイトルがいくつも思い浮かびました。わたしのお気に入りはスターゲートでした。決定しかけたその名前に悦に入っていると、お利口3人組からこうはっきりとした指示が飛んできたのです。「スターゲートはだめだ」と聞こえました。「名前はEMFバランシング・テクニック®だ」。何ですって？ わたしは耳を疑いました。覚えにくいし、パッとしないじゃない！ 自分の心の声にきまり悪い思いも覚えましたが、そう思ったのはたしかでした。「だめだ！」。心の声を聞きとがめた光の存在たちはそう言うと、次のように丁寧な説明を施してくれました。「EMFはElectro Magnetic Field、つまり電磁場の略だ。近い将来、電磁場の存在は人々にはっきりと認識されるようになり、この名前は多くの人々にとって意味のあるものになるだろう」。今日、わたしたちは人体の電磁場が人類の進化に多くの鍵を握っていることを知るようになっています。現在は2001年（執筆当時）ですが、ここから先はEMFバランシング・テクニック®の現状報告です。

現時点でEMFバランシング・テクニック®は4つのフェーズ（段階）で構成されています。プラクティショナーは各フェーズにおいてクライアントのUCL内部に流れるエネルギーパターンをたどっていきます。たどる手順はクライアントがいずれの段階を受ける場合も毎回同じですが、セッションが引き起こす調整・強化カリブレーションの内容はそのつ

第9章　愛でできた革新的システム　EMFバランシング・テクニック

ど異なります。この一度限りの調整・強化（カリブレーション）の内容は、クライアントの人生の状況に応じて、その人が本来もっている叡智（えいち）が決定します。宇宙がわたしたちひとりひとりと一対一の関係を築いていることに、わたしはいまでも驚かされています！

　EMFプラクティショナーは精確かつ綿密な手順に従って所定のパターンをたどっていきます。エネルギー場（フィールド）一帯を足の方から頭部に向かって、体の前面から背面へ、そして後頭部から足へと下りていきながら、プラクティショナーはクライアントのUCLの各部分と相互作用をおこなっていきます。エネルギーは、クライアントが生来もち合わせている叡智の導きに従って、場（フィールド）内でいきままに必要とされている箇所に流れ込んで穴埋めをおこなう自己決定型かつ自動制御の性質をもっています。このように、けっして当てずっぽうでワークを進めるのではなく、正しく分析、判断することがプラクティショナーには求められます。手順に沿ってワークを進めることによって、クライアントにとって最も有益な結果が共同創造されるのです。セッションのあいだ、全身を流れているエネルギーの動きを感じ取れる方は大勢いらっしゃいますが、感じ取れない方でも同じ恩恵を受けることができます。しばらくすると、ほとんどの方がセッションに付随して何らかの感覚が得られるようになりますが、それはささやかなものから衝撃的なものまであります。体温の変化や動悸（どうき）、チリチリと

した感覚や耳鳴りがするという場合もあるでしょう。プラクティショナーが足の付近に働きかけていたり、体から離れた箇所に働きかけているにもかかわらず、上半身に触れられている感覚を覚えるというケースもあります。

　EMFバランシングセッションは1回につき45分かかります。初めに4つのフェーズを順を追って受けていただき、通常、期間にして4週間から4ヶ月かかります。セッションは毎回、簡単なお祈りの言葉でスタートします。プラクティショナーが心のなかで、あるいは声に出してこう言います。「わたしの内なる創造主から、あなたの内なる創造主へ。さあ、共にいる仲間たちよ、始めましょう」。わたしはこの始まりの儀式が大好きです。なぜならこの祈りは内なる叡智の存在をお互いに認めあう役割も果たすからです。エネルギーに現れてくださいとお願いする必要はありません。使うことを宣言して、使えばいいのです。

　開始の言葉を述べたら、プラクティショナーはエネルギー体の準備運動にとりかかります。この準備では一定の動きのあとにプラクティショナーが意図を発して、UCL全体に壮大なエネルギー循環を引き起こします。プラクティショナーは所定のエネルギーの動きによって共鳴状態を築き、クライアントはそれに応じて電磁的レベルで反応していくことができます。エネルギーがUCLを自由に流れるようになったところでプラクティショナーはセッションを続けます。

　毎回のセッションは準備からオープニング、浄化、調

整、クロージングという所定のステップをたどります。このワークでは肉体に点在する大小のエネルギーセンターに全面的に働きかけます。興味深いことに、人の頭部には縦と横の双方向から覆う光とエネルギーの環（リング）があります。各フェーズにおける特定のポイントで、クライアントの頭部を両手でもちながら、クライアントの叡智に従ってそのリングを等間隔の健全なパターンに調整します。プラクティショナーのなかには、この調整・強化のときにリングが調整される様子が見えた、あるいは感覚的にわかった、あるいは聞こえたという方もいました。

各フェーズの最後に、プラクティショナーは片手をクライアントの体前部の胸腺付近に置き、もう片方の手を背面にあてがって上部ハートの調整をおこない、エネルギーの状態を実現するうえで必要な箇所に流れ込んでいくあいだ、プラクティショナーはその光とエネルギーをもっていることをクライアントに思い出させていくのです。クロージングの祈りとして心のなかで、あるいは声に出して「あなたと、あなたの内なる創造主を尊重します」と唱えます。

各セッションでは次なる高次のパターンに向かって自ら
を広げ、放出し、再組織化をおこなっているUCL全体の
調整・強化をします。各フェーズの調整・強化はそのひと
つ前のものを土台にして成り立っています。4つすべての

フェーズに共通する要素をおさらいしたところで、ここからはフェーズ別に細かく見ていくことにしましょう。

フェーズ1　叡智と感情

フェーズ1の意図するところは、頭とハートのバランスを整えることです。考えるばかりで感じることができずにいる人はバランスが必要です。逆に、たいていの状況に感情で反応して、論理的に考えたり、智恵を働かせることをしない場合もバランスが必要です。これまでは論理的思考をおこなうことが高く評価され、感情から行動を起こす性格は重きを置かれてきませんでした。しかし、ここに来てわたしたちはこの調和の取れた状態を通じてより幅の広い包括的な知性を定義するうえで重要な部分を担っていると認識するようになってきています。EMFセッションの最初のフェーズでは、心とハートがもつ知性の間にバランスを生み出す手助けをします。わたしたちはこの調和の取れた状態を通じて大いなる霊的な知性を表現していくのです。このように自己がより統合された見地から人生の決定を下すことが理想ですので、「ハートで考え、心（マインド）で感じる」という境地を追求するように受講生の方々を励ましていくことにわたしは日々、喜びを感じています。

各センターに誘導しながら、もう一方の手でクリアリング
浄化（クリアリング）の際、プラクティショナーは片手でエネルギーを

第9章 愛でできた革新的システム EMFバランシング・テクニック

をおこなって主要なエネルギーセンターのいくつかを浄化します。クリアリングをしていると、「場のなかでエネルギーの糸で引っ張られているような感覚がする」という感想をクライアントからよく聞きます。

所定の部位の浄化が完了したあとは、バランシングの作業に移ります。片手を体の下に、もう片方の手を各センターの周囲にかざしてエネルギーの重要な性質をクライアントと共有します。「これはわたし個人のエネルギーではなく宇宙エネルギーですので、あなたは自分で選択する分量だけ受け取ってかまいません」。たいていはこう宣言することで満ち足りたやすらかな感覚が生み出され、滋養と無条件の愛の感覚をクライアントに呼び覚まします。みなさんにも感じることができるはずです！

つづいてプラクティショナーは頭部を囲む光の輪に取りかかり、フェーズ1に付随するエネルギーのテンプレートを活性化していきます。プラクティショナーはクライアントに、燦然（さんぜん）と金色に輝くエネルギーの柱が頭から足まで全身を貫いている様子を視覚化するように指示します。簡単な手の動きで金色の光を足から頭までひととおり引き上げていきます。つづいて頭部のワークで追加されたエネルギーに順応するための微調整をおこないます。これによってエネルギー調整が完了して、新たなパターンに対する安定性が確保されます。最後にクライアントのエネルギーをいまこの瞬間に確実に根づかせてフェーズ1の終了です。クライアントはやすらかで穏やかな、そして調和の取れた

感覚とともにセッションを終えるはずです。人によっては初めてのEMFバランシング・テクニック®を経験することで霊的な目覚めが促されるでしょう。

フェーズ2 自己決定と自立

フェーズ2セッションの意図するところは自己決定と自立を促すことです。フェーズ2は過去に対して過剰に投資したエネルギーの回収を可能にするフェーズ1のプロセスを土台にして成り立っています。この意図は初めにパーソナル・エンパワーメント・プリズムに働きかけることで実現することができます。背面のUCLに走っている光とエネルギーでできた3本の情報ファイバーと、背面のチャクラから発している8の字型あるいは無限マークのループ、そしてフェーズ2のテンプレートが一体となってプリズム状の構造体を生み出します。この情報ファイバーにはわたしたちの過去の情報、すなわち遺伝パターン、つまり先祖代々受け継いできたパターンや自身の過去生の情報、そして今生で経験してきたあらゆる出来事の情報が流れています。このプリズムの内部に働きかけをおこなうことで、自分を過去に引き留めていたエネルギーを調整してサポートのエネルギーに変質させるのです。

「恩寵（おんちょう）の状態」を探究する人は現代にも大勢います。これは古くから各方面が実在を約束してきた境地です。手つかずの美と輝きにあふれた世界が存在する可能性すらも忘れ

て、古いエネルギーの泥沼を重苦しい足取りで進んでいる人もいます。それでも、わたしたちが自分自身に責任をもってエネルギーの通り道を開くワークを実践すれば、このの恩寵状態を生み出す、あるいはカルマの解消を実現することができます（ライトワーカーの「ワーク」はここから生まれるのです！）。金色の光を誘導して背面を走っている情報ファイバーの状態を調整することで、カルマの一部とこれ以上役に立たない遺伝的傾向を恩寵に満ちた状態で解消することができます。

フェーズ2のゴールは、これまで身に着けてきたすべてのことに感謝できる状態へと移行することです。ふたつ目に、わたしたちに宿る前向きの動きを促し、自己決定と自立のエネルギー状態を生み出す傾向を活性化する意図を発します。3つ目は脊髄に関連するものです。脊髄には生命に欠くことのできないクンダリーニエネルギーが宿っています。この意図は本人の決断力と霊的バックボーンを強化するためのものです。人間は生まれながらにして脊髄の内部にエネルギー的な制限を抱えながら生きています。これらの制限はふさわしい教訓を本人に授けることで学びを手助けするようにできています。つ

まり、わたしたちがここで意図するところは、これらのカルマ的な出来事を再現する必要性を解除し、教訓にこめられた叡智だけを留めることにあります。このプロセスでは縦に走るファイバーと自動調整のループと脊髄に働きかけるだけではなく、主要なエネルギーセンターの一部のクリアリングと調整もおこなうことになります。独特のよどみない動きでUCLの背面部に働きかけていくことでこのワークの目的は完了です。

フェーズ2の仕上げとして頭部周辺のエネルギーに再度、働きかけをおこなって、フェーズ2に関連するテンプレートを活性化します。クロージングのプロセスは相手の方がこの現実にしっかりとつながるように促しつづけます。

フェーズ3　コアエネルギーを放射する

フェーズ3のセッションは人のコアエネルギー、つまり全身の中心を貫いている光とエネルギーでできた生命の柱を強化します。フェーズ3ではまず、全身に点在している小規模なエネルギーセンターを浄化するという意図に集中します。このエネルギーセンターは主要なチャクラにれらのあまり知られていないセンターは主要なチャクラに深遠な影響を及ぼしていて、その人のエネルギーフロー（流れあるいは流量）全体にとって欠かすことのできない要素

です。フェーズ3のセッションの特徴をたとえるならば、「疲れるのは山のせいではなく靴に砂粒が入っているからだ」という自主・自発的な考えに基づいています。

フェーズ3ではダイヤモンドのような形をしたふたつの光のテンプレートに働きかけます。ひとつ目のテンプレートは両膝を起点にして下向きに伸びて両足の辺りまで広がり、足の下のセンターで互いに再会します。ふたつ目のテンプレートパターンはクラウンチャクラを起点にして上向きに伸びて頭上のセンターまで広がり、そして同センター内で互いに再会します。このふたつのテンプレートは足元のセンターと頭上のセンター、そしてコアエネルギーの認識を向上させます。これによってコアがこの存在の霊的な力になるのです。このテンプレートを利用してわたしたちはコアエネルギーを肉体全体に放射する意図を発します。このプロセスによって個人のUCLエネルギーを宇宙エネルギー、すなわち宇宙格子（ラティス）とつなぎ合わせるとともに放射するのです。

フェーズ3では高度に洗練されたプラチナ色のエネルギー周波数を取り込みます。プラチナ色のエネルギーは金色のエネルギーとは異なり、若干冷たい質感がありながらも強化・増大の性質をもっています。このプロセスは宇宙エネルギーの男性的側面と女性的側面を統合する意味あいがあると現時点でわたしたちは理解しています。このフェーズでプラチナ色のエネルギーは金色のエネルギー体内部で統合が起こることによって、チャクラシステムがコアエネルギーに合わせて調整され、もうひとつの波動のシフトが生まれます。この調整は人間の霊的知性の発露を促し、わたしたちは宇宙の成り立ちにおけるさらに大きな役割を担うようになります。

フェーズ3では、エネルギー体の準備をしたあとに、肘の内側、手首、手のひら、臀部（でんぶ）、膝とくるぶしにある各エネルギーセンターの浄化をおこないます。これらの部位の浄化は、体に点在する他の箇所のエネルギーセンターの浄化する効果があります。たとえば首筋や肩に張りのある人はこのセッションのあとにいくらか解消した感覚が得られるでしょう。プラクティショナーはクライアントのあごと第三の目の浄化もおこなうことで直観的認識の増大を促します。

体の前面の浄化が終わったら、クライアントにゆっくりと寝返りを打ってもらって背面に取りかかります。あばら骨の下に位置する古いエネルギー・パターンを留めている箇所をはじめとして、いくつかのエネルギーセンターを浄化していきます。つづいて首の後ろ側を浄化します。ここは人のエネルギー体のなかでも非常に神聖な領域です。人類が進化を遂げていくこの時代にあって、洗練された高濃度のエネルギーがこのセンターを通じて人のエネルギー場（フィールド）に流れ込んでいきます。

背面の浄化が済んだら、クライアントには再度、仰向け

になってもらいます。次の一連の動きではコアエネルギーを放射する状態になるようにエネルギーに働きかけます。これは多くの場合、充足感に満ちたやすらぎの感覚を生みます。クライアントはコアエネルギーが強化されていく最中、自分が引き伸ばされているような感覚を覚えることがあるかもしれません。プラクティショナーはクライアントの体の全長にわたって走る無限を表すパターンをたどっていくことでコアエネルギーのバランスを整えます。その結果、フェーズ3で扱うふたつのテンプレートを整えます。この時点でクライアントとプラクティショナーは大きな成果を上げています。つまり、エネルギー場（フィールド）全体が浄化されたクライアントはより力強く「いま」という時間を生きることができるようになっているのです。

フェーズ4　エネルギー的成果と未来の可能性

フェーズ4ではエネルギー面での成果に焦点を置いています。プラクティショナーは前面を走っている情報ファイバーを調整・強化（カリブレート）することでわたしたちが喜びとともに共同創造を楽しめるようにします。長年の個人セッションのなかで、前面の情報ファイバーとつながっている8の字型

のループがまだ完全な状態ではないケースが多く見られました。つまり、まだ形成段階にあるわけです。また、フェーズ4のセッションを終えるとループが強化されるだけではなく、形状が完成に近づいている様子も目撃しました。

わたしは素晴らしいハートエネルギーと潜在能力に満ちたエネルギー場（フィールド）をもった人々によく出会います。彼らの場（フィールド）はいやでも目に飛び込んできます！しかし、そうした素晴らしい魂の持ち主はイライラしていることが多いのです。なぜなら、自分のもっている可能性に気づいていながらもそれを具現化できていないからです。フェーズ4では人の可能性の実現を手助けします。そのために本人のUCL内の8の字型ループを強化し、完成に近づけていくのです。あなたが人生の現段階において、ご自分がどれだけ成熟していると思っているかにかかわらず、いま一度、じっくりと考えてみてください。「もしも現実化のスキルがさらにアップしたらどんなことが起きるだろう」と。わたしたちひとりひとりが自身の遂げる変遷（へんせん）の源です。格子（ラティス）エネルギーの活用法を身に着けることで、わたしたちが活動し、意図したことによる結果を豊かなものにできます。セッションを通じてUCLを活性化することで、わたしたちの存在そのものが有しているエネルギーを満タンの状態に保っておく基盤を構築することができるのです。

ダイヤモンド型をしたフェーズ4のテンプレートは、先の3つのフェーズのテンプレートを包含しながらエネルギー体全体に広がっています。フェーズ4のテンプレ

第9章 愛でできた革新的システム EMFバランシング・テクニック

は発達の途上にあるEMFテンプレートシステム全体を活性化しながら、パーソナル・エンパワーメント・プリズムのエネルギー、コアエネルギー、パーソナル・ポテンシャル・プリズムのすべてを包含しています。パーソナル・ポテンシャル・プリズムにをつかって意図と動作を融合していくことで、未来のエネルギーを有効活用してわたしたちの「いま」の創造における重要な役割を担わせることができます。フェーズ4のセッションは、過去がもたらす叡智と未来の可能性によって調和が保たれているいまという瞬間を認識できるようにわたしたちのエネルギーをシフトさせてくれるのです。

最初の3段階と同様に、プラクティショナーはエネルギー体の準備運動から始めます。UCLの準備が整い次第、クライアントにはいったん腹違いの姿勢になってもらい、パーソナル・エンパワーメント・プリズムの調整にかかります。まず、プラクティショナーとクライアントは、クライアント本人の過去を尊重する意図を発して、情報ファイバーと自動調整ループと脊髄を調整していきます。パーソナル・エンパワーメント・プリズムの調整・強化をおこなうことで、クライアントは自身の経験を通じて手にしてきた叡智に対して感謝を示すことになります。過去を尊重することができたら、クライアントに再度寝返りを打ってもらって、いまという瞬間に集中してコアエネルギーを放射する準備をしてもらいます。いまという瞬間に認識を集中することは、パーソナル・ポテンシャル・プリズムに働き

かけを開始する土台として役立ちます。この段階は特段に美しい動きで構成されていて、その動きは象徴性に満ちあふれています。

つづいてプラクティショナーは金色のエネルギーが前面のUCLの情報ファイバー全体に広まるよう指揮し、クライアントに未来の可能性を湛えた場(フィールド)がすぐ目の前に広がっていることを認識させます。そして不安や恐怖に満ちた出来事、あるいはこれから起こる可能性のある出来事に絡んだ余分な電磁エネルギーを解放し、そのクライアントにしか体験できない未来を活性化していくのです。

このセッションでわたしが最も気に入っている箇所が次の手順です。プラクティショナーはコアとパーソナル・ポテンシャル・プリズムをつなぐ自動調整の無限ループを刺激しますが、そのシンプルな動きはきわめて神聖かつ美しいものです。もしもあなたが他の人を祝福したいと思っているならば、この動きはその祝福を体現しています。他の人のエンパワーメントを促すのは名誉なことであり、ギフトでもあります。あなたは他人をエンパワーしているとき、あなた自身もエンパワーしているのです。

エネルギーセンターを開く手順はこのセッションでも非常に特徴的なものがあります。内なる扉を開くかのようなその流麗かつエレガントな手の動きは、クライアントが自らの内面奥深くにつながる能力をもてる潜在能力に対して完全に開花するように促します。考えてみてください。あなたが潜在的な自己に自信と愛をもってつねにつながることは、パーソナル・ポテンシャル・プリズムに働き

いるとしたら、どれだけの意味があるでしょう。さらなる動きでプラクティショナーはUCL全体の刺激を続けます。それによってエネルギーパターンが生じれば、大いなる共同創造の道具である叡智と愛を通じて潜在的な自己へとつながる道が開けたことを表しています。ここまでで、クライアントがこれまでにない感覚や考えが湧いてきたり、直観がひらめく場合があります。フェーズ4でじっくりとバランスを整えているあいだ、クライアントは愛のエネルギーを浴びつづけているのです。最後にプラクティショナーが頭部周辺のエネルギーに短い働きかけをおこなってセッションは終了します。

EMFバランシング・テクニック®は、エネルギー回路を開く手助けすることであなたが最も悟りを開いた人生を共同創造するよう促しますが、共同創造に伴って生じる責任を取るという選択は個人がしなければなりません。この責任は、宇宙との協調関係（パートナーシップ）の表れであり、大きな名誉でもあります。わたしたちは日々、もてる技能を実践しながら共同創造のスキルを磨きつづけていくのです。

複合的ワークと距離の取り方と自己セッション

プラクティショナーはいくつかのEMFセッションを組み合わせて用いる方法も学びます。つまり、特定のフェーズを一定のポイントで融合していわゆるダブルセッションを作るのです。

が、いくつもの動きとパターンで構成されている各セッションの方法がフェーズごとにまったく異なる形となって着想されたことを思うと、すべてがまるで事前に計画されていたかのごとくぴたりと組み合わさるさまは驚きに値します！

わたしたちの経験と量子理論の研究成果から、時間と空間は必ずしも限定的な要素ではないことがわかります。さらに、「手を触れずに」おこなうセッションが効果的なエネルギーワークであることもわかっています。EMFには遠隔セッションがいくつかあって、認定プラクティショナーには実践の資格が与えられています。このセッションは、クライアントが電話口でプラクティショナーの指示に従って受ける場合もあれば、プラクティショナーとクライアントの間であらかじめ時刻を決めたら、一言も交わさずにセッションをおこない、セッション後にフォローの電話をかけるという場合もあります。手を触れずにおこなうセッションはクライアントとプラクティショナーが同じ部屋にいながらおこなうこともあります。これは寝たきりのクライアントに働きかける場合、ヒーリング台の上で身動きの取れないクライアント、あるいは単純にまったく触れられずにセッションを受けたい方に有効な選択肢です。遠隔ワークは、人と人とが顔を合わせてお互いを尊重しあうこのテクニックの主要な用途に取って代わるものではありませんが、それでもこれはエネルギー活用の有望な形式であるために、大勢の人を惹きつけています。

第9章 愛でできた革新的システム　EMFバランシング・テクニック

トレーニングでは、プラクティショナーは自己セッションの方法も学びます。注目すべきなのは、プラクティショナーは人のためにセッションをおこなうたびに自らも大きな恩恵を受け取っている、という点です。プラクティショナーがエネルギーの代わりに調和がクライアントにもたらされるように意図を発しているあいだ、プラクティショナーの場（フィールド）も反応しています。他人に調和を促すことであなたの内側にも安定感の伴ったハーモニーが生まれていくのです。さらに、フランスの洞察力のある医師が肉体的なメリットについてわたしに語ってくれたところによれば、プラクティショナーは一連の動作をおこなうだけでも恩恵を受け取っているそうです！

EMFバランシング・テクニック®のプラクティショナートレーニングは丸6日間おこなわれます。これだけ複雑かつ徹底したシステムを学ぶには、その量を考えるとこの6日という日数は少ないと言えるかもしれません。しかし、学びは最終の6日目で終わるのではありません。わたしはこのワークはハートの武道であると思っています。「武道」とは、霊として生きる幸福に内在している力強く、動的な知性を表しています。武道のたとえは自分でもなかなか気に入っています。プラクティショナーが動作に熟練して精度を増していくほどに、クライアントとプラクティショナーの双方にとって有効なバランスが取れるようになります。先日、ラジオ番組でハワイの有名なヒーラーをインタビューした際、彼がこう言ったのを聞いてわたしはうれしくなりました。「武道の技に磨きをかける人たちと同じくらいエネルギーワーカーが積極的に関わりを示し、訓練を積んだらどれだけすごいことが起きるでしょう！」

バランスを取ること、そしてヒーリングについてひと言

EMFバランシング・テクニック®はUCLの調整と強化を主な目的としており、これによって個人の幸福全般に寄与します。より高度なバランスを体現しつづけるにつれて、その人は霊的な幸福を理解し、新たなレベルのエンパワーメントを獲得します。この幸福は他を「癒す」能力、あるいは自らが「癒される」能力に寄与すると考えられます。EMFバランシング・テクニック®のプラクティショナーはUCLに働きかけることによって癒しを手助けしているのです。

有史以来、癒しをテーマにした本は数限りなく世に出されて、わたしたちはいまなお癒しの定義を絶えず進化させています。怪我をしたり病気に罹かっても人の体は自然に治ることができますが、たいていの場合は外部からの補助が必要になります。補助にふさわしい医学的、あるいはホリスティックなメソッドを選択する際には、考慮すべき重要な要素がいくつか存在します。いかなる思想体系においても、癒しとは突き詰めるところ自己治癒なのです。医師や鍼灸師、シャーマンなどの癒しを代表する人々

の本来の役割は患者のもつ自然治癒力を高めることにあります。何を選ぶにせよ、人はそれぞれにこの癒しと呼ばれるプロセスに参加する権利があります。自己エンパワーメントの役割は、癒しにおける最も重要な要素といえるでしょう！

たとえ dis-ease（不・調和）を味わっていたとしても、その人は同時に幸福とエンパワーメントの状態にいることも考えられます。わたし自身、そしてわたしがお相手をしたクライアントや受講生の方々がたどった人生でもそれは真実であると言えます。人を取り巻く外側の状況はどうあれ、エネルギー的に金色に輝く調和状態に入ってそこから行動を起こすことは、共同創造に、そして悟りに満ちた人生や目覚めを遂げた人生の創造に寄与します。人の抱える不調和は肉体的なものから精神的、状況的なものをはじめ、さまざまなものがあります。EMFワークでは、個人の強みに集中してそこから積み上げていきます。EMFを使って相手の方が肉体的な死を前向きに受け入れられるよう手助けしたこともあります。わたしは死を機能の停止や衰弱ではなく、ある状態への移行であると考えています。本書の序文で記したように、わたしは一瞬一瞬、その人がどんな人生の状況に置かれていようとも、自己エンパワーメントを身をもって知る権利をすべての人が手にしていることに強い情熱を抱いているのです！

わたし自身の経験と、講師およびプラクティショナーの体験談を次の著書となる『Restoring the Electromagnetic Laws of Love』（仮題『愛の電磁的法則の復活』）でご紹介する予定です。

「……世界じゅうの、受け取る決意のある者たちへの贈り物としてな」

リチャード・バック 『かもめのジョナサン』

第10章 新たな展望

ユニバーサル・カリブレーションへの呼び声

衝撃的な目覚め

2001年9月11日の夜、わたしは部屋中を照らすまばゆい光に目を覚ましました。初めはわたしたちのいる2階の部屋に車のヘッドライトの光が射し込んできたのだと思いました。でも、意識が冴えてくるに従って、自分はいま宇宙格子(ラティス)を目の前にしているのだと気づきました。このとき、格子(ラティス)はそれまでに見たどのときとも違って見えました。しばらくのあいだ、何の推測も判断も加えずに、格子(ラティス)に走るたぐいまれなるパターンをじっと観察していました。そして、眠りに落ちながら不思議に思いました。『どうしてこんなに違って見えるのかしら?』。翌日の午前にようやく気づきました。人間に示されている部分の格子(ラティス)が、これまでになく強靭(きょうじん)になっていたのです。あの日、前日に起きた出来事によって強化されていました。世界的な人類コミュニティーは「目を覚ましてひとつになりなさい」という重大な警告を受けたのです。地球に暮らすわたしたちは憎しみを乗り超え、寛容の心を拡大して、新たな共感のレベルと他人を受け入れることに心を開く必要があります。いまわたしたちは限られた愛の理解を超える絶好の機会を手にしています。集団意識がその新たな糸口を生んだのです。次のステップは愛のもつエネルギーを理解する準備が整っています。新たな愛の新たなエネルギーを提供する準備が整っています。人間の心はこの新たな愛の理解を超えるものとは大きく異なり、経験した人はすぐにその変化に気がつくでしょう。2001年9月11日の出来事はこれまでのものとは大きく異なりました。その変化を活かして何を生み出すのか、それはわたしたちに懸かっています。

スピリットでひとつに

2001年9月29日午後9時、ニュージーランドを皮切りに、世界じゅうの各時間帯に祈りの輪を広げていきました。オーストラリア、マレーシア、香港、シンガポール、インド、イスラエル、トルコ、イタリア、スイス、ドイツ、フランス、イギリス、アメリカ、メキシコ、ハワイ等の国と地域においてEMFプラクティショナーと講師たちが人類の意識というとても大切なクライアントに対してセッションをおこなったのです。この特別なクライアントを相手に、10月10日、11月11日、12月12日に残りのフェーズをおこないました。参加した講師、プラクティショナーたち

第10章 新たな展望 ユニバーサル・カリブレーションへの呼び声

は頃合いを見てこの連続セッションを継続することを誓い合いました。

このユニバーサル・カリブレーションへの呼び声を理解するために、調整・強化を促し、人間の肉体そのものなかに変化を引き起こす基本的な性質のいくつかを見ていくことにしましょう。

ホルモンと肉体の進化——化学的・生物学的結合

人体の化学組成は進化のプロセスにおいて重要な役割を担っています。食事、特殊なサプリメントと運動、そして空気と心の状態でさえもすべて化学組成に寄与しています。人類の進化に役割を果たしている化学‐生体システムは内分泌系です。エネルギー体を形成している微細なエネルギー構造体に対して肉体に相当するもののひとつが内分泌系です。内分泌腺は非常に特殊な化学物質を提供し、その物質は生体の化学反応において精確なタイミングと理由に沿って放出されます。この分泌物をホルモンと言います。ホルモンの分泌は重要な鍵を握っています。果たして、ホルモン分泌という繊細なシフトが脳内に新たな領域を開拓して心の能力、つまり意識を刺激し、より広大な現実世界の存在を認識させることは可能でしょうか？ 1960年代、化学物質の使用を通じて意識の拡大を推進しようとする大衆運動がありました。正常の限界をひっくり返そうという集団意識の要請がその原動力になっていました。この意識の拡大を日常的な簡単な方法で、つまり正気を失ったり「錯乱状態」に陥ることなく実現することは可能でしょうか？ 新千年紀を迎えたわたしたちはこれから、自らの内面により深く入り込んで「化学工場」に眠る財産を解き明かす鍵を手に入れる方法を学んでいくのです。次にご紹介するエクササイズを用いれば、分泌系を刺激して意識の進化に伝導しやすいホルモンバランスを生成することができます。

EMFバランシング・テクニック®
スパイラル・スイープのエクササイズ

スパイラル・スイープ（訳注：sweep ＝ 一掃する、掃き清める）はささやかながらも重要な役割をもつ情報であり、EMFバランシング・テクニック®の完全なシステムの一部を形成しています。形而上学的な世界の研究に生涯を捧げた学者ハダッサ・ロバーツが最初にエクササイズの基本的なパターンを論文にまとめました。ハダッサは才色兼備の婦人で、わたしはほとんど存じあげようませんでしたが、そこにいるだけで尊敬を勝ち得てしまうような方でした。初めてその論文を読んだとき、このエクササイズの重要性を直観しました。ハダッサはわたしがエクササイズのもつ深遠な効果に気づいてくれたらしく、「誰かに役に立つと思ってもらえたなんて嬉しいわ」とおっしゃり、わた

しがふさわしいと判断すれば、エクササイズを使用する許可をくださいました。このエネルギーの道具こそが、その後に起こりくる出来事に合わせてわたしの場を開き、整えてくれたのです。ハダッサは1996年、100歳にして異なる存在に移行を果たしましたが、わたしはいまも変わらずに彼女が示した叡智に大いなる尊敬を抱いています。

エクササイズの締めくくりの部分は、ネイティヴ・アメリカンの友人でラコタ族のパイプを所有しているリトル・ホークにヒントをもらいました。「スターパーソン!」。彼女がある日、愛しみのこもった口ぶりでこう問いかけてきました。「あなたは人々に地球とのつながりを取り戻させるために何をしますか?」。それ以降、エクササイズは基本となるパターンを保ったまま何年もかけてさらなる進化を遂げてきました。

現在のスパイラル・スイープは、エネルギー体がより多量の電荷を保持してそれを日常生活で活用するための土台作りにひと役買ってくれています。大勢の人が実感しているとおり、わたしたちが待ち望んでいた神聖な出来事とはわたしたち人間の存在そのものであり、すでに起きているのです! このように人間と生きとし生けるものすべてを尊重すれば、創造主をどのように想像しているかにかかわらず、わたしたちの存在の源や創造主を尊重することになります。

エクササイズの説明はじっくりと読んでもいいですし、なじんできたらお好きなようにさっと読み進めていいでしょう。1番から12番の名前を唱えるだけで簡単にエネルギーパターンが目に浮かぶようになるはずです。

1 ゴールデンスケルトン

あなたの足(靴に覆われる部分)の周囲を金色のエネルギーが時計回りに回転しているのを感じ、そして五感で感じ、想像してみましょう。エネルギーが両のかかとに浸透するのに任せましょう。骨に含まれているミネラル成分によって、骸骨はこの洗練されたエネルギーで骨格系全体に変身します。ここで、骨から骨へと経由して骨格系全体に金色のエネルギーを移動させていきます。つま先、くるぶしから膝に向かって上昇し、膝蓋骨(訳注:いわゆる膝の皿)そして腿(訳注:骨盤の前面と側面部分を成す骨)から尾骨へと下りて仙骨を上昇しながらすべての椎骨を金色のエネルギーで満してください。さらに移動させて肩、肩甲骨と胸骨と肋骨周辺の骨に下ろしていきます。両腕から手首と手、指のあらゆる細かい骨に移動。つづいてあごの周辺、歯から始まって頭蓋骨全体へとエネルギーを移動させます。これで骨格系全体が金色のエネルギーに満たされたことになります。黄金に輝く光が全身に放射されている様子を感覚と五感で感じ、想像しましょう。深く呼吸して体の力を抜いてください。

第10章 新たな展望 ユニバーサル・カリブレーションへの呼び声

2 ゴールデンブレイン

意識をあなたの神聖なる脳のなかに置き、脳がこの金色のエネルギーを呼吸する、という意図を発しましょう。脳の最上部を覆っている灰白質、つまり大脳皮質から始めます。灰白質のすぐ下には脳の最大部分を占めている白質があります。脳白質にこの金色のエネルギーをスポンジのように吸わせてください。あなたの意識が脳の両半球を通じて金色のエネルギーの「感覚」を調整してくれます。白質にはあらゆる超感覚的知覚（ESP）を補助する働きがあります。つづいて、意識を眉間よりやや上、3センチ脳の内側に置きましょう。ここには下垂体があります。金色のエネルギーを動かしてこの西洋ナシの形をした分泌腺です。金色のエネルギーを動かしてこの小型分泌腺をすっぽりと包み、このエネルギーが完全に吸収されるように意図を発してください。この分泌腺を使ってエネルギーを誘導し、体内に適切なホルモンの変化を引き起こしたら次なるステップに進みます。下垂体はエネルギーで松果体とつながる最初の連絡窓口になります。

ここで意識を脳の中央部分に置きましょう。聖なる小部屋とも呼ばれる部位、松果体です。インゲン豆のような形をした小さな分泌腺です。エネルギーを動かして松果体を包み込み、松果体が吸収できる限りのエネルギーを吸収するように意図を発しましょう。この領域内には視床下部と視床も存在しています。視床は扇の形をした器官で、灰白質に白質が入り混じってできています。ふたつの視床は両の脳半球の内部に位置しています。あなたがたったいま活用している視覚化の力はこの視床の働きによって生まれるのです。金色に輝く蝶が舞うのを視覚化、あるいは想像すると視床が金色のきらめきを放ちます！あなたが本来備えている聖なる本質がはっきりと出現するように意図を発しましょう。

つぎに、意識を後頭部へと移してください。脳の基底部に意識を集中しましょう。ここには脳橋という卵形の器官があります。器官全体が金色に輝いている様子を想像してください。最後に、はっきりとした意図をこめて金色のエネルギーを脊髄の一番下まで移動させます。これで脳の活性化が完了です。深呼吸をして体の力を抜きましょう。

3 内分泌系

ここで意識を集中しなおして、金色のエネルギーを誘導して内分泌系をずっと下降させていきます。のどの下の辺りを走っている甲状腺と副甲状腺のなかに金色のエネルギーを集中させます。エネルギーがこのふたつの腺内に完全に吸収、浸透するように意図を発してください。

ハートのセンターの上、胸骨の下にあるのが胸腺です。胸腺と関連しているエネルギーセンターが上部ハートセンターです。この分泌腺とこの部位のエネルギーセンターは、体内に金色のエネルギーを流す重要な源の役割をもってい

上部ハートセンターから放つエネルギーの増大を促すことは、人間の電気的・霊的本質を力強く表現する鍵となります。この電気的・霊的本質の表現能力を力強く高めると、肉体がバランスを崩したときに癒しのプロセスをわたしたちの最も目指すところです。この領域を刺激することがで循環させて完全に吸収させてください。意図したことを増幅させていくと、胸腺は金色のエネルギーで満たされていき、満タンになると今度はこのエネルギーをハートエリア全体に放射していきます。あなたのハートエリア全体が黄金の輝きを放っている様子を視覚化してください！

心筋に意識を置いてください。心臓は内分泌系には含まれませんが、心臓を取り巻いている心嚢とその袋には数滴の貴重なホルモン溶液が入っています。この液体はハートエネルギー放射の増大に寄与します。心臓を金色に輝く進化と愛のエネルギーで満たす意図を発してください。

その左側には膵臓があります。この臓器を金色のエネルギーで刺激して、あなたの存在全体の内側で起きているエネルギー変化を消化・吸収しつづける能力を増強する意図を発します。

次に、腰の辺りにある副腎に意識を置いてください。副腎は腎臓のてっぺんに位置しています。金色の光のエネルギーを活用して、副腎を完全に再生するように意図してください。

つづいて、副腎のやや下に位置する生殖腺の卵巣や精巣

に意識を移動して金色のエネルギーを注いでください。悟りは腰の下にあるこの臓器も含めたあなたの肉体の全細胞を起こしています。エネルギーを腰の下、腿、ふくらはぎ、そしてかかとへと下ろしていきましょう。これで肉体のエネルギーが活性化されました。ゆっくりと呼吸をして体の力を抜いてください。

4　足のエネルギー

いまエネルギーは両足の周囲を時計回りに回転しながら強力なグラウンディング作用を生み出しています。地球のエネルギーと深くつながることの重要性を理解することでグラウンディング作用を強化してください。この神聖なるグラウンディングは、わたしたちが新たに手にしたエネルギーを維持する能力に寄与します。エネルギーの振動周波数はつねに変化し、金色の光線と濃縮されたエネルギーになってエネルギー場全体をゆるやかに上昇していきます。腺組織に関連のあるエネルギーヴォルテクスのすべてにこの金色の光を流します。エネルギーを足全体から両脚全体を通して脊柱の底部まで上昇させていくと、エネルギーの変化が体温の変化やピリピリといったうずきとして表れることがあります。

5　土台のセンター

脊柱の底部に意識を置いて、その部位が生命エネルギーで赤く輝いている様子を感覚と五感で感じ、思考し、想像します。金色のエネルギーがこの部位に流れ込むと、美しい金色の星形のパターンが形成され、あらゆる方向にエネルギーを放射します。脊柱底部のエネルギーセンターに感謝を捧げ、この部位を強化、調整する意図を発してください。こうしてあなたの神の本質のエネルギーを統合していくあいだ、あなたの存在の内部に必要となる神聖な土台が築かれます。金色の光線を次なるエネルギーセンター、生殖・創造のセンターへと上昇させます。

6　生殖・創造のセンター

金色のエネルギーの光が生殖・創造のセンターまで上昇していくあいだ、創造を司るオレンジ色の領域に意識を集中してください。金色の光が再び星形を成してオレンジ色の部位一帯に広がっていきます。生殖エネルギーを発揮する方法を心に刻むように意図を発してください。あなたの生殖エネルギーは生命力の一部であり、このエネルギーを動かすことであなたの進化を促すことができます。あなたの部位はあなたの創造力が宿っている場所です。あなたの人生における共同創造の努力を強化するためにエネルギーがここから流れるように促してください。このセンターに感謝を捧げ、強化、調整する意図を発してください。呼吸に意識を置きましょう。

7　太陽神経叢(ソーラープレクサス)センター

金色の光を上昇させて、黄色の太陽神経叢(ソーラープレクサス)の領域へと移動させてください。金色のエネルギーがこの領域内に共鳴していくあいだ、ヒマワリのような見かけをしたパターンを五感と感覚で感じ、考え、あるいは想像するかもしれません。太陽神経叢(ソーラープレクサス)は無意識が宿る場所としても知られていて、このきらめきを放つヒマワリのようなセンターがもつすべての側面は、あなたが帯びているすべての側面を知るヒントになります。

深く息をして、あるがままに存在する許可を自分に出してください！

8　ハートセンターと上部ハート(ハイ)

ここであなたの意識と金色のエネルギー光線をその上にあるきれいなエメラルドグリーンのハートセンターへと移動させてください。金とグリーンのエネルギーが複雑なパターンで脈動しながら万華鏡のようにめまぐるしく模様を変化させていきます。わたしたちは誰もがハートのなかに創造主の原型を宿していて、ワンネスの世界をともに創造していきます。ハートの上の胸腺がある辺り、わたしたちが

上部ハートエリアと呼んでいる辺りに意識を置いてください。そこには金色の光が集中しています。この金色の光が増幅されるように意図を発してください。ハートエネルギーの光の独特のパターンが広がるにつれて、ハートのなかに満たされる感覚と五感で調和を感じながら、まず自分自身にこの愛のエネルギーを注ぎ、次にその愛を外の世界に向かって放射してください。

9　のどのセンター

愛のエネルギーが外に向かって放射を続けているあいだ、金色の光線を上向きに移動させて青みがかったのどのセンターに注ぎ込みます。このセンターは「下にあるものは、上にあるものの如く」エネルギーを融合して使用可能エネルギーに変える特別な通り道です。このセンターはあなたがもっている真実を表すためのセンターです。このセンターには力が宿っていることを忘れずにいましょう。話し言葉には些細な事柄について話すときでも、真実の言葉のみを語るように努めてください。このエネルギーを活用して周囲に対して自分を表現する方法を磨いてください。のどの辺り一帯のエネルギーに働きかけているあいだ、あなたは頭をゆっくり左右に振ることがあるかもしれません。深く呼吸をして意識を集中しなおしましょう。エクササイズもあと少しです。

10　第三の目

金色のエネルギーを脳の中央部へと移動させてください。脳の中央部にある松果体から額の中央付近に位置する下垂体付近までのエリアは第三の目として知られています。ここのエネルギーの色はインディゴです。金色の光線がこの荘厳なるインディゴ色のセンター全体に穏やかに浸透していくとき、その光は多面体の宝石に似たパターンを帯びます。あなたの叡智を深化させ、理解を高めるように意図を発してください。「ハートで考え、心（マインド）で感じる」とはどういうことだろうと考え込む方もいるかもしれません。この部位はわたしたちが急速に発達させつつある第六感、つまりテレパシーにも関連しています。

11　クラウンセンター

意識を集中しなおして、金色の光線をクラウンセンター（頭頂部のチャクラ）まで移動させてください。金色の光が頭頂部に独特の光のパターンを描くにつれて、光の輪が形成されていきます。このパターンは統合を表すパターンです。ここで、あなたに宿る人としての本質を表す金色エネルギーは、あなたの神としての本質に宿る高潔さと融合します。

第 10 章　新たな展望　ユニバーサル・カリブレーションへの呼び声

12　保留と解放

鼻から深く息を吸い、一瞬止めて、エネルギーを高めてください。強い意図をこめて口から息を吐きましょう。吐きながら、色鮮やかなエネルギーの泉が頭から湧き上がり、らせんを描きながらあなたの存在全体を包み込むようにして下向きに流れていく様子を視覚化してください。このときはあなたの格子（ラティス）を強化し、地球のエネルギーとの結びつきを深めてくれます。この時間をしばし味わってください。くつろいだ感覚が湧いてくる方もいるかもしれません。

親愛なる読者のみなさん、ナマステ。これでエクササイズは完了です。

ここでひとつ提案があります。エクササイズの内容をレコーダーに吹き込んで、ご自分の声が指示するスパイラル・スイープの全プロセスをよく聞くようにしてください。

わたしたちはこれからどこへ向かうのでしょう？

わたしたちが進化を続ける一方で、格子（ラティス）も進化を続けています。本書の前半部分で述べたとおり、現在、12本の新たな情報ファイバーが形成されつつあります。つまりいまこのときもUCLのなかでアクセスの可能性が高まっているのです。EMFのワークも進化を続けています。EMF

バランシング・テクニック®の初めの4つのフェーズは、いまの時代に流れる新しい共鳴エネルギーの基礎となります。このテクニックの次なる4つのフェーズ（フェーズ5〜8）の光テンプレートはすでにわたしのエネルギー場（フィールド）のなかに登場しています。テンプレートはどんどん活発になってきているので、今後、わたしはそのエネルギーを読み取り、みなさんにご紹介していく心づもりです。創造の能力と個人として宿している力をわたしたちが成熟させていくあいだ、新しい4つのフェーズは人間の自己に宿る多次元的な側面に集中的に働きかけていきます。当然、個人が帯びている共鳴状態は地球にも作用を及ぼします。

このワークは2012年ころまでには全部で12のフェーズから成っていることでしょう。最後の4段階（フェーズ9〜12）はわたしたちがみな兄弟姉妹であること、つまり世界家族として生きる新たな意識に宿る共鳴の波動に焦点を当てています。全12段階が活用されるようになれば、「お互いに対して真に奉仕する」という意識がどのようなものかをしっかりと定義することができているかもしれません。

セミナー中にわたしがくり返し述べていることがあります。それは「このワークの代表として活動できることはじつにありがたいことであり、名誉なことである」ということです。ワークの各ステップのしくみが示されるときはきまって、その責任を引き受ける準備ができているときでした。このワークは、エンパワーメントに満ちた平和な世界

の実現に役立つ理解を表現しています。一方で、このワークが示してくれる広大なヴィジョンにはいまだに驚嘆させられています。さまざまな土地からやってきた見ず知らずの人たちがひとつのクラスに集う様子をわたしはいつも目にしています。

最近フランスで開催した講師向けトレーニングには、10の異なる国々からやってきたプラクティショナーたちが参加しました。彼らは協力し合ってあっという間に文化の違いを乗り越えました。人間として進化を遂げつつある彼らは、ひとつの集団として、そして個人として互いを尊重しながら、あるエネルギーに取り組みました。そのエネルギーとは宇宙を流れる愛のエネルギーであり、実際に、このエネルギーはいま絶大な効果を発揮しているのです！　この共鳴の波動が人類史上まれに見る特別な時代にあって地球全体の深遠なる癒しに寄与していることをわたしたち執筆者は確信しています。

愛のエネルギー

ご推察のとおり、EMFトレーニングの現場は肌身で感じられるほどにはっきりとした愛のエネルギーに満ちあふれています。その場にいる人々は何度も「愛しています」と言い交わしています。一緒になってこのエネルギーに取り組んでいると、受講生のみなさんに対して深い愛を感じますし、わたし自身もこの愛の感覚を分かちあう時間を満喫しています。その一方で、戸惑うこともよくあります。

「出会ったばかりの人たちに対して『愛しています』と言うことができるだろうか。そしてわたしが実際に感じている深い実感と自由な感覚とともにその言葉を共鳴させることができるだろうか」と。その答えを見つけるために、あるときわたしはとっておきの意識の領域におもむき、大好きな光の存在たちと「面会」をしました。彼らを天使と呼ぶ方もいれば、わたしの想像の産物だと思う方もいるでしょう。いずれにせよ、本書を締めくくるにあたって、わたしが体験したことを愛する読者のみなさんと共有したいと思います。

わたしはつねに自己エンパワーメントの学びはすぐそばにあり、あらゆるレベルに存在しつづけていると感じていたので、答えが別の疑問という形でやってきたときもさして驚きはしませんでした。「愛しています」以外の言い方があるとしたら何て言う？」。少しのあいだ考えてからわたしは答えました。『『明らかに愛しています』かしら」。『イン・ザ・ライト』』。賛成を示す笑顔を浮かべながら、光の存在のひとりがわたしを抱きしめてこう言いました。「素晴らしい答えだ」。すると、領域のエネルギーがみるみるうちに上昇して、わたしたちの存在を呑み込んでいきました。全身に温かな光がほとばしったかと思うと、わたしは底知れないやすらぎの感覚に包まれ……。

「素晴らしい答え……ではあるけれど、わたしたちはこう

思うよ」。そして、その言葉が静かに語られたのです……。
「わたしたちは愛そのものです。明らかに！」
（……そしてわたしの知り合いの方々にはこの言葉を贈ります。みなさんのおかげでこの本もついに完成のときを迎えました！ ジャジャーン！）

付録A
バイオフィールド
肉体と微細な領域の間の網の目をつなぐ

バイオフィールドは肉体と微細なエネルギー場をつなぐ鎖のような場です（注1）。この他にもわたしたちの体のなかにはチャクラや鍼灸のつぼをはじめとするつなぎ役が存在します。バイオフィールドは肉体と量子レベルでつながっていて（注1）、生物学的プロセスの制御を盛んにおこないます。西洋哲学でいうところのエーテル体であると理解することができます（注1）。アンドレイ・デテラによれば、バイオフィールドの概念は物理学、生物学、認知科学といった幅広い科学の分野で支持を集めています。この概念に関する論文「A Physical Model of the Biofield」（注2・付録C参照）は、物理学者が専門家の観点に立って記したものであり、有機生命体の向こう側に広がる「微細な」物質の第一段階を理解するための大きな一歩となるものです。

物理学の新たな領域

バイオフィールドの物理特性はほとんど知られていません。このレベルに何らかの基本的法則を打ち立てることが、微細な領域がもつ物理特性の理解を拡大することにつ

付録A　バイオフィールド　肉体と微細な領域の間の網の目をつなぐ

ながっていくはずです。これからデテラが立てたバイオフィールド構造に関する仮説の顕著な特徴について手短な考察をおこないます。このたび、本書の付録にこの論文を転載する機会をいただいたことにわたしたちは感謝しています。このテーマについて物理学的観点から記している出版物は今日に至ってもなお貴重な存在です。彼の見解と意見を共有するとともに、読者のみなさんがこの出版物に触れる機会を与えてくれたアンドレイ・デテラ氏に感謝の意を表したいと思います。彼が論文で提示した仮説を系統立てて理解するためには科学的思考を実践することが求められます。

次元を超えたつながりとしての現実

わたしたちは本編を通じて「現実世界はホログラフィックな構造、あるいは階層構造を土台として相互につながりあっている」という見方を示してきました。この視点はボームやティラー、ベアデン、カイヴァライネン、シェルドレイク（下記参照）、デテラ（注1、8、9）が共有していることも確認してきました。それぞれの秩序の内側、見方によっては各レベル、各層の内側には入れ子式の構造をもつ仮想的現実（ヴァーチャル・リアリティ）が広がっています。例えば、電磁場は高次元空間の源（ソース）あるいは「干渉」によって生成されています（注7、8、9）。

わたしたちの存在そのものがもつ精神的、そして感情的側面はエーテル体と肉体に作用しています。根本的に、この視点によって部分が全体に映し、全体が部分に投影されていることがわかります。

バイオフィールドで生じる現象は、同様のものを高次元空間に投影しています。

電磁気でできた網の目構造としてのバイオフィールドは、スカラー場、あるいはねじれ率場の派生物から構成されていて、その派生物はより微細な状態と見なすことができます。バイオフィールド構造に生じる変化は、基本的に高次元空間で生じたものが投影されたものです。バイオフィールドの網の目の内側に広がるパターンは、同様のパターンを高次元空間にもつスカラーポテンシャルの影響が及ぶ範囲内で相関関係にあります。そのために、微細な状態は直接的に観測、測定することはできませんが、バイオフィールドのウェブ（ウェブ）構造に生じる修正変更は人という多次元的存在がもつ高次の微細なレベルで生じる修正変更と関連していると推測できるのです。

微細な影響力

情報は高次元空間からバイオフィールドにやってきます。バイオフィールド構造に生じる進化もまた、高次の微細なレベルの内部に存在する複雑系の進化が反映されていると考えられます。デテラはバイオフィールドにはウェブ構造体の小さな欠陥を修復する機能があると指摘しています

す。つまり、バイオフィールドには場（フィールド）構造体の内部に生じる好ましくない形状を浄化するしくみが備わっているのです（これらの概念は論理的根拠によって支えられています）。わたしたちが仮説として取り上げているこれらの特徴は、高次の微細な領域の性質です。バイオフィールド内で修復がおこなわれているということは、微細なレベルのなかでも修復がおこなわれていることを暗示しています。

バイオフィールド内で情報の記憶・蓄積がされているということは、高次元空間の内部でも同様のこと、あるいはパターンが生じているのです。これらの視点は、形のない微細領域を科学的に検証するうえで一考の価値があります。考えてもみてください。これまでに微細な領域を探究した人たちのなかには、科学技術の助けを借りずに研究をおこなった人たちがいたのです！（注3）

生物学者が立てた 場（フィールド） 構造の仮説

生体系のなかで生じる情報や交換といった現象のなかには、生体分子プロセスの観点だけでは理解しきれないものが多く含まれています。生物学者たちは1920年代の時点で、さまざまな生物学的プロセスを説明するためには「場（フィールド）」という構造体の存在を仮説として取り上げる必要性があると認識していました。現代生物学者のルパート・シェルドレイクは形態形成場（morphic field）という概念の啓蒙（けいもう）に尽力してきました。「morphic」という単語はギリシャ語の「morphe」に由来していますが、シェルドレイクはこの単語をさらに細かく定義しています。つまり、『morphic』はギリシャ語で『形に応用する』という意味の『morphe』から来ている」。

「形態形成場とは形の場（フィールド）、つまり場（フィールド）、あるいは秩序、あるいはパターン、あるいは構造である」（注4）

シェルドレイクは、この場（フィールド）はあらゆる生命体のみならず、分子や結晶の形までも組織していると考えています。形態形成場はさまざまな種類となって表れます。存在に対して盛んに「形状」をもたらす場（フィールド）です。これらの場（フィールド）は物質とエネルギーを相互につなげる役割を果たしています。シェルドレイクは、発生生物学者たちの間で形態形成場の概念が広く利用されていると断言しています。しかし、形態形成場にはさまざまな種類が存在します。文化的、精神的、社会的、そして行動面の形態形成場まで存在するのです。

これらのあらゆる場（フィールド）には経験の蓄積記憶が内蔵されています。これは、一定段階で場（フィールド）の影響力を受けた「形態共鳴単位」の形態共鳴によって支えられています。形態共鳴は一種の現象であり、過去の場（フィールド）構造は現在の形態形成場の組織に影響を与えることがよくあります。場（フィールド）の特徴は時空の壁を超えて伝達することができるのです。つまり、超空間的な性質をもっているのです（時空の外側に存在す

付録A　バイオフィールド　肉体と微細な領域の間の網の目をつなぐ

場（フィールド）。どうしは相互に浸透しあい、時空連続体の全体のあらゆるレベルに広がっています。ひとつの形態形成場は存在のあらゆるレベルに広がっています。その各レベルは形態単位と呼ばれています。形態単位は亜原子粒子や原子、分子、細胞、有機体（植物、動物、人間）、惑星、銀河等である場合があります。各形態単位の場には物理的現実のなかでその単位がいかなる発達を遂げるかについて記した遺伝子のブループリントが内蔵されています。つまり、この場（フィールド）はあらゆる種類の生命体、あるいは無生物体の固有の未来の組成パターンを内蔵していると捉えることができます。形態形成場は、その場（フィールド）が必要とする階層に従って入れ子式の構造（互いの内側に層を成していく構造）を成しています。例えば、細胞レベルの形態形成場は分子レベルの場（フィールド）を内包していて、その分子レベルの場（フィールド）はまた原子レベルの場（フィールド）を内包していて、さらに……というふうに最小単位の粒子まで入れ子構造を成して生体細胞を組織しているのです。

陽光で編んだ3次元の網の目（ウェブ）

つづいての考察では、デテラの定義を採用します。その定義とは「バイオフィールドは糸でできた編み物によく似た3次元の構造体で、振動する磁場と電場が編み込まれてできている」というものです。バイオフィールドは陽の光で編まれています。バイオフィールドの内部にある構造体

はフォトンを捕捉します。これは植物のタンパク質の対掌（キラル）（訳注：鏡像対称性の欠如した）構造が光学活性をもち、日光を捕捉しているのと同じ原理です。

3次元の網の目構造体は一定のパターンをもって空間に広がる糸状のもので構成されています。この網の目は生体細胞内の原子や分子と相互作用を働いています。生体細胞内において原子や分子は微小管やヌクレオチド構造やDNA二重らせんを構成しているタンパク質構造やヌクレオチド構造とよく似たつくりをしています。らせん構造の類似性は肉体レベルだけではなく、微細なバイオフィールドにも及んでいます。

本書では、バイオフィールドが生体組織のなかで自己組織化をおこなうしくみを提供していることを確認しました。バイオフィールドには同調によって自己組織化する機能があります。つまり、逆エントロピー（訳注：エントロピーとは熱力学において物体や熱の混合度合いのこと）を発生させ、より高度に発達したウェブ構造を生み出しているのです。有生の構造体であるバイオフィールドは情報という安定した成分で構成されていますが、この安定成分は進化につながる要素と共生しながら存在しています。ウェブ構造体に生じた細かな欠陥の修復を可能にしているのがバイオフィールドの進化的成分なのです。

デテラはバイオフィールドが場（フィールド）　構造内に存在する好ましくない形状を浄化するしくみを内蔵していると提案しています。

二重らせんの網の目(ウェブ)

バイオフィールドのウェブは撚り縄のように力線(訳注：電場や磁場の向きと強さを表す仮想の線)が撚り合わさってできたらせん構造を成しています。片方の力線が左に、もう一方の力線が右に撚れています(デテラの論文から引用した図1参照)。このような構造物は撚り合わされて同様の生物学的構造体に容易に統合されます。時間において安定した構造を作るためにらせん状の力線は実際には閉ループを形成しています(デテラの論文から引用した図2参照)。これらの閉ループ構造体はトロイダル型の結び目を作る糸と同一のつくりをしています。トーラス(環状体)は円軌道を描きながら移動している球体に占有された空間として視覚化することができます。このトーラスが磁場に似ているのは渦によって励起されているためで、あるいは磁場がトーラスに似ているのは渦によって励起されているためです(注1)。このトーラスは原初場(フィールド)を出現させます。あらゆる原初場(フィールド)はフラクタル(訳注：小さな部分が全体と同じ性質を帯びている)な性質と累積する性質、そしてホログラフィックな性質をもっています(注1)。階層の複雑性はさまざまなレベルで反復される性質があります。

ホログラフィーは動的経路に関連した波動現象です(注5、6)。振動する光の構造体であるバイオフィールドです。光は3次元空間においてホログラムを再現するために相互作用を働く装置なのです。

バイオフィールドは別の装置がホログラフィーを投影して生まれたものです。その装置とは時間も空間も存在していない次元から作用する思考や意識です。直線的時間というものは存在しません。あるのは「まったく異なる現実の場(フィールド)じゅうを意識が移動している」とする解釈だけです。

図1(出典・デテラ)

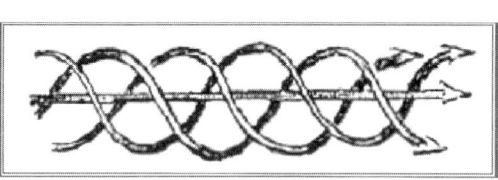

図2(出典・デテラ)

結節構造

周囲に糸状のものを巻きつけてできた単純な結節(結び目)をもつトーラス(ドーナツ型の形状)を想像してみてください。最も簡単なものがデテラの論文から引用した図

付録A　バイオフィールド　肉体と微細な領域の間の網の目をつなぐ

3aと図3bです。2つを並べているのは、これらが互いに異なる別々のイメージだからです。左巻き、右巻きがあって、これらはDNAのらせんの対掌構造と同様に対掌です。そのために、バイオフィールドのらせんの対掌構造はDNAと微小管の類似するらせん状結合構造に容易に統合されます。この結節は時空連続体に固定する錨、つまり4次元の錨(注5)となります。結び目を成す糸には情報が載っていて、この結節の磁場は結節の大きさによって変化します。また、系全体を流れているフラクソン（磁束量子線）の密度にも左右されます。

結節の進化

一定条件下で網の目(ウェブ)構造は進化を遂げることがあります。進化によって単純な結節が複雑な形状へと変容し、幅広い形状のパターンを生む可能性があります(例として、デテラの論文から引用した図4を参照のこと)。さらに、パターンを形成する結節の集合、あるいは塊(かたまり)は、複雑な内部構造体へと進化することができます。複雑な結節とパターンが発達していくのに従って、より多くの情報が網の目構造に加えられます。進化の各段階において、網の目は内部により複雑なパターンを発達させるための能力を強化しているのです。構造体の内部でバイオフィールドの安定した内部パターンが生じると、構造体の内部で自己組織化が引き起こされます。

磁気的閾値

結節構造体の進化を引き起こす条件とは何でしょうか？結び目の安定性は磁場の強度の影響を受けます。磁場が強度を増していくと、一定臨界点で結び目は不安定になります。こうなると、突如として形状を変える場合があります。結び目が構造的に複雑な形状に変化を遂げると、追加パターンが取り入れられます。複雑性が追加されたということは、情報が加えられたということを意味しています。これは空間的パターンを形成する結び目の集合や塊にも当てはまるプロセスです。蘇生条件が満たされる

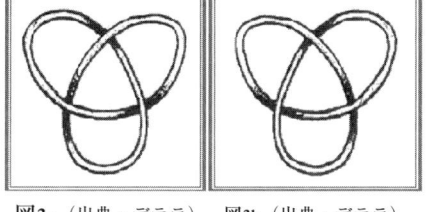

図3a（出典・デテラ）　図3b（出典・デテラ）

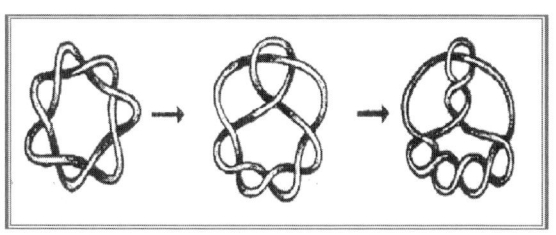

図4（出典・デテラ）

と網（ウェブ）の目構造体に進化が引き起こされますが、その条件のひとつが磁束密度の適度な高い電位が備わっていることです。もうひとつが、通常では検出されないごく微量の静止質量をもった荷電粒子が形成され、バイオフィールドの網（ウェブ）の目と共存しているというのです。超軽量の荷電粒子の存在に言及しています。

しかし物語はここで終わりではありません。始まったばかりなのです！ デテラの結びの言葉にはこうあります。

「生命は時空構造の根底を成している」

バイオフィールドの網（ウェブ）の目に生じる進化にはどのような意味と重要性があるのでしょうか？ さらに、バイオフィールドではなく、高次空間の微細な場（フィールド）に生じる進化についても取り上げたために、この疑問を一般化したいと思います。進化する構造体にはどのような存在意義があるのでしょうか？ どのような物語をわたしたちに披露してくれるのでしょうか？ そしてその物語は、生命体とどのように一体化するのでしょうか？

ポテンシャルを解放する

新たに形成された網（ウェブ）の目構造体は既存の網（ウェブ）の目と同期した振動を帯びている必要があります。追加された複合体に

は同調と統合の発生が条件となり、それが満たされると、共鳴状態と統合が生まれます。新しく加わった構造体は、獲得した情報と追加された知性に対して有効性を示し、寄与するために既存回路に「配線でつながれる」必要があります。

ここで、バイオフィールドは発する振動を全体として必ず変化させて、進化を遂げた各構造体の新たなリズムを結合します。進化したバイオフィールドは、どのような物語を聞かせてくれるでしょうか？ バイオフィールドに加えられる情報が増えるに従って、追加の複雑性は将来的展望のポテンシャルへと向けられます。テンプレートが形成され、それには生体細胞に変化を生み出すポテンシャルが載っています。

例えば、DNAの隠れたポテンシャルは、バイオフィールド内に新たに形成された（あるいは活性化された）テンプレートと共鳴状態を築くことで解除が可能になります。そのテンプレートとは、進化のプロセスを反映しているのです！

生物学的プロセスのみならず、生体細胞の進化までも導いているのがこれらのテンプレートです。重要なのは、このポテンシャルを解放して未来の世界を肉体という生命体に統合することです。

ここで、この欄を締めくくるのにふさわしいアンドレイ・デテラの詩的な言葉をご紹介しましょう。彼はこう述べています。

付録A　バイオフィールド　肉体と微細な領域の間の網の目をつなぐ

「新たに形成された網の目が奏でる調べ、それは、ストーリー・テラーであり、夢見る者。進化の運び手であり、自らを感じ取ることのできる生の目的である。その目的は生きとし生けるものの肌身に浸み込んでいくのだ」

付録B
自己組織化システム
人と人のつながりにおける能動的情報

わたしたちがいま考察を試みているテーマは、物理学の古典的法則、つまり熱力学の第2法則に反するものなのでしょうか？ わたしたちは法則に関する疑問を解決するためにふたりの科学者の見解をあたりました。

「わたしは『法則』にまつわる比喩をすべてなくしてしまいたい。つまり、全能の存在として全宇宙の法則を取り決める古色蒼然（こしょくそうぜん）とした神のイメージも、法を施行する皇帝のような神のイメージをも払拭（ふっしょく）したい」(注1)

これは、ルパート・シェルドレイクが自身の論文「The Variability of the "Fundamental Constants" Do physical constants fluctuate?」（仮題『「基礎定数」の可変性──物理定数は変動するか？』）のなかで法則と絶対的存在の概念について述べた一般的見解です。

別の例にはこうあります。

「複合量子粒子のなかには、複雑性に乏しい無生物のみを扱うべく定式化された法則に従うにはすでに才知に走りす

付録 B　自己組織化システム　人と人のつながりにおける能動的情報

「ぎたものが存在する」(注2)

これは本書の付録で取り上げたふたつの論文を執筆したヨーゼフ・ステファン研究所の物理学者アンドレイ・デテラによる所感です。その論文のひとつ「Self-Organization Within Complex Quantum States」(仮題「複雑な量子状態における自己組織化」)は、この項と同じテーマ、つまり自己組織化を扱っています。

古い法則を見直す

物理学にはエネルギーの交換や転換、そして散逸に関する問題を取り上げる分野があります。熱力学という分野です。熱力学の第1法則は「エネルギーは新たに生み出されることも消滅することもない」としています。またその名をエントロピーの法則という第2法則はさらにつづけて「関与しているエネルギーはすべての過程において『仕事をなす能力』を失うだけではなく、その質も劣化する」としています。この法則によれば、エントロピーはつねに増大しています。すなわち、増大する「不調和」がつねに存在し、プロセスは不可逆的なのです。一方向に進むプロセス、つまり下降の一途をたどるプロセスなのです！

法則が再定義された！

もちろん、わたしたちは「人生、そして人の運命が不可逆的に下降線をたどるプロセスである」という考えをみなさんと共有したいわけではありません！　人生とそこでの経験は物理学の「古典的な」システムの観点で把握しきれるものではありません。

人生はひとつのプロセスであり、そこでは高度な複雑性とともに進化的プロセスを構成する重要な側面として智恵、情報、理解の獲得が要求されます。わたしたちの運命は進化的プロセスであり、ときおり「上向きの」課題を提示して人間の内面の進化と、集団としての人類全体の進化に寄与しているのです。これらの課題はわたしたちが「学びを得る」ことに寄与しています。

複雑性が不調和を食い止める

霊的なエッセンスをもった多次元的存在であるわたしたちは、再配線のプロセスを通じて新たなつながりを次々と生み出しています。このプロセスは実質的に内部秩序やコヒーレンス、複雑性と、そしてもちろん知性の潜在能力を増大させています。わたしたちは情報をどんどん獲得しているわけですが、それにつれてわたしたちのなかを流れる情報も増えていきます。過去50年間、科学界では「系の情報獲得＝負のエントロピーの好転」、すなわち不調和増大

過程の逆転を表していると認識されていました(注3)。情報を処理しているあいだに複雑性を増すことで、わたしたちは存在としての機能を増し、宇宙の潜在能力をうまく活用できるようになります。多次元的な生けるエネルギーシステム」であるわたしたちは、外部環境との情報とエネルギーの交換を恒常的かつオープンにおこなっています。進化を遂げていくにつれて、わたしたちはこの交換を促進するとともに、自分と外部宇宙とをつないでいる内部構造を変化させているのです。

量子状態における知性と秩序

デヴィッド・ボームは量子物理学のレベルで興味深い現象をいくつも発見しました。その一例が次のものです。彼がプラズマと金属中を流れる電子の動きを観測した結果、電子が「知的有機体」の性質を備えていることが判明しました。本書では、量子力学的にいうところの「もつれあう」ふたつの光粒子はどれだけ離れていても通信が可能であるという事例も紹介しました。

どちらの観測結果も、現実を「非古典的な」見方で考えるように要請しています。1977年のノーベル化学賞を受賞したロシア生まれの科学者イリヤ・プリゴジンの発見もまた、新たな方法で物質界のメッセージを読み取ることを強く要請するものでした。プリゴジンは熱力学の第2法則に反して特定の化学物質の混合物が自然発生的に高度な内部秩序と内部配列を生み出すことに気づいたのです。

エネルギーはエントロピーを反転させる

プリゴジンが研究で証明した内容をまとめると、次のようなものでした。「エネルギーが場(フィールド)に取り込まれると、いかなる場も複雑性が増大した……エントロピーの影響によって急速に崩壊したわけではない(注4)。つまり、系内では自発的秩序形成が起きていることになります。そこにはとめどない不調和状態から秩序が生まれる可能性があり、実際にそれは従来の熱力学の考え方に反して生まれています。

事実、系が負のエントロピーを示すことがあります。ベアデンの言葉によれば「不調和が混乱の度合いを強めるにつれて、浮上する秩序のパターンの安定性は増大していく(注5)」のです。プリゴジンの自己組織構造については盛んに論じられていますが、注目すべきなのは「量子自己組織化ははるかに深いレベルで発生しているので、熱力学的な『差異』によって不可逆的に生じている」ということです(注6)。物理的現象は時間のなかで解釈される活発な動的プロセスである一方、量子状態は異なる時間概念を示すのです。瞬間的に時間的相互接続性を示すので、量子状態、バイオフィールドおよび他の微細なエネルギー状態の内部ではまったく異なる時空の概念が有効なのです。

意識は波動関数を崩壊させる

量子状態について論じる場合には、亜原子粒子の向こう側に広がる現実について言及することになります。量子物理学は「蓋然性の波動関数」の観点に立って語られます。これは亜原子粒子に関するすべての古典物理学的情報をまとめて規定することができないためです。量子状態はわたしたちがふだん目にしているマクロ世界とはまったく異なる性質をもった現実ですが、しかし、これもまた人間にとっては非常に身近な現実であり、微細な領域と何らかの関連があるのです。

ボームは新しい量子の特徴を量子ポテンシャルと定義しました。この要素は全体をつないでいる情報領域です。サーファティはもう一歩踏み込んで量子ポテンシャルを超量子ポテンシャルというより一層具体的な領域へとつなげています。

サーファティが唱えた超量子ポテンシャルとは、じつは意識のもつ心(マインド・フィールド)の場と同一のものです。

無機質が生命に似た性質を獲得する

デテラは論文「Self‐Organization Within Complex Quantum States」(仮題「複雑な量子状態における自己組織化」)(付録D参照)のなかで、無機質的世界を考えるうえで通常は用いないような言葉を用いています。例えば、デテラは冒頭

Self Aware Universe』のなかで「意識は量子波動関数を崩壊させることによって物質世界をたちどころに生み出している」と結論づけたことを確認しました。意識の果たす役割についてはピーターセンも『The Quantum Tai Chi』のなかで考察をおこなっています。ピーターセンの見方では、意識は磁化の位相角を選択するうえで役割を果たし、このプロセスは波動関数の崩壊に作用してわたしたちの選ぶ現実を生み出します。デテラは自身の論文「A Physical Model of Biofield」のなかで次のような説得力に満ちた所感を述べています。「近い将来、現代自然科学の分野に大きなパラダイム転換が起きるだろう……そして物理学者たちは知性をもった量子状態の存在を通じて意識と物質が相互作用をおこなっていることをはっきりと知るだろう」

世界が人間の意識の働きから完全に独立した物体で成り立っているという前提は、科学における基礎的進歩と観測結果に相反するのです!

これらの概念は、古典物理学では説明のつかない予想に反した奇妙な観測結果の解明を試みるなかで、物理学者たちが考案したものです。

本書では先に、物理学者アミット・ゴスワミが『The

べています。そこで彼は、先にご紹介した意識の「ポスト量子」物理学に取り組んでいる物理学者ジャック・サーファティの概念に言及しています。サーファティが亜量子世界（意識）と物質世界の間に展開する双方向の関係性と相互作用（反作用の原則）について論じていることを思い出してください。デテラは量子状態が感覚を有する可能性があるだけではなく、「知性的な方法」に従って自立する能力があり、そしてその方法から見て量子状態が感じている「生命をもっている」と述べています。「物理的現実の根底には生命があるようだ」（ティラーが提示した宇宙原子の概念を思い出してください。この原子は『肉体的、エーテル的、感情的、精神的、そして霊的側面』を帯びているのです!）。この所感が飼っているペットに向けて述べられたものなら平気だと感じる人が多いでしょう。しかし、無機質的な粒子の世界について語っているとしたらどうでしょうか？

情報は相互接続を生み出している

デテラの考察を読み進めていくと、「知性とは複雑量子系が本質的に宿している能力である」ということや「量子状態の内部では自己組織化現象の原因となる非常に微細な内部活動が必ず発生する」ということがわかってきます。逆エントロピーについて考察するためには、量子状態と情報の間をつなぐ関係性を考慮する必要があります。情報はもつれた量子状態に宿る内部相互接続性をもたら

していています。情報とな何なのでしょうか？　情報はエネルギーではありません！　情報交換は古典的なエネルギー交換とは関連がないのです！　この点について、読者のみなさんにはデテラが論文のなかでおこなっている詳述に頼ることをお勧めします。その内容には引き込まれるものがあります。デテラは情報という語には「形作る」という意味があり、さらにそこには彼の表現でいうところの**能動的情報**という意味が言外に含まれていると説明しています。能動的情報とは、どこにあっても「潜在的に動的である」ことを意味しますが、これはその情報が意味をなす状況に限って動的になることを意味しています。情報という用語がもつ完全なる意味を彼はこう説明しています。

「世界全体が完全性と神聖性を維持するための生きたつながり」

新たな用語を定義する

デテラは新たな用語を紹介しています。エントロピーの逆転、つまり秩序を無秩序へと引き戻す現象と特殊な関連のある用語です。彼は「蘇生（そせい）」という用語を用いてこの熱力学の第2法則に「従わない」現象を説明しています。蘇生性の過程は閉鎖系のエントロピーを減少させる（すなわち秩序を増大させる）と考えられます。

蘇生現象の条件

蘇生現象の発生に寄与する条件とは何でしょう？　この項では自己組織化的蘇生過程を引き起こすための条件を探ります。満たすべき5つの条件のうちの3つを以下に引用します。

蘇生発生の第1条件　磁場の存在

磁場の存在は蘇生電流の生成に寄与します。蘇生電流はエントロピーを逆転させます。磁場はフロー（流れ）の優先方向に関する情報を提供します。そこでは情報のやりとりは生じていますが、エネルギーの交換は必ずしも生じていません。

蘇生発生の第2条件　量子コヒーレンス

物質粒子の量子状態は、対掌構造（キラル）が一定期間コヒーレントにあります。そこでデテラは「エネルギー交換が発生していない状態で時空構造がおこなうやりとり……無限小エネルギー（実質的なゼロポイント・エネルギー）は、相当量の情報を伝達することができる」と述べています。増幅はコヒーレンスから発生します。量子コヒーレンスを示す巨視的システムの例にはレーザー光と超電導電流があります。

蘇生発生の第3条件　チューニング

これは能動的結合、そして同じ位相への移行、つまり量子状態の磁場の周波数と振動周波数の間に起こる共鳴状態への移行を指します。ここでは双方の間で調和的結合が発生するように配慮が必要になります。周波数どうしが互いに複合される可能性があるからです。量子コヒーレンスが生じている場合はこの条件を満たすためには「共鳴周波数がより鮮明に表れ」ますが、デテラは「演奏家がアンサンブルのなかで自分の楽器をチューニングするように、磁場を精密に調整する必要がある」と説明しています。

自己組織化をもたらす網の目（ウェブ）

デテラは自身の論文「A Physical Model of the Biofield」（付録C参照）のなかで、生命体が肉体的プロセスの自己組織化をおこなうしくみを提供しているのはバイオフィールドであると説明しています。バイオフィールドは量子レベルで肉体とつながっています。有生構造体であるバイオフィールドは安定した情報的成分から成り、蘇生性の自己組織化をおこなう機能があります。デテラは、バイオフィールドにはその場（フィールド）構造体内部に存在する好ましくない形状を浄化するしくみが備わっていると指摘しています。彼はさらに、網の目構造体に生じる細かな欠陥の修復を可能にしているのがこのバイオフィールドのもつ進化的

成分であるとしています。

重要なのは、バイオフィールドが身体的な相と微細な相をつなぐ鎖のようなものである点に注目することです。先にご紹介したティラーのモデルのなかで、わたしたちの存在が帯びている霊的側面がメンタルと感情の側面につながっていること、そしてこのふたつの側面がエーテル質（＝バイオフィールド［注1、7］）と肉体にリンクしていることを見てきました。バイオフィールドレベルで自己組織的現象が発生するということは、あらゆる微細な相の宿す内部構造が再構築、再組織化をおこなっていることを示しています。同様に、わたしたちがEMFバランシング・テクニック®を用いてUCLを再構築するとき、あらゆる微細な相はこの微細な相に含まれている感情的、メンタル的側面もこの微細な相に作用しています。わたしたちの存在を構成している感情的、メンタル的側面もこの微細な相に作用して、これらの相は肉体組織によい影響を及ぼします。

人と人とのつながりにおける蘇生発生の条件

人と人との相互作用（EMFエネルギーバランシングワークのような）においては、個人が他人の微細な場に対して外的な蘇生発生の条件を提供することが想定されます。人が他人に対して提供できる蘇生発生の外的条件とはどのようなものでしょうか？

- わたしたちは誰もが磁場を帯びていて、その場はハイパーフィールドという類似の場を超空間にもっています
- わたしたちは誰もが磁場の発する振動とそれに関連するパターンと形状に対して共鳴状態を発生させる能力を備えています
- わたしたちは誰もが微細なレベルに作用するバイオフォトンの秩序化エネルギーを発生させることができます
- わたしたちは誰もが意識の活動を通じて働きかける「意図」の力を備えています。意識は物質とエネルギーに働きかけるために活動しているのです

以上のようなわたしたちの多次元的な本質から成る要素そのものが「誘因」となって、バイオフィールドをはじめとする一連の微細な場、構造に内在的な自己組織化成分がもたらされるのです。一連のプロセスでは動的情報のやりとりが起こります。自己組織化プロセスを引き起こしているとき、わたしたちは肉体レベルから霊的なレベルまでの「全」存在が帯びているダイナミックレンジに作用しているのです！部分に作用するということは全体に作用することを意味します。人のエネルギー体に宿るホログラフィックなつながりは、エネルギーシステム全体が新たに生じた「バランス」の配置に合わせて調整するのを確実に

付録B　自己組織化システム　人と人のつながりにおける能動的情報

可能にします。これはいずれの部分に働きかけても可能になるのです！

現実の構造を定義する

自己組織化の見方を拡大するために、より一般的な疑問を提示します。「現実とはどのような構造をしているのだろう？」。アレックス・カイヴァライネンは物理的現実と意識の広範囲なモデルを開発してきました。このモデルのなかには現実をさまざまなレベルにおいて相互につなぎ合わせる動的な層、あるいは階層組織が存在し、ホログラフィックな振動波の重ね合わせが起きています。振動モードは自己組織化プロセス発生の背景的要素であり、連続する各層はより一段深い層の振動状態から展開化を遂げる機能が備わっているということです。

振動状態は宇宙エネルギー放射や電磁場などの外部の影響力に作用する場合があります(注8)。カイヴァライネンによれば、いかなる種類の系でも自己組織化と進化を遂げる機能が備わっているということです。

つまり、「原子から生体、銀河、そして宇宙全体に至るまですべての系は『隠れた調和』の条件、つまり黄金比率に近づく傾向がある」のです(注9)。

黄金比の例は神聖幾何学の研究事例に見られます(注10)。物質界は基本的かつ全宇宙的な、つまりシンプルでありながらエレガントな表現式によって動いているのです！

次元をまたぐプロセス

ルースは自著『Interdimensional Physics』(仮題『超次元的物理学』)のなかで展開した考察において、高次元のエネルギー場(フィールド)から発するエネルギーフローについて説明しています。このフローは次元をまたいで広がる宇宙の再生力となって役立っています(注11)。

次元をまたいで広がるエネルギーの渦は物理的現実を目には見えない宇宙の海とその向こう側の世界へとつなげています。

同じような「渦(ヴォルテクス)」構造の存在は肉体をもった人間にも当てはまります。この渦を通じて人は次元の枠を超えて自分の高次意識とつながるのです。このようなつながりは、エネルギーと物質から成る有機体の活動を階層性組織を通じて導くうえで役立っています。

高次の現実を発し、この渦を通じて移動する目には見えないエネルギー力(フォース)は、「低次の」さまざまな系が起こす観測可能な自己組織化現象の確固たる原因となります。この渦は玉ねぎの皮のように層を成していると見ることができ、つまり、トーラス(環状体)の内側にもうひとつのトーラスが、またその内側に別のトーラスが、というように各層が互いにつながりあってひとつの連続体を成しているのです。情報とエネルギーのやりとりは層から層へとリレー式に発生し、高次元の相で発生した変容は最終的には物質

へと「降りていき」ます。

意識は自己組織化を誘導する

ジャック・サーファティは、「意識の働きは自己組織化と関連している」という概念にわたしたちを導いてくれます。自己組織化はサーファティが反作用という名で定義したプロセスにおいて心の場(意識)が物質に働きかけることで引き起こされています(注12)。つまり、物質の量子レベルに働きかけているのは心の意図です。心と物質をつなぐ双方向のフィードバックループが発生することで、自然発生的に自己組織化のシステムが生まれます。このループが発生しているあいだ、高次レベルの制御構造体が一瞬、絶え間なく機能して建設的プロセス全体を誘導しています。

このパラダイムのなかでは、心と意識と意図は物理的現実から切り離して考えることができません。わたしたちには幾何学的形状を授ける(つまり形を作るプロセス)という意識の機能が備わっていて、この形状こそが物質とエネルギーの双方を組織しているのです。自己組織化プロセスは能動的プロセスへと変化し、組織システム内で情報が意味を帯びるのです。

多次元的な相互作用現象

電磁場、コヒーレンスと同調……デテラが挙げた要素の一部は量子レベルで蘇生性電流を作り出すために必要になります。これらの条件が満たされれば、内部の自己組織化が発生します。その際、この系は深遠で数学的かつ幾何学的な自然の法則によって定義された秘められた調和へと向かいます。自己組織化をおこなう系は意識によって動かされていて、その意識は次元をまたいで広がりながら高次の現実と物質世界をつなぐ渦のなかを移動するエネルギーと相互作用を働くことがわかっています。

人どうしがつながると、他人のエネルギー場内部ですでに起きている自己組織化に作用しうる、あるいはこれからそれに自己組織化を引き起こしうる条件が揃います。その条件は手に磁場とねじれ率場が存在することで、これらの場にはパターンと優先方向があるだけではなく、エネルギーシステムと相互作用を働く意識の意図をも帯びています。人のエネルギー場のいかなる側面で生じる自己組織化もエネルギーシステム全体の再構築につながり、EMFバランシング・テクニック®はこれらの相互作用効果のポテンシャルを活用するのです。

付録C
バイオフィールドの物理学モデル

執筆者　アンドレイ・デテラ
ヨーゼフ・ステファン研究所スロベニア・ルブリャナ
初出1997年（執筆者の許可を受けて転載）

バイオフィールド（情報的成分と進化的成分）

　生体物質は、生体分子プロセスだけではほぼ間違いなく説明のつかない種々の微細な現象を示している。それらの現象のなかには生体内の情報的プロセス（輸送、処理と保存）と進化的プロセス（例：有糸分裂と形態形成）がある。

　しかし、このような現象はバイオフィールドの概念を導入するとよく理解することができる。バイオフィールドは生物の生体細胞に浸透している微細な物質構造である。原子と分子から成る世界とは大きく異なる微細な物質構造ではあるものの、同じ物質世界を構成する一部であり、物理学用語を用いて説明が可能である。

　ここではバイオフィールドを説明するための理論的考察を紹介する。バイオフィールドは振動する電場と磁場で編まれた3次元の網の目である。この場は、3次元の編み物に走っている細い糸に似た線でできている。これらの電磁場は非常に複雑な内部組織を呈している。マクスウェルの方程式には独特の対掌物質（キラル）の解が存在し、これらの解はエネルギーを散逸することなく安定した構造体に導くこと

がわかる。これがいわゆるバイオフィールドの情報基礎である。このような構造体のうちで最も簡単なものが環状結節である。

ごく微小な質量の電荷が情報を帯びたバイオフィールドに入っていくと、非線形の現象が発生する。基盤となるのは内部電流の分岐、そして電流と場の間に生じる共鳴効果である。これによって場(フィールド)構造体の進化が生まれるが、この進化は時間において配向を受けた蘇生のプロセスである。蘇生性挙動が生じるためには明確な条件がいくつかあり、そのひとつが電荷の相に生じる量子コヒーレンスである。

バイオフィールドはつねに次の双方の条件から成っている。それは情報基礎と進化的成分のふたつであり、どちらも欠かすことのできない要素である。前者はマクスウェルの線型方程式に従っており、バイオフィールドの構造的形状を維持する。線型性がさまざまな異なる非局所的な相の重ね合わせをもたらし、大容量の情報蓄積につながる。後者は原初的環境から生じるあらゆる生命が備えている特徴を表す非常に複雑な形状（多数の結節をもった）への進化を引き起こす原因となる。

バイオフィールド構造は生体の分子構造と密接な交流をおこなっている。バイオフィールドの個々の原子・分子と相互作用関係にあるため、バイオフィールドは生体細胞内で生じるさまざまなプロセスを制御することができる。この相互作用の最も可能性の高い候補要素はタンパク質とヌクレオチドから成る対掌(キラル)分子構造（例：微小管やDNAらせん）である。

序論

生体内で生じるさまざまな情報プロセスと自己組織化プロセスをよりよく理解し、説明するためには、高周波電場と磁場を作る細い糸状のもので編まれた特殊自己組織化構造体の存在を想定することが必要になる。これらの糸は分子構造を通じて生命体のなかに編み込まれているが、この結節構造体の概念はけっして真新しいものではなく、数多くの伝統的な文化様式のなかに存在が認められていた。インドの古典的文化ではプラーナ、現代科学の世界では伝統的にバイオフィールドという名で呼びならわされている。バイオフィールドはあらゆる生命体、すなわち人体はもちろん、動植物、菌類や細菌、ウイルス、さらには一部の結晶にまでも浸透しており、生体のタンパク質構造と共生しながら生きている。バイオフィールドは生体のなかで自己組織化をもたらすことによって最も低いエントロピー値をもった熱力学的状態と情報の内部相互接続を維持する役割を担っている。バイオフィールドの存在に理論的説明を施すことは現代科学の重要課題である。

基本的理解の獲得には、同時に未踏の新領域へと踏み込んでいくことが必要になるようだ。つまり、量子コヒーレンス状態における蘇生プロセスを理解することが絶対不可

付録C バイオフィールドの物理学モデル

存在の可能性が見込まれるごく微量の電荷とバイオフィールド構造がもつ特有の時間的非対称性に基づいている。ここで時間的非対称性とは、バイオフィールドの振動の矢が存在することを意味し、一方の空間的非対称性は対掌バイオフィールド構造の存在を意味している。これらのふたつの用語については追って詳述する（項目B参照）。これらの分野を隔てる境界線が徐々に消滅しつつあるのだ。

バイオフィールドは基本となる次のふたつの機能的性質を備えた3次元の網の目である。

・膨大な量の情報を貯蔵・蓄積する機能
・生まれながらにして進化を遂げる機能

当論文において、わたしは「バイオフィールドはふたつの異なる成分、つまり情報的構造体と進化的構造体を織り合わせたものである」とする仮説を提示する。双方とも数学的特徴を本質的に備えた決定的な材料構造であり、双方がひとつに織り合わされた場合のみ、バイオフィールドの出現が可能になる。ここで、その特徴のいくつかを検証しよう。

A バイオフィールドの情報的成分

よい記憶装置システム（コンピュータ・メモリーチップ、あるいは人間の記憶）には次の特徴がある。

・大量の記憶を貯蔵する能力。情報量を量子化したものとして捉える場合（ウィナーが人工頭脳工学で実施して以降おこなわれてきたのと同じように）、これは巨大な情報ビット数を意味する。1情報ビットは情報読み取り装置が識別できる最小の単位（物質世界であらゆる意味において）と定義できる

この最小単位の情報は、他の情報を損なったり変化させることなく読み取る（あるいは書き込む）ことができる。したがって、情報の異なる部分どうしには分離可能性が介在する必要がある。

コンピュータ・チップの内部やディスクの表面では異なる情報が空間的に分離されているが、生体組織内においては空間的な意味合いでの分離可能性は存在しないと考えられる。例えば、近年おこなわれた脳をはじめとする生体情報系の調査結果（参考文献2）は、心の機能が非局所的であることを示している。もしこれがそのとおりで、互いに分離可能な情報が同じ空間領域内に保存されているならば、バイオフィールドに関して確かなことがある。バイオ

フィールドの成分のなかで情報の保存を司るものは線形方程式で表されるはずである。それによって初めて異なる情報は独立して保存され、情報状態に対する線形方程式の複数の独立解の重ね合わせが可能になるからだ。

さて、ここで、バイオフィールドの情報的成分を描写するためにはいかなる線形方程式が簡便だろうか？ バイオフィールドが電磁的現象を基盤としている（もしくは少なくとも密接に結びついている）ことを裏づける考察は数多く存在する（参考文献3）。電磁場のマクスウェル方程式は線形方程式である。場(フィールド)構造体が時間的に安定を保ち、場(フィールド)のエネルギーが散逸しない電磁場構造の存在を探るとしよう。それを見つけて初めて場(フィールド)構造の内蔵メモリについて語ることが可能になる。また、場(フィールド)構造は境界条件に対して安定しているものにすぎない。このような遠隔の境界への影響は微々たるものにすぎない。説明を単純化すれば、電磁場は粒子の集団の中心から離れた領域にあってゼロ値に漸近的に近づいていく場と想像することができる。このような場を大きな箱に封入した場合、箱の壁の部分の場はすでに弱まり、その壁は場(フィールド)に対して作用を働くとはあまり期待できない。

このような場(フィールド)構造は安定した波束の一種であり、空間中を移動することはない。このことは真空中の通常のマクスウェル方程式を用いればすでに可能である。そのマクスウェル方程式の解が次の条件を満たすことは容易に論証できる。

rot B = k・B　　　　　　　　　　　　(1)

ここでBは磁束密度のベクトル（当論文では全編を通じてベクトル量を太字で表すこととする）、kはスカラー型定数を表す。まず初めに調和解にのみ注目することにしよう。その解はこのように表される。

E = E₀・e^{iωt}　　　（電場を表す式）
B = B₀・e^{i(ωt+δ)}　（磁場を表す式）

真空中の電磁場を表す初めの2つのマクスウェル方程式にこの調和解を入れると、

rot B = ε₀μ₀・∂E/∂t
rot E = -∂B/∂t

次に、特解について見ることにしよう。磁場のベクトルを表すBはあらゆる場所と瞬間において電場Eのベクトルと共線ベクトルにある。

B = iω・(ε₀μ₀/k)・E　　　　　　　　(2)

これらの解が満たす方程式は (1) の式だけである（解が調和解であると仮定した場合）。ベクトルBとベクトル

付録C バイオフィールドの物理学モデル

Eが共線ベクトルであることはバイオフィールドの情報的成分の重要な性質である。すなわち、これは真空中の通常電磁場の本質とは大きく異なる、あるいはベクトルEがベクトル磁場Bに垂直とは異なる。この共線性がもっている重大な均質物質のなかでは異なる。この共線性がもっている重大な均質物質についてはのちに述べることにする（ポインティングベクトル関連）。

方程式（2）もまた虚数単位iを含んでいる。これは磁場が電場に関して位相シフト（π/2だけ、つまり4分の1サイクル）磁場が最大値（あるいは最小値）に達したとき、電場はゼロであり、逆の場合も同様である。電場のエネルギーは磁場エネルギーに、あるいは磁場エネルギーから変換されるが、その一方で双方のエネルギーの総量は一定のままである。

電場がゼロの場合から検証していこう。その状態では磁気エネルギーのみが存在している。磁場は特異な構造体を有しているが、これについてはのちほど探ることにする。サイクルの4分の1が経過すると、電場に特徴的な構造体が現れ、さらに4分の1が経過するとこの場は再び特徴的な磁気構造へと変容を遂げる（だが、場の磁極は逆転している）。双方の場を構成している特徴的な曲線に経時変化は生じない。電場と（あるいは磁場の）相対強度は変化していく。しかしながら、双方の場は正と負の振幅の間で振動している。双方の場（フィールド 場 構造体）の質的イメージは初期形状を保存している。これは特殊な波束と言える。なぜなら光速で移動するわけではなく、

静的につねに同じ場所に留まっているのだ！　この波束は内部情報を保存している（情報は 場 フィールド 構造 内に存在する）。なぜならこの定常波は線形マクスウェル方程式に従っており、さらなる波束が重複することがあるからだ。このような非光速で移動する波束（そのため静止質量をもっている）には情報の網の目がある。

情報の網の目と古典的フォトンの間の境界は明確に定義していないが、ここでしばし寄り道をしよう。この数頁で情報的網の目を説明づける派生物について論じてきたが、この網の目には速度成分（光速よりも遅い成分ではあるもの）もある。速度が光速に近づくほどにこの速度成分は古典的フォトンに似た性質を示すようになる。

通常のマクスウェル微分方程式の手順に従って情報的網の目の円振動数を容易に求めることができる。

$$k^2 = \varepsilon_0 \mu_0 \cdot \omega^2$$

あるいは簡略化して、

$$\omega = ck \quad (3)$$

ここでcは真空内の光速を表す。

これらの解の空間構成も求める必要がある。当研究所は磁力線と電気力線の形状に関心を抱いている（どちらも同

じ形をしているのだ)。さまざまな種類の解が存在するが、まずは最も単純で境界条件の影響を受けにくい解に限定して考察しよう。いま述べたように、これらの解は無症候性因子を示さなければならない。場はねじれた力線でできた果てしなくまっすぐに伸びるロープとして視覚化することができる(図1)。中央のねじれの部分が右巻きになっていれば $k > 0$、左巻きの状態になっていれば $k < 0$ になっている。それでも、境界条件の観察からこの円柱座標系に関する解は満足のいくものではないことがわかる。つまり、z の方向に移動しても場 B が急速にゼロには傾かない。また、r 方向へと移動しても場 B はゼロには傾くことはない(無症候性の振る舞いの結果による)。空間積分(空間全体 V の積分) $\int (1/2\mu_0) \cdot B^2 dV$ で表すことのできる完全な磁気エネルギーは、ロープの有限長内の磁気エネルギーを計算している間でさえも散逸しているのだ。

これらの問題を両方とも解決するには、場フィールド構造にわずかな修正を加えればよい。図1に描かれた場フィールド内部のまっすぐなロープが有限長のもので、それがカーブを描いて閉ループ(図2)を作っている(そしてわれわれがロープ側をもっている)と仮定してみよう。こうすれば最初の問題はたちまち片づく。ふたつ目の問題はどうだろう? 新たに修正を加えたてもロープの中央部分には顕著な変化は生じないが、ループの中央から離れた部分の場フィールドはかなり変化する可能性がある。このことからまったく新しい解は有限磁気エネルギーで求められると考えられる。

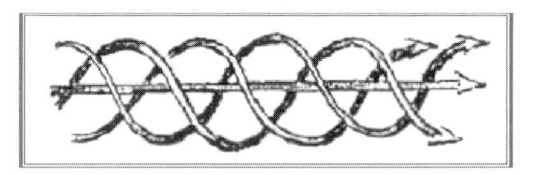

図1 (出典・デテラ)

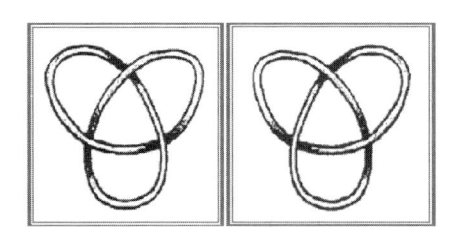

図3a (出典・デテラ)　図3b (出典・デテラ)

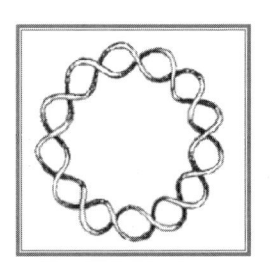

図2 (出典・デテラ)

こうした新しい解の特徴は、方程式（1）を円柱座標系内で解析すると見つかることが多い（参考文献4、5）。ここでは非常に複雑な計算式が用いられる。解（トロイダル解）は通常の解析機能で表しきれるものではないが、解は視覚的にはじつに魅力的である。前述のらせん状にねじれたループの閉ループに似ている。つまり、力線はトロイダル結節を作っている糸と同じ構造をもっている（参考文献6）。トロイダル結節はトーラス（環状体）の表面に巻きついた糸として視覚化できる。最も簡単なものが図3に示しているものである。

トロイダル結節はすべて対掌性を帯びているため、左巻き型と右巻き型がある。対掌構造は逆転位置の中心となるものが存在しない。つまり、この左右対称性の姿は原形となるものと同一ではない。そのため、すべての対掌構造は左右対称形状を成す。例を挙げると、右手と左手（対掌の語源となる kiro はギリシャ語で「手」の意）、左巻きねじと右巻きねじ、そして左巻きと右巻きの結節（図3a、3b）がある。微分方程式（1）の数学的解は必ず対掌性のものになる。これらはどちらも無限小回転を表す）の演算子 rot （= curl）これらはどちらも無限小回転を表す）の演算子 rot （= curl）これらはどちらも無限小回転を表す）が極性ベクトルを軸性ベクトル（あるいはその逆）に変換しているため、k は実際には通常のスカラー定数ではなく擬スカラーである（参考文献7）。個々の擬スカラー定数が用いられるとまったく同じ値の解が得られるが、反対符号の付いた定数は対掌性を帯びている。あくまでも同一ではない。

原形の鏡像なのだ。
先の空間積分がトロイダル解に対して集束することは明らかである。トロイダル解は方程式（1）のれっきとした解である。なぜならこれらの解は非慣性系の場の網の目、つまり有限エネルギーを帯びて離れた境界条件に対して鈍感な解を示しているからだ。

ここで観測されたのは非常に単純かつれっきとした解（トロイダル結節）だけだ。というのも、これらの解はそこそこ簡単な数学的ツールで確立することができるからだ。しかし、方程式（1）の複雑な解もまた存在することだろう。例えば、結節構造のうち、トロイダルではないゆえにはるかに複雑な構造体もこのような結節場構造体を場の網の目と呼ぶこととする。当研究所ではこのような結節場構造体を場の網の目と呼ぶこととする。

情報的網の目がエネルギーを放射しないことは容易に見て取ることができる。ポインティングベクトル（参考文献8）は、電場と磁場の間にあるベクトル積で表されるが、情報的網の目のなかではこれらのふたつの場は、方程式（2）に照らして全体的に共線的で、双方の間のベクトル積はゼロになる。そのためこの網の目の内外には放射が生じることがなく、そのとき網の目は時間的に安定している。

これらの構造体は外部からの摂動（訳注：ある物体に働く作用のうち、主要な力に対して、付加的な小さな力の作用のこと）に対しても安定しているのだろうか？　その摂動がわれわれの網の目を徐々に劣化させ破壊させることはあるのだろうか？　これらの疑問に対する答えは明確なものがない。ここでふ

たつの指針を提供することにしよう。

(1) 情報的な網の目は進化の網の目と関連している（詳細は後述）。進化の網の目の内部で蘇生プロセスが生じることでその網の目に安定性が提供され、その結果として情報の網の目も安定化される。

(2) 当研究所では古典的な制限の範囲内でマクスウェル方程式を研究したが、実際、網の目内部の磁束は量子化されている。もしも結節構造体のロープが微小なもので、磁束密度が小さければ、ごく限られた数の磁束量子線（フラクソン）が各ロープを通っているということだ。網の目は多数の摂動によって磁束量子線のために変化させたときだけ放射が可能になる。

事実、どちらの説明も意味するところは基本的に同じである。物質の蘇生的本質はあらゆる量子現象の基本である。今日、亜量子レベル（亜量子真空やその他の用語を用いても）の蘇生活動を通じて解釈した量子現象の詳細な理論はまだ確立されていない。それでも、すでに予備概念のなかには、「古典的な」コペンハーゲン解釈にずっと近く、大きな期待を抱かせるものがすでに登場している（例：現代のボーム派）。

すでに方程式（1）が非常に興味深い解と状況をもたらすことを確認した。その例証として、この方程式のもうひとつの興味深い適用例をご紹介したい。トロイダルコイ

ルの線が方程式（1）の解となるラインに沿って走っている場合、コイル内の電流は同コイルが発生させた磁場のベクトルと完全な共線をたどっているのだ！ このコイルはローレンツ力が存在しないので、力学的に非常に安定している。この種のコイルは非常に強い磁場を発生させるのに用いられるが、コイル自体の機械的強度が制限要素となる場合がある（参考文献9）。

B バイオフィールドの進化的成分

ここで、電磁場は情報の網の目内部のものと似た構造体をもっている（対掌性結節、少なくとも一部はトロイダル結節）を成す。進化の網の目は一定条件下で情報の網の目から生じることがある。基礎条件となるのは網の目の領域内に電荷が存在することだ。これまでわたしたちは真空中の電磁場について考察してきた。等方性を帯びた均質物質はわたしたちの方程式に大きな相違を加えることはできないが（ただ、絶縁定数を加える必要がある）、これはもっと実際的な問題である。なぜなら、バイオフィールドが生体物質と別個に存在することはほとんどないからだ。

しかし、わたしたちの方程式に重大な新規性をもたらすのは、その大部分が網の目構造の電磁場に散在する高移動度を備えた電荷の存在なのである。

蘇生プロセス発生の条件が網の目内部で満たされると、バイオフィールドの蘇生性自己組織化が始まる。これはタ

付録C　バイオフィールドの物理学モデル

ンパク質構造体の通常の自己組織化（オートポイエーシス）やプリゴジンの散逸性構造体（参考文献11）で起こる自己組織化以上の意味合いがある。ここに挙げた3つの現象（オートポイエーシス、プリゴジンの自己組織化と蘇生性自己組織化）が発生するのは、物質が熱力学的平衡からかけ離れているときである。このことは3つのプロセスから明らかである。ひとつだけ異なるのは、蘇生性プロセス自体が（他のふたつに反して）その熱力学的平衡状態からはほど遠い状態を作り出していることだ（参考文献12）。初期の不均衡は、一定閾値を超える変動が生じることによってもたらされる。その時点から不均衡状態は外部からの干渉がなくても持続する。

新たな進化の網の目を生成する蘇生性プロセスは以下の条件に従って発生する。

・高移動度を備えた電荷の存在
・荷電粒子が低質量であること
・網の目構造体に対するカイラル対称性
・電磁振動の一次的パターン配向（網の目構造体内の時間の矢）
・荷電粒子状態での量子コヒーレンス（コヒーレンス長は結節構造の期間を超える）
・磁場密度の適度な振幅

3つ目の条件は当初から満たされている。情報的成分の構造がすでに対掌的だからである。しかし、4つ目の条件（時間の矢）は自動的に満たされているわけではない。それでも適度な初期揺らぎが生じれば、時間の矢が作り出され、それ以降は蘇生性自己組織化が可能になる。のちにわたしたちはこの揺らぎについてもう少し詳しく考察をおこなう。その説明は現代カオス理論に基づくものである。

3つ目と4つ目の条件は、網の目構造体の時空対称性という必須属性が存在することを示している。これらの属性は基礎的な物理学的法則によって定められている（時空のユニタリー変換に対する普遍性）。時空構造体の対称性を備えたパターンは、電荷の完全な量子状態のなかに反映されるが、それが可能になるのは量子状態のコヒーレンス時間が最低でも個々の結節の大きさ以上になり、コヒーレンス時間が少なくとも電磁振動の一周期以上になった場合に限られる。この事実が5つ目の条件をもたらしている。もちろん量子コヒーレンスは純粋な量子効果をもたらすとともに、古典物理学的に類似するものは存在しない（参考文献13）。その理由は、量子状態の内部における情報的相互接続である。この相互接続は、古典物理学の世界にはない。量子コヒーレンスは物理学にまったく新しい知見をもたらしている。アスペの実験や他の関連するアインシュタイン・ポドルスキー・ローゼン・パラドクスの実験がその例だ（参考文献14）。

2番目と6番目の条件は密接につながっている。つまり、磁場の必要な振幅は電荷の質量と相関があり、質量が大きければ大きいほど、結節構造のループの大きさとも関連性がある。

きいほどループは小さなものになり、生み出される臨界磁場は大きくなる（臨界磁場については のちに詳述）。すべては必ず電子の働きのみと連動し、それによってループは非常に大きくなるが、結果としてコヒーレンス長もまた大きくなる。超電導クーパー対と物質を成す原子の間で生じる熱結合は無視できるので、この場合、発生するのは（格子と の結合が発生しなくても）電子ガスの自己組織化だけであ る。このような場合でも超電導体の仮定的自己組織化処理のために格好の可能性を提供してくれる。同様のことは神経細胞のメラニンタンパク質構造体のなかで発生していると仮定してもおかしくはないが（E・D・コープ 参考文献1）、これと同じレベルに量子的相当物 参考文献15 がさまざまな形状で存在していると想像することができる。

わたしはこの論文で自己組織化プロセスにおいて生じるもうひとつの変形について考察する。まず、微小な静止質量をもつ荷電粒子が存在すると仮定しよう。この場合、数値的推定では蘇生的条件が容易に満たされることが見て取れる。磁場が微弱でコヒーレンス長が比較的小さかった場合も同様だ。このような粒子は我々の肉眼や測定装置でも捉えることはできない。なぜそうなるのか？ 昨今、わたしが論文で指摘したとおり、これらの粒子は独立して存在することはできないが、その代わりに完全な網の目構造をもった場合のみ存在が可能になる。つまり、網の目は粒子の故郷であり、おそらくは体でもある。

在化した粒子の性質を粒子そのものを決定している可能性がある（そしてその性質が粒子そのものを決定する）。網の目構造体は超軽粒子と反粒子の消滅を妨げるために、それら2種類の粒子を別々の領域内に保存している。

したがって、この超軽粒子の検知はバイオフィールドの検知方法を習得して初めて可能になる（科学的手法による検知）。網の目はコヒーレントな自己保存状態と自己組織化状態を維持する。これは内部でエネルギー輸送が生じなくても同様である（情報的成分のポインティングベクトルはゼロでも内部の情報的相互接続が生じている。エネルギー輸送と情報の輸送は別のものなのだ！ 情報＝エネルギーではない）。バイオフィールドが消滅すれば超軽粒子もたちまち消滅する。消滅をはじめとする反応によって超軽粒子はフォトン等の既知の粒子内部に輸送される。荷電した超軽粒子はバイオフィールドとともに作り出され、ともに破壊されるのだ。バイオフィールドと一体化して存在しているわけである。

したがって、完全に理解するためには網の目が有生の存在であると知ることが重要である。一方で、従来の物理学は情報輸送をエネルギー輸送のみに関連づける考えに基づいている（例：量子力学におけるハミルトニアンの作用に対する表現）。従来の物理学は物質を生命のないものとして扱い、生命をもたない粒子のみを計測しているために、最初に網の目の存在がないことを前提にしている。しかし

付録C　バイオフィールドの物理学モデル

それによって網の目について知る可能性までもが失われてしまうのだ（参考文献16）。

生きた進化的網の目の保存をおこなう蘇生プロセスは表情豊かな非線形現象である。進化的網の目（非線形蘇生プロセスに基づいている）は情報の線形性網の目の働きを制御している。間もなく検証を試みることではあるが、その逆もまた真である。つまり、情報の線形性網の目が情報の非線形性の網の目を制御しているということだ。バイオフィールドの進化の網の目の対掌場構造が情報の網の目と酷似しているためである。この類似性が生じる主な要因は、どちらの網の目も類似した微分方程式で表されることにある（参考文献17）。以降の数段落である（非常に不明確なものではあるが）の提示を試みる。それは、情報の網の目を表す方程式（1）が発達初期の進化的網の目にも有効であるというものである。

$$j = f(B) \quad (4)$$

ここで、jは電流密度の平均的な動きから見て、進化的網の目の内側で荷電粒子が描いている軌道はこの同じ網の目の磁場を成している線に沿って整列している。

多くの荷電粒子の平均的な動きから見て、進化的網の目の内側で荷電粒子が描いている軌道はこの同じ網の目の磁場を成している線に沿って整列している。

進化的網の目と進化の網の目がこれほど密接に関連しているのはなぜか？　それは進化的網の目の対掌場構造が情報の網の目と酷似しているためである。この類似性が生じる主な要因は、どちらの網の目も類似した微分方程式で表されることにある。進化の蘇生性プロセスは網の目構造のごく限定的な時空パターン（トポロジー）においてのみ独特の特徴を示す。これらの蘇生性領域からは蘇生性自己組織化がまったく見つけられない（例：場が臨界磁場を超えていない場合）。つまり蘇生性パターンは進化的網の目の内部で自らを構築するアトラクタである（非線形システムダイナミクス理論をきっかけに知られている）。もしも網の目の構造が非常にシンプルなもの（生存可能で最も単純な蘇生性結節）であれば、このアトラクタは一時的なものである可能性があるが、より複雑な網の目構造においてはカオス的アトラクタに類似したアトラクタがある。しかしながら、この「カオス的」な本質は蘇生性の振る舞いに限って見られる特徴を表している（例：プリゴジンの散逸構造に見られる特徴を表しているアトラクタはきわめて異質）。進化的

生きた進化的網の目の保存をおこなう蘇生プロセスは特殊なものとして、この種のアトラクタは特殊なものとして、つまり蘇生性アトラクタに分類することができる。

情報の網の目と進化の網の目がこれほど密接に関連しているのはなぜか？　それは進化的網の目の対掌場構造が情報の網の目と酷似しているためである。この類似性が生じる主な要因は、どちらの網の目も類似した微分方程式で表されることにある。以降の数段落である（非常に不明確なものではあるが）の提示を試みる。それは、情報の網の目を表す方程式（1）が発達初期の進化的網の目にも有効であるというものである。

ここで、jは電流密度のベクトルを表している。ベクトル関数 f(B) は非線形で、電流密度jは一定の電磁場密度Bにおいて極値を示すことがある。このような場合、荷電粒子に蘇生性配向が発生することが期待できる。

さて、関数（4）が直線的なものである場合はどうなるかを考えてみよう。もちろんこの前提はパラメータの蘇生

性領域内では適用されない（場の密度が臨界値より大きくなる場合についても間もなく考察する）。しかしながら、当研究所では非線形性の源のありかに関心を抱いている（蘇生性配向の源についても）。まず、進化の初期段階を観察すると、場Bは弱い（臨界値以下）が、方程式（4）はいまだに有効である。この段階では線形項が方程式（4）についてはやや優勢である。

最初のマクスウェル方程式にこのjを入れて（ここで物質、つまり電荷の電流にも影響を与えている）得られるのが、

rot B = εε₀μμ₀・∂E/∂t + μμ₀・B   (6)

振動が調和的であり、ベクトル場BとEが線形である（これは単純な情報の網の目にも言える）と仮定すると、既知の方程式、

rot B = k'・B   (7)

が得られる。これによって場BとEの共線性の仮定が裏づけられる。残りの2つの仮定（関数fが線形であ

j = p・B
pはスカラー定数（ここでも擬スカラー）   (5)

ることと、振動が調和的であること）が真であれば進化的網の目と対応する情報的網の目が電磁場とまったく同じ時空構造体を示していることになる（拡張子のみが異なる）。すなわちk, ≠k̄。しかし、パラメータの蘇生性領域内においては最初の条件も2つ目の条件も満たされない。j=f(B)の関数性は必ず線形性を失って振動も調和的ではなくなる（しかし、方程式の進化が開始すると振動の総和によってフーリエ形式を用いて表すことは依然として可能）。

これらの複雑な要素（非線形性、非調和性）は網の目構造体を変形してさらなるものを生み出す。この変形はどのように説明できるだろうか？
まずは非調和性を解決しよう。周期的振動（非調和的なが
ら）はフーリエ式の調和的成分に対して別々に解を得ることができるので（最も単純な解はすでに述べたようにトロイダル結節の形をとった対掌構造）、個々の調和的成分の解を合計することができる。したがって、関節解はさまざまな結節によって表される場の総和である（調和解によってk'も異なってくる）。各調和的成分の周波数間の比率は非常に規則的（個々の数値間の比率）なので、方程式（3）（線形性を前提とする）はパラメータk'の間にも規則的な比率を生み出す。これはつまり、結節の集合から成る構造体（あらゆる調和的成分が組み合わされている）はきわめて規則的に見える。当然、結節の集合体はトロイダル結節よりもはるかにもつれあっていて、集団のトポロジーが

一定周期中に変化することを意味している（純粋な調和的成分だけで構成されている結節の場合は当てはまらない）。

しかし、関数（4）の非線形性の条件がここで登場する。この条件は結節構造をより劇的に変化させる。純粋に調和的成分だけで構成されている網の目から考察を始めて分析を簡略化しよう。

（4）の非線形的関係式は、ポテンシャルのべき級数という形で表すことができる（しかしn＝0の項は除く。なぜならB＝0の場合、自ずとj＝0になるからである。つまり、粒子の蘇生性の配向が発生し得なくなる）。

$$j = \Sigma p_n \cdot B^n \qquad (8)$$
$$n = 1, 2, 3 \ldots$$

BがB＝0から増加していくときの条件を見ていくことにしよう。初めにBは小さな値で線形項が優位になる。場Bは線形結節構造を形成する（例：トロイダル結節）。高次の場では線形結節構造は連続変形を遂げる。時間が経つと、臨界場B_kにおいて不安定性（参考文献18）が生じて結節構造は急変する（相転移）。さらに高次の場では分岐の発生によって構造的多様性が追加される。これらの分岐は相変化の一種であり、これには特殊な性質が備わっている。もとの相からは必ずしもまったく同じ相が進化するわけではない。つまり、いくつかの複数の可能性が同時に存在しているのだ。位相可能性を帯びた線は分岐が生じるたびに分かれていく。磁気的結節はつねに複雑化し、それとは逆に内部秩序は減少していく（図4）。同様の現象は散逸性構造体の非平衡性熱力学の研究から知られている（例：有名な乱流液体内のベナールセル）。しかしながら、そこには基本的な相違点が存在している。蘇生性構造体は周囲環境からエネルギーを受け取る必要がない（ベナールセルのように温度差により、あるいは勾配によって駆動力を得る）。

原型となる網の目には何が起こっているのだろう？　網の目の内部で電荷に蘇生性配向が生じる影響で、バイオフィールドの進化的成分の増大が原型の情報的成分に加え

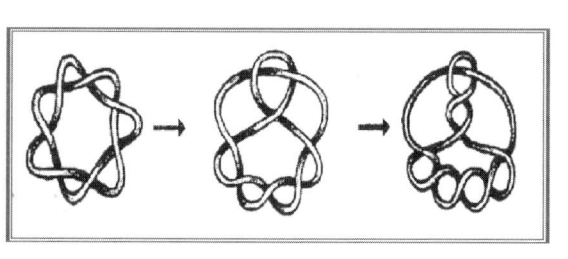

図4（出典・デテラ）

られているのだ。ここで、この蘇生性の源のありかについてもう少し詳しく考察することにしよう。蘇生性は網の目の内部を流れる電流の分岐に基づいている。分岐は情報の場から発達している場が一連の臨界値を超えると発生する。分岐は必ずヒステリシス（履歴現象）を引き起こす。つまり、不可逆現象なのである。場がゼロ値に戻ると、網の目は場がそれまでゼロから発達成長していったときとは異なる段階をたどるようになる。こうしてわたしたちは蘇生性の必要条件である時間的に配向を受けた振動を得る。純粋な調和振動から時間配向性の調和振動の混合状態に達すると、根源的な空間構造体（言葉にたとえればアルファベット一文字で表される）から複合構造体が得られる（同じくある程度の長さをもった単語で表される）。「単語」の進化はこの時点で生じている。なかには不明瞭になる進化もある（強い単語にエネルギーが吸収される）。つまり、情報的成分ここではエネルギーが高まっている。とりわけ基本的な方程式（1）があるものは構造体がエネルギーを消滅させることがないので存続する（しかしながら、結節密度を表すパラメータk′はここではエネルギーが高まっている）。つまり、情報的成分が進化的成分を決定づけているように、進化的成分が情報的成分を制御していることがここからわかる。これで円がひとつにつながる。

いま説明したプロセスは、時間配向型プロセスである。それでは他の不可逆プロセスのように場のエネルギーが消

滅する（熱のなかに）とは考えられるだろうか？ 消滅することは起こりえない。なぜなら単純な進化的網の目は、電磁場と電荷のみでできているからだ。方程式（4）が粒子配向性のプロセスを説明しているのであれば、電荷のエントロピーは増大し得ない。完全に曖昧あるいはカオス的な運動を示している粒子に配向が働きかけている場合も同様だ。

非線形蘇生性構造が多様性に富んでいることのもうひとつの大きな利点は次のなかに隠れている。バイオフィールドの振動は1分周期（バイオフィールドに対して太陽周波数にして10の15乗の振動──これについては次の章で詳しく）が完全な進化的1サイクルを表している。一度の振動のあとに場Bが再び振幅に達すると、その構造は元の状態からはすでに様変わりしている。単純なトロイダル結節体を例にとってみよう。次は10の結節が絡み合ってできた完全な集合体にとっていく。この新たな構造体は、次の周期にさらなる変化を遂げていく前の種のようなものだ。これとよく似た周期が植物のライフサイクルにある。毎年秋になると種がまき散らされて、新しい生命に来る年へのチャンスを授けるのだ。

これまで説明してきた理論には仮定の存在として電荷を帯びた紫外線粒子が登場した。これらの粒子は明確な形を有していないものと考えられる。網の目に介在する蘇生性のみが量子的性質を決定しているからだ。わたしはこのような顕在していない粒子の集合を表す用語としてエーテル

付録C バイオフィールドの物理学モデル

という言葉を用いることにする。なぜならこの名前は同様の現象を描写する言葉として古くから欧州の科学論文で使用されてきたからだ。一方で、サンスクリット語のプラーナという言葉はすでに秩序の整った蘇生性構造体を表すのにより適していて、つまり顕在している形状を前提としたエーテルと関連している。

わたしたちがバイオフィールドの進化的成分についておこなっている考察は、情報的成分の考察に比べると数学的にさほど厳密ではない。情報的成分について考察するうえでは真空中のマクスウェル方程式が必要だったのだが、進化的成分に対してこの方程式はなかなか一筋縄ではいかなかった。いくつかの前提を組み合わせる必要に迫られたのだ。これについては時間と紙面が許せばのちほど主張を展開することにする。エーテルについては語るべきことがまだ山のようにある。エーテルとは結局、何なのだろうか？ 蘇生条件や蘇生性の問題もある。量子状態に対する網の目構造体の関係、量子コヒーレンス等々、考察すべき事柄は多い。これらの疑問に対する答えは互いに関連している部分があるのだ。現時点で必要とされる認識と専心をもってわたしがこの広大な分野に踏み込めずにいることを陳謝したい。

C バイオフィールドの両成分は一体となってつながっている

バイオフィールドで生じる現象は両方の成分、つまり情報的、進化的成分を一体のものとして考慮することで初めてよく理解できる。バイオフィールドはつねに双方が共生して存在している。非常に複雑な網の目構造を備えたバイオフィールドでは特定の領域内で特殊化が発生することが予想できるので、情報的成分と進化的成分が主として見つかる。

情報的成分が皆無の場合、バイオフィールドの進化は急速に縮退する。つづいて非常にカオス的な構造体が進化を始めるだろう（周期的アトラクタとして説明できるものかしらははるかにかけ離れた構造体）。おそらく量子コヒーレンスの基盤となるものがじきに損なわれるために、バイオフィールド内の蘇生性と進化も減退していくと思われる。

さらに、とある単純な事例（のちに考察する）から、安定した各バイオフィールドは、周囲を覆う外殻の縁の部分にあって、それが主として情報的成分でできていることがわかるだろう。

進化的成分もまた必要不可欠な要素である。これがなければバイオフィールドは網の目構造体に生じる数多くの微小な欠陥を自発的に修復することができなくなる（すなわち、バイオフィールドが周囲と相互作用を働いていると、摂動が蘇生の規模縮小を引き起こす傾向がある）さらに、もしも進化的成分を備えていなければバイオフィールドは必ず発達の原初的段階に留まり、ごく単純なトロイダル結節の構造を保つ。

バイオフィールド構造の内部に存在する磁場Bは

次のような姿をしていると想定することができる。最初の部分（情報的成分）は情報の網の目に対する方程式（1）と一致する。網の目構造体の線形部はいかなるエネルギーも放射しない。この構造体は自らを盤石な支えとして、新たな振動の各周期にバイオフィールドの第二の部分（進化的成分）が自らを追加していく。網の目のなかに広がる実際の場全体は、非線形効果（方程式4）の影響を受けて純粋な情報的成分とは若干異なっている。この相違（実際の場と純粋な情報的成分の間に生まれる）をバイオフィールドの非線形余剰部分と呼ぶことにしよう。一般的に言って、この余剰部分のポインティングベクトルはゼロでなければならない（ベクトル**E**と**B**はもう共線ベクトルではない）。つまり、非線形部分には方程式（5）で表したものよりも複雑な関係が存在しているために、方程式（6）と（7）の有効性は近似的なものに限られている。

網の目構造体の解は方程式（1）によって決定されたそれとは異なる。進化的成分には網の目構造体の各領域間で放射の変動レベルが生じる。エネルギーというものは絶えず動き回り、構造体は恒久的にその形状を変えつづけている。しかしながら、構造体は場のパラメータが一定の振幅のインターバルに限定されているときだけ有効になる。特に（前述したように）電流密度 j（方程式4）は特定の場密度、結節密度等の条件がそろった場合に限りはっきりと極値を示す。このように、蘇生的性質に制限を課す一定の数値において分岐は発生しない。進化は動的安定性をもった領域

に取り込まれる。

結果として、バイオフィールド全体は振動の一周期中にほとんど変化しない。バイオフィールドアトラクタはほぼ周期的なアトラクタであり、とりわけごく限られた空間領域においてはその性質が顕著である。見かけ上カオス的な特殊アトラクタ（カオス的とは現代カオス理論的な意味で）の存在は時空の広範囲な領域を観察することによって初めて明らかになる。だが、このカオス性は非蘇生性アトラクタに対して用いるものとは大きく異なる。それでも「カオス」という言葉をここで用いるのは便利なことばかりではない。なぜなら語源となるギリシャ語ではこの言葉は混乱、無秩序（人間の視点から見てネガティヴなもの）を意味しているからだ。しかし、物質界の蘇生性のダンスはそれとは正反対のものであり、最初の挙動の時点でこの混沌状態を上回っている。

情報的要素もまた、つねに不変の状態を保っていることはない。この成分も進化の作用を受けている。というのも、情報的成分に当てはまる方程式（1）がバイオフィールド全体、および非線形（進化的）余剰分におおむね有効であるからだ。ただし、バイオフィールドは進化を通じてエネルギーと情報を保存する傾向のある構造体を急速に構築することで散逸は限られたものになる。自らの情報パターンを保存することのできないバイオフィールドは急速に減衰し、自らの内部情報に適した制御をおこなうバイオフィー

ルドだけが残存していくのだ。これらの概念は生物学と微生物学からも知られている（個々の細胞がもっている生命パターンについての発見、あるいは生命体のもっているさらに微小な要素についての発見）。

つまり、ごく限定的な内部時空位相構造を備えたバイオフィールドは生き残っていく。これは事実上、バイオフィールドの3次元の「編み物」のなかを走っている糸の限定的空間パターンの性質であり、これらの糸の周期的リズムときわめて限定的な一致を遂げていることを意味している。

このようなバイオフィールドは、生体分子の進化と比較してもけっして短くはない期間で生じた進化から生まれたものであると考えられる。バイオフィールドの影響もあるかもしれないが、個々の器官（あるいは細胞小器官）も進化を遂げてきたことで、いまや非常に特殊な機能を果たすために存在している。その機能とは「神経系」に似た情報輸送ライン（バイオフィールドを成す特殊な糸から延びる）や実質的には何の進化も起こさない2種類のメモリ機能を備えた領域、そしてバイオフィールドの望ましくない形状の浄化をおこなうメカニズム等である。これらの機能は分子から成る生物界が果たす各機能に少なくとも部分的には関与している可能性が高い（バイオフィールドの安定性向上）。バイオフィールドと生命体の分子構造はこの共生関係から相互利益を獲得している。陽光で編み込まれるや否や、バイオフィールドの大部分が生命体のタンパク質構造の内部に自らを編み込むのはこの共生のためなのだ。

ここで素朴な疑問が湧く。どうやって日光で編み込んでいるのだろうか？ 最も可能性の高いシナリオは次のとおりだ。太陽から発されたフォトンを緑色植物のタンパク質構造が拡散する。タンパク質はすべて対掌構造をもっている。つまり光学活性がある。フォトンが光学活性分子上にばら撒かれた場合、左右の円偏光が吸収される確率は異なってくる（円偏光二色性あるいはコットン・ムートン効果［参考文献21］）。つまり、円偏光フォトンが生成されるのだ。このフォトンはカイラル対称性を備えている。バイオフィールドは特殊な細胞小器官も備えていて、それが何らかの形でカイラルフォトンの機能を好ましい形で減速させ、フォトンを捕捉し、バイオフィールドに取り込んでいる可能性がある（コウイカの触手、口、喉と胃の関連が好例）。春先（温暖な気候帯では3月）、木のバイオフィールドがまだ弱々しく、樹皮のタンパク質がこの活動の多くを代行しなければならないが、月日が経つとこれらのプロセスは円滑になる。つまり、緑色の葉のタンパク質がこの工程に参加することで、バイオフィールドそのものがさらなる協力をするようになるのだ。

新たに形成された振動を既存のバイオフィールドが奏でる時間配向性の調べと連動させているのはバイオフィールドの統合性であることはほぼ間違いない。既存のバイオフィールドの情報と未来のバイオフィールドの振動はしだいに複雑化していく。この調べはストーリー・テラーであり、夢見る者。進化の

運び手であり、自らを感じ生き取ることのできる生の目的であり、その目的は生きとし生けるものの肌身に浸み込んでいくのだ。

150年前、ルイ・パスツールはどのようなひらめきから生命の躍動（生命のもととなる力と自己組織化の能力）という言葉をキラル分子に当てたのだろうか?

地球表面の熱力学的温度は300ケルビンである。これには太陽放射と空間への赤外線放射（IR）の間に生じる熱力学的平衡が作用している。しかし、バイオフィールドはこの平衡と同じ傾向は示さない。バイオフィールドは自らの内側に放射エネルギーを保存しておくことができるためである（これはバイオフィールドの本質そのものである）。太陽を発したフォトンは顕著な蘇生性プロセスを生じることなくバイオフィールドに捕捉されるので（バイオフィールドが自己組織的性質を帯びている結果）、フォトンの温度に大きな減少は起こらない。つまり、バイオフィールドの温度は太陽表面温度（6000ケルビン）とおおよそ同じである（あるいはそれよりもさらに高い）。

ここで温度についていくぶん難しい側面がある。熱力学的温度は第1法則（エントロピーの法則）が妥当な領域からのみ定義される。蘇生性のプロセスが顕著に表れている場合、バイオフィールドの別々の空間領域はそれぞれに「温度」がばらばらになると考えられる。エーテル内で分岐が生まれれば、結節の密度とともに周波数も上昇し（より調和的性質の高い成分になる）、これによって

見かけの「温度」も上昇する。

それでも当研究所としてはバイオフィールド内にある結節エネルギーがおおよそどれくらいなのかを確かめたい。太陽からのフォトン単体は約2〜3電子ボルト（4・10のマイナス19乗ジュール）のエネルギーをもっている。つまりひとつの結節には約4・10のマイナス36乗キログラムの静止質量がある（電子質量で4・10のマイナス6乗）。フォトンがこれらの粒子にも生命を与えていると仮定すると、エーテルを生成する荷電粒子の質量もこれに近いものであると考えられる。おそらくこれらの荷電粒子は一部の結節と同一であると思われる（この場合、結節は電荷を帯びている場合もあれば帯びていない場合もある）。

以上のエネルギーを帯びた荷電粒子の古典電子半径は約0.6ナノメートル（ひとつの荷電粒子につきひとつの電気量測定単位と仮定した場合）である。これは因子-2π・137（微細構造定数∝と関連している）には当てはまるが、類似するエネルギーを帯びたフォトンの波長には当てはまらない。これはつまり、ある程度の蘇生性プロセスは主要な情報的成分の内部にフィリグリー（訳注：金線銀線細工）を思わせる細かな部分を編み込むことがまだ可能であるということだ。この精巧なレース細工はおおよそ同じ大きさ（数十分の1ナノメートル）をもつ原子に働きかけると考えられる。

状況を整理するために、蘇生性機能の保存が可能なバイオフィールドの最小領域について考察することにしよう。

その領域をバイオフィールド細胞と呼ぶことにする。同細胞内部には情報の糸が編み込まれた進化領域がある。この糸には必要な安定性が保持されている。しかし、外側の覆いは情報の糸からほぼ完全に離れているためにエネルギーが漏れ出すことはない。ここにわたしたちは外膜と内部原形質を備えた生体細胞と興味深い類似性を見るのである。たいていの場合は内部に情報の核となる部分も備えているのだろうか？（真核細胞のように）

わたしたちは生命という属性を備えた新しい不思議の世界にたったいま足を踏み入れた。これらの生命の法則はタンパク質構造の触媒回路レベル（分子生物学で見られるような）だけではなくバイオフィールドの基本的な結節にも流れている。バイオフィールドが生体分子プロセスを制御する並外れた能力を示す理由はわかっている。プロセスに容易に順応することができるからだ。「不器用な」分子と比較しても、バイオフィールドははるかに高い自己組織化と情報の保存と処理の可能性を備えている。この場は際立った対掌性を帯び、3次元的蘇生性網の目を構成する結節内部のループはらせん状を成している。バイオフィールドがタンパク質やヌクレオチドに類似する対掌的（らせん状）構造体に容易に順応するのはそのためだ。これら規則性の高いヘリシティを備えた構造体にはDNAの二重らせんと微小管のらせん構造のふたつが挙げられる（参考文献22、23）。どちらも生体細胞内における情報保存と処理に重大な役割を担っている生体分子である。

最後に、有益な提案を数多くしてくださったマルタ・クラニュセク＝グンデ博士と、有意義な議論を通じてこの論文を書くようにわたしを励ましてくれたミトゥヤ・ペルースに感謝いたします。

参考文献

1. A.Detela: Sintropni pojavi v biopolju kot osnova infomacijskih procesov vzivih organizmih 2.slovenski forum kognitivnih znanosti,1996 (Slovene reprint in this book).

2. K.H.Pribram: Some dimensions of remembering: Steps toward a neuropsychological model of memory, in: Macromolecules and Behavior, (ed.J.Gaito), Ac.Press1966,pp.165.87
K.H.Pribram: Languages of the brain:Experimental Pradoxes and principles in neuropsychology, Prentice-Hall 1971
K.H.Pribram, M.Nuwer,R.Baron: The holographic hypothesis of memory structure in brain function and perception, zbornik Conteporary Developments in Mathematical Psychology, W.H.Freeman,SanFrancisco1974

3. バーバラ・アン・ブレナン『光の手──自己変革への旅〈上〉〈下〉』三村寛子、加納真士訳、河出書房新書、1995年。第4章。

4. P.M.Morse,H.Feshbach: Methods of Theoretical Physics (Mc.Graw-Hill,1953),pp.1301

5. K.Huang,R.Tipton: Vortex excitationsin the Weinberg-Salamtheory,Phys. Rev.D, 23(1981)3050

6. Lee Neuwirth: The theory of knots, Sci.Am. (June1979), pp.84.96

7. F.Krizanic: Vektorji,matrike,tenzorji(Sigma,Ljubljana1962)

8. R・P・ファインマン『ファインマン物理学〈2〉光・熱・波動』第27章、富山小太郎訳、岩波書店新装版、1986年。

9. D.H.Parkinson, B.E.Mullhall: The generation of high magnetic fields, Plenum press1967, pp.154.

10. F.Capra: The Web of Life (Anchor Books1996)

11. I・プリゴジン、I・スタンジェール『混沌からの秩序』伏見康治、伏見譲、松枝秀明訳、みすず書房、1987年。

12. M.Jibu,K.Yasue: Quantum Brain Dynamics and Consciousness (John Benjamins, Amsterdam1995)

13. ロジャー・ペンローズ『心の影〈1〉意識をめぐる未知の科学を探る』林一訳、みすず書房、2001年。

14. L.E.Ballentine: Quantum Mechanics (Prentice Hall 1990)

15. R・タートン『量子ドットへの誘い──マイクロエレクトロニクスの未来へ』川村清監訳、福山裕之、山賀正人、大坪一彦訳、シュプリンガー・フェアラーク東京、1998年。

16. A.Detela: Dusevni procesi v zivih organizmih-izziv za sodobno fiziko, 1995(Slovene reprint in this book).

17. R・P・ファインマン『ファインマン物理学〈2〉光・熱・波動』The same equations have the same solutions (vol.II /12・1)

18. J.Gleick: Chaos, Penguin books 1987

19. ピーター・コヴニー、ロジャー・ハイフィールド『時間の矢、生命の矢』野本陽代訳、草思社、1995年。

20. Time's Arrow Today (ed.SFSavitt), Cambridge University Press 1995

21. Forinstance, Applied Opticsand Optical Engineering, Vol. I , ch.9 (R.J.Meltzer), pp.347

22. S.R.Hameroff,R.C.Watt: Information processingin microtubules, J.theor.Biol.98(1982), pp.549.61

23. R.D.Allen: The microtubule as an intracellular engine, Sci.Am, Febr.1987

補記・その他の蘇生性挙動

定量分析の結果から、次の天然構造体では蘇生性条件がほぼ確実に満たされることが判明している。

- バイオフィールド
- 複雑な電子状態をもった生体分子（DNA、微小管など）
- 複雑な超電導網の目構造体
- 球電光（訳注：雷による放電現象のひとつ）
- 素粒子内部

今後、これらの現象の研究が進むことによって、非常に興味深い物質形態の存在が明らかにされるとともに、従来とは大きく異なる未知の法則によって現象の説明がなされるようになるだろう。

先に紹介したバイオフィールド理論は他の蘇生性構造体のテンプレートとなりうるものだ。一部の定量パラメータ（例：構造周期と周波数）は別として、新たに紹介した概念の多くがその例であることに変わりはない。

複雑な生体分子は次世代型ナノチップに似た微小な（しかし機能性が非常に高い）量子コンピュータであり、極小の超電導式電線とトンネリングスイッチでできた3次元式網の目（結節構造）に生じるコヒーレントな量子状態がその土台となっている。

球電光は非常に強力な磁場を帯びており（10テスラ以上）、その顕著な安定性は同じモデル、すなわち自己組織化細胞に一緒に編み込まれた磁力線と電流の流れの存在によって容易に説明することができる。

不思議なことに、素粒子は球電光と同様に蘇生性の発生条件を満たしている。量子粒子は球電光と同様に安定した蘇生性構造体である。蘇生性構造体のもつ対称性は有名なCPT不変性をもたらす。電子あるいはフォトンの渦モデルはけっして新しいものではないが、このイメージはいま自己組織化をおこなうエーテル（量子真空）の見方に数学的根拠を獲得しつつある。そしてここに哲学的問題が数多く生じてくる。もしもエーテルが本質的に原基構造と特徴的性質をもっていなければ、この目に見える世界（時空）は、ヴェーダ哲学における現象界がマーヤー、すなわちシヴァとシャクティの相互作用の現れであるのと同様に、包括的な蘇生性活動が現れた結果であるといえるのではないだろうか？

量子状態の深遠なる本質の問題に答えることは容易ではない。わたしたちの眼前には未踏の広野が広がっている。新たな数学的手法（ファジー理論と空間・時間構造体の複雑なトポロジー）を用いればエーテル内の蘇生性活動の観

測を試みることができる。量子状態のなかに情報的相互接続の重大な意味を見出だせる可能性がある。これらの結果は近年おこなわれた数々のEPRパラドックスの実験結果（アスペのものをはじめ）に合致するだろうか？　このアプローチはノイマン‐モルゲンシュテルンの公理やシュレーディンガー方程式を上回る成果を挙げるだろうか？　これらの疑問は新たな量子的イマジネーションの妥当性を推し量るチェックポイントとなる。

ただし、ひとつだけ確かなことがある。物理学が生命をもたない物体のみを扱っていた時代は明らかにその終わりを告げた。生命こそが時空構造の根底を成している。現代という世界的危機の時代にあって、科学は人間倫理と現代の学術的分野に広く貢献することで本来の透明性を辛抱強く取り戻していくことが求められる。それによって物理学は生物学との新たな連携を強め、物理学者は知性的な量子状態の研究を通じて意識と物質が相互作用を働いていることを認識するのだ。このことは現代自然科学における一大パラダイム転換となるだろう。

付録D 複雑な量子状態の内部で起きる自己組織化

執筆者 アンドレイ・デテラ
ヨーゼフ・ステファン研究所 スロベニア・リュブリャナ
初出1997年（執筆者の許可を受けて転載）

1　序論

ここ数年、量子状態における自己組織化プロセスという観点から複雑な量子状態を理解しようと試みる研究者の数が増加傾向にある。一連の解釈によると、量子状態はその状態の内部時空構造を制御する能動的情報に基づいている(参考文献1)。興味深い概念のなかでも、れっきとした構造化をされながらもコヒーレンス（訳注：各要素間の位相関係が一貫した状態）を保っている複雑な量子状態には興をそそられる。

そのような性質を帯びた大型のコヒーレントな量子系の例として、生命体内部の量子系や（例：微小管をはじめとするタンパク質複合構造(参考文献2)）超電導複合構造が挙げられる。このような量子状態の粒子が複数存在すれば、その状態はもつれを帯びる。コンピュータ量子チップの実現を目指す過程では(参考文献3)、亜量子（ポスト量子と呼ばれる場合もある）情報場は亜量子世界と既知の物理的発現の間に生じる双方向の関係において自己組織化をおこなうことができるという概念に基づいている(参考文献4)。このことから量子状態には内部感覚が存在する可能性がある。

このような見解はコペンハーゲン学派のそれとはすでに様相を異にしている。この学派は量子状態の存在を認めなかった。言ってみれば、認めたのは実験で用いる（古典物理学的な）測定装置がもたらすデータの存在のみだったのだ。ボーアの有名な発言にはこうある。

「量子世界などというものは存在しない。あるのは量子物理学の抄録記述だけだ」

しかし、既知のものであろうとなかろうと、物理的現実に深い尊敬を表すのは当然のことだ。さもなければ既知のものか否かにかかわらず、実体を成す最も貴重なエッセンス、つまり生命に対してまるっきり敬意を払わなくてもよいことになる。

この自然界のあらゆるもののなかに浸透し、わたしたちと世界をつないでいる生命という紛れもない存在に心を開いていれば、生体組織と複雑な量子状態の間に介在する顕著な類似性を容易に感知することができる。

量子状態は非常に安定した状態である。そこでは摩擦などの古典物理学的な要素によって動的内部活性が阻害されるようなことはない。内部時空構造（時間と空間のなかで自己組織化をおこなう）を保つことによって外部からの擾乱に対して能動的に対応しているのだ。この構造に関する情報が失われることはない。外部からの摂動を受けているにもかかわらず、内部秩序は散逸せず、状態のエントロピーは増大しない。量子状態は知的な方法で自らの世話をしているのだ。量子世界はどうやら有生らしい。わたしたちの物理的現実の根底を成しているのは生命だと考えられる。しかし、科学的な精確さを得るために、まずわたしたちは生命とは何かを知る必要がある。生命をどのように定義したらよいだろうか？ この問題はひとまず棚上げにしよう。この論文が有意義な方向に向かって考察がなされるよい手引きとなることをわたしは願っている。

現代微生物学と認知科学の研究によれば、生物－無生物間の隔たりはもはや見当たらなくなっている。複雑量子系には生まれもった能力として知性が宿っているのだ。一連の系は情報的にコヒーレントであるため、情報理論（人工頭脳工学や認知科学の分野において長らく知られている）がこれらの系を扱う概念として充分に機能する。

この論文では、これらの概念について多少詳しく述べるつもりである。厳密に言えば、量子的自己組織化プロセスの何たるかについて、そしてこれらの系の内部駆動力（生物学用語として生命の躍動と訳された力）となっているもののとは一体何かについては、これまでほとんど語られてこなかった。量子状態の内部に、自己組織化現象の原因となる非常に微細な内部活動が生じていることは間違いない。はじめに、わたしたちは次の疑問について非常に慎重になる必要がある。それは「わたしたちが頭の中に抱いている自己組織化とはどのようなものなのか？」ということだ。プリゴジンの散逸構造（参考文献5）で知られているものか、

付録 D　複雑な量子状態の内部で起きる自己組織化

あるいはマトゥラーナが唱えた自己創出構造だろうか？（参考文献6）だとすれば、量子自己組織化プロセスの駆動力の存在は、完全体系内部における初期秩序の構築ていない。これは「生命をもたない」物質の場合でも同様だ。現代物理学理論は、観測される系が熱力学的平衡からかけ離れている場合はいかなるものをもってしても第2法則の妥当性は証明できないことをすでに認めている（参考文献7）。高度に組織化された量子状態の負のエントロピー（が熱力学的平衡からどれだけ程遠いものなのか）をいかに規定すればよいかをわたしたちはまだ知らないのだ。

序はこれらの系が最初から熱力学的平衡状態と隔たりがある場合のみ築かれる。このような系が単独で取り組まれている（周囲から隔絶されている）となると、秩序の源（負のエントロピー）が最終的に減少して、それに伴って内部自己組織化も減退してしまうのだ。

わたしはコヒーレントな複雑量子系がこの種の自己組織化にあたるとは思わない。想像もつかないほどの広範囲な量子発現を絶えずもたらす秩序（負のエントロピー）の保存現象（熱力学的貯蔵）が消耗することなく半永久的に持続し、いまも人間の目を欺いているとは考えられないからだ。量子物理学の法則はわたしたちが今日理解しようと取り組んでいる最も基本的な法則のひとつである。もし可能であれば、その法則は複雑な前提（隠れた秩序の貯蔵等）を抜きにして説明することが望ましい。

しかし、もし可能だとしても、自己組織化現象は熱力学の第2法則（エントロピー増大の法則）に従っていない場合のみ可能となる。同様の解答を提示する著作物は多い。しかし、このような大胆な可能性は持続するのだろうか？第2法則は量子粒子レベルで微視的に開始されるが、複合量子粒子のなかには、複雑性に乏しい無生物のみを扱うべく定式化された法則に従うにはすでに才知に走りすぎたものが存在する。実際のところ、非線形力学を扱う現代カオ

ス理論（数学者のコルモゴロフ、アーノルド、モーザーらが展開した）では第2法則に対する確固たる裏づけは得られ負のエントロピーは情報と直接的な関係にある（参考文献8）。したがってわたしたちには複雑な量子状態に宿る微細な情報について理解する必要がある（参考文献1）。情報の概念はエネルギーの基本概念の範疇を超えて、ハミルトニアン寄りの新たな解釈の発見がなされる可能性すらある。果たして、量子状態を内部情報接続性の観点から理解（そしてさらには定義づけまでも）することは可能だろうか？

情報構造が量子状態の特徴であるならば、どのレベルをわたしたちは探せばいいのだろうか？おそらく、通常の時空間形態で表すことはできないだろう。相当に並外れた時間状態が存在するレベルだろう。これは量子もつれ状態が瞬間的に相互接続をおこなうことから見ても明らかである（参考文献9）。となると、わたしたちのタスクはかなり難解なものになり、数学的な作業ツールが準備できるまでに時間がかかるだろう。

この種の情報に適切な定義づけを施すことは、現代量子解釈にとってのボトルネックとなっている。これはいわばふたつの概念の間をつなぐミッシングリンクなのだ。そのふたつとはつまり量子状態の概念と意識的存在の概念である。そこで、「情報」という言葉の意味を検証することにしよう。

ラテン語、そして英語でもこの言葉のもつ意味は明白である。in form ――つまり、形の中に隠れたもの、あるいは形によって表すことができるものという意味だ。しかし、わたしの母国語のスロベニア語で（スラブ語族に属する）これにあたる言葉はじつに興味深い。その名を「vest」という。能動的情報（生きている存在から別の生きている存在へと運ばれる情報）を意味しているのだが、良心という意味も併せもっている。意識を意味するのが「zavest」であり、これは良心の背後にあるものを指す。つまり、文字どおりに言えば「vest」は情報（意識の世界における受動的な情報）がしっかりと伝達されて（これはすでに能動的なプロセスになっている）、情報を提供する側と受け取る側の間に生命をもたらすような理解が広がるように見張っている番人のようなものと言える。このように、わたしの母国語において能動的な情報はすでに倫理的に正しい姿勢を含んでいるが、この姿勢があって初めて情報は相互理解をもたらすとともに全体を成しているさまざまな要素をつなぐことができるようになるのだ。不思議なことに、スロベニア語で「ves」は「すべての、完全な」を、「vez」は「つながり、結びつき」を意味する。ここで、文字の順番をちょっと入れ替える。「svet」は「世界」と同時に「聖なる、神聖な」を意味する言葉だ。したがって、「vest」は世界全体を完全かつ神聖なものに保つ生きたつながりのことなのだ(参考文献10)。これは生命をもたらすという意味合いにおいて倫理的態度に重きが置かれている点で、能動的情報にも通じるものがある。したがって、わたしたちが拡大した生命の理解（上記で説明した）に対する態度だけではなく、量子状態のような物理的現実に対して生命を支えるような倫理的態度を法則化することも難しくはないだろう。

わたしはあえて能動的な情報ではなくスロベニア語の「vest」を用いることにする。精確な意味に沿うことこそが適切な理解へとつながる鍵になると信じるからだ。

実用的な新表現を他にもご紹介しよう。ここからは、厳密な意味で熱力学の第2法則に従わない一連の現象を表す描写として蘇生性現象という表現を用いることにする。蘇生的プロセスは閉鎖系と孤立系の総エントロピーを減少させることができる。これらの現象が紛れもなく存在する可能性を現代の科学者が認めることはまずなく（理論物理学への関与の可能性となればなおのこと）、認めたとしてもそれは曖昧模糊とした描写がなされる。しかしながら、この数年、この概念は急速な転換期を迎えている(参考文献11)。そのため、次に述べることは細心の注意を払うべき重要なポイントであるとわたしは考えている。つまり、複雑量子

系の内部で生じる自己組織化プロセスを理解するには、蘇生性現象に関する一定の知識を得ることが不可欠である、ということだ。

これらの現象には新たな名称を与えるのがふさわしい。というのも、これらが公式に確認されている既知の自己組織化現象から比べてもかなり異色な現象だからだ。蘇生（つまり負のエントロピー）という用語は、生体細胞内での自己組織化プロセスに関連してA・セントジョルジがはじめて発表した（参考文献12）。この表現（最初に生物学に導入された）を一種の物理的現象を説明するために用いるとなると、新たな意味を獲得する可能性がある。

2 蘇生性の条件

蘇生性現象について説明する。ここからはいわゆる蘇生性条件、つまり自己組織的蘇生性プロセスの発生を促し、その明らかな背景となっているものを紹介する。蘇生性条件には全部で5つある。これから見ていくように、これらの5つの条件は時空における情報構造の挙動に基づいている。考察を証拠立てる道のりはじつに長く、難解かつ複雑なものになる。ここではそれをきわめて単純化して説明しようと思う。なぜなら、先に問題のおおよそのイメージをつかまなければ、細部に足を踏み入れることは誰にもかなわないからだ。まずは蘇生性現象について直観的なイマジネーションを展開させる必要がある。より多く知ることで初めて物事は一般化することができる。蘇生性条件は次の5つ。

1 物質粒子（例：電子）に対する磁場の影響力
2 空間性配向：構造あるいは物質粒子の量子状態が少なくとも対掌構造の一周期はコヒーレントである
3 時間性配向：磁場振動の時間的対称性の破れ
4 量子コヒーレンス：物質あるいは磁場の対掌（擬スカラー、らせん状）構造
5 調整：量子振動の周波数と磁気周波数の一致（あるいはこれらの複数の周波数どうしの一致）

これをまとめると、空間構造に関する条件がふたつ、時間構造に関する条件がふたつで、そのすべてが磁場と明確に関連している。空間構造、時間構造は配向され、同期していなければならない。ちなみに、一連の用語の解説は巻末に掲載している。

まずは考察の範囲を特定の現象、蘇生性プロセスを網羅しようと考察の範囲を特定の現象、蘇生性電流に限定しよう。この現象は、最も重要な蘇生性プロセスを網羅していると考えられる。この現象を構成している要素はすべて蘇生性の現象ではあるが、このタイプには属さない蘇生性現象も存在するだろう。間もなく確認するように、蘇生性電流の蘇生性条件を示すことの方が他の蘇生性現象の発生条件を示すよりもはるかに容易である。他の蘇生性現象（電流ではない）は同じ法則に従っているので、蘇生性条件は

すべての発生可能性のある蘇生性プロセスに対して一定の価値がある。

次に、蘇生性電流の定義について述べていく。

蘇生性電流について把握するために、熱力学の不可逆的プロセスで知られている種類の電流から取りかかることにする。その電流とは拡散電流、熱流、電流、そしてその他の輸送現象である（参考文献13）。これらの電流は特定の勾配をその発生源としている（それぞれに部分濃度勾配、温度勾配、電位勾配である）。等方性媒質においては、電流はそれらの電流を生む勾配とは逆の方向を目指す。電流が徐々に勾配を減少させる方向に向かって流れていくのはそのためなのだ。こうして問題の系は熱力学的平衡へと向かう。これらの電流はすべて不可逆的であることから、第2法則に従って孤立系の総エントロピーを上昇させる。

ここで、このような現象が時間反転を起こすと仮定しよう。電流の方向は逆転している。勾配は時間とともに増加する。つまり系の内部にあるのは電流と勾配だけで、周囲から切り離されているのだ。しかしエントロピーは減少しつつある。ご存じのようにこの状況を第2法則が許すことはない。

しかしながら、このような珍しい追加条件下でも時間反転は可能なのだ！ こうした（反転後の）電流を蘇生電流と定義すると、この「珍しいの条件」こそが蘇生性電流なのだ。熱力学的不可逆プロセスの電流は蘇生性条件なしに流れているが、蘇生性電流はこの条件を満たさずには流れることができない。したがって、厳密に言えば、蘇生性電流は先に挙げた不可逆電流が時間反転したものではない。蘇生性条件が違いを生んでいるのだ。

蘇生性電流の発生には5つがあり、すべてが同時に満たされれば蘇生性電流の発生が約束される。この5つの条件をひとつずつ検証することにしよう。

この（蘇生性条件について記した）章は読むには難解なので、その点について読者の方々にはお詫びする。まずはこれらの条件の大まかな印象をつかんでから、自然の理論よりも現象論的側面に興味がある方は「3 タンパク質構造における蘇生性現象」へと飛んでいただきたい。

2.1 蘇生性の第1条件 磁場

蘇生性電流が物理系内部で生まれるとしよう。物質を構成する個々の粒子はどのような珍しい物理的影響力を感知し、それによって自己組織化をおこなって自らを蘇生性電流に秩序づけているのだろうか？ 粒子がフロー（流れ）の優先方向の情報を受け取っていることは間違いない。つまり、結果の対称性（ここでは蘇生性電流）は原因の対称性（ここでは蘇生性の条件）と関連しているのだ（参考文献14）。粒子は必ずこの情報を絶えず受信している。なぜなら蘇生性電流をより精確に表記すると vest）を絶えず受信している。なぜなら蘇生性電流をエントロピーを消滅させようとする不可逆的（古典物理学的に言うエントロピーの）プロセスはつねに存在するので、電流が蘇生

付録D 複雑な量子状態の内部で起きる自己組織化

性のものであればvestの源は消耗するはずはない（このような影響力を蘇生性影響力、情報の電流をvest電流としよう）。このような影響力が可能になるのは、情報輸送がエネルギー輸送と直接的につながっていない場合に限られることは明らかだろう。つまり、蘇生性影響力はエネルギーを通じて作用する影響力なのだ。現代物理学ではこのような影響力の存在はずっと見過ごされ、あるいは無視されてさえいた。しかし、蘇生性影響力は確かに存在している。その作用こそが量子状態の内部組織の発生原因となる。どうしたらそれがわかるのか？　ここで、もつれあったふたつの量子粒子を使用した実験をおこなうと仮定しよう。今日、この量子もつれ状態に流れる内部情報は一瞬にして、光をはるかに凌ぐ速度で移動することがわかっている。この情報がエネルギーの束縛を受けるのであれば、エネルギーも光以上の速度で移動するはずである。しかし、エネルギーは質量をもっており、質量が光より速く移動することは不可能である（今日わたしたちが知る限りにおいては）。純粋な情報だけがエネルギーや質量の束縛を受けることなく量子もつれ状態のなかを移動するのだ。

蘇生性影響力は量子粒子に対して外部からも働きかけることができるのだろうか？　わたしたちが蘇生性電流に作用を及ぼして流れる方向を指示することは可能だろうか？　蘇生性電流の発生原因となる巨視的なvest電流について述べることはできるだろうか？　ここで、古典物理学的（巨視的）な視点で蘇生性影響力はの説明を試みるとしよ

う。

保存（ポテンシャル）ベクトル場は許容された蘇生性情報を提供する側（電場あるいは重力場はこの種に属する）ではないことが容易に見て取れる。一方でソレノイド（管状）ベクトル場は許容される（磁場はこの種に属する）。ベクトル場は保存場、あるいはソレノイド場のいずれかに属する（あるいは双方の合成）（参考文献15）。

時間変数的に奇数の磁場も存在するが、他の物理的場の多くは時間的に偶数である。この事実は次のことについても重要な役割を演ずる。蘇生性電流の発生が生じるには、物質粒子に働く蘇生性影響力はは時間的に偶数になる必要があることがわかる（この論拠は物理的作用の時間的対称性に基づいている。つまり、巨視的な観点から見れば、個々の物質粒子の間に生じている相互作用は完全に可逆的なものなのだ）（参考文献16）。

このことから、粒子は異なる種類の配座空間の優先方向にまつわる蘇生的優先情報も受け取ることができない。その例が結晶構造だ（焦電結晶と呼ばれる特定の結晶構造。これは優先方向と配向方向をもっている）（参考文献17）。分子を一方向だけに通過させる微視的な弁（いわゆるナノバルブ）からも受け取ることはできない（参考文献8）。

2・2 蘇生性の第2条件　対掌（キラル）構造

この条件は物理的空間の対称性に基づいている。磁場は軸性ベクトルである一方で、懸案の蘇生性電流は極性ベクトルである。数学的に見て、極性ベクトルと軸性ベクトルの間にはさまざまな結合方法の可能性があるが、第三のベクトルが関与するためにはそれらの可能性をすべて除外する必要がある（物質粒子に蘇生性の影響力を与えうるのは磁場のベクトルだけだからである）。方法はひとつ。擬スカラーと軸性ベクトルの乗算結果は共線極性ベクトルである。空間対称性に照らすと、擬スカラーは3階の交代テンソルである。数学的にテンソルによって表現されるこれらの空間構造の影響力ははは特定の条件下で蘇生的である（例：時間に対して平均化されている場合）。

空間反転を受けると（例：自らを反映させることによって）、擬スカラーはその符号を逆転させる。つまり擬スカラーの性質によって割り当てられた空間構造というものは右巻きと左巻きの形状をもっていて、このような構造は対掌的であるとされる。存在することができるのは3次元空間のみである（2次元は不可）。対掌構造の代表的な例がらせんとネジである（左巻きと右巻きがある）。分子レベルで対掌性と関連するのは光学活性である。アミノ酸および生体分子複合体はすべて対掌構造である。すべての生命体は対掌である。結節も大部分が対掌だ（空間に存在できるものに限り）。対掌性は左巻き、あるいは右巻きの空間配向を受けている。

対掌構造に対する磁場の作用は蘇生性挙動を発生させることができる。そこにはふたつの可能性がある。ひとつ目は磁場そのものが対掌構造をもっている場合。そのとき、磁力線はらせん状を成しているか編み込まれて結節構造を成している。ふたつ目は磁場が物質粒子の対掌構造に働きかけている場合。ここで興味深いのは、（蘇生性）電流を帯びている構造体が対掌であることだ（例：光学活性分子）。

対掌性を研究している最中に、L・パスツールはあることをひらめいた。対掌性は生命と深い関係があるのではないだろうか、というものだった。彼はすべての対掌性分子構造の特徴として「生命の躍動（生命をもたらす力（フォース））」という不思議な性質を紹介した。事実、対掌性は蘇生性自己組織化の条件のひとつである。この性質は生命と実際的に関連しているのである。

2・3 蘇生性の第3条件　時間性配向

この条件は物理的時間の対称性に基づいている。物質粒子に対する磁場の作用の分析結果は以下の特徴を明らかにしている。磁気的現象には本質的な時間性（時間が反転すれば磁場が反転するので磁気モーメント等も反転する）を

付録 D　複雑な量子状態の内部で起きる自己組織化

含有しているものの、それだけには留まらない。磁場そのものが時間に関する情報をもち合わせていないためである。磁場の時間構造全体は蘇生性現象に対してアシンメトリー性が大きいのだ。

この条件は自然な流れとしてわたしたちを時変振動磁場に限定する。しかし、振動の基本的な種類は時間的に対称であることに変わりはない。対称ではない振動は時間的に逆の方向に読み取られて異なる現象を引き起こすのだ。

時間的に配向を受けた振動とそうでないものを弁別する簡単な方法がある。時間 t の影響を受ける磁場を取り、これをオリジナルのコピーを作成し、それを B(-t) としてこのオリジナル B(t) を比較する。次に時間反転が生じているオリジナルのコピーを作成し、それを B(-t) としてこのオリジナル B(t) を比較する。このふたつの映像が逆方向のパターンを示していれば、磁場振動は時間において配向を受けている。それぞれのパターンが、論理的に見て別々の最低でも3件の異なる現象から構成されていればこのふたつのパターンは通常正反対である。より精確に言えば、周期的配向は群論によって検証が可能である。数学的に、この手順は膨大な数の対称群に属する大量の結晶構造から空間的配向を受けた結晶（キラル性）を探すときと似通っているところがある。群論では一周期の振動によって結晶格子の基本単位格子を置換する。一周期は少なくとも3つの現象から成る。

時間的配向を受けた振動は時間を明確に定位させた旋律のようなものだ。同様に西洋の音楽の伝統として、基本的

旋律（現象1）は通常まずクラルタ（現象2）に、つづいてクインタ（現象3）に移行してから基本的旋律へと戻る（現象 1–2–3 の順）、クインタが先に来てクアンタに移る（現象 1–3–2 の順）と旋律の響きが芳しくなくなる。つまり、この条件は磁場振動の音楽的法則のようなものを規定しているのである。「生命の躍動」は対掌性（配向を受けた空間）と時間配向を受けた旋律（配向を受けた時間）から成っている、といったところか。

2・4　蘇生性の第4条件　量子コヒーレンス

物質量子粒子と周囲の場構造との間を相互に流れる vest 電流は情報提供作用の時空対称性に関して興味深い性質をもっている。

古典物理学レベルでは、配向を受けた時間の影響力が粒子（例：電子など）に伝わって経験する現象はエネルギー交換のみであり、それによって情報提供者の源を消耗させる。この影響力は蘇生性ではない（しかし、配向を受けた空間の影響力は蘇生性となりうる）。時間に配向性を授けるはずの論理的に分離可能な一連の現象は、分離が激しいために時間の方向を読み取るにはエネルギー交換を通じるしか方法がない。

この物質は量子レベルでかなり異なった性質がある。配向を受けた時間の影響力は蘇生性を帯びる。これは論理的現象の順序に周期的相互接続性があるためである。（配向を

受けた空間の影響は量子レベルでも蘇生的なものになる。掘り下げて考えると、これはエネルギー交換をおこなわずに時空形状を能動的に交換しているのだ！　無限小エネルギー（実質的なゼロエネルギー）は相当な量の情報を運ぶことができる。これは量子レベルでの能動的情報に対する増幅効果を通じて大型船の移動方向を指示する微弱なレーダー波を増幅させることにたとえることができる（参考文献1）。

一粒の粒子が完全な時空構造（配向を受けている）のvest電流を受けることになっている。この粒子が量子状態において完全にvestを絶えず感知するには、次はこの状態が少なくとも対掌構造の一周期にわたってコヒーレントにある必要がある。

この粒子は時間においても、つまり、少なくとも磁場振動の一周期にわたってコヒーレントである必要がある。しかし、蘇生性の第5条件は周期的同時性について述べているので、量子コヒーレンスの条件が空間において満たされていれば、時間における量子コヒーレンスの条件は自動的に満たされる。

単純な（原始的な）量子状態はごく限られた空間の範囲（例：原子）においてコヒーレントになる。その状態は時空間の配向を受けた複素構造を表すことはできない（少なくとも外側に向けて表すことはできない）。

しかし、過去数十年のなかで、わたしたちは形状的にはるかに複雑で、かつ種類的にも多岐にわたる量子状態に親

しむようになった。そのなかにはタンパク質複合構造体（例：微小管‐生物学的量子コンピュータと呼ぶにふさわしい）や超電導複合構造体の網‐人工量子コンピュータと呼ぶにふさわしい）がある。このような量子状態には時空間において配向を受けたvestを発現させる機能をもっている可能性がある。そうすれば、残りの蘇生性条件も実現することができるはずだ。

2・5　蘇生性の第5条件　調整

時間的配向を受けたvestと量子粒子が発現した挙動の間に能動的結合が起こりえるのは、（物質粒子の）量子振動の周波数が磁場振動の周波数と等しくなっているときである。そうでなければこのふたつには急速に「位相のずれ」が生じる。つまり、同調しなくなることによって相互の量子コヒーレンスを失う。

結合の可能性にはもうひとつある。このふたつの周波数の整数倍が等しい状況になることである。これと同じ状況が音楽の世界でよく知られている。ふたつの異なる音がおよそ同じ高調波（聴覚的には同じ音に聞こえる）を成すのだ。

量子共鳴は量子コヒーレンス状態にある構造体で多く確認されている現象である。量子コヒーレンスが大規模なものになればなるほど、共鳴周波数が増大し、共鳴効果の種類の拡大が顕著になる（参考文献18）。

付録D　複雑な量子状態の内部で起きる自己組織化

この蘇生性の条件に従うためには、アンサンブルで演奏する楽器の周波数をチューニングする音楽家のように磁場周波数を精確に調整する必要がある。蘇生性構造も自己組織的アンサンブルと類似点が存在する。磁場があり、量子粒子があり……、そのすべてが完全に調和していることが求められる。

完全な同調が可能になるには量子振動と磁場振動（正のフィードバック）の間に正の増幅が生じている必要がある。このような現象は非線形現象であるとされている。現代カオス理論の研究成果から、一連の現象が自然界全体において格段に重要な役割を演じていることが徐々に明らかになってきている（参考文献19）。わたしたちは量子が発現するナノレベルの世界においてもその現象と触れ合っているのだ。

正のフィードバックに関連する成分は量子状態構成の問題であり、個々の事例によって異なる（量子粒子の構成、配座等）。可能性の一例は先述した（非放射性の電磁場と対掌の時間配向の構造と荷電粒子[参考文献20]）。

3　タンパク質構造における蘇生性現象

あらゆる物理系（閉鎖系あるいは解放系）は蘇生性システムである。そこでは5つすべての条件が満たされることによって蘇生性現象が発生している。このような性質のうち、世に知られている系を紹介することで、以上に紹介し

た理論が実際にどのように役立つのかがつかめるかと思う。実際のところ、蘇生性構造にはさまざまなものが確実に存在しているのだが（その数は無限ともいえるほどである）特定の例を取り上げる必要がある。

生命体を成している細胞の内部を子細に観察することにしよう。ここならば蘇生系の一種が充分に見つけられるはずだ！

生体細胞のタンパク質構造にはきわめて興味深い電気的現象を示すものが多く存在する。なかには明確な半導体特性（非常に高い移動度を備えた電荷キャリアとともに）や微弱な超電導性のような性質を示す場合もある（参考文献21）。それらの分子内に存在する電荷の大部分に散らばり、子に局所化されるどころか、生体分子の大部分に散らばり、量子コヒーレンスの特徴を示す。これらの非局所的電子状態をQ状態と呼ぶことにする。この状態はタンパク質構造に内在している。

その半導体特性、あるいは超電導性特性によりQ状態は分子に浸透している電場と磁場（まとめてEM場とする）の影響を非常に受けやすい。これらのEM場はどこから生まれるのか？　答えは、大部分がQ状態そのものから生まれているのである。そのためにEM場はQ状態と同じ周波数を示すことがよくある。

タンパク質構造と同様に、Q状態は複雑な空間構造を有している。その構造は宿主タンパク質と同じ空間対称性を備えている。つまり、（タンパク質同様に）対掌構造を成

している。これと同じことがQ状態によって生成されたEM場にも言える。

5つの蘇生性条件のうち、少なくとも4つがQ状態において満たされる。

1 Q状態の電荷は磁場から大きな影響を受ける
2 Q状態は対掌系である
 a Q状態は対掌構造の大部分においてコヒーレントである
3 磁場の周波数はQ状態の周波数と同じである

5つのうちのもうひとつの蘇生性条件の存在はあまり知られていない（第3条件）。磁束振動は時間において配向を受けるのだろうか？ Q状態が時間において配向を受けていればEM構造も時間的配向を受ける。一見すると、時間的配向性は原始的量子状態の特徴（大規模な量子コヒーレンスを示す）には思えないが、この時間的配向性はすでに特定の素粒子（例：中間子K₂₀）に存在していることが証明されている。つまり、この性質はまぎれもなく多くの複合超電導系をはじめとするさまざまなコヒーレント量子状態に見出すことが期待できる。ここでは詳細に立ち入ることはしないが（するとなれば山ほどの数式が必要になる！）、Q状態は空間と同じように時間に配向を受けることは間違いない。

ここで懸案のタンパク質構造のなかでも特異な例、つま

り微小管に注目することにしよう。これらの微小な環状構造はその構成単位をらせん状に配置し、じつに精巧な対掌構造を成している。微小管の内部は純水で満たされたような見かけをしている (参考文献2)。

マイクロ波の電磁放射はこの構造内部に捕捉されると見て間違いない (参考文献22)。このEM場は高度に秩序化されているはずである。つまりこの緻密な内部構造は必ずしも散逸しない (参考文献20)。純水は実質的に減衰することなく電磁放射線を帯びている。これらのQ状態は特異な電磁的特性を示す。コヒーレント量子状態は水のダイポール構造によって生成されていると考えられる (参考文献11)。微小管の内壁に付着している水分子の薄い層のなかではQ状態は対掌性を帯びている。しかし、Q状態は水だけではなく微小管構造の内部に深く入り込んでいる。Q状態はa-チューブリンとb-チューブリンの間にある例の興味深い電子とつながっている。それを通じて電磁場とQ状態は生体内の生体分子がおこなう操作に作用することができる。

そのため微小管周辺で生じる生物学的プロセスはQ状態と微小管内部の電磁放射の双方に流れに大きな影響を受ける。しかし、この放射は微小管の全長にわたって移動もおこなっている。その結果として、生体細胞に流れる vest は完全なコヒーレントになる。生体細胞は量子情報ネットワークを提供するコヒーレント量子状態が織り合わされてできているのだ。

微小管において蘇生性条件のすべてが満たされている

付録D　複雑な量子状態の内部で起きる自己組織化

と、蘇生的自己組織現象が生命体の細胞内で開始される。導入部で強調したとおり、この自己組織現象はプリゴジンの唱えた散逸構造やマトゥラーナのオートポイエーシス的構造とは大きく異なる。また、熱力学の第2法則を忌避するかもしれない。物理的孤立系の総エントロピーは古典的な不可逆的プロセスとは正反対に経時的に減少する可能性がある。この状況はあらゆる物事にまったく新しい見方を提供するので、法則と現象の差異を過小評価することはできない。

一連の事実をさらに詳しく見ていくことにしよう。細胞分裂（有糸分裂）を間近に控えた生体細胞を例にとることにする。この細胞を微小な箱に封入することにする。箱が壁で覆われていることで外部とのエネルギーや物質のやりとりは生じないものとする。したがって、細胞は孤立している。外部とは熱交換もおこなわれない。

ここで有糸分裂が発生する。細胞分裂がおこなわれている間、微小管が重大な役割を果たす。例を挙げると、微小管が遺伝子を引き裂いて、それが新たなふたつの核を成す。最終的にひとつだった細胞はふたつになっている。これらの細胞が同一の細胞になるとはふたつとは限らない。胎生初期のように分化が生じることもありうる。

つづいて、新たな系（2個の細胞）はもともとの系（1個の細胞）以上に構造化される。この系のエントロピーはもともとのものよりも小さいだろうか？　答えはそう単純なものではない。複雑な構造化を遂げた系がエントロピーを増大させる例は数多く存在する。過飽和状態の液体における結晶成長がその例である。このような結晶成長ボックスのなかでも生じると仮定しよう。過飽和状態の液体で生じる結晶成長は古典的な不可逆過程である。結晶成長の最後には系全体のエントロピーは成長の当初よりも増大している。

しかし、生物学的プロセスは単純な結晶成長とはかなり異なる。重大な相違はタンパク質フォールディング（訳注：たんぱく質がある立体構造に折りたたまれる現象）がエネルギー変化のみに支配されているわけではないということだ。安定したタンパク質構造と不安定なタンパク質構造は実質的に同じエネルギーレベルにあると考えられる（参考文献23）。一方の構造が安定でもう一方が不安定になる理由や、タンパク質フォールディングが生物学的に不活性なものではなく、活性の対立配座にすぐさま活用される理由（熱力学的見地から見ると、双方にまったく同等に活用される）はいまだに判明していない。これは単なる結晶成長とはかけ離れた現象である。生命体の内部構造の発達がエネルギー交換という犠牲を費やすことで生じているのは明らかで、冒頭で述べたように蘇生性量子状態においてvestが発現したことによるものであると考えられる。

微細なエネルギー交換の測定（化学エネルギーの変化や微細な熱輸送等）を細心の注意を払っておこなえば、有糸分裂のプロセスも従来の熱力学的法則に従っているか否かがわかるだろう。しかしながら、このような実験からは従

来得られたような結果はほとんど期待できない。生命過程はひとときも休むことなくみごとなまでの自発的秩序を発現させていく。この秩序が従来の散逸構造に基づいて発達している可能性はごく限定的なものとみて間違いない。一連の生物学的プロセスのもつ微細なレベルは、蘇生性現象によって導かれていると考えられる。

参考文献

1. D.Bohm, B.J.Hiley, The Undivided Universe (Routledge,1993)
2. ロジャー・ペンローズ『心の影〈1〉意識をめぐる未知の科学を探る』林一訳、みすず書房、2001年。
3. R・タートン『量子ドットへの誘い――マイクロエレクトロニクスの未来へ』川村清監訳、福山裕之、山賀正人、大坪一彦訳、シュプリンガー・フェアラーク東京、1998年。
4. J.Sarfatti,Beyond the Quantum (http://www.hia.com/hia/pcr/vigier/pqmi.html)
5. I・プリゴジン、I・スタンジェール『混沌からの秩序』伏見康治、伏見譲、松枝秀明訳、みすず書房、1987年。
6. H・R・マトゥラーナ、F・J・バレラ『オートポイエーシス――生命とは何か』河本英夫訳、国文社、1991年。
7. J.Ford,What is chaos, that we should be mindful of it? (included in: The New Physics,ed.P.Davies,Cambridge Un.Press,1989, pp.348ff)
8. ノーバート・ウィーナー『サイバネティックス――動物と機械における制御と通信』池原止戈夫、彌永昌吉、室賀三郎、戸田巌訳、岩波書店、2011年。
9. A.Aspect, P.Grangier, G.Roger, Experimental realization of Einstein-Podolsky-Rosen-Bohm *Gedankenexperiment*: A new violation of Bell's in equalities,Phys Rev.Lett.48(1982)91-4
10. J.Rozic, private communication. I hope that he soon publishes his very interesting observations.
11. M.Jibu, K.Yasue: Quantum Brain Dynamics and Consciousness (John Benjamins, Amsterdam1995)
12. A.Szent-Gyorgy, his works on catabolic processes
13. S.R.deGroot, Thermodynamics of Irreversible Processes (North Holland,1963)
14. フォン・ノイマンの仮定として有名。
15. I・N・ブロンシュテイン、K・A・セメンジャーエフ『基礎数学ハンドブック』宮本敏雄、松田信行訳編、森北出版、1995年。
16. Lars.Onsager 詳細釣合に関する有名な論証。
17. J.F.Nye, Physical Properties of Crystals,Oxford1957
18. An interesting example is in:S.Shapiro, Phys.Ref.Lett.11(1963)80.
19. J.Gleick:Chaos, Penguin books1987
20. A.Detela, Biopolje:Reprezentacija z informacijsko in evolucijsko komponento, Zbornik Tretji slovenski forum kognitivnih znanosti, 1997.Reprinted in this book, just as also a short English version:Biofield (informational and evolutionary component).
21. F.W.Cope, Phys.Chemistry&Physics10 (1978) 233, 11 (1979) 65,1 (1981) 99, 467
22. I.Jerman,Osnove spoznavanja v luci nove biologje, Casopis za kritko znanosti 176(1995)p.141ff
23. R.Rosen,Some epistemological issues in physics and biology (in:Quantum Implications, Routledge1987).(Prepared for the 4th Sloveneconference on cognitive sciences, autumn 1988)

用語集　用語の定義と補足事項

DNA Deoxyribonucleic Acid（デオキシリボ核酸）‥生体の遺伝子素材と遺伝因子物質を保有している細胞内有機素材として周知されている。らせん状の構造体で、バイオフィールド内に存在する類似の同等物との通信が可能である。DNAは光と相互作用の関係にあり、フォトン（光の量子）由来のエネルギー保存とバイオフォトン放出の双方をおこなっている。これまでの研究によって、氣（人から発せられる宇宙エネルギー）の放出、音声（人の声や音楽）、音声調光波（レーザー）、電波信号（携帯電話の周波数〔好ましくない意味で〕）、意識的意図と感情（emotion, Energy in Motion：動くエネルギー）はDNAの性質と機能を変更修正できることが立証されている。DNAには固有周波数、あるいは共鳴周波数がある。その周波数と同期させることで生来的な機能（例：情報交換を引き起こす）を刺激、覚醒させることができる。ふさわしいコードを弾いてあげればDNAは必ず歌い返してくれる。これらの周波数は特定の幾何学的形状のパターンと関連している。一般化して言えば、DNAは現在、時空の内外に存在している多種多様な「宇宙場」の情報フォームを解読翻訳するためのリンクであるとみなされている（例として、形態形成場、バイオフィールド、微細な場、小宇宙等が初期場を変化させると物理的現実が変化する）。このことによって、DNAは通常の3次元世界と目には見えない世界をつなぐ超空間的な架け橋になっている。

光のやりとりにおいては、DNA独特の宇宙的言語、つまり光でできた言語が細胞の内外で活躍していると見られる。したがって、DNAは外部情報を意味のある内部目的に変換あるいは解読する「内部アルファベット」（記号コード）を有しているのである。DNAは超電導体（抵抗を受けないフロー〔流れあるいは流量〕）であると考えられている。つまり、本質的に光を可能にする

流し、「電気」の源を供給しているのだ。この性質は細胞内に存在している特定の天然原子元素（単原子元素オームス：超電導参照）の働きによる増大が可能であり、そして機能低下を招く外来物質や「有害」物質を細胞から排除することで最大化することができる。DNAのうち、活発に活動しているのが確認されているのはわずか5パーセントにすぎない。残りの95パーセントは脳の進化的ハイパー機能、そして人が発揮する超常的な能力と関連している。DNAの幾何学的形状は、地球全体を覆っている超空間のエネルギー場の幾何学的形状と、さまざまな電磁場、そして超空間的な場と共鳴するように一致している。この場合、DNA、人類のエネルギー場、そして地球の間には情報のやりとり、すなわちコミュニケーションが存在しているのである。これらの現象を、光と音声と幾何学的形状の間に結ばれている調和的関係と考えてみよう。全体のどの側面に手を加えても、全体に作用することになる。人類のエネルギー場との相互作用は全体を、そして各部分を修正する手段なのだ！

EMF ::電磁場参照。

EMFバランシング・テクニック® EMF Balancing Technique®：人どうしがつながることを通じて（個人の）ユニバーサル・カリブレーション・ラティス（UCL）に共鳴的同調を引き起こすプロセス。ペギー・フェニックス・ドゥブロが考案、開発した。霊性と生体の統合を促す新しいエネルギーシステム。

RNA（リボ核酸） Ribonucleic Acid：DNAと同様に、線形のヌクレオチド。通常はリボヌクレオチドの単条ポリマーであ

り、ヌクレオチドはおのおのリン酸基、窒素塩基と合併して糖鎖リボースを含有している。例としてはアデニン、グアニン、シトシン、ウラシル。RNAはすべての生体細胞に存在する。DNAから受信する指示に沿ってタンパク質合成に必要な情報をコード化している。

UCL：ユニバーサル・カリブレーション・ラティス参照

アインシュタイン・ローゼン・ブリッジ Einstein-Rosen Bridge：両端がトランペット型をした筒のような形状が特徴的な空間内の領域、もしくはトンネル。現実のある領域を別の領域へとつないでいる。これらの領域は特定の次元世界、あるいは時空における地点である可能性がある。チャクラはアインシュタイン・ローゼン・ブリッジとみなすことができる。アインシュタイン・ローゼン・ブリッジは微視的スケール、巨視的スケールの双方で存在している可能性がある（ワームホールも参照のこと）。

アスペ実験 Aspect Experiment：1982年にアラン・アスペがおこなった物理学の画期的実験。非局所的につながった状態の2個のフォトンが互いから離れていく様子を示した。この実験は量子非局所性を立証した。ニコラ・ギシンらは近年、ジュネーヴ大学で同様の実験をくりかえしおこない、アスペのときよりも大きな分離距離が観測されるという劇的な結果が示された。出た結論は、検知機を宇宙の端と端まで離して設置したとしても、結果は同じになるだろうというものだった！ これらの実験により、非局所性は小宇宙の特性であることが示され、その正当性が立証された。

用語集　用語の定義と補足事項

アハラノフ-ボーム効果 Aharanov-Bohm Effect：電磁場がなくとも基本量となる電磁ポテンシャルが示す量子力学的効果。電磁場は超空間ポテンシャルから生じる。ポテンシャルとは、わたしたちを超空間、真空、および微細な領域へとつないでいるスカラー的、超空間的、高次の実体。

アラン・アスペ Alan Aspect：アスペ実験を参照のこと。

位相関係 Phase Relationship：波が他の波に対してもっている周期関係の度合い。2つの波の間にある位相角の差異の度合い。また、数学的見地から見れば超空間の副軸となる1つの波の4倍の強度をもった波を生み出す。同相の2つの波は元となる1つの波の9倍の強度をもった波を新たに生み出す……といった関係にあるのだ！

意図 Intent：意図は超物理的（メタフィジカル）な力、測定可能な通常の物理学を超えた力であると考えられる。意図はわたしたちの現実を組織形成している「情報」の場と作用を働いて、パターンの創造、形成、変更修正をおこなっている。

意図性 Intentionality：わたしたちは「霊的な」レベルで願望発信を開始するプロセスとしての応用的な意図性を説明するうえでティラーの視点を採用している。霊的エネルギーを帯びた願望は、連続する振動面の中にパターンを生み出すことで一連の作用を物理的なレベルに物質化させる。個人はプロセスにおける能動的なプレイヤーであり、最終結果の観察者・参加者となる。

癒し Healing：ひとつになること。元の完全性を回復すること。振動を調和させること。自分の存在の中に広がる分離状態と恐怖を取り除くこと。

エネルギー Energy：物理学者たちはエネルギーに関する豊富な知識を備えている。エネルギーの真の姿はいまだに謎の部分が多い。エネルギーとはつまるところ、純粋なポテンシャルのこととなのか？ 思考的にはエネルギーが必要になる。エネルギーとは意識がさまざまな形となって表されたものなのだろうか？ 概して言えば、エネルギーは『仕事をする能力』と考えられる。作用の原理が発見したものであると理解されている。作用はエネルギーの時間倍（つまりエネルギー×時間）であり、作用はフォトンと物質の相互作用を介して行われる（光とフォトン参照）。

エネルギー体の事前準備 Energetic Body Preparation：EMFバランシング・テクニック®を実践する際の事前準備。プラクティショナーが一連の動作と意図を提供すると、UCL全体で壮大なエネルギー循環が始まる。プラクティショナーは施術時の動作によって共鳴状態を構築し、クライアントはそれに対して電磁レベルで反応する。エネルギーがUCL全体を自由に流れるようになると、プラクティショナーはそのときのクライアントに適したフェーズ（段階）をおこなって残りのセッションを進めていく。

エネルギー流束（フラックス） Energy Flux：規定単位面積を何らかの形式のエネルギーがいずれかの方向に転移すること。この定義は次元通信やエネルギー輸送、エネルギー変換とも関連してくる。

遠隔作用 Action At A Distance：「遠隔の源・原因」と「局

所的3次元空間システムで生じる作用が引き起こす局所効果」の因果関係。3次元空間では局所的原因は存在も検知もされない。

エントロピー Entropy：無秩序や無作為性、あるいはシステム内に収容している情報量減少の尺度。一般的にはシステム内で徐々に減少していく概念と関係がある。これまでの背景として、システム内ではエントロピーはつねに増大を続け、不可逆的であるとする時代が長く続いていた。近年になってこの概念が誤りであることが証明された。逆エントロピー、あるいは蘇生性（ネゲントロピー）現象は電子の集合から生物複合系まで、知的状態のなかに明確に示されている。

外在秩序 Explicate Order：物理学者の故デヴィッド・ボーム博士が目に見える外部世界の性質に用いた用語。外部宇宙は内在秩序の全体性と結合性から現れている。外在秩序は内在秩序と恒常的なやりとりと相互作用をおこなっている。ボームは全体運動という用語を用いて内在秩序の内側から姿を表してくるプロセスを説明した。外部宇宙は内在秩序の特徴である全体性と結合性から現れる。このことから、全体性と結合性は外在秩序の、あるいは外部宇宙に本来備わっている性質であることがわかる。

開始 Inception：発火を参照のこと。

開放系 Open System：外部環境と通信をおこなうシステム。エネルギー、物質、あるいはその双方をシステムと環境の間でやりとりしている場合がある。

仮想光子流束_{フラックス} Virtual Photon Flux：電磁現象のために、真空は仮想フォトンの流束あるいはフロー（流れあるいは流量）である。

仮想状態 Virtual State：最小規模の量子変化を超越して観測不可能かつ検知不可能な変化で構成される現実の一部。個々の観測可能な出来事の隠れた現実レベルとしてはいない。仮想状態は複数の内部的な、入れ子式の隠れた現実レベルをより微細な高次元世界である。思考は仮想の出来事である。粒子が帯びている電荷は電荷どうしあるいは仮想粒子とのやりとりにおける仮想の現象によって引き起こされている。

仮想粒子 Virtual Particles：真空から一時的に出現あるいは噴出してすぐさま消滅する現象のため、観測不可能。しかしながら、仮想粒子は質量あるいは電荷と相互作用を働いて実際の観測可能効果を生み出す。

調整・強化_{カリブレーション} Calibration：最低値、あるいは値を確立し、システム内に対称性を築き、中心軸に合わせてエネルギーのすべての側面の間にキックの、微細の、そして霊的エネルギーのすべての側面の間に調和的関係と同調化する。各センター内で特定のパターンが安定化する。調和的対称性が確立されると、潜在的、あるいは未発達なポテンシャルを活性化するセンターに合わせて内部調整が生じる。これはいわば「開花」のプロセスである。カリブレーションの目中は、メンタル的、感情的、サイブレーションの目的は全存在的な意識の軸に沿った同調状態を探

用語集　用語の定義と補足事項

求、確立することにある。認識の成長拡大と生命体内において霊的ポテンシャルを融合するプロセス。安定し、バランスの取れた状態を獲得することがカリブレーションの各プロセスにおいて必要になる。わたしたちは全存在を成している意識的主軸との整合性と調和の度合い、そして同期性を増大させる心‐肉体システムの流れとつながっている。必要な「チューニング」が完了して関連するパターンの間に調和が確立されたことを意味し、その後に当然の帰結としてバランスが生まれる。

干渉計　Interferometer：内部で波を二本の光線に分け、別々の経路を移動させたのちに再結合させて干渉縞を生成する装置。

干渉縞　Interference Pattern：異なる起源をもつ複数の波が撚り合わさり、折り重なって独特のパターンを形成する。このパターンは波どうしの重ね合わせの影響から場所によって補強作用や相殺作用を働く。干渉縞は仮想的現実世界の多重層から降ろされてきた新たな形状や幾何学的形状を生み出す。

氣　Chi：流れているポテンシャルの生命エネルギー。文化的背景によって呼称が異なる。例としてはオルゴン（ドイツ）、プラーナ（インド）、バイオエネルギー、マナ、ライフフォース、オキ（米国・ヒューロン）、ントゥ（アフリカ中部、南部・バンツー族）、オレンダ（イロコイインディアン・北米）、バイオマグネティズム、サトゥルエナジー、スィラ（イヌイット族）、タネ（米国・ハワイ）、アンク（古代エジプト）、ワカン（米国・ラコタ族）、トン（米国・ダコタ族）、マニトゥ（米国・アルゴンキン族）等。

氣功　Chi Kung（発音はチーグン、あるいはキゴン）：人間のエネルギーフロー（流れあるいは流量）を扱うテクニックで構成されている。氣功テクニックを活用するうえで、人体に点在するチャクラと経絡、そしてエネルギー場を扱う。中国医学の見方では、病気の多くはエネルギーフローの導管に閉塞が起こることで生じるとされている（太極拳も参照のこと）。

共生（関係）、共益関係　Symbiosis：集団を構成する各成分に相互に益する関係のこと。

共鳴＊　Resonance：同調、共振している状態、ひとつになって振動している状態。情報交換（通信）の発生を可能にする類似の特徴性質から成る2つの実体またはシステムの間に存在している状態。パターンと形状に関連した自然的リズム、振動、あるいは周期数。外部の周期的影響の周波がシステムが本来もつ自由振動と同一で、あるシステムに作用するとき、振動の振幅は大きくなる。このときシステムは共鳴状態にあるとされている。共鳴状態にあるとき情報（形を与える）あるいはエネルギーのやりとりが発生する。諸システムは共鳴的性質への同調が可能で、その際には振動や残響現象が系内で発生する。物質はスカラー共鳴、あるいは定常波の共鳴周波数を発現したものである。システムに適した「環」が存在して特定の共鳴周波数を生起すれば、系はそれを反映した歌を歌い返すはずである。その歌はシステム構造体にあらかじめ固定された情報を授けてくれる。共鳴に関する考察は共鳴の概念と引き合わせてくれる。その概念は同じ周波数で振動している外部システムのエネルギーによって、システムを共鳴周波数で駆動することに有意な関連がある。そしてシステムどうしが互いに共振という形で同調していれば、片方の動が発生する。

システムで生起するエネルギーパターンは第2のシステムにも同様のパターンを引き起こす。システム間の同調、あるいは共鳴の度合いが高まるほどに、このプロセス発生の機能が高まる。2つのシステム間の同期は倍音列による和音が存在することを意味している。システム間の完全な共鳴、あるいは調和の発生は、基本周波数の一致のみに懸かっているわけではない。一致は倍音、部分倍音を含めた振動性成分のあらゆるレベルにおいて果たされなければならない。この状況が発生すると、システム全体は抵抗と不協和音が最小の状態から円滑に機能するようになり、最終的には抵抗フリーの回路とシステムを生み出す。これらのシステムは最大の効率と性能を備えている。物体どうし、あるいはシステムどうしに共鳴状態が構築されることでシステム間に定常波を生成する。

共鳴 Sympathy：別のシステムと同期している、調和している状態。調和参照。

*訳注：「共鳴」について
混乱を避けるためにできる限り別々の訳語を当てましたが、各語が登場する文脈から自然と判断し、可能性を探りましたが、sympathyのいずれも「共鳴」と訳される語であるのに対し、resonanceとsympathyのいずれも「共鳴」と訳される語であるのに対し、resonanceを区別するためにあえて二つを区別するためにあえて二つの訳語を当てました。ここであえて二つを区別するならば、sympathyは音について物理学的見地から言及した際にのみ「共鳴」、電気工学分野における回路の共鳴や、化学分野における共有結合といった広汎な分野に登場する「共鳴」を表す際に使用される語と言えます。

共鳴振動 Sympathetic Vibration：外部システムの応用エネルギーによってシステムを共鳴周波数で振動することに関連する。外部システムは同じ周波数で振動している。エネルギー移動は共振の形となって生じる。

局所性 Locality：物体や生物の間で通信は、時空を通じて伝搬する場や信号のメカニズムを介して生じているとする概念。伝搬は光速の制限に従っている。局所的相互作用は観測可能あるいは測定可能な痕跡、または信号を3次元空間に残す。

ギンゲルク・ジルベルバウム実験 Gingerg-Zylberbaum Experiment：メキシコ人の神経生理学者ギンゲルク・ジルベルバウムの間で行われた画期的な実験。心-脳システムが備えている人対人のつながりにおける非局所性を証明した。実験のなかで、ふたりの被験者が非局所的な通信状態にあったことが脳波パターンの変遷から立証された。この変遷は被験者の間に電磁放射や信号を遮断するファラデー箱（ファラデー箱参照）に入れられての実験結果は、非局所的なつながりは超空間を通じて生じる超空間での相互作用がファラデー箱では遮断できないことを示した。

形態形成場＆形態場 Morphogenetic & Morphic Field：発生生物学者たちの間で広く支持されている概念で、形状あるいはパターンから成る場が組織立った生命プロセスのためのメカニズムを指揮しているとするもの。主要な要素は場そのものである。物理的形状を現実に存在させるために必要なブループリントやパターンを相互につないでいる。この場はエネルギーと物質を相互につないでいる。結晶成長も分子構造も形態場の指揮を受けている。この場の概念はルパート・シェルドレイクの研究に

用語集　用語の定義と補足事項

よって広く世に広まった。この場は時空間の概念の外側に存在している。つまり、超空間的な構造なのだ。この場が宿っている情報は、時間の外側で、そして時間の制約を超えて生物の生命プロセスに活用することができる。形態共鳴によって場の構造内の情報は現在のすべての有機体の作用因子になる。形態場は原子から星雲まで、存在のすべてのレベルに存在しているのだ！　以上のように、物理的現実に対しては層状、あるいはらせん状の構造が存在している。

結晶構造　Crystalline Structures：秩序化もしくは配列を受けることで格子構造を作る幾何学的形状。幾何学的形状にはさまざまな形を帯びる場合がある。原則的な形状には4面体、8面体、20面体、12面体がある。原始的な海洋生物の多くは純粋な幾何学的形状を成している。ウイルスは幾何学的形状であり、撃退（疾患の除去）に用いられる光波形形状と類縁的形状を備えている。人のエネルギー場は多数の結晶構造から構成され、格子状を成している。一定の幾何学的形状は人の意識と直接的なつながりがあると言われている。意識のレベルによって形成されるのが代替コンフィギュレーション（立体配置）なのか、進化的な幾何学的形状なのかが変わってくる。結晶性（結晶のもつ意味）の範囲は外的形状へと発達を遂げる。結晶は幾何学的な形状を取りながら完成形、内在秩序、色合い、発光、蛍光発光、リン光から、圧電性や焦電気、磁気といった電気的性質にまで及んでいる。

現実　Reality：（1）宇宙がもっているあらゆる包括的な、局所的、非局所的双方の側面。（2）信念構造、共同創造した事象、物体と実体に基づいて個人が維持している合成図のこと。

高調波　Harmonic：簡潔に言えば、高調波は基本周波数の整数倍と定義することができる。音楽の世界では倍音と呼ばれている。楽器を演奏し歌を歌う際には、倍音の組み合わせによって特定の楽器あるいは声の区別や味わいが生み出されている。基本周波数、あるいは基礎周波数は定常波共鳴を維持する。理論上は基本周波数に関連した高調波は無限に存在する。形状の点から見ると、特定の形状は他の幾何学的形状に対して調和的な関係にある。高調波の周波数は重畳する、あるいは積み重なって新たな幾何学的形状を形成することができる。高調波は原子から惑星系まであらゆる領域に存在している。個々人の振動のなかにその人にしかない組み合わせの倍音や和音が響いていると仮定すれば、人はみなその人だけの音をもっていると言えるのである。

極超音速波　Hypersonic Waves：超空間の音波。

コヒーレンス　Coherence：ふたつの別個の波動、パターン、あるいはシステムの間で位相関係が一貫した、あるいは一定に揃った状態。コヒーレンスによって干渉作用を働く情報の輸送と信号の振幅を発生させることができる。

サイコキネシス（念力）　Psychokinesis：ベアデンが説明したとおり、左右の両大脳半球から放たれるスカラー波パターンの作用。この作用はスカラー干渉計と似た働きを示す。

紫外線　Ultraviolet Radiation：電磁スペクトルの目に見えない紫外線放射と関連している。380ナノメーター（紫の帯域境界）から4ナノメーター（X線の帯域境界）の間の波長にある不可視線。

時間　Time

相対性理論では時間は4番目の次元にあたる。時間を物質に対する方向であると捉えてみよう。時間を「周波数」とみなすと、同時に共存している複数次元内の「周波数」座標に対して意識が文字どおり同調可能であるという理解が可能になる。時間を移動するということは複数次元内の「周波数」を移動するということである。時間はひとつの原則であり、時間そのものの一面に広がる現実の場に流れる意識と関連がある。時間とは、過去、現在、未来の出現、幻想を生み出す3次元世界的な解釈の産物である。複数のモノや出来事は時間のなかに同時に存在している。時間は出来事の秩序化を可能にする。時間は直線的ではなく、むしろ「垂直的」であるとする考えることによって、ホログラフィックな時間の理解に近づくことができる。垂直的時間においては過去、現在、未来が「積層」しており、ループ式のサイクルを通じて相互に関連している。量子レベルにおいては、時間はフォトン相互作用と関係している。相互作用速度を上昇させることによって、時間の「フロー（流れ）」の変化、すなわち時間の「フロー」を高速化することができる。時間の次元は複数の物体を同じ時間的間隔で存在させることができる。量子的メカニズムでは、時間は観測も検知も不可能なパラメータであるものとして存在している可能性がある。電磁現象の原因因子は力場を生成するポテンシャルである。ティラーは磁気ベクトルポテンシャルを物理領域と微細領域をつなぐコネクタとして利用している。量子波は時間の中を前進したり逆行したりすることができる。

時空間　Space-Time

宇宙が築かれる礎となる骨組みを作り出す時間と空間の融合、合体。わたしたちのいる3次元空間の出来事は時空間から展開している。時間を加えて4次元としたアインシュタインには賛辞を贈りたい。ベアデンは時空間と動の形状、ポテンシャル（捕捉あるいは集束されたエネルギー）、真空、仮想粒子束、隠れた波束を関連させている。

次元　Dimension

振動平面の性質の範囲を定義するのに用いられる任意座標系。その性質にはスカラー、ベクトル、記号、テンソル、あるいはエネルギーフローやエネルギー交換が考えられる。次元はわたしたちが時間と空間をテンプレートとして認識しているものの外側に存在している。現代物理学の超ひも理論は26もの次元を包含している。周波数、位相、振幅といった特徴によって超空間内部の特定の次元が定義される。

次元化　Dimensioning

ベアデンが用いた用語で、真空の仮想光子束、あるいはスカラーポテンシャルの仮想光子束の内部にパターン、あるいはテンプレートを形成することを表す。真空内の搬送波はこのパターン、あるいはテンプレートを輸送することがある。量子ポテンシャルが次元化を受ける場合もあり、これは結果的に生じる真空エンジンの機能が遠隔地点に伝わり、その受け手に作用することを意味している。ベアデンの説によると、スカラーポテンシャルは5次元、6次元、7次元以上の高次元空間にアクセスするよう操作することが可能であり、これが次元化という用語の由来である。スカラーポテンシャル空間にアクセスすることによって「次元的に」下位に位置するすべての次元を修正することができる（真空エンジン参照のこと）。

磁気ベクトルポテンシャル　Magnetic Vector Potential

概して言えば、電磁場の性質を規定する電磁気の数学的存在物。しかしながら、磁気ポテンシャルは実際の場であり、磁場とは別のものとして存在している可能性がある。電磁現象の原因因子は力場を生成するポテンシャルである。ティラーは磁気ベクトルポテンシャルを物理領域と微細領域をつなぐコネクタとして利用している。

用語集　用語の定義と補足事項

次元間節点 Interdimensional Nodal Point：類義語としてハイパーチャネルは「周波数依存型チャネルであり、自然発生的に同調した周波数から成る魔法の窓、あるいはハイパーチャネル。これらをベアデンとの間で容易にクロストークや通信をおこなうことができる。ベアデンによれば、これらの周波数は仮想状態と観測可能な相の間（素量状態と解素量状態の間）をつなぐ強化チャネルの存在を表している。上記の周波数のなかには赤外線と紫外線（生命エネルギー周波数）が含まれる。紫外線は赤外線の第一倍音である。ハイパーチャネルの周波数にはその他に38・40キロヘルツ、150‐160キロヘルツ、1・1・3メガヘルツ、1・057ギガヘルツ（ラムシフト）。

自己決定エネルギー Self-Directing Energy：EMFバランシング・テクニック®をおこなっている最中、高次元のプロセスの誘導を受けながら、ユニバーサル・カリブレーション・ラティス（同名の項参照）のエネルギーの流れと場の内部で生じている自己組織化の様子を体感することができる。したがって、けっして当て推量ではなく、しっかりとした分析と判断がプラクティショナーの側には求められる。一連の手順に従うことで、クライアントにとって最も有益な結果が共同創造される。

自己参照 Self-Reference：源と受信者の間でおこなわれる通信や交流、交換のこと。あらゆる基本相互作用の根本を成す双方向フローのプロセス。量子波とそれが反映された時空間の相関あるいはイメージの間にある交流。自己参照はあなたのイメージと自己の交流であり、永遠を意味するシンボル、あるいは自己組織化の土台となるプロセスである。この概念は「8の字」のループで視覚的に表されている。

自己組織化 Self-Organization：生きとし生けるものが有する能力。系内における秩序の自然発生。生き物の複雑性、あるいは意識・認識が増大するほどに自己組織化の能力も増大する。生き物は外部環境と絶え間なく通信をおこなう開放系である。自己組織化は隠れた秩序が発現したものであり、その印としては共鳴振動モードとその状態、現実の仮想レベル、内在秩序、バイオフィールド、微細な場、あるいは形態形成場、形態共鳴、「知性エネルギー」の連続的な流束、蘇生性条件の存在、カオス的アトラクタ、生命の有する幾何学的形式、量子情報場、「反作用」のプロセス、心と物質の相互作用、入れ子式、あるいは折り畳まれた自己参照型「ループ」の存在、量子ビット情報波、意識の相互結合場、幾何学的形状、音声と光の倍音関係、現実の亜量子レベルにおけるメンタル場の相互作用、あるいは意識の直接的な介入が挙げられる。

質量 Mass：物質参照

周波数 Frequency：波動が1秒間にくり返す周期の回数。超空間のもっている第一の特性。無限ともいえる数の電磁放送周波数（ラジオ、テレビ、携帯電話等）がこの同一「空間」にひしめきあっている。情報は個々の波長内に搭載されていて、他のどの搬送波からも独立している。特定の周波数に同調することで情報の分離が生まれる。放送がおこなわれている空っぽの空間は超空間である。電磁場は最初のハイパーフィールドである。

磁力線 Magnetic Lines of Force：らせん状のコヒーレントパターン、極超音速波を形成した結果。

真空 Vacuum：時空間の不在。非物質的なエーテル、つまり質量ゼロの電荷のプレナムで構成されている。長さや時間という概念を超えた時空。真空状態1立方センチメートルあたりのエネルギーの総計を超える（10の94乗グラム毎立方センチの物質に相当するとジョン・ホイーラーは計算した。これに対して原子1個の質量は10の14乗グラム毎立方センチとかなり小さい）。全世界的な潮流では、真空は現実が展開する背景、あるいは骨組みとみなされることがある。これは計り知れない振動強度の状態である。真空は独特の特徴性質を備えた多種多様な真空状態が存在している。真空はスカラー場であり、n次元の基礎構造を内包している。

真空エンジン Vacuum Engine：ベアデンが説明したように、真空エンジンはスカラーポテンシャル内で意図的に創造された、あるいは手を加えられた内部パターンあるいはテンプレートである。スカラーポテンシャルあるいは移動している電磁波はその内部パターンを輸送することができる。スカラーポテンシャルの電荷的、あるいは磁化的いずれかの側面が内部パターンのポテンシャルの運び手になる場合もある。真空エンジンはポテンシャルの運び手になる場合もある。真空エンジンは磁化的いずれかの側面が内部パターン内に組み込まれるが、その生成の最中に「充電」、そして「放電」をおこなう時間がある。ベアデンは真空内における内部パターンの組み込み挙動を次元化と場の情報コンテンツと呼んでいる。ロシアのエネルギー論に関する研究では次元化を場の情報コンテンツの組み込み挙動を描写している。ロシアのエネルギー論に関する研究では次元化を場の情報コンテンツと呼んでいる。ベアデンによれば、真空エンジンが物体に作用する場合、

エンジンには作用発生に対して選択の余地がまったくない（精密な反エンジンが構築されないかぎり、この作用は物体が通常の信号情報に対して作用する、しないを選択するということとは明らかに異なる。真空エンジンは局所的時空間を変えることができるので、その時空内において物体との相互作用を引き起こすようになる。

真空のゼロポイント・エネルギー Zero-Point Energy Of The Vacuum：仮想（目には見えない）エネルギーの超高密度の量状態あるいは真空状態内の組織。現代の物理学者の間では、真空は独自のラティス構造によって支えられているとするのが通説になっている。真空内の構造体の幾何学的形状のなかには4面体（シェルピンスキのフラクタル図形）、8面体、6角形（テイラー）の集合体がある。20面体についてはエロル・トールンが説明を施している。幾何学的形状のグリッドの安定性を損なうと対称性が崩壊し、エネルギー抽出が起きる。

シンクロニシティー Synchronicity：（1）意味のある偶然の一致を意味する語で、カール・ユングが初めに唱えた。（2）

325　用語集　用語の定義と補足事項

しくみは明確には理解できないものの、いくつかの特定の出来事に何らかのつながりがあるような印象を受ける状況を表現する。表面上は一連の出来事に規則性はなく、こちらの意図が絡んでいる様子はないのだが、一連の出来事に必要が満たされるようにとの明らかな意図をこめて計画したかのごとき絶妙のタイミングで起きる出来事をひとつ体験することがある。シンクロニシティーは万物の間に働いている見えざる力の存在を暗示するとともに、宇宙のバランスが働くことでさまざまな出来事がもたらされ、わたしたちはそこに参加し、観察するだけではなく共同創造をおこなっていることを示している。わたしたちが現在意識的に認識しているレベル、あるいはそれよりも低い次元で共同創造をおこなっているというのが実際のところだ。

人工ポテンシャル　Artificial Potential：内部に特定の波形パターンを配置している局所真空の分極。

振動　Vibration：エネルギー的に正の状態から中性を経て負の状態へと移行する変化。一定期間にわたって発生する。振動が組み合わされて独特の化合物あるいは和音を形成する。ラティス構造内では振動性和音に規定される方向に従って配列が発生する。振動は宇宙のすべてをつなぐリンクである。振動することは音を発することなのである。

振動パターン　Vibrational Pattern：明確な振幅に沿ったピーク値とトラフ値。また、多次元的波形となる干渉形状の構造と形状。

スカラー　Scalar：数学では、スカラーは絶対値や大きさを測るために用いる実数から成る量について述べている。例としては電圧、質量、温度の測定から成る量について述べている。例として規模や量にのみ関連している。スカラー量はn次元空間の仮想基礎構造を内包している場合がある。

スカラー共鳴　Scalar Resonance：共鳴空洞内のスカラー定常波。2つの通常電磁波が結合した状態と想定することができる。ただし、位相はぴったり180度ずれている。

スカラー波　Scalar Wave：真空の応力エネルギーにおける振動。これらの振動は仮想パターン化基礎構造を内包している。これらの振動は時空間の圧力縦波である。スカラー波は4つ以上の次元内を移動することができる。時間の中だけを移動する場合は時間のフロー（流れあるいは流量）、重力、あるいは物体の性質を変えていく。空間の中だけを移動する場合は時間が安定状態を保っている。あるいはこの2つのモードが混合した状態を移動することもある。スカラー波と関連があるものとしてはこの他にテスラ波、重力波、電磁音波、電気重力波がある。波長が短すぎて量子閾値を突破できない可能性のある振動波は実在の波であり、スカラー波である。スカラー波は光速の制約を受けず、超空間的な性質をもった超光速の波である。ベアデンはスカラー波を電磁気と重力を統一したものであるとみなしている。

スカラー変換機　Scalar Translator：電磁気からスカラーへ、そしてスカラーから電磁気への変換が可能な装置。

スカラーポテンシャル　Scalar Potential：ベアデンは粒子の観点からポテンシャルを仮想粒子束として定義している。ポテン

シャルに手を加えるということは時空間形状そのものに手を加えるということである。ポテンシャルはポテンシャル内部のポテンシャルとして表現されることがある。つまり、ポテンシャル内部に5次元、6次元、7次元といった隠れた超空間の次元世界が生まれるのだ。内部ポテンシャルに手を加えることをベアデンは次元化と呼んでいる。スカラーポテンシャルはn次元基礎構造を内包しており、各構造体は精密で、超空間から成る微細領域を表している。人工ポテンシャルは真空を分極し、その内部に特定のパターンを加える要素として生成される。

静磁ポテンシャル Magnetostatic Potential：磁極とそれに付随する場の形成に起因するスカラーポテンシャル。

精神活性 Psychoactive：心、精神的プロセス、気分や感情の安定性に対する作用に関連する性質。

静電ポテンシャル Electrostatic Potential：電気現象だけの駆動力となるスカラーポテンシャル。ポテンシャルは真空の規則化ポテンシャルである。

赤外線放射 Infrared radiation：赤色より周波数が低い（赤色より波長が長い）。可視光以下の周波数を帯びた光。電磁スペクトルの赤外線部分に関連する。不可視線の波長は750ナノメーター（可視赤色光に近い）から1ミリメーター（マイクロ波）まで。

ゼロポイント物理学 Zero Point Physics：真空からの「フ

リー」エネルギー抽出を目指す応用化学・工学。「調和の取れた」真空の対称性に変化を加えて地球内外での使用に役立てることのできるエネルギー「フロー（流れあるいは流量）」を引き起こすことが主なねらい。

双極子 Dipole：2個の異なる電荷（磁気的あるいは電気的）が真空における対称性の破れを引き起こす。その結果、真空から仮想（フリー）ポテンシャルエネルギーが抽出される。

蘇生性現象 Syntropic Phenomena：エントロピーまたはネゲントロピーの逆転を引き起こす、あるいは不秩序状態に秩序を回復すること。熱力学の第二法則に「従う」ことのないプロセス。蘇生性プロセスはシステムへのエントロピー（不秩序）を減少させる。蘇生性条件はさまざまな外部要因あるいは内部要因によって触媒される。その要因にはシステムにエネルギーあるいは情報の追加も含まれている。蘇生性電流を構築する磁場の外的条件を備えている。量子状態においてコヒーレンスを確立する。調整、位相を合わせる、あるいは外部状態と内部状態の間に共鳴状態を確立すること。蘇生性プロセスは必ずしもエネルギーの入力を必要としていない。

素粒子 Elementary Particle：電子、陽子、中性子などの亜原子粒子を作る基本要素。素粒子は内的あるいは高次元のヴァーチャル・リアリティー仮想的現実をもっている。

太極拳 Tai Chi：中国に古くから伝わる肉体的、精神的鍛練法。氣功と同様に、地球と肉体の微細な生命力エネルギー（氣）の認識増大を助ける訓練。太極拳にはさまざまな様式がある。「ソ

327　用語集　用語の定義と補足事項

フトな」ものはエレガントな舞踊形式を連想させ、肉体、心、霊性のバランスを増大させる。中国では氣功の形式のひとつと見なされている（氣功参照）。太極拳の訓練は肉体の健康増進と心にやすらぎをもたらす最良の方法である。太極拳は陰陽の概念を基礎にしている。

対掌性 Chiral, Chirality：左右の対（つい）があり、鏡像対称的ではないことを表す。

タキオン Tackyon (takyon)：意識に応答するとされている超高速粒子。

多次元的 Multidimensional：複数の振動面あるいは座標系の特徴性質を同時に有していること。わたしたちが通常暮らしている3次元世界の外側に異次元世界が存在するという考えは、進歩的物理学理論の主張の骨子である。

多世界 Many Worlds：物理学者ヒュー・エベレットは、量子論解釈に従って、予測される現象結果に見合った別々の世界が存在しているとした。そこから無限の数の世界、つまりパラレルワールドの存在が予想される。一連の宇宙の間には複雑なネットワークを通じたリンクとなるものが存在する。どうやらわたしたちがいる世界にはいくつものコピー版が存在するようである！電磁場と分子場は光速を基準に分けられる並行宇宙といえる！

秩序 Order：あるレベルにおけるシステム内の情報の度合い。

超空間 Hyperspace：通常の3次元時空間を超えた次元世界。超空間には時間や空間は存在しない。すべての作用や活動は瞬間的に伝わる。数学的に見ると、超空間は同じ場所、同じ時刻に複数の3次元体積を内包することのできる空間である。周波数、位相、振幅が超空間の次元を規定する。

超空間的 Hyperspatial：超空間の次元に関する性質。つまり4次元以上の時空の性質。

超空間的機能 Hyperfunction：超空間との相互作用をおこなう機能、あるいは属性の発現に関連する性質。目に見える世界と見えない世界の橋渡しをする機能がある。通常の時空の外側に存在する属性。高次元の性質。

超光速 Superluminal：真空内で光よりも速く移動する。

超電導 Superconductivity：電気抵抗ゼロのフロー。電気フロー（流れ）には非常に高い超電導性がある。DNAは超電導体であるとされている。オームスとして知られる金属は室温状態で超電導性を示す（オームス：単原子元素でホワイトパウダーとも。DNAの構成要素となりDNAの超電導性を助けるものもある。これらの物質はエーテル状のエネルギー場に影響を与えているらしい）。電子フローと光への変換の間には関係がある。超電導性は反磁性現象と関連している。つまり通常の磁場に対立している。手をオームスの上にかざすと、粉は両手が帯びている磁場の影響で「浮遊」する！超電導物質のなかの誘導電流は誘導した磁場を取り除いたあとにになっても残留している。

調和　Harmony：複数のシステムが同時的な振動を発する性質。複数の振動から成る倍音が不協和音を成すことはない。完全に一致する。調和が拡大するほどに、共振を生み出すためのエネルギー必要量は少なくて済むようになる。ワンネスに達することによって。

デヴィッド・ボーム　Bohm, David：アメリカ生まれの物理学者。量子メカニズムの解釈に多大な貢献を果たした。ボームの解釈はホログラフィック宇宙論を世にもたらした。ボームの研究は、物質と意識の非分離性がこの宇宙の現実の一部を成していると主張している。つまり、すべてはひとつにつながった全体として存在しており、目には見えない秩序、あるいは内在秩序がこの物質的世界の現実展開の根底を成している。

電荷　Charge：すべてのものは電荷を帯びている。電荷はエネルギーフローと同等である。基本粒子に関しては、電荷は仮想粒子の放出・吸収活動と関連がある。このヴァーチャルな活動は粒子を取り囲むパターンの大群で構成されている。この活動を修正すると電荷の規模が修正される可能性がある。荷電粒子、電極、あるいはポテンシャルはどれもがそれに伴う放出と吸収活動を通じて真空対称性を破る特殊なしくみのひとつである。この理解に基づいて考えると、すべての固体はその大きさに関係なく電荷を帯びている。すべては電荷を帯びているのである。電荷を帯びたシステムもしくは粒子には、その全体をエネルギーが絶えず流れている。フロー（流れあるいは流量）を増大させると電荷が増大する。電磁的システムは電荷を帯びており、本質的に解放系である。外部環境と恒常的に相互作用をおこなうとともに、ヴァーチャル・リアリティ仮想的現実状態ともリンクしている。（2）動詞の場合。ねじれ率場に関連して、作用する、修正する、あるいは情報のパターンを刻み込むといった意味がある。

電磁気学 その1　Electromagnetics Of The 1st Order：電磁波の実成分は物理空間を光速で移動しながら観測可能信号を生成している。

電磁気学 その2　Electromagnetics Of The 2nd Order：3次元空間の観測可能信号を反射しない超空間的な、あるいは「架空の」電磁波成分がある。それは超光速で移動する縦の「スカラー」波である。これらの波には精神活性作用がある（**精神活性**も参照）。

電磁気学 その3　Electromagnetics Of The 3rd Order：あらゆる時空連続体に同時的に作用する超空間的ポテンシャルが存在する。これらのポテンシャルは速度無限大で移動している。ソリトン、ニュートリノ波、タキオン波がこれに分類される。**タキオン波は意識に反応するとされている**。これらの波には精神活性作用がある。

電磁スペクトル　Electromagnetic Spectrum：周波数、波長、エネルギーをはじめとする性質別におこなわれる光、あるいは電磁波の規則化および配列。スペクトルは電波や可視光、マイクロ波、X線、ガンマ線、紫外線、赤外線まで、極低周波から極高周波までの全域に及ぶ。

電磁波　Electromagnetic Wave：3次元空間において電界ベクトルと磁界ベクトルが伝搬方向に対してお互いに直交することに特徴づけられる波状の乱れ。電磁波は他の次元空間に隠れた

328

用語集　用語の定義と補足事項

基礎構造をもっている。この基礎構造は折り畳まれた、あるいは秘められた情報によってパターン化とプログラミングを受けている。電磁波は3次元の球面波構造体を形成し、膨大な量にわたるその構造体は超空間の同じ空間と時間にぴったりと収まっている（超空間も参照）。

電磁場（EMF） Electromagnetic Field：（1）高次空間に源を発する組織立った現実の外在的構造であり、スカラーポテンシャルとパターン化された基礎構造の存在が特徴。複数のスカラーポテンシャルによって形成された組織立った構造物。場は影響力が組織化された領域であり、概してエネルギーを保存している。電磁システムは真空の仮想粒子束とのやりとりや通信において開放系である。電磁場は特徴として電気ベクトルと磁気ベクトルをもっている。大まかに言えば、振動エネルギーパターンは電磁エネルギーソースから放出されているか、それを取り囲んでいる。電磁場の種類は電磁スペクトルの及ぶ全体にわたる（電磁スペクトルも参照）。

電磁放射 Electromagnetic Radiation：電磁波に関連した、およびそれによって運ばれるエネルギー。

テンソル Tensors：生体系において生じる意識の多次元的共鳴。幅広い（スカラータイプの）ポテンシャル生成機能がある。これらのポテンシャルは、意識と感情によってひとつにされた統一場を生み出す。

テンソルポテンシャル Tensor Potential：空洞に精密に収納される蓄積エネルギー。エネルギーフロー（流れ）なしでエネルギーが蓄積されることに特徴づけられる。

統一場 Unified Field：システムを成すあらゆるエネルギーが幾何学的、調和的、数学的統一状態にある状態。

統一場エネルギー Unified Field Energy：高振動領域で発生するエネルギー。このエネルギーは意識と感情の双方と統一される。精密に設計された空洞内あるいは統一された調和的、数学的構造内に収蔵されている場合がある。このエネルギーは無限のエネルギーである。つまり、消耗することがない。なぜならエネルギーは無限に生まれているポテンシャルからである。動いていない場合は統一場エネルギーは純粋なポテンシャルであり、フロー状態のときはタキオン連続体の流束あるいはフローである。統一場エネルギーフローは意識によって強化することができる。人という存在が統一場エネルギーを設計し、操っている。

同調させる Entrain：または「同期させる」。別々のシステムの振動をひとつにすること。脳波、脈拍等を対象にする。同じ周波数で共鳴あるいは振動させるために引き起こす。壁いっぱいに振り子時計を掛けて実験したのが古典的な例。振り子は初め、無作為なタイミングで振れていた。しばらくすると、すべての振り子のタイミングがひとりでに揃いはじめ、一致した、つまり「同調、あるいは同期」した。人間のシステムに起こる同調は肯定的なものばかりではない。例えば、携帯電話の周波数が脳やDNAをセルラー周波数に同調させると、脳（やDNA）の機能を低下させて本来のリズムと最高の電位で機能するのを妨げてしまう。共鳴&共振参照。

内在秩序 Implicate Order：物理学者の故デヴィッド・ボームが隠れたあるいは折り畳まれた高次世界の秩序を説明するために唱えた用語。外部宇宙は内在秩序の特徴である全体性と結合性から展開している。内在秩序は亜量子状態である。

ニコラ・テスラ Nikola Tesla：物理学者、発明家、19世紀、そして20世紀を代表するメンタルの巨人であり天才。自身名義の特許は600件以上、発明は1200件以上にのぼる。交流の電気系統を世にもたらすなどの貢献を果たす。超空間的スカラー波のテスラ波を発見した。奇妙なことに（あるいは見方によってはそうでもないのかもしれないが）、テスラは「わたしはほぼ毎日地球外生命体と交信をおこなっている」と主張していた！

ニュートリノ Neutrino：電気的に中性で質量ゼロ（零質量）の亜原子粒子あるいは素粒子（レプトン族の一種）の意。電子はレプトン族の一種。レプトンは「軽いもの」の意。ベアデンのアプローチでは、ニュートリノは流束、あるいはフロー（流れあるいは流量）と基礎構造の中に宿しているより小さな粒子から成っている。この小さな粒子は「裸のニュートリノ」という。ニュートリノは飽和状態と言えるほど存在し、宇宙では最もありふれた物体である。ティラーによれば、ニュートリノの数はプロトンと電子のおよそ10億倍に達するという（ニュートリノ波参照）。

ニュートリノ波 Neutrinic Wave：粒子としてではなく波として振る舞う裸のニュートリノ（ニュートリノ参照）から成る。これらの波は光フォトンの従来型電磁波を超光速で「ピギーバック」（訳注・もともとは他人の無線インターネット接続を無断で使用すること）する（光速の2乗、つまりc^2と考えられる）。通常の電磁波は実際にこの波を帯びているので、光速で移動しているとしか観測されていない。つまり、c。このように、ニュートリノ波は光フォトンの基礎構造であり、光の進行方向に直交する平面を移動する。フォトンの周囲を回転しているスピン波と同一であり、縦波スカラー波と分類されることもある。

認識 Awareness：全存在を成している意識的主軸との整合性と調和の度合い。そして同期性を増大させる心・肉体システムの流れ。認識の増大は内面においてこの関係を増大、拡大させている。最小に設定された整合性と調和状態が存在して、それが現在も絶え間なく続いている高いレベルの認識の「目覚め」を可能にしていると考えられる。調和を参照のこと。

ねじれ率場／ねじれ波 Torsion Field/Waves：電磁場や重力場といった従来的な既知の場は別として、長期的影響をもたらす第3の場が存在する。ねじれ率場は角スピンと角回転の性質の結果として現れる。物体の集団的スピンが重なり合って（積み重なって）、ホログラフィックな情報場である独特の干渉縞を創造する。超空間的（時空間の外側で生じる）であり、超光速の現象であるねじれ率場は、エネルギーの移動をおこなうことなく情報を移動させる。ねじれ率場は他のねじれ率場と情報を交換しながら相互作用を働く。ロシアの文献ではオーラをねじれ率場として説明している。ねじれ率場はアインシュタインの統一場として広く用いられている。一方、西側世界では、ベアデンが用いているスカラー波・スカラー場という用語に類似した意味がある。西側の世界では、ねじれ率場に関して研究、理解されるべきことが山積している。この場は脳波真空と相互作用をおこなう。し

331　用語集　用語の定義と補足事項

たがって、脳はねじれ率場トランシーバー（送受信機）と呼ぶことができる。これは、脳が従来、スカラー干渉計とされていたと同様である。エネルギー系はホログラフィックな情報場の生成が土台にある干渉波パターンを生成している。ねじれ率場はこの種の場であると理解することができる。ねじれ率場は接続場、つまり電磁気と重力の接合部、あるいは電磁場へのコネクタと捉えてみるとよい。

熱力学の第2法則 Second Law of Thermodynamics：エントロピーが常時増大するとしている物理学の「原則」。エントロピー参照。

能動的情報 Active Information：あらゆる場所、あるいはシステムのあらゆる部分において（非局所的に）入手可能でありながら、意味を成す場所にのみ「作用される」あるいは関連のある情報。この概念は情報を提供する側と受け取る側という関係の存在を暗示している。情報は in-form という語に由来しており、文字どおり「形状で表す」という意味。共鳴応答は能動的情報に対する反応のひとつ。

脳表面 Brain Surface Area：人の脳は表面積対体積率が高い。表面は電荷を帯びている。電荷の増大によって脳表面とポテンシャルがより多く活用される。人の神経系は非常に高い電荷で機能している。脳の電荷増大は多次元的回路や超空間の機能をはじめとする高次の脳機能に利用可能な「余分な」電磁エネルギーの増大をもたらす。使用されていない脳表面（例：脳細胞）の活性化は単に意識の振る舞いを通じておこなうことができる。

バイオフィールド Biofield：生体のハイパーフィールド。基本となる組織を肉体という生物学的システムの生成へと導くと同様に、光で編まれ、初期場であるとともに生体における自己組織化プロセスの土台である。形態形成も参照のこと。

バイオフォトン Bio-Photon：生体が生成放出する光粒子。バイオフォトンは生命体においてはDNAと関連があり、人間のエネルギー場の側面も併せもっている。フォトンは電磁場の基本となる量子である。チャクラが能動性と均衡を増すほどにより多くのフォトンがチャクラから放出されることをモトヤマが突き止めた。

バイオフォトン性プリズム Bio-Photonic Prism：本文では光の捕捉、貯蔵、変換、あるいは放出をおこなう多次元的ラティス構造を説明するために用いた。この構造体は生体のみならず外部宇宙とも相互作用を働いている。進化的プロセスによって修正が起こり、これらの装置に複雑性が加えられる。情報はこの構造内において保存、処理、変換、コード化される。構造体の一部を成す次元間節点を調整することで、エネルギーは波動の領域を超えて容易に通信をおこなうことができる。このような構造体は肉体上の対応物と相互作用し、関連しあっている。

倍音関係 Harmonic Relationships：システムは倍音関係を好む。倍音関係は幾何学的形状のみならず、周波数パターンや形状との間にも介在することが可能である。例を挙げると、倍音関係は光の周波数、音、形体の間に存在している。別々の存在に思えるものの間に倍音関係が秘められている可能性がある。倍音関

係は同調と共鳴状態を築くのに役立つ。

ハイパーチャネル Hyperchannel：超空間にある枠に囲まれた通信チャネル。これらのチャネルがスカラー波エネルギーの循環や「クロストーク」を可能にしている。次元間節点（別名マジック・ウィンドウ 魔法の窓）を参照のこと。

ハイパーフィールド Hyperfield：超空間の構造あるいは干渉縞。ベアデンは電磁場を最初のハイパーフィールドと説明している。2つ目がニュートリノ場、その次に精神メンタル・フィールドの場もしくは心マインド・フィールドの場。ハイパーフィールドは入れ子式の仮想状態の高次レベルを表している。

発火あるいは開始 Kindling or Inception：微細なエネルギーを収集して仮想のフォトンと物質に凝結させることを説明するためにベアデンが用いた語。この作用はスカラー波パターンを生体系あるいは生命体につなげる。心マインド・フィールドの場で起動された発火プロセスを累積的に組み込んでいくプロセスである。仮想状態パターンが統合されていくと（エネルギーが蓄積される）、量子閾値を超えて実際の観測可能現象になる。

波動関数 Wave Function：量子波動関数参照。

波動関数の崩壊 Collapse Of The Wave Function：あらゆる量子的の確率から成る作用で、確率的に選ばれるただひとつの結果を決定する。この結果は物理的現実のなかに発現する。最終的選択において重要な役割を担っているのが意識は波動関数崩壊の作用因子となって現象を物理的世界に実現

する。

パラダイム Paradigm：物事の見方や考え方の確立されたパターン。包括的に示すことを意味するギリシャ語の paradeiknyai に由来。

パラダイム転換 Paradigm Shift：科学的研究に決定的な影響を与えている超越概念、または世界観に生じる抜本的転換。

バランス Balance（1）名詞の場合。この概念はバランスとはどのような「状態」を指すのかを問えばよく理解することができる。つまり、これにはさまざまな意味がある。一方ではバランスは平衡の状態を指し、もう一方の見方をすれば、微細なエネルギーを電磁エネルギーに変換するシステムと、物理的発現の命令のコード化と解読をおこなっているシステムが最適水準で運動していることを指す。エネルギー構造体を成しているさまざまな「成分」の相関は協和した状態に向かって移行するので、そこで何らかの音が聞こえたら、それは関連する各領域が真の調和を奏でているサインだろう。生命エネルギーは最高の健康状態と充足する喜びを経験しながら流れている。厳密に言えば、同期性を増大させる心・肉体システムの流れと結びついている。（2）名詞の場合。エネルギーの観点から見たバランスの条件とは、あなたが人や環境と相互作用をおこなっている間、あなたのエネルギー場とエネルギーセンターがあなたのシステム内外を流れるエネルギーの最適フロー（流れあるいは流束）を受け入れる用意がある状態を意味する。バランスが崩れた状態とは、体のエネルギーの位相がずれて本来のよどみのない流れが阻害されている状態を指す。不安

用語集　用語の定義と補足事項

定な状態の結果として現れるのが dis-ease（不調和）である。不均衡が短期間でも続くと、不調和は肉体的な病となって発現する場合がある（マーク・グリーニア「Energy Dynamics」（仮題「エナジー・ダイナミクス」）。(3) 動詞の場合。体のエネルギー場とエネルギーファイバーに働きかけをおこなって、最高の健康状態と平衡状態をもたらし、エネルギーフロー（流れあるいは流束）を発生させること。

反作用　Back-Action：心と、物質と場でできた世界との間でおこなわれている相互作用を説明するものとしてサーファティが用いた語句。

反粒子　Antiparticle：通常の物質の電荷とは反対の電荷を帯びている反物質の粒子。物質界の素粒子は反物質界に系をもっていること、あるいは対応物となる粒子をもっていることで知られている。

光　Light：5次元のさざ波。物質を高次元空間につないでいる。なぜなら、物質はフォトンと絶え間なく連絡しているからである（フォトンと物質参照）。時間の内と外の両方を伝わる振動。概して、可視光は400ナノメーター（赤）～800ナノメーター（紫）の電磁放射である。すべての光フォトンが見えるわけではない。光フォトンは電磁場のメッセンジャー、つまり輸送された情報であり、情報の運び手である。光は超空間的な基礎構造を備えている。それは時空の外側にあり、波と粒子の二重性を示す。それは光が物理的次元と超空間的次元の双方にまたがって同時に存在しているからである。光は生命体のバイオエネルギーの運び手である。光に基づく伝達システムを通じて脳と神経系は通信をおこなっている。生物はバイオフォトンを通じて脳と神経系は通

るのだ。光の成分は金属板で遮断することはできない。そのわたしたちの「時空」の外側を移動する超空間的性質ゆえである。光は時空ラティスを形成しながら人のエネルギー場を作り出している網の目構造である。調和的に音と幾何学的形状と関連している物質の構成成分。ニュートリノ波のキャリア（ニュートリノ波参照）。白色光はすべての色を帯びている。光は宇宙全体のホログラフィックにコード化された情報を運んでいる。

光指数　Light Quotient：光と相互作用をおこなう、光を処理、活用する能力の尺度。

非局所性　Non-Locality：空間的隔離に関係なく別々の現象どうしが相関しているという立証済みの宇宙的性質。相関や通信は瞬間的に、まさに「間もなく」生じる。粒子の実験室条件下（アスペ＆ギシン）だけではなく、被験者の脳信号（ジャコボ・ギンゲルク・ジルベルバウムの実験）でも示されている。非局所性、あるいは非可分性は自然の実際の性質であり、宇宙の生命の動的側面である。遠隔の瞬間的な影響や通信は時空間における信号の交換がなくとも発生する。非局所性が表している切れ目のない全体性や不可分性は時空間そのものを下位の次元世界に降ろしている。

微細なエネルギー　Subtle Energies：宇宙に存在しているあらゆるエネルギーのうち、従来型の科学に知られている、あるいは受け入れられているもの。「微細な」という用語は科学によって直接的に計測することのできないエネルギーを表すためにアインシュタインが最初に唱えた語。

非線形応答　Nonlinear Response：概して、外部からの原因

因子の度合いに比例して生じる影響に対する反応。例として、光の強さに応じて反応が変化する光学特性を帯びた物質やシステムが挙げられる。単色光周波で照射された場合、そのシステムは基本周波数を付加的倍音に沿って生成放出する可能性がある。ベアデンの指摘では、このような非線形の材料やシステムが、距離に関係なく発信源への経路をたどる時間反転性信号をも生成しているのだ！

人のエネルギー場の相互作用 Human Energy Field Interactions：個人と集団が遂げる変容と進化を加速させる手法。

非ヘルツ Non-Hertzian：ヘルツ波によって定義される擾乱（じょうらん）。パルス伝送は非正弦波だが、秒間のくり返し頻度が高い。

ひも理論 String Theory：ひもが物質界の基本的な構成材料であることを前提とする宇宙の統合理論。11次元と26次元世界の双方の構造について観察している。

ひも String：最も基本的な、これ以上単純化することのできない糸状の実体。ひも理論の根本を成す。さまざまな状態、パターン、振動を前提としている。これらの前提条件はわたしたちの3次元世界に発現している一連の力（フォース）の本質を決定している。

病気・痛み Illness/Pain：全体と調和していない振動。

ファラデー箱 Faraday Cage：従来型の電磁場から遮断し、絶縁性を与える金属製の箱。超空間的現象やスカラー波現象、ね

じれ率場現象の遮断はできない。

フォトン Photon：エネルギーの運び手。光のユニット、あるいは7つの基本色あるいは周波数で存在しているエネルギーから構成される量子。このフォトンはニュートリノ波をはじめとする「高次元の」派生物から成る基礎構造でできている。電磁場の量子であり、電磁力から成るメッセンジャー的な役割を果たす粒子でもある。時間はフォトンが物質に対して働く相互作用と電磁放射の塊である。フォトンは光でできた最小の、つまり、電磁放射している側面があると説明している。光子場は崩壊して原子の渦を生成する。

フォトン・物質間の関係 Photon/Matter Relationship：反粒子（反物質）の陽電子波と同相の電子波は光フォトンを生み出す（物質・反物質衝突の概念）。フォトンは適切なエネルギーレベルにおいて物質あるいは反物質に再び戻ることができる。

物質 Matter：凍結した光、減速したエネルギー。物質のエネルギーは真空から生まれるが、密度は真空状態よりも著しく低い（真空参照）。物質はフォトン（光）と絶え間なく相互作用をおこなっている。継続的なフォトンの吸収と放出をおこなう。よって、物質は第4次元の時間と接続と断絶を連続的にくり返している。しかし、光自体は第5次元のさざ波である。光は物質を高次元空間につないでいる。物質は量子パルスあるいはフォトンとの相互作用の力を借りて時間を通って移動する。

物理学 Physics：物質とエネルギー、そしてその間の相関関

335　用語集　用語の定義と補足事項

係を研究する学問。最古にして最も基本的な純粋科学。19世紀後半までは自然哲学として知られていた。今日の物理学は多くの専門領域あるいは分野に発展を遂げている。

プラクティショナー Practitioner：EMFバランシング・テクニック®では、バランシングの過程を実演する人を指す。通常、バランシングを受ける側の人を「クライアント」と呼ぶ。

プラズマ Plasma：高電荷の、あるいは高イオン化された質量粒子。

分離可能性の原則 Separability Principle：モノどうしが互いに接触しない、つながりがない、通信をおこなわない、作用しないとする概念。量子世界の非局所性と人間の脳は反対の性質を示す。

ベクトル Vector：特定の座標系において方向と大きさを同時に規定する数学演算子。

ベクトル磁気ポテンシャル Vector Magnetic Potential：磁気ベクトルポテンシャル参照。

ヘルツ Hertz：「1秒間に1回」を意味する測定単位。ヘルツは波が1秒間に一定点を通過する回数を表す。キロヘルツ（kHz）は「1秒間に1000回」の省略形。メガヘルツ（MHz）は「1秒間に100万回」、ギガヘルツは「1秒間に10億回」を表す。

ヘルツ波 Hertzian Wave：くり返し型の正弦波形に特徴づけられる電磁放射を表す用語。実際はすべての電磁波がヘルツ波というわけではない。

法輪大法あるいは法輪功 Falun Dafa or Falun Gong：氣功とも動きが似た現代中国の心身鍛練法のひとつ。法輪大法の実践は、地球と肉体に宿る微細な生命エネルギー（「氣」である）に対する認識増大を助ける。人のエネルギー場の多次元的性質の発達とその認識増大を促す。

ポテンシャル Potential：一般的に、ある点に固定されたエネルギーあるいは仕事に関する概念。分極を経て真空のなかに特定パターンを生成する人工ポテンシャルが生まれる場合がある。

ポテンシャルエネルギー Potential Energy：他の形式での使用あるいは形式への変換に用いられる貯蔵エネルギー。

ホメオパシー Homeopathy：真空エンジンを内包している次元化ポテンシャルの原理に基づいたヒーリング技術。化学残留物のないままにパターン転移を生じさせる。

ホログラフィックな宇宙 Holographic Universe：宇宙はホログラフィックな映像のような成り立ちをしている。つまり、空間のありとあらゆるところがホログラフィーの干渉縞であふれている。偉大な物理学者の故・デヴィッド・ボームが唱えたこの概念は新しい世界の見方の多くを語っており、科学的コミュニティーのなかで日増しに支持を拡大しつつある。物理的宇宙は高次の世界、つまり内在的な、隠れた現実から生まれたホログラフィックな干渉縞の投影である。ホログラフィーの構造はその独

特の波長で定義される。つまり、人体の同調範囲外にある構造を検知することはできない！　つまり、わたしたちが同調することのできる振動や周波数がこの世界を定義しているのだ！

ホログラム　Hologram：コード化により作られた構造で、内部のあらゆる部分に全体の情報を宿している。構造物は干渉縞がもつ全性質をコード化していて、その性質によってホログラムを作り出している。各部分は全体と同じ重要性を帯びている。見方を変えれば、構造内部の各部分は他のすべての部分と連絡している。超空間的現象はホログラムの性質を有している。つまり、全体のパターンを反映している。人類のエネルギー場はホログラムである。わたしたちは小宇宙のホログラムに暮らしている。宇宙に放たれている光線は、それがどれだけ微かなものでも、全宇宙の情報を含有しているのだ。開口部を可能な限り最小になるように絞りを設定したカメラでその光を撮影するとしよう。それでもこの光からは同じ情報が得られるのだ！　つまり、一粒の光フォトンにさえも宇宙全体の情報が詰まっているのである！

全体運動　Holomovement：いま外部展開している世界が、目には見えない隠れた内在秩序から現れていることを説明するためにボームが用いた用語。この内在秩序は高次の現実である。ホロはホログラフに由来している。ボームは、物理的世界は内在秩序を動きのある生き生きとしたホログラフィックな形で投影したものであると理解していた。わたしたちの世界がもっているホログラフィックな性質は生物、無生物のすべてをつなぎ合わせている。

心‐脳システムの非局所的性質　Nonlocal Nature Of Mind/Brain System：メキシコ人神経生理学者ギンゲルク＝ジルベルバウムが画期的な実験で立証した性質。ふたりの人間の心‐脳システムどうしに非局所的なつながりが存在することを示した。

マクスウェルの方程式　Maxwell's Equations：19世紀にジェームス・クラーク・マクスウェルが独自に開発した電磁現象を表した方程式あるいは数式。この独創的な方程式は「現実」と目には見えない架空の電磁現象の双方の超空間的成分について記した。20世紀になって一般向けに改造された最終方程式はマクスウェルが最初に編み出した式を充分には反映していない。「フリーエネルギー装置」やゼロポイント物理学に関連のある架空の・超空間的成分の存在の存在を無視しているのだ。仮想的現実の入れ子レベルの存在を表すスカラー成分にわたしたちは最も注目している。

マグノン　Magnon：ティラーがエーテル界・微細領域・真空に存在するとしたモノポール磁気粒子。電子に指示誘導するパイロット波である。

マクロ量子効果　Macroscopic Quantum Effects：肉眼レベルで捉えることのできるものの、詳細な記述や古典物理学による説明が難しい現象。レーザーの大規模コヒーレンス、超伝導、超流動がその例。

魔法の窓　Magic Window：次元間節点参照。別名ハイパーチャネル。

多宇宙　Multiverse：わたしたちのいる宇宙は数多ある別々の宇宙のひとつであるとする概念。

用語集　用語の定義と補足事項

モンテッソーリ教育法 Montessori Education：マリア・モンテッソーリ博士が唱えた幼児教育法。個人と「インディゴ」チルドレン独特の存在価値を尊重する。

誘発電位 Evoked Potential：感覚刺激、あるいは疑似感覚刺激によって脳内に生成される測定可能な電気生理学的反応。

ユニバーサル・カリブレーション・ラティス Universal Calibration Lattice：人のエネルギー体内に存在する構造体で、多次元的な格子構造を形成する本質的に備わっている12本の相互接続的ファイバーによって定義づけられる。この格子は本質的に各チャクラとつながり、生体系と外部宇宙を相互につないでいる。

格子 Lattice：複数次元に存在する周期構造あるいは時空現象あるいは配列。独特の幾何学的形状や関係次元における秩序化、あるいは配列。独特の幾何学的形状や関係に特徴づけられる。わたしたちの考察においては、格子は多次元的なネットワークの一部でもある。格子構造を構成している節はコネクタ、つまりハイパーチャネルやエネルギータイプの変換機となる。（結晶参照）。

粒子 Particle：情報を運んでいる時空現象。現実の同時状態で存在しているエネルギーの代わりとなって発現したもの。

量子 Quantum：「量」を意味するラテン語に由来する。量子はものが分割できる最小単位。例えば、最小の光の束であるフォトンは電磁場の量子である。

量子波動関数 Quantum Wave Function：物質前段階が現象発生の確率と関連している。この超光速の波動は時間を過去と未来を行ったり来たりし、わたしたちの心を物理的世界へとつないでいる。

量子物理学 Quantum Physics：世界についてわたしたちがおこなう思考と世界の現れ方の基本的な関係を明らかにする物理学の分野。量子物理学の根底を成す理論によれば、粒子の位置と運動量を同時に同じ精確さで測定することは不可能であり、測定されなければ、粒子に明確な性質があるという確証はどこにもない。わたしたちは自分たちが観測している世界を構成する一部であり、そこから独立した客観的観察者を名乗ることはできない。

量子ポテンシャル Quantum Potential：物理学者の故デヴィッド・ボーム博士が唱えた用語で、量子世界に浸透し、相互につながり、情報提供をおこなう情報場を定義している。例えば、電子はその情報場あるいは量子ポテンシャルから放たれる波から環境に関する情報を与えられている。量子ポテンシャルは非線形構造物であり、時空間の外側に存在している。

量子もつれ Entanglement：局所性によって想定されるものの外側に相関を生み出す複数の粒子の位相固定。

量子論 Quantum Theory：原子レベルと亜原子レベルにおける物質とエネルギーの本質と振る舞いについて説明する現代物理学の理論的基礎。基礎量子論の誕生は1900年の、物理学者マックス・プランクによる発見にまでさかのぼる。その後、アルバート・アインシュタイン、ルイ・ド・ブロイ、ヴェルナー・ハ

イゼンベルク、デヴィッド・ボームをはじめとする科学者がこの分野の発展に貢献した。量子論は量子物理学の基礎である。

レーザー（励起誘導放射による光増幅） Laser (Light Amplification by Stimulated Emission of Radiation)：ある周波数、あるいは波長の光を生成する装置。装置内部ですべてのフォトンが順次コヒーレントな光線を生成していく。このとき、個々の波に強度の増殖効果が働く（例えば、2つの波が重複して4倍の振幅を生み出す、3つの波が重複して9倍の振幅を生み出すといった具合）。巨視的に見ればレーザー光は量子効果である（位相関係参照）。

レゾナント・チューニング Resonant Tuning：システム内の配列、統合とバランスから成る本来の内部状態、次元間の統合状態を引き起こすプロセス。心・肉体システムの電流を全存在を成す意識的主軸に合わせて配列、調整、同期的関係において増幅させることと結びついている。同期によって内部コヒーレンス状態の拡大、つまり全体への統合が進む（調整・強化(カリブレーション)参照）。

ワームホール Wormhole：空間内のチューブ型をした領域で、宇宙のある領域と別の領域をつないでいる。アインシュタイン・ローゼン・ブリッジ。点から点への動きや移動を可能にする時空間構造体内における歪み。このような領域は空間内の別々の地点だけではなく、時間内の点どうしもつないでいる可能性がある。原子はワームホールである。すべての点は他の点と連絡している。この問題の考察や推論においては、論理的に大きくかけ離れている可能性のある概念を関連づけることもある。この脳内機能は脳にワームホールが出現したと言える。

章 注

はじめに

1 Gregg Braden, *Awakening to Zero Point-The Collective Initiation*, Radio Bookstore Press, Bellevue, WA., 1997. See also his later works.

2 Chicago Research Group & Associates, *Ancient Wisdom & Modern Physics*, Leading Edge International Research Group, Yelm, WA., 1999, pg.114

3 Tiller, William A., Ph.D, *Science and Human Transformation-Subtle Energies, Intentionality and Consciousness*, Pavior Publishing, Walnut Creek, Ca.,1997, pg.181

4 Ibid., pg.181- although we quote Tiller's work, we are unable to do full justice in the manner in which he presents his ideas. We recommend the reader consult his original text.

5 Ibid., pg.290

6 Ibid.,pg.290

7 フィリップ・J・コーソー『ペンタゴンの陰謀』中村三千恵訳、二見書房、1998年。

8 Yao, Dr. George, T.F., *Pulsor Miracle of Microcrystals-A Treatise on Energy Balancing*, Gyro Industries, Newport Beach, Ca., 1986, pg.162

9 Ibid., pg.133

10 Petersen, P. Stephen, Ph.D., *The Quantum Tai Chi-Gauge*

11 Ibid, pg.178

12 ドランヴァロ・メルキゼデク『フラワー・オブ・ライフ：古代神聖幾何学の秘密〈第1巻〉』脇坂りん訳、ナチュラルスピリット、2001年。

13 Goswami, Amit, Ph.D., *The Self Aware Universe-How Consciousness Creates The Material World*,Tarcher/Putnam, NewYork, NY., 1995, pg.126

14 Keepin, Will, Ph.D., *Lifework of David Bohm-River of Truth*, www.shavano.org/html/bohm.html#Quest

15 ブライアン・グリーン『エレガントな宇宙：超ひも理論がすべてを解明する』林一、林大訳、草思社、2001年。

第2章 新たなパラダイムに向かって　心と物質と意図性

サブタイトルにある意図性という語はウィリアム・ティラーの以下の著書からヒントを得て用いた。*Science and Human Transformation-Subtle Energies, Intentionality and Consciousness*, Pavior Publishing, Walnut Creek, Ca., 1997

1 Bearden, T.E., Energetics of Free Energy systems & Vacuum Engine Theraputics, 1997, Tara Publications Center, Brampton, Ontario, Canada, pg.54-61

2 Davis, Albert Roy, & Rawls, Walter C., *The Rainbow in Your Hands*, Exposition Press, Smithonian, N.Y. 1976

Theory: The Dance Of Mind Over Matter, Empyrean Quest Edition, Concord, Ca., 1996, pg.176

3 デヴィッド・ボームの研究

4 Davis, Albert Roy, & Rawls, Walter C., *The Rainbow in Your Hands*

5 ミチオ・カク『超空間：平行宇宙、タイムワープ、10次元の探究』稲垣省五訳、翔泳社、1994年。

6 ミチオ・カクの『超空間』とブライアン・グリーンの『エレガントな宇宙』を参照のこと。

7 Bearden, T.E., *Excalibur Briefing*, Tesla Book Company, Box 121873, Chula Vista, CA 91912

8 Tiller, William A., Ph.D., *Science and Human Transformation*, pg.182

9 Hunt, Valerie, Infinite Mind : *Science of the Human Vibrations of Consciousness*, Malibu Publishing, Ca.,1989, pg.51

10 William Tiller, *Science and Human Transformation*, pg.59

11 William Tiller, *Science and Human transformation-Subtle Energies, Intentionality and Consciousness*, ISBN 0964263742

12 Torun, Erol O., *The Complexified Aether*, 1993, www.meru.org/Advisors/Torun/cmplethr.html

13 Tiller, William A., Ph.D., *Sience and Human Transformation*, pg.36

14 Detela, Andrej, *Physical Model o the Biofield*, J. Stefan Institute, Slobenia, 1997

15 「空洞」の内部で定常波が形成される。これらの電磁音波あるいは電気重力波、つまりスカラー波であると考えることができる。この種の波は「充電」が可能であり、電磁現象を生

成する。スカラー波はUCL内に振動の共鳴パターンを構築する。周囲を取り囲んでいる真空(宇宙の海)には超空間のスカラー波振動が事実上、無限に存在している。共鳴回路が作動するためには電圧の源、すなわち電荷の源が必要になることに注目しよう。手が帯びている場構造は人のエネルギー系全体に対して共鳴する。人のエネルギー系がその固有周波数(回路あるいはテンプレート)に同調すると、共鳴状態が構築されてエネルギー体ならびに情報交換の「充電」が可能になる。この共鳴体が共鳴(ホログラフィーの原理)を生み出す。手の周波数はエネルギー体にフリーエネルギーを築く際に用いたあらゆる周波を反映している。宇宙の基本周波数はライスモニック(エーテル性の)周波数である。値は1・855×10⁴³毎秒サイクル。原理として、この周波数、あるいは倍音または分数調波と共鳴条件下で相互作用を働くことでエネルギーの交換、移動、あるいは抽出が引き出される。このライスモニック周波数の倍音や分数調波もシューマン共鳴周波数(地球周波数プロフィール)に現れる。人間の体のしくみに対して支配的なものがシューマン周波数のいくつかに見られる(シューマン周波数はおおよそこの帯域でピーク値を示す。1.8、3.7、7.4 - 7.8、14、20、26、32 - 33、37 - 39、43 - 45ヘルツ)。これらの周波数は超空間スカラー波の同等物を伴って存在している。その他の多種多様な振動は広大な宇宙全体から生まれている。生体系にとって欠かすことのできない重要な役割を演じているものが多い。ベアデン(『Excalibur Briefing』)は超空間内の各枠組みどうしの間に生じる直接的なエネルギー交換、あるいはクロストークを可能にする一連のチャネルの存在について考察している。それらはハイパーチャネル、次元間節点、あるいは魔法の「窓」(マジック・ウィンドウ)と呼ばれている。これらの窓は周波数依存性があり、自然発生的に同調する。ハイパーチャネル周波数には38 - 40キロヘルツ、150 - 160キロヘルツ、1.1 - 1.3メガヘルツ、1・057ギガヘルツの間で発生したものと、紫外線生命エネルギー周波数が含まれる。共鳴回路が作動するために電圧の源、すなわち電荷が必要になることに注目しよう(注16)。UCLと宇宙の海(真空)の間に共鳴状態を構築することで「フリーエネルギー発生機」が生まれる。

16 Frolov, AlexanderV. *ResonanceEffects*に同調する。

17 ミチオ・カクの『超空間』とブライアン・グリーンの『エレガントな宇宙』を参照のこと。

18 Walker, Evan Harris, *The Physics of Consciousness-The Quantum Mind and The Meaning of Life*, Perseus Books, Cambridge, Mass., 2000

19 Bearden,T.E., *Excalibur Briefing*, & Mind Matter Unification Project, Cavendish Laboratory, Cambridge.

20 Nadeau, Robert, & Kafatos, Menas, *The Non Local Universe-The New Physics and Matters of the Mind*, Oxford University Press, NY, NY, 1999, pg.79

21 「20」の3ページ。

22 「20」の5ページ。

23 Bearden, T.E., *Excalibur Briefing*, pg. 199-200

24 Reed, Donald, *Torsion Field Research*, New Energy News.

25 Goswami, Amit, Ph.D., *The Self Aware Universe-How Consciousness Creates The Material World*, Tarcher/Putnam, NewYork, NY, 1995, pg.132 & 172 & Grinberg-Zylberbaum, J., M. Delaflor, M.E. Sanchez Arellano, M.A. Guevara and M. Perez, *Human Communication and the*

26 Goswami, Amit, Ph.D., *The Self Aware Universe*, pg.130

27 Hunt, Valerie, *Infinite Mind : Science of the Human Vibrations of Consciousness*, pg.50-51

28 [27]の93ページ。

29 Rollin McCarty, William A. Tiller, & Mike Atkinson, *Head-Heart Entrainment : A Preliminary Survey.*

30 Childre, Doc, & McCraty, Rollin, *Love-The Hidden Power of the Heart: A Scientific Perspective*, Institute of Heart Math.

31 Goswami, Amit, Ph.D., *The Self Aware Universe-How Consciousness Creates The Material World*

32 Petersen, P. Stephen, Ph.D., *The quantum Tai Chi-Gauge Theory: The Dance Of Mind Over Matter*, Empyrean Quest Edition, Concord, Ca., 1996

33 Detela, *Physical Model of the Biofield*, Appendix C

34 Keepin, Will, Ph.D., *Lifework of David Bohm, Wholeness and the Holomovement*, www.shavano.org/html/bohm.html

35 [34]に同じ

36 Keepin, Will, h.D., *Lifework of David Bohm, The Implicate Order*

37 Sarfatti, Jacob(Jack), Ph.D., *Progress in Post-Quantum Theory*

38 [37]に同じ

39 Sarfatti, Jack, *Post-Quantum Physics of Consciousness*, Slide Show

40 [39]に同じ。

41 Sarfatti, Jacob (Jack), Ph.D., *Progress in Post-Quantum Theory*

42 [41]に同じ。

43 Petersen, P. Stephen, Ph.D., *The Quantum Tai Chi-Gauge Theory: The Dance Of Mind Over Matter*, pg.146

44 [43]の169ページ。

45 [43]の171ページ。

46 Bearden, T.E., *Gravitobiology-The New BioPhysics*, Tesla Book Company Box 121873, Chula Vista CA 91912, 1991, pg.47

47 用語集の真空の項を参照のこと。

48 S極を発したエネルギースピンは右回りに (時計回りに) 進む。N極を発したエネルギースピンは左回りに (反時計回りに) 流れ込むと、方向を変える。磁力エネルギーの循環から8の字型のパターンが形成されていることに注意したい。中央部分 (ブロッホ壁) には磁気がない。両極の端においてはエネルギーが円錐形をしていることが検知できる。円錐形を描くこれらのエネルギーは外に向かって拡大して引き返し限界点を示す。デイヴィス & ロールズによる新発見はあらゆる磁気現象に当てはまる原理である。

49 荷電粒子はポンプのように仮想粒子を吸収する (そして放出

50 重力とは質量に働く引力であるとする従来の理解は誤りである。定義上は、時空を曲げるものは何であれ重力場である（時空の曲率から生じるありとあらゆる力も同様）。5次元重力ポテンシャルは主として電磁気となって5次元空間に現れている。わたしたちは初歩的に発現した効果、つまりこの5次元ポテンシャルのブリードオフが電磁気力場となって3次元空間に表れたものを目で見ている。5次元重力場の2次的発現として現れているのは通常の重力場である。この5次元重力場は発現したポテンシャルエネルギーのごく一部にすぎない。5次元重力ポテンシャルは真空におけるさまざまな圧力様式とパターン（時空曲率やポテンシャル）の総量に由来している。ここには真空内に流束やフローとなってそのときどきに表されている仮想粒子の寄与も関連している。仮想粒子、ニュートリノ、荷電粒子や非荷電粒子等はみな5次元重力場の全ポテンシャルの働きに寄与している（ベアデンの概念を借りると）。光は本質的に電磁的実体である。これまでの考察で、ひも理論では光が5次する）。真空状態内に存在する質量ゼロの荷電粒子の集合あるいは集束は「ポテンシャル」を生み出す。なかでも、光フォトンの集合は静電スカラーポテンシャルを形成する。このスカラーポテンシャルは仮想粒子を流す（定留）点である。電荷は多様なフローや流束と関連があり、一定ではない。質量粒子はスカラー波の吸収放出によって絶え間なく荷電、放電をくり返している。ベアデン《『Excalibur Briefing』》によると、マインド・フィールドの場は相互作用を働いて粒子の電荷を修正、増大、あるいは消滅させることができる。フローを変えたときには（例えばエネルギーを変えることで）電荷も変えている。この状況では電荷とエネルギーフローは同義語である。

51 従来的には、フォトンは電場ベクトルe、磁場ベクトルH、速度ベクトルVから成っている。3つすべてのベクトル（方向）はお互いに直交している（90度で交わっている）。それぞれのベクトルがもっているのは仮想状態の基礎構造である。この基礎構造は高次元空間からわたしたちの現実の枠組みの中に入り込み、元々来た仮想状態へと戻っていく。フォトンは非局所的現象である。ベアデン《『Excalibur Briefing』》は振動電場と振動磁場をエーテル質あるいは超空間的回転流束（回転流）であると説明している。個々のベクトルがもっている基礎構造は無限の仮想ベクトルを有していると考えられる。個々のベクトルは、仮想パターンが構造上に記憶される修正変更が可能であり、仮想パターンの内の流束はニュートリノ流束である。つまり、ニュートリノ波はフォトンが発する包絡線の内部である。ニュートリノはフォトンのE場、H場の内部に入れ子にされている。元のさざ波であるとされている理由が見て取れる。電磁気は、光そのものと同様に高次元現象が現出したものである。この本質的要素と人体との関連性をつづいて読み解いていく。事実上、5次元型の統一重力場（重力が時空を曲げる要素を発現する原因になっている。この場は充電が可能である。わたしたちを取り巻きながら、人間が電磁的本質を発現する原因になっている。この場は充電が可能である。わたしたちの存在が表す仮想状態の初期場のフローあるいは流束（電荷）を増大していくことでこの初期場のポテンシャルは増大する。その結果、わたしたちが「いまこの瞬間」に利用できる電磁的エネルギーも増大する。逆に言えば、個人の5次元場から生じた望ましくない「ブリードオフ」は反対の影響を及ぼすと言える。つまり、「いまこの瞬間」に利用可能な電磁的エネルギーが減少するのだ。

へとただちに迎えられる。電場や磁場と高度な相互作用をおこなっているのはニュートリノ波であり、これは超空間の波動である。電磁場の周囲を循環しているのはらせん波である。電磁場内の電荷が増大していくにつれて（ポテンシャルあるいは電圧が高まるにつれて）ニュートリノ波と場の相互作用の頻度が増大する……したがって、ニュートリノ波の数が増大する。

光はニュートリノ波の伝導体であると考えることができる。ベアデンによれば、ニュートリノ波はバイオエネルギーあるいはエロプティックエネルギー（ヒエロニマス）の搬送波であり、オルゴンエネルギー（ウィルヘルム・ライヒ〈注7〉）として知られる回転波である可能性がある。さらに、ベアデンはニュートリノ場は心の場〈マインド・フィールド〉へとつながるリンク役を果たしていると説明している。チャクラの活性と安定の度合いが高まれば、チャクラから放たれるフォトンの量も増加することをモトヤマが突き止めている。

52 初めに数分間の交流の時間を取って互いに打ち解け合った被験者AとBを別々のファラデー箱に入れて隔離する（このファラデー箱は被験者間の従来的な電磁的コミュニケーションの方法をいっさい遮断する）。実験では被験者Aに対して点滅光を見せた。すると、この光が点滅した際に、被験者Aの脳信号記録装置に誘発電位の発生が認められた。被験者Bはこの一連の出来事の内容はいっさい知らされていないが、同様の信号がAと同じタイミングで記録装置に「現れた」。非局所的作用を示している心‐脳システムの影響は複数の次元世界にまたがって広がるのだ。この影響の発信源となるのが物理的時空間を包含している高次元世界なのだが、時空次元の枠の制限は受けない。

このことから、人どうしがつながるには、目には見えないもの

53 ヴァレリー・ハントによれば、組織立った場の各部分はホログラムであり、全体のパターンをその中に含んでいる。人のエネルギー場は同様のホログラフィックな場である〈注27〉。物質、エネルギー、心と霊魂はすべて、拡大した現実観を成しているのだ。ヴァレリー・ハントは個人の「意図」が他人の場に作用する可能性と、エネルギー場パターンと意識の関連性を解明しうる可能性を突き止めた。ハート・マス研究所は心臓と脳が高度に統合されたシステムを形成することを突き止めた。情動的活動は生体全体の性能に影響する。思考と感情は心臓の電気系統に反映される〈注30〉。心臓は肉体の最も強力な電磁場発生機であり、この場は肉体から数メートル離れた場所で測定することができる。ハート・マス研究所は人と人が触れ合う、あるいはひとりの心拍信号（心電図）がもう一方の人の脳信号（脳電図）をはじめとする器官の信号となって表れるという実験的証拠を得た。このことから、心‐脳信号は人の動的システム全体をホログラフィックに示す部分であると考えることができる。心‐脳信号が確立されると非局所的な性質を伴った信号は人間の動的システムが帯びている一連の波形パターンを伴った感情の波形の「搬送波」とみなすことができる。本文で後述しているとおり、心臓はねじれ率場の発生機であり、その場は本質的に非局所的なのである。ねじれ率場は他人のねじれ率場と相互作用を働く情動的側面を成す情報パターンを運んでいる。わたしたちの存在を成す情報パターンが生まれるのは高次元世界であると考

の、リアルな非局所的相関が必ず伴うと結論づけることができる。脳のねじれ率場は本質的に非局所場と相互作用をおこなう情報パターンを搭載している。この場は他の人々がもっているねじれ率場と相互作用をおこなう情報パターンを搭載している。

えることができる。その次元は物理的時空間を包含しているものの、時空次元の制限は受けない。この情動的側面は複数の次元世界をまたいで広がっている。

54 Sarfatti, Jacob (Jack), Ph.D., *Military Applications of Post-Quantum Physics*

55 ふたつの接続経路について概説している。(1) 経路A：時空直接構造と従来型アロパシー医学、(2) 経路B：時空逆構造（周波数領域）とホメオパシー療法。これらの媒介となるループは、磁気ベクトルポテンシャルを通じて肉体の生物学的プロセスと微細な場をつないでいる。作用について示す方程式が両方向に機能していることに注目してほしい！ 物理的世界が微細な世界に作用し、微細な場が物理的世界に作用しているのである！ わたしたちはエネルギーバランシング・テクニックを介した人どうしのつながりを通じた場の変更修正が可能であるとする見方をしている。これらの微細な場に対するすべての作用は、ティラーの方程式で示されたように、微細領域から物理的な領域へとつながる道に最終的にフィルターを掛けることになる。

56 磁場が観測されない場合にも存在している（アハラノフ・ボーム効果）。示されているのは円筒ソレノイドの磁場。ベクトルポテンシャルAは磁場Bとは切り離された状態で存在している。Bを遮断しても真空状態のベクトルポテンシャルは減少しない。スピン場・アクシオン場・ねじれ率場はベクトルポテンシャルの命令に従う。ティラーによれば、ベクトルポテンシャルは微細なエネルギー場へとつながる鎖である。

57 （最小の）心の格子から（最大の）物理的世界のラティス、各格子基礎構造の格子寸法はさまざまである。ティラーによれば、意識と関連性のあるネットワーク全体を移動する波が存在する。これは次元間節点である。周波数依存性があり、自然発生的に同期する（このような点をベアデンは魔法の窓と呼んでいる）。この点において意識の波は物質と相互作用をおこなうエネルギーに変換される。グリッドポイントはもうひとつの理由で重要な意味をもつ。思考プロセスから生じる「ポテンシャル」を保存しているのだ。これらのポテンシャルはパターンに変質してわたしたちの人生に投影される。節点におけるパターンとポテンシャルを修正変更させることで人生に投影される出来事が変わるのだ。

58 ウィリアム・ティラーの観点から見た場合、生体レベルに不均衡が存在するときは、恒常性回復のために、化学物質の不均衡を電磁レベルで調整する必要がある。電磁レベルの不均衡はエーテル質レベルで調整する必要がある。エーテル質レベルの不均衡は感情レベルでの調整が必要になり、感情レベルの不均衡は精神レベルでの調整が必要になり、精神レベルの不均衡は霊的レベルでの調整が必要になる（注8）。このモデルでは、現実のいかなるレベルの組織化も高次の現実に影響を受け、決定される。とりわけ、生物の肉体的現実は電磁場の組織的影響下に置かれている。わたしたちは微細な構造に「手を加える」ことによって肉体の生物学的機能を行使することのみならず、したちはこれらの微細構造を意識の働きのみならず、人とのつながりを通じた介入によって変容することができる。

59 磁極性はらせん状に循環する時空応力の静磁スカラーポテンシャルから生まれる。静磁ポテンシャルは充電が可能である。このエネルギーのいずれかの性質がN極からS極へとらせん運動をおこない、もう一方の性質がN極からS極へと運動する（一種の陰陽の連動）。

60 重力とは質量に働く引力であるとする従来の理解は誤りである。定義上は、時空を曲げるものは何であれ重力場である（そして時空の曲率から生じるありとあらゆる力も）。5次元重力ポテンシャルは主として電磁気となって5次元空間に現れている（「50」参照のこと）。

61 節点は宇宙に存在する万物の相互接続性に関連している。さらに、すべての情報と局所的、非局所的現実へのホログラフィックなアクセスはこの観点から理解することができる。ベアデンによれば、この節点という重要な要素は脳内にも存在していることから、キーとなるのは格子構造内の格子グリッドにアクセスする方法を習得することである。磁場Bにおいてわたしたちは格子グリッドと超空間駆動メカニズムの間に説明を施すオーバーレイを作成した（第4章参照）。ジャック・サーファティによれば、脳内電子によって生成された大量の「ナノアンテナ」は脳微小管への情報伝達に役立っている（「37」参照）。

62 非局所性は粒子どうし（あるいはシステムどうし）の距離にかかわらず情報の移動が瞬間的におこなわれる性質を指している。お互いから離れていく間、フォトンはもう一方のフォトンの偏光状態をずっと「わかって」いる。この認識は瞬時にして生じる。つまり、光の速度や互いを隔てている距離の制限を受けないのだ。同様の実験が1997年に何度かおこなわれた（ギリシンらによる。ジェノヴァ大学にて）が、このときはフォトンどうしが2キロも離れていた（アスペ実験では13メートル）。1997年の実験によって、非局所性を宇宙の両端に離しても生じる可能性があることが証明されたのだ！非局所性の存在は、物理的現実の根底にある目には見えない隠れた現実の存在を示唆している。この現象を通じて時空間のつながりの外側でやりとりをおこなっている不可分な接続性が存在している。

63 量子パイロット波の情報パターンは非局所的である。このパターンは強度に基づいては稼働していない。正しくは形体を伝達している。情報提供に見られるように文字どおり形状を与えるのだ。従って、精神の場は高エネルギーシステムをも誘導、「制御」あるいは作用することができる（喩えとして、海岸から発した電波によって海上の大型船舶の動きを誘導できることを考えるとよい）。解説では外在系は外部から成る精神の場として描かれている。サーファティによれば、外在系は外部から成る精神の場を含んでいる。心と物質の相互作用のなかには、あらゆる古典的な力の場に組織的作用を行使する思考から成る精神の場の働きがある。古典的な場とはすなわち電磁場、重力場、ねじれ率場をはじめとする接続場である。ベアデンは『Excalibur Briefing』のなかでさらなる詳述をおこなっている。ベアデンは意図、あるいは彼が呼ぶところの「開始、発端」を「通常の科学にとってのもうひとつの謎」であるとしている。

64 充分にコヒーレントなプロセスによってフォトン群は量子閾値を突破することができる。このプロセスが生じると、観測可

347　章注

能量子変化が発生する。電磁場の生成あるいは修正をおこなう。つづいて実際の物理変化が起きる。解説のなかで仮想フォトンが思考実体を電磁場まで運ぶ「搬送波」であるとしていることに注目しよう。実際、わたしたちはフォトンのことを電磁場の「メッセンジャー粒子」と呼んでいる。もしも電磁場が目に見えれば、情報を運びながら粒子の間を舞い踊るフォトンで満ちあふれた壮大な光のショーがそこかしこに展開されていることだろう。仮想的現実（ヴァーチャル・リアリティー）の内部にはあらゆる可能性が存在している。充分なエネルギーとコヒーレンスを特定のパターンまたは可能性に集束させて、実際の物理的現実のなかに移行させることが重要なのだ。

第3章　ユニバーサル・カリブレーション・ラティスへの誘（いざな）い
次元を超えて広がる網の目（ウェブ）

1　デヴィッド・ラピエールの序文
2　「1」に同じ
3　トッド・オヴォカイティス博士　www.Gematria.com

第4章　多次元回路
超空間への入口

1　Bearden, T.E., *Exccalibur Briefing, Gravitobiology* & other works of Bearden.

2　Bearden, *A Redefinition of the Energy Ansatz, Leading to a Fundamental New Class of Nuclear Interaction*, 1992

3　Bearden, *Gravitobiology : The New Biophysics*

4　「3」に同じ。

5　Lazslo, Ervin, *Toward A Physical Foundation For Psi Phenomena*, 1994, http://www.goertzel.org/dynapsyc/1996/ervin.html

6　Yao, Dr. George, T.F., *Pulsor Miracle of Microcrystals-A Treatise on Energy Balancing*, Gyro Industries, Newport Beach, Ca. 1986, pg.133

7　Chicago Research Group & Associates, *Ancient Wisdom & Modern Physics*, Leading Edge International Research Group, Yelm, WA, 1999, (www.trufax.org).pg.43

8　「7」に同じ。

9　Falun Dafa, Falun Gong,

10　*Ancient Wisdom & ModernPhysics*, pg.45

11　Valerian, Valdamar, *Matrix III, the Psycho-Social, Chemical, Biological and Electromagnetic Manipulation of Human Consciousness*, Vol. 1, Leading Edge ResearchG roup, P.O. Box7530, Yelm, Washington State, 98597 pg. 339

12　「11」の346ページ。

13　Hameroff, Stuart, www.u.arizona.edu/hameroff/index.html

14　Leary, Timothy, *Timothy Leary's Eight Circuits of Consciousness*, www.deoxy.org/8circuit.htm

15　www.deoxy.org/eoctave.htm

16 Valerian, Valdmar, *Matrix III*, pg.61
17 「16」に同じ。
18 「16」の61〜95ページ。
19 *Timothy Leary's Eight Circuits of Consciousness*, www.deoxy.org/8circuit.htm
20 時代の先駆けとなったマリア・モンテッソーリ博士の哲学と教育的アプローチを参照してください！
21 モンテッソーリとヴァルドルフ・シュタイナーの理論が現代幼児教育に対してもっている可能性を探求していただきたい。子どもというのはそれぞれのタイミングで成長していくユニークな個人である。詳細についてはリー・キャロルの『インディゴ・チルドレン——新しい子どもたちの登場』(愛知ソニア訳、ナチュラルスピリット) 参照のこと。現代の子どもたちはじつに多くのことをわたしたちに教えてくれる！

第5章　認識の拡大　意識の軸に沿って

1 Tiller, William A., Ph. D., *Science and Human Transformation*, pg.200
2 Sarfatti, Jack, *Post-Quantum Physics of Consciousness*, Slide Show www.qedcorp.com/pcr/pcr/pq/pql.htm
3 Tiller, William A., Ph. D., *Science and Human Transformation*, pg.178 & 201

第6章　七色の手　その手でつかむ夢

1 章タイトルの「七色の手」はアルバート・ロイ・デイヴィスとウォルター・C・ロールズの著作『The Rainbow in Your Hands』(Exposition Press, Smithtown, NY, 1976) にヒントを得て命名した。プライアン・グリーン『エレガントな宇宙：超ひも理論がすべてを解明する』林一・林大訳、草思社、2001年。
2 Bearden, *Excalibur Briefing*, pg.202
3 Davis, Albert Roy, & Rawls, Walter C., *The Rainbow in Your Hands*, pg.94
4 McGee, Charles T., M.D., Poy Yew Chow, Effie, Ph. D., *Miracle Healing from China-Qigong*, Medipress, Coeurd' Alene, ID, 1994, pg. 37
5 Yao, George, Dr., *Pulsor-Miracle of Microcrystals: A Treatise on Energy Balancing*, gyro Industries, Newport Beach, Ca, 1986
6 Davis, Albert Roy, & Rawls, Walter C., *The Rainbow in Your Hands*
7 「6」の82ページ。
8 「6」の9ページ。
9 「6」の104ページ。
10 「6」の84ページ。
11 McGee, Charles T., M.D., Poy Yew Chow, Effie, Ph. D., *Miracle Healing from China-Qigong*, pg.37

12 「11」に同じ。
13 Guo-Long, Liu, M. D., *Infrasonic simulation of emitted Qi from Q-Gong Masters*, www.practicalqigong.com
14 Xin, Yan, Dr., Dr., *Yan Xin on Scientific Qigong Research*, www.qigong.net
15 Bunnell, Toni, *A Tentative Mechanism for Healing*
16 「13」に同じ。
17 「15」に同じ。
18 Popp, Fritz Albert, *About the Coherence of Biophotons*, International Institute Of Biophysics, Neuss, Germany
19 Tiller, William, *Science and Human Transformation*, pg.135
20 Yao, George, Dr., *Pulsor-Miracle of Microcrystals : A Treatise on Energy Balancing*, pg. 21
21 「20」に同じ。
22 Benveniste, Jacques, M.D., *Understanding Digital Biology*, www.digibio.com
23 Institute of HeartMath, *The memory of Water*
24 「23」に同じ。
25 リチャード・ガーバー『バイブレーショナル・メディスン：いのちを癒す〈エネルギー医学〉の全体像』上野圭一、真鍋太史郎訳、日本教文社、2000年。
26 Bearden, *Graviobiology : The New Biophysics*
27 Rein,Glen,Ph.D., *Non-Hertzian Energy and Electromagnetic Energy : The biological Connection*, Matrix III
28 *The Rainbow In Your Hands*, pg.82
29 *Excalibur Briefing*, pg. 198-199
30 Rauscher, Elizabeth A., Ph. D., *Electromagnetic Phenomenan Complex Geometries and Non-Linear Phenomena ,Non-Hertzian Waves and Magnetic Monopoles*, Tesla Book Compay, Box 121873, Chula Vista, CA 91912
31 加えて、この領域一体にはらせん状に渦巻くエネルギーの動きがある（ジョージ・ヤオ博士、デイヴィス＆ロールズの研究による）。らせん状に渦巻く場は高次元の初期エネルギーシステムの存在を示唆している。この領域から放たれる癒しをはじめとする離れ業に関連するエネルギーは氣と呼ばれている。手のエネルギーと場は感情とハートから現れるエネルギーで改質されている。
32 磁気エネルギーは相対する磁極からはらせんを描きながら発生する。N極側から見ると、北のエネルギーは時計回りにらせん運動をおこない、このときは南のエネルギーも時計回りに運動している。これらの正反対の電磁フローが相対する磁極の発生の一因となる。ブロッホ壁の内部にはエネルギーが「一定エネルギーの微視的レベルまで小さく集束される（デイヴィス＆ロールズ）」。
33 ブロッホ壁と呼ばれる領域が発生する。反対の磁極配列において永久磁石を用いたデイヴィス＆ロールズは物質に慣性場現象（反重力作用）が生じることを発見した。相対する磁性をもった渦の場の存在は真空状態の局在性バランスに乱れを生み出す。これらのハイパーフィールド効果は物理定数を変化させ、

て存在している。

3次元空間に新たな力を生成する。これによって真空のエネルギー（ゼロ・ポイント・エネルギー）が引き出されてエネルギーフローの発生につながる。

34 S極は真空のエネルギーが欠乏しているため、S極に向かってエネルギーがらせん運動を起こす。N極は真空のエネルギーに対して応力をもっているため、エネルギーはN極をからせん運動をおこなう。図には渦状の初期場が示されている。磁極との関連性が観測された渦状の場は他にも観測されている（別の挿絵で図解）。一連の場はハイパーフィールドである。磁力は目には見えない超空間的現象と関連している。

35 手の両面に生じるN極とS極のちょうど中間に位置する領域。初期的ならせん運動のなかで、場の180度の相変化が発生する。この相変化がブロッホ壁領域内に8の字型のループパターンを形成する。新たな場の現象はこのパターンをもとに発生する。時空に対する応力は相対する磁極と電極の超空間流束、あるいは超空間フローがこの領域に進入する。この領域は無限の宇宙エネルギーフローの源とつながっている。

36 この振動によってコイルL（誘導器）の内部で誘導された電流はLC回路に流れ込む。Cを変化させることによって回路内に共鳴状態が構築される。増幅器ごしに信号が検知される。人の回路は手の磁場から発生する曲がった時空を利用している。人神経系・脳ネットワークはエネルギーを検知するための共鳴回路を提供してくれる。人がスカラー波を検知するプロセスは多次元的なものである。同調可能な共鳴状態は広汎な規模において存在している。

第7章　多彩な相互作用　隣り合う生命の網の目に触れる

1 ジャック・サーファティとゲンナディ・I・シポフが代表的。

2 無論、一連の主張を直接に調査検証することはできない。

3 Nachalov, Yu. V., *Theoretical Basics of Experimental Phenomena*, www.centuryinter.net/fjs11/hist/shipov.htm

4 Akimov, A. E., & Tarasenko, V. Ya., *Models of Polarized States of The Physical Vacuum and Torsoion Fields*, Interdepartmental Scientific-Technological Centre of Venture Technologies, Translated from Izvestiya Vysshikh Uchebnykh Zavedenii, Fizika, No.3, pg. 13-23, March, 1992

5 Nachalov, Yu. V., *Theoretical Basics of Experimental Phenomena*, www.centuryinter.net/fjs11/hist/shipov.htm

6 Nachalov, Yu. V., A. N., *Experimental Investigation of New Long-Range Actions*, www.amasci.com/freeenrg/tors/doc17.html

7 Nachalov, Yu. V., *The Basics of Torsion Mechanics*, www.amasci.com/freeenrg/torss/tors24.html

8 Poponin, Dr. Vladimir, *The DNA PHANTOM EFFECT : Direct Measurement of A New Fieldin the Vacuum Substructure*

9 これらは仮想の密度波（VDW）か、仮想の対称波（VSW）、あるいは真空振幅波（VAW）であると考えられる。詳しくは

以下参照のこと。

10 Kaivarainen, Alex, *Unconventional Consequences of Dynamic Model of Wave-Particle Duality, Hierarchic Concept of Matter & Field: Hypothesis of Biological & Informational Fields, Hierarchic Model of Consciousness, Hierarchic Theory of Complex Systems*, www.karelia.ru/~alexk

11 Nachalov, Yu. V., Parkhomov, E. A., *Experimental Detection of the Torsion Field*, www.geocities.co.jp/Technopolis/1228/torsion_field/doc15/doc15.html

12 Nachalov, Yu. V., A.N., *Experimental Investigation of New Long-Range Actions*

13 Akimov, A. E., Shipov, G.I., Binhi, V.N., *New Approach to the Problem of Electromagnetobiology*, 1997

14 Akimov, A. E., & Tarasenko, V. Ya., *Models of Polarized States of The Physical Vacuum and Torsion Fields & Nachalov, Yu. V., Sokolov, A. N., Experimental Investigation of New Long-Range Actions*

15 Nachalov, Yu. V., *The Basics of Torsion Mechanics*, www.amasci.com/freeenrg/torss/tors24.html

16 Nachalov, Yu. V., *Theoretical Basics of Experimental Phenomena*, www.centuryinter.net/tjs11/hist/shipov.htm

17 See works of Bearden & Bearden, T. E., *Energetics of Free Energy Systems & Vacuum Engine Theapeutics*

18 Norman, Ruth, *Interdimensional Physics-The Mind and The Universe*, Unarius Publications EICajun,CA,1989,pg.165

19 Shpilman, Alexander A., *Physical Properties If Axion (Spin) Fields, Spin (Axion) -Field Generator Passive Resonators Axion (Spin) Fields, Solar Spin (Axion) Field, Some Effects, Homeopathy & Acupuncture*

20 *Vortex World Of Viktor Schauberger*

21 Shpilman, Alexander A., *Physical Properties of Axion (Spin) Field*

22 Nachalov, Yu. V., Sokolov, A. N., *Experimental Investigation of New Long-Range Actions & Kaivarainen, Alex, Unconventional Consequences of Dynamic Model of Wave-Particle Duality.*

23 Sarfatti, Jack, *Shipov's Torsion Field Theory For Dummies*, pg.17, 1999

24 Shipov, Gennady I., *The Theory of Physical Vacuum*

この4面体安定構造は精緻な幾何学模様をもった基礎成分になるだけではなく、物質そのものになる。プロトン、ノイトロンの成分のクォークは4面体の形状によって定義づけることができる。Cでは3次元構造を2次元で示してある。この自己相似構造、フラクタルの内部には4面体構造が存在している。構造体の規模は微視的レベルから巨視的レベルにわたると推定される。この構造体内の共鳴状態は幾何学構造の配列の度合いと一致しており、完全な対称性を成しながら細胞間の通信と情報交換を可能にしている。真空内部では安定と対称性、バランスを示す同様の構造体が存在している。人のエネルギー場にも安定を示す類似構造体が存在している。そこに形成されているラティスは「知性の指揮によって構成された光の調和的波形の幾何学的集合体」(ブルース・ケイシー)と表現することができる。同調は(幾何学的)形状どうし、そして幾何学的細胞どうしの間に調和を生み出すプロセスである。光と音はすべてラティス全体に浸透していく。(幾何学的)形状、光、音はすべて調和的につ

ながっているのである！

25 高密度エネルギーフローでできたらせん状の糸は、ねじれ率場の内部で撚り合わさりながらベクトルポテンシャルの指す方向に働いている（シュピルマン）。ティラーによれば、ベクトルポテンシャルは微細な領域へとつながるリンクである。ねじれ率場は超空間的存在であり、観測不可能の仮想的現実（ヴァーチャル・リアリティ）において相互作用を働き、時空間の制約には従わない。スピン・スピン相互作用は物理的、生物学的、生化学的物体をはじめとして、あらゆる物体の間で生じている。この作用は共鳴と同様の流れに沿って発生する。これらの相互作用は微細なエネルギー場全体で発生している。この相互作用においてねじれ率場は自らの構造と内包している情報を利用して別の場を「充電」（分極、刷り込み、影響）することができる。さらに、相互作用によって電極、磁化可能性をはじめとする場構造の性質の変えることができる。

26 例を挙げると、角錐、円錐、平面三角形をはじめとする形や形状が顕著な効果をもったねじれ率場を生成することが確認されている。受動的ねじれ率場発生装置は黄金比率（1：0.618）に従っている。図では、円錐が3等分されている。ABCの3点は円錐内の左ねじれ率場の最大強度に対応している。特定の物体と幾何学的形状がねじれ率場と共鳴相互作用をおこなうことが観測されている。ねじれ率場はいずれの物理的物体にも「記録」されることが研究者によって観測されている（ナチャロフ＆ソコロフ）。さらに興味深いねじれ率場の特徴は物理的真空に及ぼしている影響である。空間領域から外部ねじれ率場を取り除いたあとにも空間的形状はパターンとなって物理的真空の中に留まる。このパターンはねじれ率場ファントム、あるいは単純にねじれ率場ファントムと呼ばれる。真空状態はねじれ率場の分極、偏光を受け、ねじれ率場の記録を長期にわたって保存する。ねじれ率場はエネルギー交換をおこなうことなく情報伝達をおこなうことがわかっている。

27 相互作用はあらゆる物体のねじれ率場の構造も変化させることができる。外部ねじれ率場はあらゆる物体のねじれ率場の構造も変化させることができる。外部の源を除外されたあと新たに生じたねじれ率場の形状は、外部の源を除外されたあとも原形を保っている。静電場、電磁場、磁場は必ず超空間的な性質をもった場を伴っている（ナチャロフ＆ソコロフ）。従って、手はねじれ率場を発現する。それらの場は超空間的な場である。手のねじれ率場の相互作用効果は空間から手が消えたとしても残存する。ねじれ率場は共鳴に似た相互作用を働くことがわかっている（もちろん、心臓と脳は一大ねじれ率場発生装置とみなすことができる）。ねじれ率場は非常に特異な性質を備えている。ねじれ率場の相互作用を観測する実験結果から、生体のもつ特徴を劇的に変化させる機能を備えていることがわかる。

28 Cathie, Bruce L., *The Energy Grid-Harmonic 695 The Pulse of the Universe*, America West Publishers, Carson City, NV, 1990, pg. 159-160

29 ねじれ率場は渦、あるいは電磁的性質を示すあらゆるセンターと関連している。センターの代表例はチャクラや鍼灸のつぼである。これらのセンターは手のねじれ率場のスピン・スピン相互作用の影響を受けることがある。ねじれ率場に似た作用を示す。ねじれ率場は共鳴に似た作用を示す。ねじれ率場は詳細な情報マップをパターンとしてその基礎構造の内部に保持している。ねじれ率場は空間的形

状を他のねじれ率場に伝達している。

30 相互作用は無質量電荷の分極を引き起こす。このパターンは準安定状態となって真空に留まる。真空状態のゼロ質量電荷は仮想粒子の流束あるいはフローから成っている。この流束は非局所的作用を及ぼすポテンシャルを真空内に生み出す。

第8章 マスター・スイッチ　すべての中心

1 Davis, Albert Roy, & Rawls,Walter C., *The Rainbow in Your Hands*

2 Institute of Heart Math, *Subtle Energy Research*

3 *Ancient Wisdom & Modern Physics*, pg. 114

4 Rollin McCarty, William A. Tiller, & Mike Atkinson, *Heart Entrainment : A Preliminary Survey*

5 Childre, Doc, & McCraty, Rollin, *Love-The Hidden Power of the Heart: A Scientific Perspective*, Institute of Heart Math

6 Winter, Dan, *Power Spectral Measurements of EKG and the Earth's ELF Magnetic Resonance*

7 Bearden, Kaivarainen

8 リチャード・ガーバー『バイブレーショナル・メディスン――いのちを癒す〈エネルギー医学〉の全体像』上野圭一、真鍋太史郎訳、日本教文社、2000年。

9 Bearden, T. E., *Technical Background on Regauging a System to Provide Free Excess Energy*, The Virtual Times, 1966, www.hsv.com/writers/bearden/reg01.htm

10 Bearden, *Excalibur Briefing*, pg. 260-265

11 Cathie, BruceL., *The Energy Grid Harmonic 695 The Pulse of the Universe*, America West Publishers, Carson City, NV, 1990, pg.2 60-265

12 Takashi AOKI, Yasuo YOSHIYUKI And Yoshinori ADACHI, *Influences of Gauge Field on Living Bodies*, Journal of International Society of Life Information Science, Vol. 17, No.2, September 1999

13 Bearden, T. E., *Energetics of Free Energy Systems & Vacuum Engine Therapeutics*, 1997, Tara Publications Center, Brampton, Ontario, Canada ,pg. 54

付録A　バイオフィールド

肉体と微細な領域の間の網の目をつなぐ

1 アンドレイ・デテラの私信

2 Detela, A., *Physical Model of the biofield*, 1997, J. Stephan Institute, Ljubljana, Slovenia, abstract can be found at Journal of Consciousness Studies, http://www.imprint.co.uk/, 04.07--AbstractNo:1068

3 Robert Bruce, *Astral Dynamics - A New Approach to Out-of-Body Experience*, 1999,

4 ロバート・A・モンロー『究極の旅——体外離脱者モンロー氏の最後の冒険』塩崎麻彩子訳、日本教文社、1995年。

5 Sheldrake, Rupert, Ph. D., www.sheldrake.org/interviews

6 Hemetis, *Quantology*

7 Hemetis, *Torus Knot Topology*

8 ミチオ・カク『超空間——平行宇宙、タイムワープ、10次元の探究』稲垣省五訳、翔泳社、1994年。

9 ブライアン・グリーン『エレガントな宇宙——超ひも理論がすべてを解明する』林一・林大訳、草思社、2001年。

付録B 自己組織化システム
人と人のつながりにおける能動的情報

1 Scheldrake, Rupert, *The Variability of the Fundamental Constants, Do Physical Constants fluctuate?*, www.transaction.net/science/seven/constant.html

2 Detela, Andrej, Self-Organization *Within Complex Quantum States*, J. Stephan Institute, Ljubljana, Slovenia, 1998 (Prepared for the 4th Slovene conference on Cognitive Scinces)

3 Tiller, W., *Science and Human Transformation*, pg.175

4 Hunt, Valerie, *Infinite Mind*, pg.69

5 Bearden, T. E., *Excalibur Briefing*, pg.273

6 アンドレイ・デテラの私信

7 Ljubljana, Quantum Physics Information Consciousness, *Topics of the Second Day, Interconnectedness of quantum states, information and consciousness*

8 Kaivarainen, A., *Hierarchic Theory of Complex Systems*, www.karelia.ru/~alexk

9 Kaivarainen, A., *Dynamic Model of Wave-Particle Duality : Hidden Parameters, Golden Mean, Eigenmoments, Weak and Strong Interaction*, pg.6, www.karelia.ru/~alexk

10 ドゥランヴァロ・メルキゼデク『フラワー・オブ・ライフ——古代神聖幾何学の秘密第2巻』柴上はとる訳、ナチュラルスピリット、2005年。

11 Norman, Ruth, *Interdimensional Physics-The Mind and the Universe*, pg.71

12 Sarfatti, Jack, *Post-quantum Physics of Consciousness, SlideShow*

＊編集部注：URLの掲載について
「章注」「参照文献と推薦図書」「閲覧推奨サイト」には、2015年2月現在でアクセス可能なURLのみを掲載しました。

354

閲覧推奨サイト

T・E・ベアデン	http://www.disclosureproject.org, http://www.newphys.se/elektromagnum/physics/Bearden/
リー・キャロル／クライオン	http://www.kryon.com/
ＥＭＦバランシング・テクニック®	www.EMFWorldwide.com
マーク・グリーニア	http://www.Luminarch.com
スチュアート・ハメロフ（Consciousness Studies）	http://www.consciousness.arizona.edu/hameroff/
ハート・マス研究所	http://www.heartmath.com
超空間	http://deoxy.org/hyper.htm
インディゴ・チルドレン、サイキックな子ども	http://www.psykids.net/
A・カイヴァライネン	www.karelia.ru/~alexk
ミチオ・カク	http://www.mkaku.org/
Mind Matter Unification Project	http://www.tcm.phy.cam.ac.uk/~bdj10/mm/top.html
モンロー研究所	http://www.monroe-inst.com/
フリッツ‐アルバート・ポップ	http://www.datadiwan.de/iib/ib0200e_.htm
ルパート・シェルドレイク	http://www.sheldrake.org
微細なエネルギーの研究サイト	http://www.issseem.org/
ウィリアム・ティラー	http://www.tiller.org

Petersen, P. Stephen, Ph. D., *The Quantum Tai Chi - Gauge Theory
: The Dance Of Mind Over Matter,* Empyrean Quest Edition, Concord, Ca., 1996

Pond, Dale, *The Physics of Love,* The Message Co., Santa Fe, New Mexico, 1996

Pond, Dale, *Universal Laws Never Before Revealed : Keely's Secrets - Understanding & Using
The Science of sympathetic Vibration,* The Message Co., Santa Fe, New Mexico, 2000

Tiller, William A., Ph. D., *Science and Human Transformation - Subtle Energies,
Intentionality and Consciounsness,* Pavior Publishing, Walnut Creek, Ca., 1997

Walker, Evan Harris, *The Physics of Consciousness - The Quantum Mind and The Meaning of Life,*
Perseus Books, Cambridge, Mass., 2000

Zukav, Gray, *The Dancing Wu Li Masters - An Overview of the New Physics,* Bantam Books, 1980

リー・キャロル『クライオン』シリーズ、ナチュラルスピリット
　　『クライオン〈1〉終末の時──内なる平和のための新たな情報』松岡敬子訳、2000
　　『クライオン　ジャーニー・ホーム──マイケル・トマスと7人の天使の物語』和田豊代美訳、2007

ウィリアム・コリンジ『見えない力サトル・エネルギー──古代の叡智ヒーリングパワーとの融合』
　　中村留美子訳、太陽出版、2001

ブライアン・グリーン『エレガントな宇宙──超ひも理論がすべてを解明する』
　　林一、林大訳、草思社、2001

ドゥランヴァロ・メルキゼデク『フラワー・オブ・ライフ──古代神聖幾何学の秘密第1巻』
　　脇坂りん訳、ナチュラルスピリット、2001

ドゥランヴァロ・メルキゼデク『フラワー・オブ・ライフ──古代神聖幾何学の秘密第2巻』
　　柴上はとる訳、ナチュラルスピリット、2005

マイケル・タルボット『投影された宇宙──ホログラフィック・ユニヴァースへの招待』
　　川瀬勝訳、春秋社、2005

リチャード・ガーバー『バイブレーショナル・メディスン──いのちを癒す〈エネルギー医学〉の全体像』
　　上野圭一、真鍋太史郎訳、日本教文社、2000

　　　　　　　　　　　　　　　＊　　＊　　＊

　印刷所に印刷の依頼をすると、アンドレイ・デテラの近刊書『Magnetic Knots』の存在を知らされました。デテラは本書の付録CとDで取り上げたふたつの論文を執筆した物理学者です。デテラはバイオフィールドのエネルギー構造の新たな視点とともに、意識に関する物理学に新たな見識を紹介しました。この新たな本は物理学、生物学、哲学の世界を大きく揺り動かす作品になるだろう、とのこと。科学物理学、超物理学(あるいは形而上学)の分野を橋渡しすることに興味のある方はぜひ彼の今後の著作にご期待ください！

参照文献と推薦図書

Bearden, T.E., *Excalibur Briefing*, Tesla Book Company Chula Vista, CA 1912, 1988

Bearden, T. E., *Toward A New Electromagnetics, Part III* , Tesla Book Company, 1983

Bearden, T. E., *Toward A New Electromagnetics, Part IV* , Tesla Book Company, 1988

Bearden, T. E., *Gravitobiology-The New BioPhysics,*
    Tesla Book Company, Box 121873, Chula Vista, CA 91912, 1991

Braden, Gregg, *Awakening to Zero Point-The Collective Initiation,*
    Radio Bookstore Press, Bellevue, WA., 1997. See also his later works.

Bryant, Alice, & Seebach, Linda, *Opening To the Infinite -Human Multidimensional Potential,*
    Wild Flower Press, Mill Spring, NC, 1998

Chicago Research Group & Associates, *Ancient Wisdom & Modern Physics,*
    Leading Edge International Research Group, Yelm, WA., 1999,
    www.trufax.org

Childre, Dac, & Martin, Howard. *The Heartmath Solution,* HarperCollins, NY, NY, 1999

Galimore, J. G., *Unified Field Theory -Using Subjective Response To Psi-Plasma for Analysis*
    of Properties Neutral Charge Plasma Fields, Health Research, Pomeroy, Wa., 1974,
    http://www.healthresearchbooks.com

Gerber, Richard, M.D., *Vibrational Medicine : New Choices for Healing Ourselves,*
    Bear & Company, Santa Fe, NM, 1996

Goswami, Amit, Ph.D., *The Self Aware Universe - How Consciousness Creates The Material World,*
    Tarcher/ Putnam, New York, NY., 1995

Greenia, Mark, *Energy Dynamics - Conscious Human Evolution,*
    Unlimited Publishing, Bloomington, IN, 2001

Hunt, Valerie, *Infinite Mind : Science of the Human Vibrations of Consciousness,*
    Malibu Publishing, Ca., 1989, 1996

Kaku, Michio, *Hyperspace : A Scientific Odyssey through Parallel Universes, Time Warps,*
    & The 10th Dimension, Oxford University Press, New York, 1994

Leading Edge International Research Group & Associates, & Val Calerian, *Matrix V*
    - Quest of the spirit - The Ultimate Frontier,
    Leading Edge International Research Group, Yelm, WA., 2001,
    www.trufax.org

Nadeau, Robert, & Kafatos, Menas, *The Non - Local Universe - The New Physics and Matters*
    of the Mind, Oxford University Press, NY, NY, 1999

Norman, Ruth, *Interdimensional Physics - The Mind and the Universe,*
    Unarius Publications, El Cajun, Ca, 1989

ジョージ・ヤオ博士	159-162, 175
ジョン・ハート	10
スティーヴ・ベールマン	228
ステファン・ピーターセン	77, 271
スワミ・ベヨンダナンダ	228
スワミ・ムクタナンダ	234
ダン・ウィンター	221
ディーパック・チョプラ	234
ティモシー・リアリー博士	136
デヴィッド・P・ラピエール	12
デヴィッド・ボーム	78, 261, 328
テレンス・マッケンナ	90
ドゥランヴァロ・メルキゼデク	24
ナチャロフ＆ソコロフ	197, 198
ナドー	74
ニコラ・テスラ博士	49, 330
ハダッサ・ロバーツ	251
パット・フラナガン	206
ハメロフ	134
ハルダ・クラーク	179
フィリップ・J・コーソー	22
ブライアン・グリーン	25, 156
ブライアン・ジョセフソン	73
フリッツ・ポップ	174
ブルース・ケイシー	91, 223
ペギー・フェニックス・ドゥブロ	234
ペンローズ	134
マーク・グリーニア	333 (バランス), xix, xxi
マトゥラーナ	301
ミチオ・カク	59
リー・キャロル	46, 232
リチャード・バック	27, 48
ルイ・ド・ブロイ	337 (量子論)
ルパート・シェルドレイク	126, 262, 268
ロールズ	53-55 (図), 157, 159, 160, 162, 167, 168, 184
ロバート・A・モンロー	123

索 引

リトル・ホーク ……………………… 35, 252
粒子 ………………………………………… 337
両足 ………………………………………… 158
量子
　超量子ポテンシャル ………………… 271
　ポスト量子論 …………………………… 80
　メンタル量子ビット情報場・超常現象（PSI）
　　　　　　　　……… 73, 82（図）, 83, 124
　量子 ………………………………… 52, 337
　量子コヒーレンス ………… 135, 273, 278
　量子コンピュータ …………………… 297
　量子閾値 ………………………………… 86
　量子状態における自己組織化　→　自己
　量子の世界 ……………………………… 52
　量子波動関数 ………………………… 337
　量子物理学 ………………………… 92, 337
　量子ポテンシャル …………………… 271
　量子もつれ …………………………… 337
　量子論 ……………………… 74（表）, 337
　量子論的装置 …………………… 83（図）
　量子論の重要な概念 …………… 74（表）

■れ

霊、霊魂 ……… 63, 70-71（図）, 135, 146, 151, 152, 241
霊性探求の師 …………………………… 108
隷属 ………………………………………… 36
霊的知性 …………………………… 238, 241
霊的な目覚め …………………………… 239
レーザー
　引きつけあうレーザー光 …………… 194
　レーザー …………………………… 338
　レーザー光と水晶　→　結晶
歴史 ……………………………………… 119
レゾナント・チューニング　→　共鳴

■ろーわ

老宮のつぼ　→　手
ロシア …………………………………… 190
ロシア人研究者 …………… 191, 200, 202
ワームホール …………………… 62, 125

■人名

A・I・ヴァイニク ……………………… 203
A・セントジョルジ …………………… 303
C・エヴェレット・クープ ……………… 44
R・ライヒマン ………………………… 227
T・E・ベアデン ……… 57（図）, 75, 82（図）, 86,
　　　　　　　 127（図）, 129（図）, 156, 201, 261
Yu.V.Tszyan Kanchzn ………………… 200
アーヴィン・ラズロ …………………… 129
アーサー・ヤング ……………… 60（図）, 86
アキモフ ………………………………… 195
アミット・ゴスワミ ……………… 75, 271
アラン・アスペ ………………………… 317
アルバート・ロイ・デイヴィス
　　　……… 157, 159, 160, 162, 167, 168, 184
アルベルト・アインシュタイン … 51, 74, 123, 145, 155, 189
アレクサンダー・シュピルマン ……… 208
アレックス・カイヴァライネン ……… 275
アンドリア・プハリッチ ……………… 179
アンドレイ・デテラ … 147, 260, 261, 269, 271-274, 299
イヴァン・ウォーカー ………………… 73
イルヤ・プリゴジン …………………… 270
ウィリアム・A・ティラー
　　　……… 21, 60（図）, 68, 146, 148, 176, 261
ヴェルナー・ハイゼンベルグ …… 337（量子論）
エロル・トールン ……… 69, 324（真空ラティス構造）
ガーバー博士 …………………………… 222
カール・ユング ………………………… 85
カファトス ……………………………… 74
カルロス・カスタネダ ………………… 144
ギズレロ・フレッシュ博士 …………… 22
グリンゲルク - ジルベルバウム ……… 75
グレン・ライン博士 …………… 177, 179
サネヤ・ロウマン（オリン） ………… 91
ジェームズ・レッドフィールド ……… 231
ジェーン・ロバーツ …………………… 225
ジム・シュナーベル …………………… 83
ジャック・サーファティ …………… 80, 81, 272
ジャック・バンヴェニスト博士 ……… 176

ホログラム	66（図）, 336
ホロムーヴメント（全体運動）	79, 158, 336
香港	250
「本当に」という問い	115

■ま

マーヤー	297
マインド　→　心（マインド）	
マクスウェル方程式	277, 284, 336
マグノン	336
マクロ量子効果	336
魔法の窓（マジックウインドウ）	128（図）, 336
マスターたち	232
マトリックス	24
マルチバース　→　多宇宙	
マレーシア	250
満タン　→　エネルギー、自分の存在を電荷で満タンにしておく	

■み

水	
水	134
水の記憶	176
水の情報記憶	177
水瓶座の時代	31
未来と過去	197
未来の可能性	242

■む

無限（1＋1＝∞）	41
無限マークのループ	235
無条件の愛	220

■め

瞑想	97
女神	36
メキシコ	250
メタプログラミング	138（表）, 141（表）
メンタルフィールド　→　精神の場	
メンタル量子ビット情報場　→　量子	

■も

目標	116
物事を極める秘訣	110

■や

躍動する電子	52
薬物	251

■ゆ

ユークリッド的	138（図）, 182
有糸分裂	277, 311
誘発電位	337
ユーモア	110
豊かさ	117
ユニバーサル・カリブレーション　→　UCL	
夢	113

■よ

陽	38, 327（太極拳）
陽光	293
用語集	315
ヨーゼフ・ステファン研究所	269
4次元	186
4次元重力	59（図）
予知能力	130
喜びにあふれた緊張関係	116

■ら

ラコタ族	35, 252
ラコタパイプの所有者	35
ラジオ番組でのインタビュー	245
らせん	
らせん	263, 295
らせんを描く手のエネルギー	207
ラティス　→　格子・ラティス	
卵巣	254

■り

リズム	150

索引

ひも理論 ･････････････････････････ 6, 334
病気・痛み ･････････････････････････ 334

■ふ

ファイバー
　サイドファイバー ･････････････････ 111
　前面ファイバー ･･･････････････････ 113
　長い情報ファイバー ･･･････････････ 103
　長いファイバー ･･････････ 100（絵）, 111
　背面ファイバー ･･･････････････ 103, 119
　ファイバー ････････････････ 100（絵）, 119
　ファイバー活用の練習 ･････････････ 99
ファジー理論 ･･･････････････････････ 297
ファラデー箱 ･･･････････････････ 75, 334
不安 ･･･････････････････････････････ 114
フェーズ1　→　EMF
フェーズ2　→　EMF
フェーズ3　→　EMF
フェーズ4　→　EMF
フォトン
　構造体をもったスカラーフォトン ･･･ 178
　フォトン ････････････ 53, 77（図）, 175, 334
　フォトン・物質間の関係 ･･･････････ 334
腹部 ･･･････････････････････････････ 222
不健全なパターン ･･･････････････････ 113
不調和　→　dis-eases
物質 ･･･････････････････････････････ 334
ブッダ ･････････････････････････････ 232
物理学 ･････････････････････････････ 334
物理的システムの向こう側の認識 ･･ 124, 131
武道 ･･･････････････････････････ 108, 245
武道家 ･････････････････････････････ 229
プラクティショナー ･･･ 229, 237, 241, 335
プラクティショナーの動作とキャリブレーション ･･ 245
プラズマ ･････････････････････ 175, 335
プラチナ色のエネルギー ･･･････････ 241
フランス ･････････････････････ 245, 250
フリーエネルギー　→　エネルギー
プリズム
　エンパワーメント・プリズム ･･････ 106
　可能性のプリズム ･････････････････ 113
　チャクラと受容のプリズム　→　チャクラ
　パーソナル・ポテンシャル・プリズム ･･ 116, 243
　バイオフォトン性プリズム ･･･････ 72（図）
　博愛のプリズム ･･･････････････････ 112
　プリズム ･･･････････････････････ 104
ブループリント ･････････････････････ 24
ブロッホ壁 ････････････････････ 168, 175（図）
ブロッホ壁的性質をもった地帯 ･･･････ 168
分子内マトリックス理論 ･･･････････ 179
分離可能性の原則 ･･････････････････ 335

■へ

米国医師会 ･････････････････････････ 228
ベクトル
　ベクトル ･･･････････････････････ 335
　ベクトルポテンシャル ･･････ 65（図）, 335
ベトナム戦争 ･･･････････････････････ 31
ベリーダンス ･･･････････････････････ 34
ヘルツ波 ･･･････････････････････････ 335

■ほ

法則
　エントロピーの法則 ･･････ 269, 294, 318
　オクターヴの法則 ･････････････････ 135
　熱力学の第1法則 ･････････････････ 269
　熱力学の第2法則 ･････････････ 272, 301
　引き寄せの法則 ･･･････････････････ 89
法輪大法あるいは法輪功 ･････････････ 335
ポータル ･･･････････････････････････ 62
星々から届く信号（望遠鏡） ･････････ 197
ポスト量子論　→　量子
ホメオパシー ･･･････････････････････ 335
ホルモン伝達物質 ･･･････････････････ 137
ホルモンと進化 ･････････････････････ 251
ホログラフィック処理装置 ･･･････････ 124
ホログラフィックな宇宙 ･････････････ 335
ホログラフィックなシステム ･････････ 187
ホログラフィックな性質 ･････････････ 80
ホログラフィックな波 ･･･････････････ 275

8の字型のループは無限を表す	102
8の字型のループを思い浮かべる	75
8の字型のループを流れるエネルギー	102
8の字のパターン	175（図）
8面体	235
発火	332
波動関数の崩壊	332
母なる大地	99
パラダイム	332
パラダイムのシフト	50

バランス
- UCL のバランス …… 40, 193, 228, 232, 238-244, 351（7章「24」）
- 頭とハートのバランス … 238
- 受け取ることのバランス … 111
- 感情のバランス … 138
- 心と脳と霊性のバランス … 327（太極拳）
- 授受のバランス … 111
- バランス、均衡、調整
  21, 43, 89, 106, 109, 138, 140, 147,148（表）,
  150-153, 158, 162, 319（キャリブレーション）,
  331（バイオフォトン性プリズム）, 332（バランス）,
  338（レゾナント・チューニング）
- ホルモンのバランス … 251

鍼治療（鍼灸）	158, 159(図), 162, 209, 222, 223, 245, 260, 352（7章「29」）
パルス磁気　→　磁気	
ハワイ	250
反作用	81, 147, 333
反単極子	179
万物	63, 79, 125
反粒子	333

■ひ

ヒーラー	130, 173, 212

光
- 女性の姿かたちをした光 … 36
- 想像の光の存在 … 28
- 知性によって指揮された光 … 193
- 光（全般） … 58, 65, 71, 175, 176, 333

光エネルギーの超電導	175
光エネルギーの保存場所	219
光感応性	175
光指数	333
光とエネルギーの存在	38
光の性質	60（図）
光の戦士	37
光の存在	92
光のディスク	104, 113
光の天使	34
光のテンプレート　→　テンプレート	
光の輪	131（図）
ライトボディ（光のエネルギー体）	92
引き寄せの法則　→　法則	
非局所的・非局所性	52, 73, 141（表）, 161, 320（ギンゲルク - ジルバウム実験）, 333

微細な
- 微細なエネルギー場 … 63（図）, 129, 181, 333
- 微細な領域 … 176

微小管	134, 299
微生物学	300
非線形応答	333
非線形の現象	278
ピタゴラス学派	135（図）

人
- 進化を遂げつつある人類 … 97
- 人類の意識　→　意識
- 人類の進化 … 45
- 人が認識している現実の外側に存在する … 23
- 人と人とのつながり … 187, 274-276
- 人のエネルギー体 … 23, 98, 161, 232, 337（ユニバーサル・キャリブレーション・ラティス）
- 人のエネルギー場の相互作用 … 143, 334
- 人の声 … 176
- 人の発する磁気 … 63, 163

非ヘルツ	334

ひも
- 共鳴振動するひも … 59
- 超ひも理論 … 59, 322（次元）
- ２６もの次元を内包する超ひも理論 … 322（次元）

索引

スピン・ねじれ率場 …………………… 52（図）, 159
肉体のねじれ率場 → 肉体
ねじれ接続場 …………………………………… 83
ねじれ率場 …………………………… 157, 190-192, 194
ねじれ率場／ねじれ率波 …………………… 330
ねじれ率場と磁場 …………………………… 204
ねじれ率場発生機 …………………………… 200
寝たきりのクライアント …………………… 244
熱力学 ………………………………………… 269
熱力学的温度 ………………………………… 294
熱力学の第1法則 → 法則
熱力学の第2法則 → 法則

■の

ノイマン - モルゲンシュテルンの公理 …………298
脳
　周波数検知機としての脳 ……………… 125
　脳（全般） ………………………… 129, 219
　脳機能の解析 ………………………… 131
　脳細胞 ………………………………… 139
　脳と携帯電話の同調 ………… 142, 315, 323（周波数）
　脳とハート、脳 - 心臓 ………… 161, 220（図）
　脳の同調 ……………………………… 137
　脳のハイパーフィールド …………… 130（図）
　脳波 …………………………………… 220
　脳波計 ……………………………… 61, 76
　脳半球の干渉 ………………………… 129
ノーベル賞 ……………………………… 73, 270
望んでいない関係性 ……………………… 113

■は

ハート、心臓
　頭とハート・心臓のつながり …………… 220
　頭とハートセンター（バランシング）……… 238
　頭とハートのバランス → バランス
　心臓 …………………………………… 160
　心臓とエネルギー ……………………… 160
　心臓と電磁気 ……………………… 124, 196
　脳とハート → 脳
　ハート ………………………… 160, 218

ハートからあふれる意図 ………………… 89
ハートセンター（バランシング）…………255
ハートと地球の共鳴 ……………………… 221
ハートに流れる感情 ……………………… 221
ハートのエネルギー ……………………… 115
ハートの共鳴 ……………………………… 221
ハートの武道 ……………………………… 108
上部ハートセンター ………… 95, 254, 255
ハート・マス研究所 ……………………… 219
ハイアーセルフ ……………………… 99, 187
バイオ
　植物のバイオエネルギー …………… 208
　バイオフィールド（生体場）… 77, 147, 179, 260-267, 331
　バイオフィールドの物理学モデル ……… 272, 277-298
　バイオフォトン ………… 54, 174, 177, 186, 331
　バイオフォトン性プリズム → プリズム
倍音関係 ………………………………… 331
灰白質 …………………………………… 137
ハイパーチャネル ………… 124, 127（図）, 129, 332
ハイパーフィールド ……… 65, 130（図）, 156, 332
ハイパーフラックス → 超流束、ハイパーフラックス
ハイパーフレーム → 超次元的フレーム
パイロット量子ビット情報波 ……………… 81
白質 ……………………………………… 137
始まりも終わりもない体験 ……………… 234
はじめに ………………………………… 20
8次元 …………………………………… 186
8の字
　愛と8の字型のループ …………………… 110
　神聖なるエネルギーと8の字型のループ ………… 102
　創造主とつながる8の字型のループ …………… 102
　チャクラと8の字パターン → チャクラ
　チャクラと8の字ループ → チャクラ
　8の字型のループとＵＣＬ ………… 101-103, 120
　8の字型のループと感謝 ………………… 220
　8の字型のループと磁極 ………… 167, 184
　8の字型のループと自己参照 ……… 323（自己参照）
　8の字型のループと自動調整 …… 100, 102, 240, 243
　8の字型のループとブロッホ壁 …………… 168
　8の字型のループと無条件の愛…………… 220

低周波音波	173
定常波	126
低調波	127（図）
ディラックの海	205
テレパシー	130
電位	92
電荷	328
電気的極性	164
電磁	
人工電磁場	231
電磁気および5次元　→　5次元	
電磁気学その1	328
電磁気学その2	328
電磁気学その3	328
電磁気の精神活性作用	328（電磁気学その2・その3）
電磁スペクトル	328
電磁超音波共鳴室	142
電磁的性質をもった存在	92
電磁波	328
電磁場　→　EMF（電磁場）	
テンソル	329
テンソルポテンシャル	329
電場	277
テンプレート	
DNAテンプレート	207
エネルギー・テンプレート　→　エネルギー	
心-脳の複合体とテンプレート　→　心-脳	
子どもの成長とテンプレート	140
組織のテンプレート	212
ダイヤモンド型のテンプレート	235
テンプレート（ベアデンの説明）	324（真空エンジン）
光のテンプレート	235, 241, 257
骨組みとなるテンプレート	146
電離電荷	137

■と

ドイツ	250
（アルベルト・アインシュタインと）統一場	190
同調	
同調	148（表）

脳と携帯電話の同調　→　脳	
脳の同調　→　脳	
頭頂葉	133（図）
東洋哲学	35
トーラスハイパーフィールド	52（図）
トルコ	250
トレーナー養成プログラム	44

■な

内在秩序	79
内分泌系	141（表）, 251, 253
内分泌腺	251
ナノアンテナ	81
ナノチップ	297

■に

肉体	
チャクラと肉体　→　チャクラ	
肉体、心、霊性のバランス　→　バランス	
肉体と運動の役割	251
肉体と超空間	52
肉体のねじれ率場	199（図）
20面体	69
26次元　→　次元	
26もの次元を内包する超ひも理論　→　ひも	
2012年	231, 257
ニューエイジ	228
ニュージーランド	250
ニュートリノ	330
ニュートリノ波	330
ニュートリノ場	57（図）, 182
ニューハンプシャー州	46
認識	22, 25, 33, 44, 54, 56, 62, 89, 93, 330
認識の増大	146

■ね

願い	113
ねじれ	
イオンとねじれ率場	202
磁気とねじれ率場　→　磁気	

索引

地球に暮らすわたしたち ………………… 250
地球のエネルギー …………………………… 100
地球の基本パルス周波数 ………………… 231
地球の磁場 …………………………………… 167
地球の周波数　→　周波数
地球の浄化 …………………………………… 105
地球パルスの変化 ……………………………… 20
半信半疑で地球に迎えられて ……………… 28
（システムの）秩序 ………………………… 327
地動説 ………………………………………… 51
チャクラ
　アインシュタイン・ローゼン・ブリッジとしてのチャクラ…316
　主なチャクラ ……………………………… 107
　コアエネルギーを用いたチャクラの調整 ………… 241
　チャクラ（渦、スピン） ……………… 206
　チャクラシステム ………………………… 98
　チャクラシステムの統一 ……… 106, 107
　チャクラと個人としての可能性のプリズム ………113
　チャクラとサイドファイバー …………… 111
　チャクラと受容のプリズム ……………… 112
　チャクラと情報ファイバー ………………… 99
　チャクラと肉体 …………………………… 260
　チャクラと背面ファイバー ……………… 104
　チャクラと8の字パターン ………………… 99
　チャクラと8の字ループ ……… 232, 239, 241
　チャクラとフォトン ………… 331（バイオフォトン）
　チャクラとユニバーサル・カリブレーション・ラティス …… 337
　チャクラのスピンの調整 ………………… 206
　ティラーのチャクラについての説明 ……… 21
　リンクとしてのチャクラ ………………… 141
チャネリング ………… 38, 45, 130, 206, 233, 235
チャネリング本（クライオンシリーズ） ……… 45
中国 …………………………………………… 170
超音波 ………………………………………… 193
超空間 …………………………………… 52（図）, 65
超空間コネクタ ……………………………… 125
超空間的 ………………………………… 128, 327
超空間的機能 …………………………… 124, 327
超空間的性質 ……………………………… 52（図）
超空間的な場 …………………………… 316（DNA）

超光速 ………………………… 65, 125, 191, 327
超次元的フレーム ……………………………… 85
超常現象　→　量子
調整
　エネルギーの環の調整 ………………… 238
　コアエネルギーを用いたチャクラの調整　→　チャクラ
　個人のグリッドを調整する ……………… 152
　生殖・創造のセンターの調整 …………… 255
　パーソナル・エンパワーメント・プリズムの調整 …… 106
　人のエネルギーシステムの調整（整合性を取るという意味で）88
超低周波 ……………………………………… 159
超電導 …………………………… 157, 175, 327
超伝導量子干渉計（スキッド） ……… 131, 173
超流束、ハイパーフラックス ………… 182-184
超量子ポテンシャル　→　量子
調和
　調和する幾何学的形状　→　幾何学
　調和に満ちた共鳴 ………………… 125, 132
　非調和性 ………………………………… 288
直観 …………………………………… 141（表）

■つ

通信工学理論 ……………………………… 149

■て

手
　アンテナとしての手 ……………………… 207
　磁気を帯びた手 …………………………… 164
　手 ……………………………………… 159（図）
　手当て ……………………………………… 162
　手から発される氣　→　氣
　手の磁極 …………………………………… 183
　手の電磁的性質 ……………………… 165（表）
　手の超空間フロー …………………… 175（図）
　手のハイパーフィールド ………………… 162
　手のひらの磁場 …………………………… 169
　手の労宮のつぼ …………………… 160, 165, 171
　手を使ったエクササイズ・人間の磁気 ………… 166（図）
　七色の手 …………………………………… 155
　虹の手 ……………………………………… 157

聖書	30	『そうだったのか!』	34
生殖腺	254	双対原理	164
精神活性	326	蘇生活動	284
精神活性作用	328（電磁気学その2・その3）	蘇生現象の5つの条件	303, 304-309
精神の場	83（図）, 190	蘇生性現象	273, 326
精巣	254	素粒子	58, 326
生体磁気学	169	素粒子のスピン	199
生体電磁場	212, 214（図）, 231	ソレノイド場	305
生体場　→　バイオフィールド			
静電スカラーポテンシャル	127	■た	
静電場	196	帯域	150
静電ポテンシャル	326	太極拳	133, 326
『聖なる予言』	96, 231	太極拳の正式な型	133
生物的-生存の回路	138（表）, 141（表）	第三の目	256
赤外線	159	対掌構造　→　キラル構造	
赤外線放射	326	大脳皮質	129
脊髄	137, 240	タイムワープ　→　時間	
『セス・ブック　個人的現実の本質』	225	ダイヤモンド型のテンプレート　→　テンプレート	
セッション		太陽	293
自己セッション　→　自己		太陽が生み出すヴォルテクスパターン	191
リバーシングセッション	35	多宇宙	336
ロルフィングセッション	35	楕円形	131
セルフ・エンパワーメント　→　自己（自己エンパワーメント）		タキオン	327, 328（電磁気学その3）
セルフ・バランシング・ループ　→　自動調整ループ		多次元回路	123
ゼロポイント・エネルギー　→　エネルギー		多次元性	51
禅	35	多次元的	75, 327
喘息	94	多次元的存在	261
センター		単極子	179
足元のセンター	100, 109	炭素	92
クラウンセンター	256	タンパク質	309-312
頭上のセンター	100, 109		
生殖・創造のセンターの調整　→　調整		■ち	
太陽神経叢（ソーラープレクサス）のセンター	255	地球	
のどのセンター	256	UCLと地球のエネルギー	102
全体運動　→　ホロムーヴメント		スカラー波発生機としての地球	128
選択の惑星	10	地球	98
		地球エネルギーとつながる	254
■そ		地球外の出来事	136
双極子	326	地球が宇宙の中心であるというイメージ	51
創造主	30, 32, 33 38, 43, 102, 114, 237, 252, 255	地球グリッド	231

索引

鍼灸　→　鍼治療

鍼灸師 …………………………………… 245

真空
    亜量子真空 ………………………… 284
    宇宙格子と真空 …………………… 192
    仮想的世界の超空間における真空 ……… 57, 125, 157
    空間の真空 ………………………… 125
    真空 ………………………………… 324
    真空エネルギーの計算（ベアデン） ……… 219
    真空エンジン ……………………… 324
    真空エンジンとホメオパシー ……… 335（ホメオパシー）
    真空対称性 ………………………… 328（電荷）
    真空と時空 ………………………… 126
    真空と磁石のねじれ率場 …………… 207
    真空とスカラー波のトポロジー …… 129
    真空とスカラーフォトン …………… 177
    真空との共鳴と手の磁場 …………… 205
    真空内のパターン記録 ……………… 200
    真空内部 …………………………… 203
    真空内部に分極を引き起こすＤＮＡ ……… 200
    真空の仮想光子束 ………………… 322（次元化）
    真空はエネルギーの海 …………… 324（真空）
    真空分極 ………………… 200, 201（図）
    真空を満たす調和格子 ……………… 68
    物質の外見的特徴の基礎を成す真空 ……… 212

神経系 …………………………………… 142
神経系の失調 …………………………… 93
神経シナプス回路網 …………………… 130
神経‐体細胞 ………………… 138（表）, 141（表）
人工頭脳工学 …………………………… 300
人工ポテンシャル ……………………… 325
神聖なる自己　→　自己
神聖なる目的 …………………………… 89
人生に発生するノイズ ………………… 152
心臓　→　ハート、心臓
振動周波数 ……………………………… 92
心嚢 ……………………………………… 254
心包（経） ……………………………… 160

■す

スイス …………………………………… 250
水素結合 ………………………………… 179
水無脳症 ………………………………… 124
スーパーコンピュータ ………………… 180
頭蓋骨 …………………………………… 134
スカラー
    共鳴放射とスカラー波放射 ……… 174
    擬スカラー ………………………… 303
    構造体をもったスカラーフォトン　→　フォトン
    真空とスカラーフォトン　→　真空
    スカラーエネルギー ……………… 178
    スカラー共鳴 ……………………… 325
    スカラー共鳴定常波 ……………… 52（図）
    スカラー４面体構造 ……………… 192（図）
    スカラー・タキオン場 ……………… 20
    スカラー電流 ……………………… 193
    スカラー波 ……… 125, 126, 130, 161, 181（図）, 325
    スカラー場 ………………………… 65, 126
    スカラー波のトポロジー ………… 129
    スカラー波の派生現象としての氣 ……… 161
    スカラー波を感覚で捉える ……… 181（図）
    スカラー変換機 …………………… 325
    スカラーポテンシャル …………… 125, 325
    スカラー免疫 ……………………… 179
スターゲート …………………………… 236
スタートレック ………………………… 21
スタンフォード大学 …………………… 21
ステファンとの出会い ………………… 42
スパイラル・スイープ ………………… 251
スピリチュアリティ …………………… 77
スピリット、スピリチュアル　→　霊、霊魂
スピン状態の変化 ……………………… 200
スピン・ねじれ率場　→　ねじれ
スロベニア語 …………………………… 302

■せ

成果 ……………………………………… 242
静磁ポテンシャル ……………………… 326

超空間的時空の性質 ……… 327, 330（ねじれ率場）
　　デテラによる時空構造体 ……… 273
　　電磁場と時空構造体 ……… 288
　　光と時空 ……… 333
　　非空間的領域から出現する空間 ……… 58
　　量子波と時空 ……… 323（自己参照）
次元
　　次元・次元化 ……… 322
　　次元間ヴォルテクス ……… 52（図）
　　次元間節点 ……… 323
　　次元の枠を超えた通信 ……… 132
　　次元を超えて広がる網の目 ……… 91
　　２６次元 ……… 322（次元）
自己
　　自己エンパワーメント ……… 246
　　自己価値 ……… 114
　　自己決定 ……… 239
　　自己決定エネルギー ……… 323
　　自己決定型 ……… 237
　　自己セッション ……… 244
　　自己組織化 ……… 323
　　自己組織化システム ……… 268
　　自己の認識 ……… 50
　　神聖なる自己 ……… 71（図）
　　量子状態における自己組織化 ……… 299
思考 ……… 48, 126（図）
思考エネルギー ……… 84
磁石（フリーエネルギー発生機）……… 205
自然 ……… 58
磁束密度 ……… 280
自尊心 ……… 232
実践 ……… 110, 113
シッダヨガ ……… 35
疾病パターンの消失 ……… 209
質量 ……… 88, 323
自動調整ループ ……… 100, 102, 240, 243
シナプスの発火 ……… 218
磁場
　　磁場 ……… 273, 278
　　磁場の解析 ……… 131

　　ゼロ磁場 ……… 168
　　地球磁場　→　地球
　　ねじれ率場と磁場　→　ねじれ率場
自分の存在を電荷で満タンにしておく ……… 93
自分を知る ……… 232
４面体　69, 192, 193, 321（結晶構造）, 324（真空ラティス構造）
シャーマン
　　アフリカ系のシャーマン ……… 35
　　シャーマン ……… 245
　　ブラジルのシャーマン ……… 35
社会 - 性的 ……… 141（表）
シャクティ ……… 297
12本の鎖 ……… 119（絵）, 120
周波数
　　地球の周波数 ……… 173
　　周波数 ……… 173
　　周波数と同調 ……… 323
　　周波数領域 ……… 133
　　周波数ロッキング ……… 221
『終末の時』（クライオンシリーズ）……… 45
重力 ……… 59（図）, 190, 191
樹枝状ネットワーク ……… 85
循環的時間 ……… 118
浄化 ……… 239
章注 ……… 339
情報の貯蔵 ……… 279
食事、サプリメントと運動の役割 ……… 251
自立 ……… 239
磁力
　　磁力 ……… 53（図）, 191
　　磁力線 ……… 324
　　新旧の磁力観 ……… 53（図）
シルヴァ・マインド・メソッド ……… 35, 114
進化
　　進化 ……… 99, 146, 151
　　進化の歩み（ＵＣＬとＥＭＦ）……… 153
　　進化の加速 ……… 139
　　進化のプロセス ……… 107, 147
　　進化を遂げつつある人類　→　人
シンガポール ……… 250

索 引

後頭葉 ………………………………… 133 (図)
声 ……………………………………… 141 (表), 176
ゴールデン → 金色
極超音速 ……………………………… 125
心 (マインド)
　心と精神活性作用 ……… 326, 328 (電磁気学その2、その3)
　心 - 脳システム ……………………… 75, 76
　心 - 脳システムの非局所的性質 ……… 336
　心 - 脳複合体とエネルギー・テンプレート ……… 134
5次元 (全般) ………………… 63, 182, 186
5次元重力 ………………………… 59 (図)
5次元と電磁気 …………………………186
5次元と光 …………………………… 186
古典物理学的場 …………………………83
子どものインプリンティング ……………139
コドン …………………………………136
コネチカット州ノーウィッチ ………………39
コヒーレンス
　コヒーレンス ………… 148 (表), 150, 151, 321
　量子コヒーレンス → 量子
コンピュータ・チップ …………………… 279

■さ

サイキック ……………………………… 198
『サイキック・スパイ』(ジム・シュナーベルの著書) ……… 83
サイコキネシス (念力) ………………… 130, 321
細胞核 ……………………………………178
細胞の共鳴 ………………………………175
細胞の認識 …………………………136 (図)
索引 …………………………………………i
サタン ……………………………………… 34
左脳 ………………………………………136
3次元世界 ………………………… 66, 182

■し

シヴァ …………………………………… 297
紫外線 …………………………………… 159
紫外線放射 ……………………………… 321
時間
　時間との共鳴 → 共鳴
　時間の制約を受けない …………………37
　時間枠 …………………………………… 52
　直線的時間 ………………………………118
磁気
　架け橋としての磁気ベクトルポテンシャル …… 63 (図)
　磁気極性 ……………………………… 162
　磁気的閾値 ……………………………265
　磁気的ボイド ……………………………168
　磁気とスピン ………………………… 204
　磁気とねじれ率場 …………………… 203
　磁気ベクトルポテンシャル ……………322
　磁気を帯びた手 → 手
　パルス磁気 ……………………………159
　人の発する磁気 → 人
時空
　仮想的空間 ……………………………130
　時空が生み出す幻想 …………………… 50
　時空間 ………………… 279-286, 299-301, 322
　時空間をつなぐ格子 ………………… 128
　時空現象 ………………………… 337 (粒子)
　時空格子構造体 ……………………128 (図)
　時空構造体 …………………………… 266
　時空構造の根底を成す生命 ………… 298
　時空とアインシュタイン・ローゼン・ブリッジ …… 316
　時空とカオス理論 …………………… 309
　時空と共鳴 → 共鳴
　時空と真空エンジン …………………324
　時空とスカラー波 ……………………325
　時空とファジー理論 …………………297
　時空と量子コヒーレンス ……………307
　時空と量子物理学 ……………………… 51
　時空とワームホール ………………… 338
　時空についての注 ………………… 346 (2章「62」)
　時空の座標 ……………………………127 (図)
　時空の制限 ………………………… 126-132
　時空連続体 …………… 263-265, 328 (電磁気学その3)
　時空を変える ………………… 61, 324 (真空エンジン)
　真空内における時空揺らぎ …………192
　スカラーポテンシャルと時空 ………326
　相対論的時空間から成る空洞 ………132

極性	161	幻覚	39
対掌構造（キラル）	279, 303	健康促進のための博覧会	40
キリスト	32	原子	57, 179, 191, 263, 272, 275, 277, 286, 294, 308, 309, 321（形態形成場）, 321（高調波）, 337（量子論）, 338（ワームホール）
キリスト教再生派	35		
キリスト教徒	29, 30, 33, 35		
金色		現実	
金色に輝く叡智の柱	106	仮想的現実	56
金色のエネルギー	105, 109, 253	現実	321
ゴールデンスケルトン	252	現実のイメージ	50
ゴールデンブレイン	253	現実の形成	201
銀河	275	現実のレンズ	67
ギンゲルク - ジルベルバウム実験	320	投影としての現実	202

■く

空間の真空　→　真空			
クライオン（リー・キャロル）	44, 232	コアエネルギー	107（絵）, 112, 119
『クライオン』シリーズ	6	コアエネルギーとUCL　→　UCL	
クライオンシリーズ第7巻	96	コアエネルギーを放射する	108
クラウンセンター　→　センター		格子・ラティス	
グリッド		宇宙の格子モデル	68（図）
グリッド	69	宇宙格子（ラティス）	36, 57, 96-99, 106, 228, 230, 250
グリッドへの働きかけを体験する	98	宇宙格子（ラティス）とのつながり	96
個人のグリッドを調整する　→　調整		宇宙格子（ラティス）へとつづくエネルギーの入口	228-233
地球グリッド　→　地球		宇宙格子（ラティス）への一次コネクタ	73

■け

		幾何学的形状をもった格子　→　幾何学	
		結晶格子としての宇宙　→　宇宙	
形式	229	高次空間の格子構造	183
形態形成	277	格子状のグリッド	69
形態形成場	320	格子と結びつき	257
形態場	262, 320	時空格子構造体　→　時空	
経絡	180	真空ラティス構造	324
結晶		多次元的ラティス	331（バイオフォトン性プリズム）
記憶を保存した結晶構造	101	ティラーの宇宙格子（ラティス）	73
結晶構造	134, 210（図）, 321	ラティス	100（絵）, 337
焦電結晶	305	ラティス（ペギー・フェニックス・ドゥブロの序文より）	9
レーザー光と結晶（水晶）	197	ラティス（リー・キャロルの序文より）	7
結節		ラティスは現実の外側に存在する	23
環状結節	278	高次空間	183
結節の進化	265	高次元空間	52（図）
トロイダル結節	283	甲状腺	253
		高調波	127, 321

索引

ガウス …………………………………………131
化学的 ……………………………… 61（図），92
化学的活性 ………………………………………138
角運動量 …………………………………………196
過去がもたらす叡智 ……………………………243
卦辞（かじ） ……………………………………136
下垂体 ……………………… 132, 140, 253, 256
仮想的現実　→　現実
仮想的な粒子 ……………………………… 57（図）
可聴域（音） ………………………………………56
荷電粒子 …………………………………………164
カトリック系の学校 ………………………………29
可能性 ……………………………………………119
神 …………………………… 28-34, 99, 232
神の愛 ………………………………………………34
神のみわざ …………………………………………28
神・女神 …………………………………… 41, 47
『かもめのジョナサン』 ……………… 27, 48, 247
カリブレーション ………………………………318
カルツァ-クライン理論 …………………… 59（図）
カルマの解消 ……………………………………105
カルマの契約 ……………………………………106
感覚皮質 …………………………………………134
感謝 ………………………………………………112
干渉計 ……………………………… 128（図），319
環状結節　→　結節
干渉縞 ……………………………………… 129, 319
干渉ゾーン ………………………………………130
環状体 ……………………………………………131
感情のバランス　→　バランス

■き

氣
　chi（氣）は現実を変える …………………172
　chi（氣）エネルギー ………………………224
　氣（chi） ……………………………………319
　氣功 ……………………………… 133, 170, 177
　氣とDNA ……………………………………315
　氣の検知 ……………………………………160
　氣（氣功、太極拳）の達人 ……………… 133, 172
　スカラー波現象としての氣　→　スカラー波
　大量の氣（chi）を保存する ………………222
　地球と氣 ……………… 326（太極拳），335（法輪大法）
　手から発される氣（chi） ……… 159, 171, 224
幾何学
　幾何学 ………………………………………131
　幾何学的形状のディスク …………………111
　幾何学的形状をもった格子 …………………69
　幾何学のバランス …………………………199
　神聖幾何学 …………………………………133
　相互作用をおこなう幾何学的形状 ………132
　調和する幾何学的形状 ………………………69
　光、音、幾何学的形状の調和的関連 ……193
ギザの大ピラミッド ……………………………233
ギシン実験 …………………………………………74
気分と精神活性作用 ……………… 326,328（電磁気学その3）
希望 ………………………………………………113
９．１１（2001.9.11） …………………………250
求心的動き ………………………………………205
急速な治癒 …………………………………………95
球電光 ……………………………………………297
共生 ………………………………………… 278, 319
胸腺 ………………………………………… 94, 253
共同創造 …………………………………………110
恐怖 ………………………………………… 114, 140
共鳴
　共鳴 ……………………………… 76, 319, 320
　共鳴振動 ……………………………………320
　共鳴放射とスカラー波照射　→　スカラー
　個人が帯びている共鳴の波動 ……………257
　時間との共鳴 ………………………………126
　時空と共鳴 …………………………………127
　シューマン共鳴 ……………………………173
　スカラー波の共鳴 …………………………126
　相互共鳴 ……………………………………176
　調和に満ちた共鳴　→　調和
　ハートの共鳴　→　ハート
　ひも理論と共鳴 ………………………………59
　レゾナント・チューニング ………………338
局所性 ……………………………………………320

腕をひと振りする	156
生まれもった知性	108

■え

叡智と自立のエネルギーに満ちた黄金の柱	240
エーテル界	176
エーテル状	61 (図), 71
易経	136
液晶	177
エクササイズ	
アイデアの力を思い描くエクササイズ	115
「いまこの瞬間」に大きな共同創造のエネルギーを生み出すエクササイズ	117
感謝のエネルギー状態を保つエクササイズ	112
コアエネルギーを放射するエクササイズ	108
スパイラル・スイープのエクササイズ	251
手の発する磁力を感じるエクササイズ	163-167
エゴ	141 (表)
閲覧推奨サイト	xxi
エネルギー	
愛のエネルギーフロー	232
あやしいエネルギーワーク	8
宇宙エネルギー　→　宇宙	
エネルギー	317
エネルギー体の事前準備	317
エネルギー的成果	242
エネルギー・テンプレート	134
エネルギー・テンプレートを活性化する	152
エネルギーと愛	258
エネルギーの渦(ヴォルテクス)	161
エネルギーの概念	88
エネルギーの視覚化	257
エネルギーの状態	109
エネルギー流束(フラックス)	317
エネルギー放射	124
エネルギーワーカー	229
エネルギーワークの手法	229
エネルギーを取り戻す	112
エネルギーを満タンの状態に保つ	41, 108, 242
金色のエネルギー　→　金色	

ゼロポイント・エネルギー	167 (図), 205, 212, 324
ゼロポイント・エネルギーの調和	177
ハートのエネルギー　→　ハート	
微細なエネルギー　→　微細な	
人のエネルギー体　→　人	
フリーエネルギー	72 (図), 185 (図)
フリーエネルギー発生機	184, 205
フリーのゼロポイント・エネルギー	212
ポテンシャルエネルギー	335
繭(まゆ)の形をしたエネルギー	28
『エレガントな宇宙』	25
エレクトラ	35
遠隔	
遠隔作用	317
遠隔視	83, 130
遠隔(手を触れずにおこなう)セッション	244
不気味な遠隔作用	74
遠心的動き	205
エントロピー	318
エントロピーの法則　→　法則	
エンパワーメント	96, 104

■お

黄金比率	275
大いなる目的	60
オーストラリア	250
オーラ	23, 191, 207, 330 (ねじれ率場)
オーラ(ねじれ率場)	198
オクターヴの法則　→　法則	
思いやり	110
恩寵の状態	105, 239
音波	193

■か

海軍	44
外在秩序	82 (図), 318
開始	318, 332
蓋然性の波動関数	271
回転する球体	58 (図)
開放系	318

索 引

意識と電磁場 …………………………… 51
意識と認識 ……………………………… 146
意識とねじれ率場 ……………… 190, 211-214
意識と脳 ………………………………… 85
意識とハイパーフィールド ……………… 133
意識と波動関数 ………………………… 271
意識と物質 ……………………… 51, 77, 88, 89
意識とユング …………………………… 85
意識と量子世界 ………………………… 51
意識に関するアーサー・ヤングの言及 …… 86
意識に関するウォーカーの言及 ………… 73
意識に関するティラーの言及 …………… 22
意識に関するナドーの言及 ……………… 74
意識に関するピーターセンの言及 ……… 24
意識の科学への呼び声 ………………… 51
意識の所在 ……………………………… 134
意識の進化 ……………………………… 20
意識の進化的飛躍 ……………………… 65
意識の世界の探求 ……………………… 34
意識はパイロットである ………………… 62
意識方程式 ………………………… 149（表）
意識レベルを上昇させる ………………… 140
意識を使って何をするかは選択次第 …… 116
お互いに対して奉仕するという意識 …… 257
現実を作り直す意識 …………………… 158
ゴスワミの意識に関する言及 ……… 25, 75
集合意識とクライオン …………………… 45
庶民の意識の変化 ……………………… 105
人類の意識 ……………………………… 250
生命体の意識のループ ……………… 57（図）
ティモシー・リアリー博士の意識研究 … 137
ティラー版意識の公式 ……………… 148-153
光としての意識 ………………………… 86
非局所的意識 …………………………… 81
ホログラフィックな性質をもった意識 … 264
イスラエル ……………………………… 250
位相関係 ………………………………… 317
イタリア ………………………………… 250
1＋1＝∞ → 無限
遺伝的傾向 ……………………………… 104

意図
　意識的に認識される意図 ……………… 80
　意識と意図 → 意識
　意図 …………………………………… 81
　意図性 …………………………… 49, 317
　意図とねじれ率場 ……………… 211-214
　意図を集中させる ……………………… 218
　意図を発する ………………………… 106
　ハートからあふれる意図 → ハート
移動ポテンシャル ……………………… 76
祈り ……………………………………… 97
「いま」「いまこのとき」「いまこの瞬間」
　………………… 83（図）, 86, 100, 106, 118（絵）
いま現在 ………………………………… 31
癒し、ヒーリング ……………… 245-246, 317
色 ……86, 95, 136, 138（表）, 142, 163, 218, 256, 333（光）
陰 …………………………………… 38, 327（太極拳）
インディゴ ……………………… 136, 138（表）, 256
インディゴ・チルドレン
　……… 22, 337（モンテッソーリ教育法）, 348（4章「21」）
インド …………………………………… 250
インプリンティング ……………………… 139
インプリントと生体電気ストレス ……… 141

■う

ヴァーチャル・リアリティー → 現実
ヴェーダ哲学 …………………………… 297
ヴォルテクス極性システム …………… 161
渦 ………………………………………… 66
渦状のスピン …………………………… 206
宇宙
　宇宙 …………………………………… 275
　宇宙エネルギー
　…… 41, 96, 106, 184, 186, 230, 239, 241, 258
　宇宙格子 → 格子・ラティス
　宇宙船「エンタープライズ」号 ………… 21
　宇宙という協力者 …………………… 42
　宇宙の海 ………………………… 69, 79, 205
　宇宙の翻訳者 ………………………… 142
　結晶格子としての宇宙 ………………… 68

Index

『Science And Human Transformation』（ウィリアム・ティラー）
　　　………………………………………………… 21, 68
svet（スロベニア語の『世界』『聖なる』）………302
『The Gravitobiology: The New Biophysics』 86, 124
『The Quantum Tai Chi』（ピーターセンの著書）24, 77, 85, 271
『The Self-Aware Universe』（アミット・ゴスミの著書）
　　　………………………………………… 25, 75, 77, 271
『Toward the One』（ピア・ヴィラヤットの著書）……… 35
UCL（ユニバーサル・カリブレーション・ラティス）
　　ＵＣＬ …………………………… 7, 9, 100（絵）,337
　　ＵＣＬ活用の練習 …………………………………120
　　ＵＣＬと自己愛 ……………………………………232
　　ＵＣＬと地球エネルギー　→　地球
　　UCLの活性化と調整 ……………………………… 40
　　ＵＣＬの鎖 …………………………………………120
　　ＵＣＬのバランス　→　バランス
　　ＵＣＬは編み込まれている …………………… 232
　　ＵＣＬへの誘い ……………………………………… 91
　　UCLへの呼び声 ……………………………………249
　　共鳴空洞としてのＵＣＬ …………………………223
　　コアエネルギーとＵＣＬ …………………………106
　　時空格子を表すＵＣＬ ……………………………128
　　進化を続けるＵＣＬ ………………………………119
　　世界じゅうから信頼を得ているUCLの現実 ……… 46
　　全次元に存在する体のなかに広がるUCL …………101
　　チャクラとＵＣＬ　→　チャクラ
　　ペギーのＵＣＬ観察体験 …………………………100
vest …………………………………………………………302
zavest ………………………………………………………302

■５０音

■あ
アーニャ（意識の表れとしてのアーニャ）………… 46
アインシュタイン・ローゼン・ブリッジ
　　……………………… 62, 125, 131, 133, 206, 316
アクシオン場 ……………………………………………190
アスペ実験 …………………………………………… 75, 316
頭とハート・心臓のつながり　→　ハート、心臓
アノマロン ……………………………………………… 73
アハラノフ - ボーム効果 ………………………………317
アメリカ …………………………………………………250
新たなエネルギー概念 ………………………………… 88
新たなパラダイム ……………………………………… 49
アルコール ……………………………………………… 29

■い
イギリス …………………………………………………250
意識
　　意識が引き起こす不可思議なループ ………83（図）
　　意識的認識（および電子配列） …………………… 81
　　意識とＤＮＡ ………………………………………… 67
　　意識とＵＣＬ ……………………………… 23, 98, 100
　　意識と愛 ……………………………………………258
　　意識と意図 ………………………………… 23, 51, 73
　　意識と色の関連性 …………………………………136
　　意識と化学的活性 …………………………………138
　　意識と幾何学的形状の層 …………………………… 67
　　意識と格子 …………………………………………… 69
　　意識と思考 …………………………………………… 69
　　意識と自己組織化 …………………………………276
　　意識とシナプス ……………………………………218
　　意識と周波数の関連性 ……………………………136
　　意識と電位 …………………………………………139

索引

■アルファベット

C（consciousness、意識） ……………… 88
chi → 氣
ＣＰＴ不変性 …………………………… 297
『Crystal Woman』（リン・アンドリュース著） …………… 38
dis-ease（不調和） …………………… 246
DNA
　ＤＮＡ ……………………………… 315
　ＤＮＡ‐ＲＮＡと６４の卦辞 ……… 136
　ＤＮＡ構造に作用するサプリメント … 93
　ＤＮＡテンプレート → テンプレート
　ＤＮＡとchi → chi
　ＤＮＡと外部要因の作用 …………… 22
　ＤＮＡと記憶を保存した結晶構造 … 101
　ＤＮＡと携帯電話の同調 …… 142, 315, 329（同調させる）
　ＤＮＡと細胞レベルの変化 ………… 22
　ＤＮＡと進化 ……………………… 152
　ＤＮＡと蘇生性条件 ……………… 297
　ＤＮＡと対掌構造 ………………… 265
　ＤＮＡと地磁気の変化 ……………… 20
　ＤＮＡと脳‐ハート・心（マインド） …… 143
　ＤＮＡと粒子とバイオフォトン ……… 54, 331
　ＤＮＡにはスカラー波の性質がある … 178
　ＤＮＡには第３の鎖が存在する …… 67
　ＤＮＡのコード化と光 ……………… 101
　ＤＮＡの超電導の性質 ……………… 327
　ＤＮＡの同調は光がおこなっている … 157
　ＤＮＡは変えられる ………………… 93
　ＤＮＡは共鳴状態を通じてポテンシャルを解除される
　　　　　　　　　　　　　　　　 …… 266
　ＤＮＡはひもに似ている ……………… 59
　ＤＮＡファントム効果 ……………… 200
　ＤＮＡ分子らせん ………………… 174
　ＤＮＡをホログラムにして投影する … 179
　細胞分裂に向けたＤＮＡ活動 ……… 224
　真空内部に分極を引き起こすＤＮＡ → 真空
　水素結合がＤＮＡをつなげる ……… 179
　腺と集合的ＤＮＡ回路 ……………… 141
$E = mc^2$ …………………………… 88
EMF
　ＥＭＦ（電磁場）
　　…………… 53, 57（図）, 83-86, 92, 284, 310, 329
　ＥＭＦセッション ………………… 232
　EMF独特のカリブレーション、各フェーズ …… 238
　ＥＭＦの12段階 ……………… 252-257
　ＥＭＦのロゴマーク ………… カバー、本文扉、40
　EMFバランシング・テクニック® … 40, 62, 87, 101, 135,
　　　　　…… 143, 153, 228, 229, 232-236, 274, 276, 316
　ＥＭＦフェーズ１ ………………… 238
　ＥＭＦフェーズ２ ………………… 239
　ＥＭＦフェーズ３ …………… 43, 240
　ＥＭＦフェーズ４ …………… 43, 242
　ＵＣＬと進化を遂げるツールとしてのＥＭＦバランシング
　　　　　　　　　　　　　　 …… 152-153
『Excalibur Briefing』（T・E・ベアデン著） …… 85, 183
『Interdimensional Physics』（ルース・ノーマン著） …… 275
『Miracle Healing from China』（Charles T. McGee 他著）
　　　　　　　　　　　　　　　　　…… 160
ＮＡＳＡ ………………………………… 7
ＰＳＩ → 量子（メンタル量子ビット情報場、超常現象）
Q状態 ………………………………… 309
『Rainbow in your hands』（デービスとロールズの著書）… 162
『Restoring the Electromagnetic Laws of Love』（次回作）
　　　　　　　　　　　　　　　　　…… 246
RNA
　ＲＮＡ ……………………………… 316
　鍵を握るＲＮＡの役割 ……………… 142

著者紹介

ペギー・フェニックス・ドゥブロ　Peggy Phoenix Dubro
ＥＭＦバランシング・テクニック®の創始者。現在は同テクニックをテーマにした講演活動および指導で国際的に活躍中。1988年からユニバーサル・カリブレーション・ラティスの体系化に精力的に取り組み、今日、その形状やはたらきに関する研究の世界的権威である。持ち前の深い洞察力と感受性、人生に対する尽きせぬ喜びをもとに人が本来もっている能力を伸ばし、その人の秘めたる可能性を効果的に活性化することで、世界中の人々に慕われている。人のエネルギー体にはたらきかけるワークの経験は30年を超え、近年、エネルギーバランシング界のリーダーとして頭角を現している。

ホームページ　http://www.emfbalancingtechnique.com
日本語ページ　http://www.emfbalancingtechnique.com/peggy/origin_of_emfbt.php?phpLang=ja

デヴィッド・Ｐ・ラピエール　David P. Lapierre
理学修士。カナダはケベック州のフランス文化圏の生まれ。物理学者であり、地球物理学者。さまざまな経歴の持ち主で、過去には油田開発テクノロジーのエンジニア育成経験も。太極拳の指導者、および人のエネルギーを活性化するための体の動きや型を指導する肩書のほか、形而上学（メタフィジックス）の研究家としての顔を長年併せもつ。ＥＭＦバランシング・テクニック®の上級プラクティショナー兼講師としての活動と、現実の解釈を拡大する方法をテーマにしたセミナー活動も展開中。

訳者紹介

山形 聖（Sei Yamagata）
宮城県仙台市出身。琉球大学卒業。
訳書にヴァイアナ・スタイバル著『シータヒーリング』、ジャスムヒーン著『魔法の王国シリーズⅠ マトリックスの女王』『魔法の王国シリーズⅡ ハートの王』『魔法の王国シリーズⅢ エリュシオン』（いずれもナチュラルスピリット）がある。

エレガント・エンパワーメント
ＥＭＦバランシング・テクニック®で宇宙とつながる

●

2015年4月15日　初版発行

著　者／ペギー・フェニックス・ドゥブロ＆デヴィッド・Ｐ・ラピエール
翻　訳／山形 聖
装　幀／斉藤よしのぶ
編集・DTP／佐藤惠美子
発行者／今井博央希
発行所／株式会社ナチュラルスピリット
〒107-0062　東京都港区南青山5-1-10
南青山第一マンションズ602
TEL 03-6450-5938　FAX 03-6450-5978
E-mail：info@naturalspirit.co.jp
ホームページ http://www.naturalspirit.co.jp/

印刷所／シナノ印刷株式会社

©2015 Printed in Japan
ISBN978-4-86451-161-2 C0014
落丁・乱丁の場合はお取り替えいたします。
定価はカバーに表示してあります。